Education of Students with Multiple Disabilities

多重障碍学生教育理论与方法

盛永进 著

华夏出版社
HUAXIA PUBLISHING HOUSE

目 录

导读 ··· 1

绪论：21世纪特殊教育研究前沿 ··· 1
多重障碍学生：人数不断增加的群体 ··· 1
 一、全球不断增长的出现率 ··· 2
 二、当代孕育基础与医疗技术 ··· 2
概念特征：谁是多重障碍学生 ·· 4
 一、多重障碍的相关概念 ·· 4
 二、多重障碍的分类 ·· 8
 三、多重障碍学生的特征 ·· 9

第1章 多重障碍学生教育的理论基础 ··································· 15
课程范式演进及其理论依据 ·· 15
 一、课程范式的演进 ·· 15
 二、文化意识的转向 ·· 19
神经科学的教育回应 ·· 22
 一、神经系统疾病与学习困难 ··· 22
 二、神经教育学的理论基础 ··· 24
 三、神经科学的教育回应 ··· 27
我国多重障碍学生教育现状 ·· 31
 一、多重障碍：教育起步及相关服务 ······································· 31
 二、基本情况：基于南京市特殊学校的调查 ··························· 32
 三、研究水平：基于文献分析视角的描述 ······························· 37

第2章 多重障碍学生课程开发 ··· 43
课程目标的价值判断 ·· 43
 一、本土认识：我国相关问题的表述 ······································· 43

二、国际理解："生活质量"的社会学框架 ………………………… 45
三、价值判断：个体发展需要的教育学分析 …………………… 46
课程内容的组织选择 …………………………………………………… 48
一、总体结构：基于核心板块的建构 …………………………… 48
二、学段取向：发展性与应用性 ………………………………… 50
三、学科课程：前学科与应用性学科 …………………………… 52
课程模式的校本开发 …………………………………………………… 56
一、国家课程校本实施的国际走向 ……………………………… 57
二、课程模式校本开发的案例评介 ……………………………… 59
课程统整的校本实施 …………………………………………………… 64
一、课程统整与特殊需要 ………………………………………… 64
二、课程统整的依据与路径 ……………………………………… 67
三、课程统整经典案例分析 ……………………………………… 69

第3章　多重障碍学生教育评估 ……………………………………… 77
多重障碍与教育评估 …………………………………………………… 77
一、多重障碍学生教育评估特点 ………………………………… 78
二、多重障碍学生教育评估方法 ………………………………… 80
三、多重障碍学生教育评估影响因素 …………………………… 83
评估技术及其工具评介 ………………………………………………… 88
一、综合评估技术及工具 ………………………………………… 88
二、专项评估技术及工具 ………………………………………… 104
替代性评估的国际经验 ………………………………………………… 112
一、美国"AA-AAS"评介 ………………………………………… 113
二、英国"P-Scales"评介 ………………………………………… 117
个别化教育计划 ………………………………………………………… 125
一、个别化教育计划中的课程因素 ……………………………… 125
二、个别化教育计划的结构与内容 ……………………………… 127
三、个别化教育计划的目标与陈述 ……………………………… 129

第4章　多重障碍学生教学支持 ……………………………………… 135
多重障碍学生教学基础 ………………………………………………… 135
一、多重障碍学生教学特征 ……………………………………… 135
二、多重障碍学生教学取向 ……………………………………… 138
三、通用设计学习支持 …………………………………………… 144

应用性教学模式…………………………………………………… 146
  一、应用性教学的原则……………………………………… 147
  二、应用性教学的方式……………………………………… 151
教学提示及其运用………………………………………………… 158
  一、教学提示的理论基础…………………………………… 158
  二、教学提示的运用………………………………………… 163
教学支持策略……………………………………………………… 169
  一、激发学习活动的积极参与……………………………… 169
  二、支持学习活动的感知和理解…………………………… 172
  三、鼓励学习活动的自我展示……………………………… 175

第5章 沟通发展：学习的核心先备技能………………………… 179
多重障碍学生与沟通……………………………………………… 179
  一、沟通的概念及其内涵…………………………………… 179
  二、沟通技能的发展………………………………………… 182
  三、多重障碍对沟通的影响………………………………… 184
沟通技能的评估…………………………………………………… 186
  一、沟通技能评估的基础…………………………………… 186
  二、沟通矩阵评介…………………………………………… 189
沟通形式的选择与运用…………………………………………… 193
  一、沟通形式的选择………………………………………… 193
  二、沟通形式的运用………………………………………… 195
沟通技能教学……………………………………………………… 202
  一、沟通教学目标的建立…………………………………… 202
  二、表达性沟通技能教学…………………………………… 203
  三、会话性沟通技能教学…………………………………… 206
  四、接受性沟通技能教学…………………………………… 207
  五、沟通教学中应注意的问题……………………………… 209
沟通发展支持……………………………………………………… 211
  一、沟通发展与环境创设…………………………………… 211
  二、沟通发展与例程安排…………………………………… 212
  三、沟通发展与主体学习…………………………………… 214
  四、沟通发展与辅助沟通系统……………………………… 215
  五、沟通发展与挑战性行为干预…………………………… 217

第 6 章　行为干预：走向课程的文化实践……219
多重障碍学生与挑战性行为……219
一、应用行为分析的发展……220
二、挑战性行为的文化解读……220
三、多重障碍学生的挑战性行为……222
行为干预的课程地位……224
一、教育行为学概念的提出……224
二、伊姆雷行为课程的意涵……226
三、行为课程的"文化实践"……230
积极行为支持的应用……231
一、功能性行为评估……231
二、以数据为本的干预决策……237
三、干预计划的制订与实施……237
行为干预策略设计……241
一、行为发生时的策略设计……242
二、行为发生前的策略设计……248

第 7 章　艺术学习：独特的文化教育载体……253
多重障碍学生与艺术……253
一、超越传统的艺术教育内涵……254
二、独特的文化建构载体……255
三、独特的教育发展功能……257
艺术课程与艺术整合……259
一、课程设计与科目设置……259
二、艺术要素与早期形式……262
三、艺术整合与发展性艺术……266
艺术治疗与艺术教育……269
一、艺术治疗的本质及其内涵……269
二、艺术治疗的分类与相关教育……274

第 8 章　休闲参与：闲暇时的自我价值确认……279
休闲教育本质及意义……279
一、休闲教育的本质……279
二、休闲教育的意义……280
休闲教育的国际间比较……281

一、休闲教育的本土认识 ·· 281
　　二、美国的娱乐服务经验 ·· 283
休闲活动的选择与评估 ·· 284
　　一、休闲活动选择的原则 ·· 284
　　二、休闲活动偏好的评估 ·· 286
休闲活动的参与及整合 ·· 289
　　一、休闲活动的参与 ·· 289
　　二、休闲教学中的技能整合 ·· 291

后记 ··· 295

导　　读

本书主要针对我国的多重障碍学生的教育现状力图有所侧重地探讨相关的基本理论与方法，特别是对于那些重要而国内又比较陌生或不太重视的专项领域，进行重点讨论。全书共八章，分绪论、一般基础问题、专项领域问题三个部分，基本框架如表1所示。

表 1　本书的基本框架

1	绪论	21 世纪特殊教育研究前沿
2	一般基础问题	第 1 章 多重障碍学生教育理论基础 第 2 章 多重障碍学生课程开发 第 3 章 多重障碍学生教育评估 第 4 章 多重障碍学生教学支持
3	专项领域问题	第 5 章 沟通发展：学习的核心先备技能 第 6 章 行为干预：走向课程的文化实践 第 7 章 艺术学习：独特的文化教育载体 第 8 章 休闲参与：闲暇时的自我价值确认

第一部分绪论，以 21 世纪特殊教育领域的前沿话题——多重障碍学生教育作为全书的开始，重点探讨了多重障碍作为一种残疾现象的出现、成因、定义及其特征，以形成本书的概念定位和基础。

第二部分包含四章内容，主要讨论多重障碍学生教育的一般基础性问题，力图确立一个相对完整的理论与方法的基本框架。第 1 章——多重障碍学生教育理论基础，循着历史线索讨论在多重障碍学生教育范式的演进中，医学、心理学、社会学和哲学等对课程发展的影响，特别是对当代神经科学的教育回应做了重点介绍，同时也介绍了我国相关研究的现状。第 2 章——多重障碍学生课程开发，聚焦课程问题。首先，通过对中外有关多重障碍学生群体课程目标的认识分析，确立满足个体发展需要的教育学分析框架。其次，从全纳性学习的视角，讨论课程内容组织与选择的总体框架建构及学段取向、学科学习等核心问题。最后，介绍国家课程的校本实施和课程统整，通过对中外相关经典案例的评析，为读者提供可参考的特殊教育学校课程发展的国际经验。第 3 章——多重障碍学生教育评估，针对课程与教学的个性化实施，将特殊教育需要决策评估、学业评价与个别化教育计划联结起来。首先，重点阐述了多重障碍学生教育评估特点、基础方法和影响因素。其次，针对个别化的教育需要决策，分别从综合性和专项性两个层面，有选择地评价了相关评估技术及工具，以帮助读者理解和参考运用。再次，针对学业评价，从国际比较的视角，重点评析了美国和英国的替代性评估经验。最后，聚焦个别化教育计划的制订，讨论了我国特有的个别化教育计划目标的确定与表述等问题。第 4 章——多重障碍学生教学支持，基于全纳性学习理念，讨论多重障碍学生教学的基本问题。首先，讨论该群体教学的"脆弱性"及其个性化学习参与特征。在此基础上分别介绍和评析了技能为本与过程为本这两种教学取向，以及通用学习设计的支持问题。其次，较为系统地介绍了应用性教学模式、教学提示策略等重要的理论基础及运用问题。然后，围绕全纳性学习，具体地介绍各种有效的学习支持策略。从某种意义上说，第二部分是多重障碍学生教育问题的基础核心，为第三部分专项领域提供理论与方法的支撑。

第三部分也包括四章内容，主要聚焦沟通发展、行为干预、艺术学习和休闲参与这四个具体专项性的学习领域，这些领域既是多重障碍学生学习内容的重点，又是我国在理论与实践方面发展得极为薄弱的部分。第 5 章——沟通发展：学习的核心先备技能，系统地讨论了沟通发展对多重障碍学生在学习方面的意义及其教学问题。首先，阐述了沟通发展与多重障碍学生在学习方面的关系。其次，讨论早期沟通技能的评估问题，鉴于我国有关早期沟通评估的理论与实践研究非常薄弱，重点对以语用学为导向的"沟通矩阵（Communication Matrix）"做了评介，以期国内读者有所了解并能借鉴参考运用。再次，从实践指导的角度，讨论了不同的差异需要的沟通形式选择和运用问题。在此基础上，就沟通技能教学目标的建立以及表达性沟通、对话性沟通、接受性沟通等技能的具体教学，进行详细地阐述。最后，就沟通发展的支持系统，从课程设计、环境创设、主体激励、技术辅助和行为支持等方面展开讨论。第 6 章——行为干预：走向课程的文化实践，以文化学理论为支撑，从教育学的视角强调行为干预的课程地位。首先，梳理行为理论的发展，从文化学的视角解读多重障碍学生挑战性行为的本质。其次，分析教育行为学的概念及其观点，重点介绍了英国学者伊姆雷提出的"行为课程"意涵和实践问题，强调行为干预的课程地位和教学之间的联结。再次，聚焦积极行为支持的核心，介绍分析不同的行为功能及其干预策略的设计。第 7 章——艺术学习：独特的文化教育载体，突出强调了艺术学习对于多重障碍学生来说独特的发展价值。首先，探讨艺术作为一种独特的文化建构载体，对于多重障碍学生在学习方面的特殊价值。其次，就艺术课程与艺术教育之间的关系，结合我国培智学校艺术课程设置，阐述了艺术要素及其早期形式、发展性艺术的概念及运用等与多重障碍学生艺术学习的关系。最后，针对艺术治疗与艺术教育之间关系的诸多误解，进行分析和澄清，指出它们的价值、地位及其相互支持作用。第 8 章——休闲参与：闲暇时的自我价值确认，以发展的劳动教育观，重点阐述休闲对多重障碍学生在劳动教育方面的特殊意义，讨论了休闲与劳动教育之间关系的本质、中外休闲教育的认识比较、休闲活动的选择与评估以及对休闲活动的参与等。第三部分内容是对第一、二部分内容的深化与具体展开，只是在范围上，有选择地聚焦重要而又特别的专项领域，笔者借此试图努力弥补我国在这些领域研究的不足。

绪论：21 世纪特殊教育研究前沿

多重障碍学生的教育问题已成为当代国际特殊教育关注的热点，是"21 世纪教育的研究前沿"[①]。随着多重障碍学生的逐渐增多，"学校管理和教师的众多技能受到了前所未有的挑战。当下学校的教学环境、课程模式和教学方法都难以适应这种新的情况"[②]。在我国，特殊教育学校的教育对象已发生了重大变化，多重障碍学生越来越多，尤其是在培智学校，该群体已逐渐成为主要的教育对象；同时，以送教上门为主要受教育方式的对象也以多重障碍学生为主。多重障碍学生的教育直接关系到整体特殊教育质量的提高，关系到贯彻"教育公平"的基本国策，对于"加快建成平等、面向每一个人的教育"，具有重要的理论和现实意义。而以为每一位学生提供合适的教育，进而促进教育公平为特征的融合教育发展新诉求必然要求在课程与教学方面实现新的突破和创新。我国对多重障碍学生的教育研究基本处于起步阶段，学校和教师对多重障碍学生身心特征及其特殊需要的了解还很不深入。本书聚焦多重障碍学生教育的理论与方法，试图有重点地探讨相关的理论与实践问题。绪论作为全书的开篇，在其中重点就多重障碍学生教育所带来的挑战、多重障碍学生的概念等问题展开讨论。

多重障碍学生：人数不断增加的群体

从生命哲学的角度讲，生命系统特征决定了物种的多样性、差异的普遍性和生命的变异性。因此，多重障碍现象也是人类多样性存在的一种形式，其产生与发展都是不以人的意志为转移的。当然，作为一种残疾现象，多重障碍的出现率、成因及分类等因社会发展、地域环境等不同有一定的变化。

[①] Barry Carpenter, Jo Egerton. *Engaging Learners with Complex Learning Difficulties and Disabilities: A resource book for teachers and teaching assistants*[M]. Oxon: Routledge, 2015: 8.

[②] Department for Education. *Support and Aspiration: A new approach to special educational needs and disability-a consultation*[M]. Norwich: The Stationery Office, 2011: 24.

一、全球不断增长的出现率

21世纪以来，多重障碍学生的出现率在全球呈现出不断增长的趋势。这种现象不仅出现在发达国家，也出现在发展中国家。

发达国家中以英国为例，英国政府2010年统计数据显示，从2004到2009年重度障碍学生总数增加了5.1%，而极重度与多重障碍学生平均增长了29.7%[①]；从2006到2010年，英格兰有特殊教育需要的学生占学生总数的比例由19%（153万）增长到21%（169万），其中极重度障碍学生就占3%[②]。

我国作为最大的发展中国家，两次全国残疾人抽样调查数据显示，多重障碍人数也出现了明显的增长。1987年第一次全国残疾人抽样调查结果推算显示，全国各类残疾人的总数约有5164万人，而综合障碍（即多重障碍）人数约673万人，约占13%。到了2006年，第二次全国残疾人抽样调查统计，我国残疾人总数上升到8296万人，多重障碍有1352万人，占残疾人总数的16.30%。两者相比，近20年间多重障碍人数增长了1倍左右，所占残疾人总数的比例也增长了3.3%。与此同时，我国特殊教育学校的教育对象也发生了巨大的变化，多重障碍学生逐渐增多，仅2006年有关调查统计就显示，特殊教育学校中，重度智力障碍的学生占到70.5%，而在培智学校，单一的智力障碍学生原本是主要的生源类型，现仅占所有学生的66.1%，其他涵盖多重障碍在内的障碍类型则达11种之多[③]。近年，在区域性的特殊教育学校调查的数据也显示，多重障碍学生的人数也在不断增加。

由于多重障碍还没有一个得到广泛认可的定义，不同的国家或地区对其界定又有所不同，另外，被认定为多重障碍的出现率也会因所调查的人口、地理位置、评估方法和使用的评估标准等因素而变化，目前国际上还没有一个精确和规范的数据统计来描述多重障碍出现率的演变情况，但是一般认为，多重障碍属于低出现率，在所有障碍儿童中不超过3%[④]。

二、当代孕育基础与医疗技术

造成多重障碍的原因非常复杂，生物性的遗传代谢与环境性的感染损伤都是造成多重障碍的主要原因。与单一障碍不同，确定多重障碍的器质性因素是多元的。常见的原因包括：遗传性疾病、染色体异常、脑发育异常和系列感染（如梅毒、

---

① National Statistics. Special *Educational Needs in England*[M]. London: Department for Children, Schools and Families, 2009: 6.

② Hartley, R. *Teacher Expertise for Special Educational Needs: Filling in the gaps*[M]. London: Policy Exchange, 2010: 36-37.

③ 陈云英. 智力落后课程与教学[M]. 北京：高等教育出版社，2007：21-22.

④ 方俊明. 特殊教育学[M]. 北京：人民教育出版社，2005：310.

感染弓形虫病、巨细胞病毒和单纯疱疹病毒及其他感染）等。与多重障碍相关联的常见的病因主要有以下几种：唐氏综合征、孤独症谱系障碍、脆性 X 染色体综合征、胎儿酒精综合征和雷特综合征等，因此多重障碍儿童中也包括一些伴随其他障碍的儿童，尤其是孤独症谱系障碍和雷特综合征。

父母药物滥用、酗酒或营养不良造成的孕期不良影响也可能引起或部分引起多重或重度障碍；另外，多重障碍也可能由后天的虐待、车祸、跌落、殴打等引起的脑外伤导致；营养失调、被忽视、中毒以及一些会影响大脑的疾病（如脑膜炎、脑炎）也能引起多重或重度障碍。总之，除了后天一些因素外，多重障碍的产生原因，主要可归结为人类在孕育中产生的一些基础性问题。

近年来，多重障碍出现率的增长则与社会发展、生活方式的改变有着极大的关联。除了一些传统的罕见基因染色体变异以及母体药物影响或孕期酗酒等导致的综合征外，当代医学的发展是不可忽视的一项重要因素。医学的进步，对于残疾可谓一柄双刃剑：既可以防治残疾，又可以制造残疾。随着医疗技术水平的提高，人类的孕育可以通过人工辅助受孕、侵入性穿刺检查、营养支持、辅助式的呼吸通气等医疗措施克服诸多生殖方面的疑难杂症，但也不可避免地会对个体的感觉、神经等带来损伤，或造成其他一系列健康问题。譬如，提高早产儿的存活率是当今医学进步的尤为显著的成果之一，却是造成多重障碍出现率提高的一个重要因素。在英国，有关研究报告称，80%怀孕不足 26 周的儿童能够存活下来，其中超过 50%的儿童有严重和复杂的残疾[1]。在美国，26 周早产儿的存活率可达 80%（属于极度早产），28 至 31 周的早产儿占新生儿的 96%[2]。另外，英国的一项研究数据表明，50%的早产儿存在着严重的残疾和复杂的学习困难[3]。此外，当代社会中的贫穷、不健康的生活方式等也是导致多重障碍的原因之一。

由于多重障碍儿童的障碍大多为显性或程度高，其障碍更容易识别，所以多重障碍儿童很少经过筛查形式的评估。但是，观察、医疗检查、转诊和非歧视性评估对鉴定多重障碍儿童以及他们的学习需要是至关重要的。大多数儿童在婴儿时期或学龄前就被怀疑有障碍，所以，父母和医生的观察通常集中在早期。医疗检查可能显示存在多重障碍，而身体检查和基因测试可以确认诊断。在鉴定病因和相关障碍后，需要进行相关的评估。有重度障碍的儿童在智商测试中至少有 2 个标准差低于平均值，其适应行为会明显低于平均水平，如果有两个或更多的适

---

[1] Marlow N, Wolke D, Bracewell M & Samara M. Neurologic and developmental disability at 6 years of age following extremely pre-term birth[J]. *New England Journal of Medicine*, 2005, 352(1): 9–19.

[2] National Center for Health Statistics. 2004 period linked birth/infant death data. Prepared by March of Dimes Perinatal Data Center,2008. http://www.marchofdimes.org/complications/premature-babies.aspx, 2016-12-26.

[3] Marlow N, Wolke D, Bracewell M, et al. Neurologic and developmental disability at 6 years of age following extremely pre-term birth[J]. *New England Journal of Medicine*, 2005, (1): 9–19.

应行为领域的分项得分低于平均水平，一般认为有重度的障碍。重度障碍儿童需要密集、持续的支持以满足他们的日常需要。

概念特征：谁是多重障碍学生

一、多重障碍的相关概念

目前，国内外关于多重障碍的术语、定义和分类等并不一致，不同的学科领域、不同的国家或地区有着不同的解释。由于多重障碍特有的复杂性，个体的多重障碍之间的关系还存在着争议，此外它还与重度障碍、极重度障碍等概念存在着交叉关系。本节主要对多重障碍的相关概念做一些必要的梳理。

（一）多重障碍

顾名思义，多重障碍指个体合并存有两种以上障碍的情形。我国教育界一般把多重障碍定义为："生理、心理或感官上两种或两种以上障碍合并出现的状况（如盲聋、智力障碍兼肢体障碍等）。"[①]2011年5月实施的《残疾人残疾分类和分级》国家标准（GB/T 26341-2010）中对多重残疾的界定是：同时存在视力残疾、听觉残疾、言语残疾、肢体残疾、智力残疾、精神残疾的两种或两种以上残疾。该分类标准中并未厘清重叠相伴的障碍之间的关系。譬如，在这一文件中，把听觉障碍导致的言语障碍等问题也看作言语残疾，这意味着可以把因听觉障碍导致言语障碍的儿童归入多重障碍儿童之列。

我国台湾地区1999年颁布的《特殊教育法》对多重障碍的定义是，具有两种以上不具连带关系且非同一原因造成之障碍而影响学习者，具体表现为：①兼具有两种或两种以上的障碍；②该两种或两种以上的障碍非出于同一个原因；③该两种或两种以上的障碍不具有连带关系；④该两种或两种以上的障碍会影响学习。台湾地区的定义非常明晰地规定重叠相伴的障碍之间没有因果或连带关系。因此，因某一障碍引起的其他障碍现象就不属于多重障碍。譬如，智障引起的学习困难，就不能看作智力障碍兼有学习障碍。

美国《残疾人教育法》（Individuals with Disabilities Education Act，简称 IDEA）对多重障碍做如下界定：有伴随障碍（如智力障碍-盲、智力障碍-畸形等），导致严重的教育问题，以至于不能依照某一单一的障碍类别实施特殊教育计划。由于"聋-盲"障碍的独特性及美国"聋-盲"儿童教育的历史，IDEA 中的多重障碍不包括"聋-盲"障碍，而是把"聋-盲"作为单独的障碍类别独立于多重障碍之外。

---

① 朴永馨. 特殊教育辞典[M]. 北京：华夏出版社，2014：330.

美国的定义更加强调障碍给儿童的教育带来的影响及由此带来的教育支持和相关服务问题。

如果仅从个体发生的障碍数量来定义多重障碍，可能会把多重障碍与典型的其他障碍相混淆。譬如，听觉障碍往往引发言语和语言障碍，智力障碍也往往会引发学习困难、运动障碍或情绪行为障碍等。因此，我国台湾地区教育部门对多重障碍的规定明晰地排除了障碍之间的连带或因果关系造成的多重障碍，同时也排除了障碍的同源关系。但对于同源关系的排除，却有待商榷，因为它将障碍之间的关系与障碍原发性的原因（或者说是病因）混淆在一起。譬如，唐氏综合征儿童主要是由于染色体数目异常导致的，这种基因缺陷不仅会导致典型的智力障碍，而且也往往会造成视觉或听觉障碍，而唐氏综合征学生的视觉障碍和听觉障碍并不存在因果连带关系，却共同源于基因缺陷。那么一个伴有视障和听障的唐氏综合征儿童就应该属于典型的多重障碍儿童，类似的现象也存在于一些早产儿、孤独症谱系障碍、脆性X染色体综合征等类儿童身上。因此，多种障碍之间有因果或连带关系的不能称为多重障碍，但多种障碍的成因为同源关系的可以归入多重障碍范围。

综合以上有关多重障碍的定义，我们认为多重障碍一般指个体在生理、感官、心理或行为等方面兼具两种或两种以上会严重影响个体的学习与发展的障碍，且障碍之间没有因果或连带关系。

（二）重度障碍

与多重障碍相关的一组重要概念为重度障碍、极重度障碍。通常障碍程度一般可划分轻度、中度、重度和极重度四类。我国的《残疾人残疾分类和分级》国家标准就把各类残疾按残疾程度分为四级：残疾一级、残疾二级、残疾三级和残疾四级。残疾一级为极重度，残疾二级为重度，残疾三级为中度，残疾四级为轻度。多重障碍由于障碍表现的特异性和重叠性使其与重度障碍、极重度障碍儿童的身心特征及教育存在着很大的关联，但两者既有联系又有区别。在西方传统的残疾分类中，重度残疾包括中度以上的智力残疾、肢体残疾或感官残疾兼有智力残疾者。因此，重度残疾一般有显著的智力或认知障碍，重度残疾儿童在学习和生活中需要充分的支持，以满足其发展的需要。

国际上，对重度障碍、极重度障碍的定义或描述一般有两种方法。一种是按照传统的智力测验，智力功能处在3～6岁年龄组的属于重度障碍，低于3岁年龄组的为极重度障碍。根据国际相关分类系统，如美国精神病学会（American Psychiatric Association，简称APA）2013年发布的《精神疾病诊断和统计手册》（第5版）（*Diagnostic and Statistical Manual of Mental Disorders, 5th Edition*，简称

DSM-V）和 1992 年世界卫生组织《国际疾病与健康问题分类》（第 10 版）（*International Statistical Classification of Diseases and Related Health Problems, 10th Edition*，简称 ICD-10）都认为重度障碍者的 IQ 约为 20/25~35/40，极重度障碍者的 IQ 则约低于 20/25。

另一种是从支持程度来定义重度障碍。代表性的定义是美国残疾人协会（American Association for Persons with Severe Handicaps，简称 TASH）1986 年对重度障碍的描述："重度障碍是指包括所有年龄，在多个主要生活领域需要广泛持续地支持，才能参与社会、享受有质量生活的人。诸如运动、交流、自我照料和学习等方面的支持是其独立生活、就业和自我满足的必要条件。"

英国通常把重度障碍、极重度障碍称为重度学习困难（Severe Learning Difficulty，简称 SLD）和极重度兼多重学习困难（Profound and Multiple Learning Difficulty，简称 PMLD）。2009 年英国儿童、学校与家庭委员会（The Department for Children, Schools and Families)[后更名为教育部(The Department for Education)]分别对重度与极重度障碍做了相应的定义：

> 重度障碍学生有显著的智力或认知障碍。没有支持，这些障碍会影响他们参与学校课程，他们也可能在运动、协调、沟通交流和感知以及获取自助技能等方面存在困难。SLD 的学生在课程的所有领域都需要支持。他们可能还需要学习自助、独立和社交技巧。一些学生可能使用手势和符号，但大多数学生能够进行简单的对话。
>
> 极重度障碍学生有着复杂的学习支持需要，除了学习非常困难之外，还有其他重大的困难，如肢体障碍、感觉障碍或严重的医疗状况。学生在学习和个人自理方面都需要高水平的成人支持。他们可能需要感觉刺激，把课程分解成非常小的步骤。一些学生通过姿势、眼睛指向或符号进行交流，另一些学生通过非常简单的语言进行交流。①

英国的定义同样侧重障碍给学生学习带来的影响，描述的学习困难既具体又容易理解，特别是提及了重度、极重度障碍与多重障碍的复杂交叉关系。

大多数多重障碍儿童的障碍程度都非常严重，给其身心发展带来极其不利的影响。多重障碍与重度障碍在范围上存在着复杂的交叉重叠关系（图 1），处在重叠范围内的儿童就是多重兼重度障碍儿童群体。"这个群体包括中度智力障碍（伴有至少一种其他障碍）儿童、重度智力障碍儿童、部分脑外伤儿童、盲聋儿童以

---

① http://www.education.gov.uk/a0013104/glossary-of-special-educational-needs-sen-terminology

及部分孤独症谱系障碍儿童。"[1]

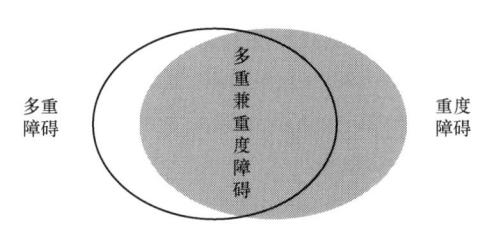

图1 多重障碍与重度障碍关系图

由此观之，多重障碍与重度障碍是两个既有联系又有区别的概念。尽管两者在名称的诠释上理应有所不同，实践中人们却常常将重度障碍与多重障碍这两个名词互相替代，甚至招致概念混淆。英国教育部则把多重障碍分成两类，即有极重度兼多重学习困难和多重感官损伤（Multi-Sensory Impairment，简称MSI）之分。北欧大部分国家多采用极重度智力与多重障碍（Profound Intellectual and Multiple Disability，简称PIMD）的术语界定与PMLD相同的概念，而澳大利亚则将其称为极重度智力障碍（Most Severe Intellectual Disabilities，简称MSID）。

就本书而言，研究对象主要聚焦于两者重叠的范围，即那些有多重障碍且因多种障碍的相互影响导致本身障碍程度十分严重的群体。多重障碍的复杂性导致多重障碍群体中的很大一部分人的障碍程度都比较重，重度障碍的鉴定标准也决定了他们中的大多数必然存在着多重障碍。为了便于理解，本书在表述时并不对其进行严格的区分，笼统地将其称为多重障碍。

（三）复杂性学习困难与障碍

复杂性学习困难与障碍（Complex learning Difficulties and Disabilities，简称CLDD）是近年来在国际特殊教育领域经常提及的概念，最初由英国伍斯特大学的荣誉教授卡彭特（Carpenter）在其主持的一项全国性课题"复杂性学习困难与障碍研究（Complex Learning Difficulties and Disabilities Research Project）"中正式提出。"复杂性学习困难与障碍学生具有共存的障碍现象和条件。这些障碍条件的重叠、连锁导致复杂性学习困难，复杂性学习困难与障碍学生需要个性化的学习路径，需要依据其个体的独特性改变相应的学习模式。复杂性学习困难与障碍学生伴随着一系列的问题和不同程度的需要，例如心理健康、人际交往、情绪行为、身体病弱、医学治疗、感官、沟通和认知等；他们的发展需要具体专门的支持和应对策略，包括跨学科专业人员的介入，以促进学生在课堂学习或社区活动中积

---

[1] Susan M. Bruce. *Severe and multiple disabilities*. In *Handbook of Special Education*[M]. New York: Routledge, 2011: 291.

极有效地参与；他们的学业成绩可能呈现出非典型或不稳定、不一致的状况；被安置在学校就读的该类学生可能处在包括国家课程和'P-Scales 评估标准'[①]的任何学业水平上。"[②]

报告还强调了这个定义也适用于学前和继续教育阶段。"复杂性学习困难与障碍"概念的提出，最突出的新意在于从传统描述残疾状态转到描述学习困难上，进而聚焦到学生学习困难的"复杂性"上[③]。复杂性学习困难与障碍群体也包括孤独症谱系障碍的学生，该群体也属于多重障碍；同样，复杂性学习困难与障碍并不都是重度或极重度障碍，譬如著名的科学家霍金，虽然成年后患有肌肉萎缩性侧索硬化，但并没有影响其智力与思维能力。

多重障碍对个体的发展影响非常复杂，身体疾病、身体障碍、感知缺损以及行为和沟通等问题都对发展增加了额外的障碍。因此"多重障碍对学习的影响不能理解为仅仅是每种障碍影响的叠加，相反，这种影响是复杂的、相互作用的，本质上是倍增的[④]"不同的障碍叠加或组合，其对身心特征的影响也有很多差异。

二、多重障碍的分类

多重障碍可以具体地分为不同的类型。如果以障碍类型的排列组合为依据，理论上可以分为很多种，"但是现实中，种种'类型组合'的分类会包含许多出现率非常低甚至不出现的情况，实际意义不大。"[⑤]为了突出常见的类型和主要问题，目前学术界一般采用两大依据进行划分，一是以障碍的显隐性或影响程度的主次为依据，二是以障碍的伴随数量为依据。

（一）以障碍的显隐性或影响程度为依据

在多重障碍儿童同时存有的一组障碍中，往往有些表现得非常明显，而其他障碍相较不明显，或处于伴随的次显的情况，我们就可以以主显的障碍来进行分类。一般有以下几种。

1. 以感官障碍为主的多重障碍：突出的表现为难以使用和解释感官信息，不

---

① 注：P-Scales 即 Pre Level 1 of the UK National Curriculum 的简称，是英国教育部颁布的为那些达不到国家课程学业标准的 5~16 岁特殊需要学生所制定的具体表现性学业目标评估大纲，低于国家课程标准 1 的水平。

② Carpenter B. The Complex Learning Difficulties and Disabilities Research Project. http://complexld.ssatrust.org.uk/uploads/CLDD_project_report_final.pdf. 2017-2-20

③ 盛永进. 多重障碍教育国际新动向[J]. 中国特殊教育. 2017：07.

④ James M. Kauffman, Daniel P. Hallahan. *Handbook of Special Ed* [M]. London：Routledge, 2011: 291.

⑤ 方俊明. 特殊教育学[M]. 北京：人民教育出版社，2005：310.

能用有助于儿童正确理解世界的方式来分类和整合信息，如视障兼有智力障碍儿童。

2. 以身体障碍为主的多重障碍：突出的表现为身体功能和运动方面的残疾，也包括不同程度地依赖身体护理，如脑瘫兼有听障儿童。

3. 以智力障碍为主的多重障碍：突出的表现为在认知概念的形成和保持记忆等方面的困难，如智障兼有视障儿童。

4. 以沟通障碍为主的多重障碍：突出的表现为需要各种交流技能，包括各种语言和非语言的沟通技能，如孤独症兼有听障儿童。

5. 以心理障碍为主的多重障碍：突出的表现为情绪、自尊、人格方面的问题和问题行为，如情绪障碍兼有视障儿童。

（二）以障碍的伴随数量为依据

另一种是以儿童身上所具有的障碍数量来分类，如二重障碍、三重障碍，以此类推。

对多重障碍儿童进行分类可以增加我们对这些儿童身心状态的了解，让教育者明确多重障碍儿童的主要问题。但实际上，对于多重障碍儿童这种异质性极高的群体很难进行分类，而且属于某一分类下的儿童的异质性也是极高的，同一分类下的儿童也往往存在着显著的差异。对于学校的教育者来说，他们很难准确地对儿童进行这种分类。

三、多重障碍学生的特征

多重障碍学生是一个异质性极大的群体，学生障碍的程度与障碍发生部位的不同导致他们之间存在极大的差异，该群体在能力、个性、经历和爱好方面呈现出极度的多样化特征。因而，对于这些个体来说，很难说哪些问题是普遍存在的，要对他们的特征进行归纳也存在困难。不过大多数多重障碍儿童的一个关键特征是他们常在多种生活技能和各发展领域中表现出显著的缺陷，障碍几乎影响到生活自理、感觉运动、言语沟通、认知学习、情绪行为等发展领域的每个方面，了解这些身心特征有助于在教育中更好地理解这些儿童的教育需要。以下主要聚焦多重兼重度障碍学生，做简要的讨论。

（一）健康状况

许多多重障碍儿童面临着持续的身体健康问题。患有各种疾病是多重障碍儿童常见的现象。常见的疾病包括：心血管疾病、呼吸器官疾病、肠胃问题、贫血、脱水、肾功能问题、中耳炎、哮喘、皮肤过敏和造成活动范围丧失的肢体挛缩。

这些健康问题都会严重影响儿童的身体发育和心理健康，给儿童的生活与学习带来许多困难。因此，对多重障碍学生进行教育的过程中要经常关注医疗和身体问题。比起一般的障碍儿童，多重障碍儿童需要更多的特殊服务与支持。

身体健康问题具体表现在身体发育及生活自理等方面存在明显的障碍。在身体发育方面，首先往往表现为身体发育迟滞。多重障碍儿童在生长发育方面往往呈现出一种低于其实际年龄水平的非典型发展。发育迟滞有许多原因。生长过程中不能获得足够的营养是其中一个主要原因。一些疾病会造成进食困难，进而导致营养的摄入不足。比如，脑瘫等疾病造成的口部运动障碍，会造成吮吸、抿唇、咬合、咀嚼和吞咽功能的减弱；持续肌肉紧张痉挛的儿童，可能需要消耗更多热量，进而产生代谢或腹泻消化等问题；还有的儿童对食物有感官防御（讨厌液体中的结块）或有反胃带来的呕吐问题；有些多重障碍儿童，只能用鼻饲导管输送营养液。这些进食问题都会影响营养的摄入。另一个方面的原因是由相关的疾病直接造成的，比如，德朗热综合征（Cornelia de Lange Syndrome）和唐氏综合征，其重要的特征之一就是发育迟缓，这些综合征造成障碍儿童的发育水平都要低于一般的平均年龄水平。

其次表现为自理能力差。由于身体方面的原因，一些多重障碍儿童不能独立地满足自己的基本需求，主要表现在穿衣、吃饭、如厕以及个人卫生等方面。他们往往需要专项特别的技能训练，训练过程中或需借助辅助的器具设备，或需调整技能顺序，才能学会并保持这些基本技能。身体发育的迟滞，使得许多多重障碍儿童出现体质羸弱等现象，常常容易疲劳，严重的甚至会不间断地处于清醒和非清醒的交替状态中。在这种情形下，教师要特别留意学习强度的控制，也要了解儿童的清醒水平，并且在适当的时间提供学习的机会。在短暂的突击学习后让儿童休息一段时间，可能是最好的学习方式。

（二）感觉运动

感觉技能贫乏是多重障碍儿童常见的现象。面对大量的感官信息，一些儿童的大脑可能刺激不足，也可能刺激过度导致"停机"，而无法记录身体的感觉。还有一些儿童由于感觉神经等问题，感觉加工处理困难，导致感觉防御，对某些感官信息（如黏液质地和某种声音）表现出极端的抗拒或迟钝。因此，需要分析其潜在的原因，采取有效的措施，谨慎地选择感官信息呈现的方式，使儿童能够组织身体的感觉，从而克服这个问题。

感觉技能的缺失会直接导致身体表象经验的贫乏，影响知觉定位。很多多重障碍儿童意识不到他们身体的各部分构成，也不能将它们联系起来视作整个身体。这些儿童不知道头是在身体的顶部，脚趾是身体最远端，他们不知道他们手臂的终端叫作"手",手通过手臂与躯干相连。这些儿童可能会有一些扭曲的、狭小的环境空间意识,在大的空间区域他们就无法形成意识。无法控制自身运动和感知环境就会导致定向混乱,无法确定方位(前、后、左、右)会使学习变成困难而复杂的任务。

与感觉技能贫乏直接相关的是存在运动困难。许多多重障碍儿童的身体运动能力有限,有些甚至无法独立行走或独立站立和坐起。这些儿童需要依赖他人的帮助和辅具的支持。有些儿童的运动能力有限与身体疾病状况有关,他们需要持续接受治疗,才能防止情况进一步恶化。身体肌肉张力障碍是一种常见的病症。一些多重障碍儿童要么身体张力减退(疏松),要么张力亢进(僵硬),或者身体兼有张力减退和亢进。身体的弹性往往又与个体的情绪和行为状态是相关的。如果处于焦急状态,个体的动作就会变得更僵硬。肌体疲劳时,僵硬的动作就会更多。多重障碍儿童也会如此,当他们累或焦急的时候,他们的动作就会变得更难控制。

因此,很多多重障碍儿童需要建立控制他们自己身体运动和降低随意动作反应的能力。一些儿童需要找到替代的方法去克服身体或肢体某部分的瘫痪所带来的问题。

(三)言语沟通

在儿童的发展里程碑中,沟通与认知是两个很难截然分开的内容,个体早期发展阶段中,沟通水平与认知水平几乎是对应的。多重障碍者的沟通交流能力有限,在语言或非语言的理解和表达上都存在困难。一些儿童言语不清、说话不连贯,或只能说出几个字或较短的句子,也有的只能简单地说一些与基本需要相关的要求,有时会因无法用语言表达基本需求而出现不适当的行为,例如哭泣、出现攻击行为与发脾气等。因为运动功能失调和无法言语,有些多重障碍儿童缺乏用有意义的方式与他人进行交流的能力或机会。

有些多重障碍儿童不能用抽象语言进行沟通,但会用手势和表情表达他们的情绪,或使用常人很难理解的交流方式。这些交流方式包括控制性反应、呼吸形式、手臂动作、实物使用、符号使用和声音反应。但当讨论抽象经验或非眼前的经验时,这些儿童就会失败。还有一些多重障碍儿童根本不能使用任何言语,或仅维持在沟通的前意图水平,要依靠别人来解释他们的身体动作、面部表情和发声等。随着一些儿童学会使用抽象符号,意图沟通也会随着时间的推移逐步形成。很多多重障碍儿童能学会意图沟通,但不会习得语言。对于大多数多重障碍儿童来说,当一些交流方式不能一贯地被识别和强化时,就很难建立和维持人际关系。

（四）认知学习

多数多重障碍儿童都存在智力方面的问题，且智力功能严重低下。在学习方面，多重障碍儿童面临着更多的困难，无论是在技能的学习还是技能的迁移上，他们都需要更多的时间和练习。很多儿童由于障碍程度严重而无法使用标准化智力测验进行智力的测量，当然，对于这些儿童来说智力测验的结果对他们的教育教学和康复训练没有太大的意义。

在学习效率方面，大多数多重障碍儿童学习新的知识与技能的速度比同龄儿童更慢。多重障碍儿童在学习时需要获得更多的指导，在不断的尝试中获得能力。他们在学习抽象的内容时更加困难。许多多重障碍儿童不能读写或不能完成传统的学业任务。有一些儿童的功能性技能可以通过训练得到发展，如购物、认识路标等。

在思维概括方面，多重障碍儿童（尤其是脑损伤的儿童）的抽象思维能力较差，他们很难对事物进行观察、比较、分析、综合、抽象、概括、判断和推理。他们对抽象材料的学习效果更差，注意力不易集中，对于习得的内容的保持与迁移能力也很差。这使得他们不仅在学科学习上受到限制，在处理日常生活的问题上也受到影响。

（五）情绪行为

多重障碍儿童多有一套复杂的行为特征，而健康问题、体能、药物、刺激水平、压力和日常基本需求（如饥饿和口渴）会影响到他们的行为复杂性。多重障碍儿童常伴有一些问题行为，如无意义的刻板行为（如前后摇动、在面前摇手指、扭动身体）、自我刺激行为（如磨牙齿、拍打身体）、自伤行为（如撞头，揪头发、戳眼睛，打、抓、咬自己）、攻击性行为（如打或咬别人）等。这些行为严重影响了他们的学习，阻碍了他们融入主流社会。多重障碍儿童与他人的社交、沟通也存在较大的困难。多数多重障碍儿童缺乏与他人适当互动的能力，他们表现出的社会性行为往往不是过度就是不足。很多多重或重度障碍儿童无法与他人用口语沟通，语言能力极为有限，因此会产生一些不适当的行为，如用哭泣、发脾气、攻击他人，来表达自己的情绪和需求。这些儿童出现挑战性行为的频率很高，严重地影响了他们学习更多的实用技能以及在融合环境中参与活动。

上面所描述的这些行为特征容易给人一种过于消极的印象。其实，尽管残疾给孩子带来很多障碍，一些多重障碍学生仍然表现出了热情、坚定、果断、幽默等可贵的品质。当看到他们在学校、家庭和社区取得的进步时，许多教师都会体会到巨大的成就感。

总的来说，上述只是多重障碍儿童的整体特征的概况，实际上多重障碍儿童个体之间存在着巨大的差异，他们的个体特征远远大于群体特征。教育者和家长应当积极地去了解儿童，尽最大的努力帮助儿童，促进他们适应社会和发展技能。多重障碍给这些儿童的发展带来的严峻挑战，使得许多人很轻易地得出他们既不能学习，也不能有所发展的结论。然而，这种观点是错误的，经过教育，多重障碍儿童能在许多发展领域取得明显的进步。许多研究与实践表明，只要给予足够的机会、支持和以适当的形式进行教学，大多数多重障碍学生可以参与各项日常活动。

从历史的视角考察，多重障碍儿童的生活质量常常很低，他们获得的教育与服务与他们的需要也相差甚远，作为教育工作者，我们必须树立这样的理念，多重障碍儿童也应该拥有高质量的生活，我们必须创造条件，尽最大的努力为他们提供有质量的教育和服务。

第1章 多重障碍学生教育的理论基础

在特殊教育领域，尽管研究者已经对多重障碍学生的教育问题开展了相当长时间的实践探索，但随着这一群体人数的增加，这已经不仅是多重障碍学生本人及其家庭、学校和教师所面临的问题，更牵涉国家和社会的民生发展。这一群体所显现出的复杂的身心特征和学习模式以及一系列的社会、医学等复杂需要也在不断地改变着人们对他们的认识，促使特殊教育的理念、模式、策略与方法不断更新。在多重障碍学生教育发展的历史上，医学、心理学、社会学、哲学以及当代神经科学的发展，都对教育范式的发展产生了重大的影响。本章主要从历史发展的角度，阐述多重障碍学生教育的理论基础。

课程范式演进及其理论依据

"课程范式是特定时代里相互适切和有机联系在一起的一定的教育内容及其规范化结构程序、课程成就和课程观念的集合体。"[1]它"蕴涵着课程现象、课程探究活动的基本观念，这些观念是构成各种具体的课程理论学说和课程实践活动最基本的预设前提和理论基础，为人们提供解决各类课程问题的基本理念、规则和范例"[2]。课程范式存在于常规的特殊教育活动之中。伴随着特殊教育的发展，多重障碍学生教育的课程范式也经历了由医疗养护范式、心理发展范式、社会功能范式到社会融合范式的转变，与之相对应，也逐渐形成了矫治性课程、发展性课程、功能性课程和融合性课程等不同的课程取向。

一、课程范式的演进

（一）医疗养护范式

20世纪中期以前，在西方国家除了养护机构外，基本没有为多重障碍儿童提

---

[1] 黄甫全. 论课程范式的周期性突变律 [J]. 课程教材教法，1998，(5)：16-19.
[2] 傅敏. 论学校课程范式及其转型 [J]. 教育研究，2005，(7)：38-42.

供制度化的教育与服务。早在19世纪初，人们就把智力障碍看作神经系统的疾病问题，希望通过感觉运动的刺激和训练治愈智力障碍。一直到了19世纪末，人们才认识到智力障碍是不可能被"治愈"的。因此，多重或重度障碍儿童往往被判定是不可教育的。基于此，专业工作者认为对多重障碍儿童施以保护和照料或许是更好的方法，于是对他们实施养护管理。20世纪初，在西方国家刮起了被称为"基因恐吓"的社会风暴，人们认为所谓的"劣等基因"会导致人种质量的退化[①]，而智力落后是造成许多疾病的原因。在这种思潮影响下，智力障碍及其他多重障碍儿童被收容安置在远离主流社会的、隔绝的社区养护机构，以避免他们对社会基因库的"污染"，人们希望"通过强制绝育、禁止结婚和机构化来杜绝智力落后人群的出现"[②]。基于这种非人道的思想，残疾人与主流社会相隔离，这种境况下，多重障碍儿童不仅得不到教育，甚至连养护也得不到，过着痛苦的非人道生活。

（二）心理发展范式

伴随着20世纪60年代的"正常化"思潮和"去机构化运动"的诞生，尽可能地向残障人士提供正常的生活和学习机会，使他们能像没有残疾的人一样正常地独立生活，成为特殊教育工作者的主要追求。1975年美国颁布《所有残疾儿童教育法》(The Education for All Handicapped Children Act，即94-142公法)，多重障碍儿童也可以进入公立学校的特殊教育班级接受教育。虽然在"正常化"思潮和"去机构化运动"中产生了很多先进的思想，但具体的教育实践仍滞后于理念的发展。此时，多重障碍儿童的教育主要以心理发展范式为主导。

心理发展范式研究者认为，多重或重度障碍儿童遵循着与普通儿童相同的认知发展顺序和规律，只不过残疾给他们带来了更多的学习困难。因此，教师应该参照普通儿童的发展规律和课程内容实施教学。当然，叠加的残疾给学习带来了更多的困难，教师必须放慢教学的速度，通过反复不断的精细化训练使学生获得技能。

以心理发展理论为基础的课程范式又被称为发展性课程。发展性课程是指通过对多重或重度障碍儿童进行能力水平划分，从而实施相应的教学，即按学生的心智年龄、智力的发展水平进行教学。实施发展性课程时，特别强调教学的风格、语言、材料等都要顺应心智年龄、智力的发展水平。心理发展范式有其合理的地方，在某些情况下对儿童的认知训练也很有效。

---

① David L, Westing, Lise Fox. *Teaching Students with Severe Disabilities*(4th)[M]. New jersey: Person Education Ltd, 2009: 31.
② 利·哈米尔，卡罗琳·埃费林顿. 中重度障碍学生的教学[M]. 昝飞 译. 上海：华东师范大学出版社，2005：14.

但是，不是所有学生都遵循着一般儿童的发展规律，尤其是智力功能严重低下的多重障碍儿童，其心智发展往往与其生理年龄发展不相符合。如果无视学生的生理年龄的发展需要，对大龄障碍学生也完全按其智力水平进行教学，采取婴幼儿早期发展阶段的课程范式，那么就会影响他们的成长，特别是对他们成年以后融入同龄人的社会生活有影响。另一方面，心理发展范式的技能训练很少考虑所教技能的实用性，以及对学生未来生活质量的提高作用。发展性课程中的有些技能虽然多重障碍儿童能够学会，他们却难以在生活中应用。许多与家庭、社会相关的实用技能被纯认知性的技能所取代，因此学生学习实用技能的机会减少，导致学生实际生活能力的欠缺。

（三）社会功能范式

随着"正常化"思潮，"一体化""回归主流"运动的兴起，融合教育逐渐发展。为了纠正心理发展范式的弊端，以社会生态范式主导的教育理念开始盛行，并一直影响至今。社会生态范式教育超越纯认知性的技能发展教育，重视多重障碍儿童与其生活环境的关系，主张确立实用的功能性教育目标，强调技能的教学与生活环境的联系。

1976年，美国学者洛乌·布朗（Lou Brown）和他的同事针对重度障碍儿童教育发表了题为《判据的终极功能》的学术论文，指出"对重度障碍学生的教育必须以能否为其未来的成人生活做准备为基础，尽可能地发挥教学成果在生活环境中的最终功能"[1]。为此，文章主张应让重度障碍儿童进入主流学校学习，教给他们与其年龄相匹配的、功能性的实用技能，以便他们能够为成功地融入主流社会做准备。

以社会生态理论为基础，功能性课程范式与社区本位课程范式先后形成。功能性课程是基于社会生态理论的一种课程取向，它也是为了弥补发展性课程的不足而设立的。功能性课程教学主张学生所学的知识与技能要与社会生活相联系，强调学业的功能性，课程内容侧重"那些服务于个体当下和未来生活的学科知识和技能，诸如生活中阅读菜单、书写便条或一般性的付费计算等"[2]，强调个体在家庭、社区、工作场所、休闲环境中所需要的技能和行为的发展。

功能性课程教学强调的另一原则就是所教的技能必须与障碍学生的年龄相符合，即以同龄学生的课程内容为参照，教师对于教学材料的选择和活动的设计不

---

[1] Brown L, Nietupski J & Hamre-Nietupski S. *Criterion of ultimate functioning* In. Thomas A *Hey, don't forget about me!*[M]. Reston, VA: CEC Information Center, 1976.

[2] David L, Westing & Lise Fox. *Teaching Students with Severe Disabilities(4th)*[M]. New jersey: Person Education Ltd. 2009:442.

是以障碍学生的智力水平为依据。譬如，一个少年如果喜欢听音乐，与其给他听儿童歌曲，不如给他听流行音乐。尽管他现有的发展水平远低于他实际年龄的水平，也应该鼓励他表现出与其年龄相符的行为举止。实际上，与年龄水平相符合的教育原则的思想来源之一就是 20 世纪 50 年代的"正常化"思潮。"正常化"思潮强调尽可能地向障碍儿童提供正常的生活和学习机会，使他们能像没有残疾的人一样正常地独立生活。

社区本位课程是对功能性课程的改进和深化。由于多重障碍儿童的迁移能力差，如果教学中只注意技能的功能性，忽视教学的环境，那么很可能导致学生无法将所学到的技能迁移到不同的场景或情景中，这样所授技能也就得不到"最终的功能化"，因此，在真实的实际情景中教授技能也是社会功能性取向的表现之一，具体实施的策略就是走出学校课堂，进入社区，比如车站、商店、医院等，在这些实际的生活场景中利用自然线索进行教学更有效果。社区为本的课程教学能收到更多的实效，但需要更多的人员，花费更多的精力来实现课程目标，另外，在社区中教学，会把障碍学生与其他同龄学生隔离开来，使得障碍学生无法参与普通课程的学习。

（四）社会融合范式

社会融合范式是对社会生态范式的进一步深化，也是融合教育不断深入发展的必然结果。功能性课程尽管重视了障碍学生未来生活中技能的需要，但是一味强调实用性的技能，很可能忽视了学生学习普通课程的潜力，进而本质上剥夺了障碍学生学习普通课程的权利。基于这种反思，社会融合范式研究者提出，融合教育不仅表现在教育安置上，也表现在课程上，多重障碍学生的课程教学也应以融合为导向，多重障碍学生也应参与普通课程的学习（General Curriculum Access）。以建立最少受限制的教育环境为原则，通过支持来让障碍学生参与课程学习。因为融合教育的目的就是让障碍学生实现社会参与，而实现社会参与最好的教育方式是让障碍学生与普通学生一同参与普通课程的学习。社会融合是多重障碍儿童教育内容中极其重要的组成部分。多重障碍儿童很难学会社会适应技能，他们更需要在融合的社会环境中发展他们每一项社会适应的技能。比起其他技能，社会适应技能更能够影响多重障碍儿童被社会接受以及主动参与正常生活的程度，进而影响其生活的质量。

社会融合范式对应的课程取向就是融合性课程（Inclusive Curriculum），融合性课程是指基于课程标准的学科课程学习（Academic Standards-based Curriculum）和基于课程标准的替代性学业评估，即那些最基本的读、写、算技能的学科，诸如语文、数学和科学等。融合性课程的实施主要依据学生个体的表征性水平，调整课程教学目标与学业评价，然后对接相同学段水平的课程标准。融合性课程强调，障碍学生参与普通课程学习与教师教授功能性技能并不相斥，在普通课程的教学中嵌入许多优先技能教学，做到普通课程与功能性课程两不误。融合性课程的兴起离不开科学技术的发展，充分利用辅助技术的支持能为多重障碍学生参与普通课程的学习扫清许多障碍。

尽管多年来，关于多重或重度障碍儿童的融合教育问题一直争论不断，然而，融合已经成为当代主要的教育范式。许多研究证明"多重障碍儿童不仅能够参与普通课程的学习，而且能够在融合的情景中获得更多的进步"[1]。在美国，经过多年的实践，研究者已探寻出许多行之有效的基于普通课程标准的促进多重障碍儿童参与学习及其评价的具体策略与方法。相关内容，我们会在后面的章节中具体介绍。

社会融合范式从理念到实践都具有其先进的地方，但不可否认的是融合教育需要有足够的资源支持，在促进多重障碍儿童融合的同时，我们还需要考虑如何使我们提供的专业服务效益最大化，促进他们的成长发展，这是当代特殊教育面临的重大挑战。

二、文化意识的转向

教育文化意识是指对教育群体观念的认识，或者说是对影响教育思维、行为的文化认识，它的深层问题是哲学思想。作为一种文化现象，教育观的形成容易，但文化意识难，难就难在意识是对已有认识的观照，认识不足或不成熟就无法对它进行观照。多重障碍学生教育的文化意识，伴随着相应的教育实践，也经历了由低期望的"危险假设"，到高期望的"至微危险假设"的转向。

（一）传统教育的危险假设

教育的危险假设是指在教育领域中，人们未经实践验证，仅凭自我和大众的一般认识，就做出教育结果的预设判断，而这种教育假设恰恰存在着低期望的危险。教育的危险假设集中反映在多重障碍学生的教育历史上，至今仍影响着特殊教育的观念和思想。

由于障碍程度的严重以及学习困难的复杂性，人们很容易产生低期望的教育思想，认为多重障碍学生这也不行，那也不会。这种预设的低期望在教育上是极其危险的，因为在没有真正了解学生的基础上，就轻易地给出低期望的判断，甚

---

[1] David L, Westing, Lise Fox. *Teaching Students with Severe Disabilities(4th)*[M]. New jersey: Person Education Ltd. 2009: 21.

至否定学生潜在的学习能力，会直接影响教育成果。

在多重障碍学生教育的发展进程中，传统观念认为，智力测验是判断是否有智力功能障碍的基本手段，而智力低下则作为诊断有智力障碍的基本标准。此标准建立在这样一种信念之上：智力可以用可信的方式来衡量，因为学生在智力测试中表现出低水平的智力，他就可以被贴上有智力障碍的标签。这种认识导致人们相信：与普通学生相比，被贴上有智力障碍标签的学习者无法在普通课程中学到更多的内容，因而参与普通课程的受益程度是有限的。以往的教育经验表明，当我们不能确定学生是否知道、理解、能够学习或有话要说时，教育者往往就假定他们不知道或不能，甚至认为他们可能永远学不会。这些许多"不行、不能"的"假定"就是一个非常危险的假设，导致对多重障碍学生的期望值较低。这种传统的教育认识观使得教育者陷入了一种"危险假设"的信仰漩涡，在教育上往往只片面地注重"吃、喝、拉、撒、睡"这些功能性技能，而忽视"听、说、读、写"等学科性内容。虽然这并不意味着教育者就会忽视学生的利益，但是基于传统的缺陷认知取向，其教育理念和方法体系所带来的限制是显而易见的。

美国学者巴列里和克诺夫（Baglieri & Knopf）等进一步分析了这种现象背后深层的社会意识影响。在传统的残疾观念影响下，社会接受了"缺陷"被看作"差异"，随之这种差异被视为消极的，是一种与公认的"正常"不同的东西，那么有这种差异的人则被认为是需要改变的人，他们需要朝着所谓公认的"正常"的方向发展。于是在"正常化"观念的影响下，社会形成了现有的结构，这样的社会结构阻碍了有差异的人参与社会生活[1]。多重障碍学生及其家庭乃至他们的老师都受到了严重的伤害。从学校教育的角度来看，这些学生很快就被认定为不符合理想标准，教育者试图将他们改变为一种更可被接受的"正常"样子。尽管我们的主观愿望是好的，但实际上可能会不利于学生的学习和发展。由此，在对"教育危险假设"的批判基础上，有学者提出了"至微危险假设"的概念。

（二）"至微危险假设"标准

为了把低期望假设的危险降到最低程度，有学者提出了"至微危险假设（The Least Dangerous Assumption）"的概念。1984 年，美国特殊教育研究者安妮·唐纳兰（Anne Donnellan）首次提出了"至微危险假设"："在没有确凿数据的情况下，基于假设的教育决策对学生成年后能够独立生活的消极影响应降至最低。"[2]她进一步指出，学生表现差，不是因为他们有缺陷，而是我们的教学措施不到位。安

---

[1] Baglieri S & Knopf J. Normalizing difference in inclusive teaching[J]. *Journal of Learning Disabilities*, 2004, 37(6): 525–529.

[2] Donnellan A. The criterion of the least dangerous assumption[J]. *Behavioral Disorders*, 1984, (9): 141-150.

妮·唐纳兰的观点实际上是对传统残疾观念的一种挑战，换句话说，如果学生学得不够好，在质疑学生的学习能力之前，应首先反思我们的教学质量。概言之，持"至微危险假设"观点的学者认为，开展多重障碍学生的教育时，应首先坚信他们有能力、能够学，否则必然给其带来伤害，导致学生受教育机会的减少、教育安置的隔离、教育期望的降低以及成年后发展路径的局限。

那么究竟如何实施"至微危险假设"这一教育决策呢？比克伦（Biklen）和伯克（Burke）提出了教师应该拥有"假设素养（Presuming Competence）[1]"的理念。所谓假设素养意指在教给学习者某些知识或技能前，相信他们具有潜在的能力。如果有了这种理念，我们就会做出最不危险的假设。假设素养将多重障碍学习者的反应和行为看作特定情境与个人经验结合下的合理现象，避免给多重障碍学习者冠以有缺陷的标签，从而最大化地挖掘他们的潜能。因而，教师应该将学生的残疾或障碍与人的本质的多样性联系起来，并从学生的角度理解其发生的反应和行为。从这个意义上说，多重障碍学生教育工作者必须秉持假设素养的理念，做到"至微危险假设"。对多重障碍学生的教育实践也证明：当超越传统的教育文化意识，给予学生更高的期望和积极的支持，学生的发展会超越我们的预期。因此，正确看待多重障碍儿童，树立正确的教育观念，是开展具体的教育实践的前提。

1. 每个人都享有教育和发展的权利

"特殊需要学生首先是学生，是有生命的人。因此，基于人的生命存在，特殊需要学生有着人的生命价值、意义和尊严，享有作为人的一切权利。"[2]多重障碍学生不应该因为其障碍的多样性和复杂性，丧失其发展的权利，而受教育权是他们能够获得发展的最基本的权利之一。因此，为多重障碍学生提供的有质量的教育服务不仅不能少于其他儿童，而且根据公平正义原则，他们还应享有更多的社会、经济和教育等方面的支持。在教育上的支持就是给予特定的帮助，提供相应的教育服务，以增强多重障碍儿童的学习能力，帮助他们从相对困难的环境中获得资源，进而促进其身心的有效发展。

2. 每个人都有学习的能力和发展的潜能

任何人生来都具有一定的潜能，甚至是巨大的潜能，多重障碍学生也不例外。残疾会影响多重障碍学生学习的方式，但只要给予机会，他们都会学，不论过程有多困难。特殊教育工作者和其他专业工作者必须认识到每个个体都有其潜在的学习能力和发展的价值。教育者如果没有积极的教育期望，那么，无论是残疾儿

---

[1] Biklen D & Burke J. Presuming competence[J]. *Equity & Excellence in Education*, 2006, 39(2): 166-175.
[2] 盛永进. 特殊教育学基础[M]. 北京：教育科学出版社，2012：88.

童，还是普通儿童；无论是一般的障碍儿童，还是多重障碍儿童，都不会取得学习的进步，同样也得不到相应的发展。

首先，永远不要低估个体的学习潜力。周围人的态度对多重障碍儿童成长的影响极大。如果一个儿童被认为需要加以保护以免受到伤害，那么他就会被置于同情心的摇篮里养育，这个儿童也会如人们所以为的那样表现出脆弱、被动和低成就。但是，如果一个儿童首先被当作一个有潜能的人，对其障碍并不过分强调，那么他将会学习、成长和发展。因此，要对多重障碍儿童始终保有积极的教育期望，不要因为他有多重障碍而忽视其潜力，放弃在教学上做任何的努力。其次，对不同认知能力水平的学生采取不同的教学方式，通过不同的教学，使一些有障碍的学生学会一定的内容。尽管一些学生在某些学习领域（如阅读、计算等）有低成就的可能性，但是，通过采用适合他们的教学方式，他们也能走向成功。尽管一些学生以传统的方式可能无法表达他们知道、理解或领会到什么，但他们可能以其他方式表现出学习成果。

3. 每个人都有自己的尊严和被尊重的权利

尊严就是自身的权利被尊重。鉴于此，特殊教育工作者必须时时记住：在实施教育的过程中，千万不要对多重障碍儿童有歧视的心理，既不要把自己当作上帝，居高临下地看待自己的学生，也不要仅仅把自己看作救济者。作为教师要履行教育的职责，必须讲求职业道德，而学生是教育服务的对象，有受到尊重的权利。

神经科学的教育回应

神经科学的发展成为当代影响多重障碍学生教育的重要理论基础。神经科学是探索神经细胞、神经网络和大脑机制的科学。当代神经科学的研究成果揭示了人在学习时的心理过程，也揭示了神经问题与学习的联系，这些成果可以帮助指导教育工作者与障碍学生合作，做出教育决策和进行实践[1]。将神经科学研究成果应用在教育领域，即形成了当代教育学的一个重要前沿分支——神经教育学（Neuroeducation）。本节着重讨论神经科学对多重障碍学生教育的影响。

一、神经系统疾病与学习困难

（一）神经系统与脑神经研究

神经系统是机体内调节生理功能活动过程中起主导作用的系统，主要由神经

---

[1] Sousa D. How the *Special Needs Brain Learns*[M]. Thousand Oaks, Crown Press/Sage, 2006.

组织组成，神经系统的基本结构和功能单位是神经元。神经元通过释放一种被称作神经传递素的化学物质，在突触间相互沟通而形成电信号，所以神经传递素又被称作神经递质。神经递质穿过突触间隙，被另一个神经元上的树突接收，形成突触传递并导致突触后神经兴奋性升高或降低，而突触传递不仅是脑神经生理发展机制的基础，也为改善学习方法提供了神经刺激的基础。

神经科学家通过研究神经细胞、神经网络和大脑系统，了解了神经系统如何发展和发挥正常的功能，以及神经系统在什么情况下会发生问题。由于成像和其他技术的发展，神经科学家现在已可以观察活体大脑内部，并获得有关其结构和功能的新知识。目前，神经科学家主要使用以下几种技术来研究大脑：一是电生理学技术，借此重点研究生物体的电功能和生物体所发生的电现象，譬如从执行特定任务的动物大脑中获取单个神经元的生电信息并进行记录。这是一种侵入性技术，不适合用于人类。二是脑电技术（Electroencephalogram，EEG），通过脑电图仪的电极记录脑细胞群的自发性、节律性电活动。三是脑磁图描记术，也叫脑磁图仪（Magnetoencephalography，MEG），通过测量脑磁场信号，对脑部的磁信号及其发生源进行精确测量和定位，并利用计算机技术将脑磁图叠加于 MRI 影像上。脑磁图仪是一种应用脑功能图像检测技术对人脑实施完全无接触、无侵袭、无损伤的研究的设备。四是功能磁共振成像技术（Functional Magnetic Resonance Imagine，FMRI），通过核磁成像检测大脑血流变化并进行记录。

（二）神经系统疾病与学习困难的关系

学习困难与神经系统疾病密切相关。神经系统疾病是由大脑、脊髓或神经系统的不典型发育引起的，譬如，大脑的病症可能是由大脑损伤或大脑异常引起的，也可能是由大脑发育的基因编程缺陷引起。常见的神经系统疾病包括：阿斯伯格综合征、注意力缺陷多动障碍、脑瘫、阅读障碍、计算障碍、运动障碍或发育协调障碍、癫痫、胎儿酒精综合征、雷特综合征。有神经系统疾病的个体身上往往表现出不止一个问题或障碍，即有些障碍常常同时发生、共存叠加。例如，多动症被证明是多种障碍相伴相生，而不是单一的一种障碍。

神经系统疾病会对认知发展产生深远的影响，也给学生的学习带来种种困难或障碍。它们可以是轻微的，也可以是严重的，通常会持续一生。每个学生面临的学习困难都有差异，其需求也很复杂。一些学生会在各学习领域都存在困难，而有些学生则在语言、识字、计算或自我控制等特定领域存在困难。目前神经科学的研究方向是确定产生学习困难的原因并找出规避的办法，涉及鉴定、诊断以及设计干预措施。如果教师对神经系统疾病有一定的了解，那么对有学习困难的多重障碍学习者的教学效果会更好。

当代特殊教育的发展离不开神经科学的发展，如果说教育涉及的是提高学习的有效性问题，那么神经科学涉及的则是理解学习的机制问题，两者在促进学习的逻辑上，相辅相成，彼此密不可分[①]。来自神经科学的证据有助于为患有神经系统疾病的学生提供多层次的个性化教育服务。譬如，基于神经科学的研究成果，教师可以明了学生学习时面临的具体障碍，找到消除或减少学习障碍的方法，也可以通过调整课程促进学生的学习参与，使每个学生都能尽其所能地学习。

二、神经教育学的理论基础

学习与脑神经发育原理是神经教育学的核心理论基础。从神经科学的视角看，人类的学习依赖于大脑神经的反馈，大脑功能也在学习中不断地发展壮大。当代神经科学研究表明，神经的突触修剪与路径创建是大脑功能不断发展完善的基础。学习是对正向神经路径联结的正向强化，即使神经系统存在问题，大脑神经的可塑性也可以使大脑处理好适度紧张学习和压力应对问题。学习过程中良好的工作记忆则是有效学习的关键，对于障碍学生的学习有着重要的意义。

（一）突触修剪与路径创建

大脑发育的基本活动之一就是突触修剪。突触修剪是将单独的神经元或神经元间没有用的突触（虽有突触，但不进行信息的传递）删除。修剪的原则是用进废退，如果这个神经元无法成为持续作用神经回路中的一分子，它很容易就会被修剪。突触修剪过程是理解大脑可塑性及其学习功能的内在过程。从这个意义上说，突触修剪是学习的必要条件。学习过程中的刺激会使神经元间的突触强度增加，同时会触发下一个神经元的活化或"燃烧"，使得相关的神经元连接在一起，形成大脑神经的路径。随着时间的推移，细胞间的连接使得大脑不同部分的网络联结更为厚实。这种路径创建是持续不断的，"网络被刺激的次数越多，它就越强大，效率也就越高"[②]，大脑的发育也就越发完善。

基于神经突触修剪、路径联结的创建在大脑发育中的作用原理，学习也可以看作是对现存神经联系的强化。良好的教学策略能促进大脑形成丰富、强大和有效的神经通路。在实践中，这意味着运用观察技术来捕捉那些自发的行为或学习现象，然后用一些支持策略使其加以维持和巩固。强化正向神经路径联结对脑功能发展的促进作用决定了其在神经教育学运用领域的核心地位。当然，教育者也需要注意潜在的陷阱，即不小心或意外地强化了不需要的路径和已经到位的学习，

[①] Frith, Ute. Royal Society says give neuroscience a greater role in education policy[J]. 2011.

[②] Judy Willis. Building a Bridge from Neuroscience to the Classroom[J]. *Phi Delta Kappan*. 2008(12): 424-427.

这些是应尽量避免的。

（二）适度紧张学习与压力应对

心理学中的适度紧张学习观点是指既要给予学生一定强度的学习任务，又要防止过度的压力带来消极影响。神经科学研究的成果佐证了"适度紧张学习（Overlearning）"的理论。

"适度紧张学习"包括对身体或心智技能经常性、重复性的练习。每天十分钟的重复练习往往比每周一天或一小时的重复练习更有效，可以加强神经通路的联结，也使得技能更有可能被习得并得到保持。理想情况下，学生们应该每天进行练习，而不是每周进行一次。对多重或重度障碍学生教育工作者来说，理解儿童神经发育的发展原理极为重要，因为在这些儿童身上，早期反射可能仍然存在，而这些很可能被误解为意向性沟通和随机的强化。

既要让学生适度紧张又要防止过度紧张带来的压力，这是脑科学研究给教育带来的启示。在强化正向神经通路时，教育者要考虑和回应学生的准备状态或接受能力，以他们已经掌握的内容为基础，用他们能给予回应的教学方式展开教育。如果幼儿或残疾儿童没有直接交流的语言，压力过大的学习就有可能使其受到过度刺激，进而产生生理层面的情绪反应，导致杏仁核被激活，从而触发大脑进入"战斗或逃跑"状态，还有可能阻止信息到达大脑吸收新知识所必需的中枢，使大脑无法形成必要的神经连接，甚至导致已经形成的神经连接消失。这对学习有着巨大的影响[1]。

因此，教师可以通过以下方式积极营造平静轻松的学习环境。一是使用日常仪式，包括听音乐、读诗歌、唱歌或玩游戏。二是经常给学生提问和讨论的机会，不加评判，鼓励学生参与，而不是让学生做到尽善尽美。三是为每个学习者确定可实现的挑战目标。教学中，教师要善于"积极倾听"，听学生说话，特别是听他们的意图，这样可以帮助学生放松焦虑的大脑。四是运用常规的活动。如将唱歌活动融入多重障碍学生的常规学习中。

（三）大脑的可塑性与学习

人类大脑的基因特性只在一定程度上决定了个体的发展基础，并不是不可改变的。大脑的发展改变很大程度上还取决于环境因素，其中最重要的是教育。大脑可以做出适应性改变，即有所谓的"神经可塑性"。也就是说，即使学生有神经基础的疾病，也可充分地挖掘出其潜力，重要的是把握住神经可塑的关键敏感期

---

[1] Roozendaal B. Stress and Memory; Opposing Effects of Glucocorticoids on Memory Consolidation and Memory Retrieval[J]. *Journal of Neurobiology of Learning and Memory*, 2002. 78(3): 578-595.

和相应的脑工作记忆特点。

大脑的适应性改变（主要表现为突触修剪和路径创建）主要发生在大脑发育的敏感期和大脑重组期（青少年时期），这也被称为神经可塑的窗口期。充分利用这个"窗口期"实现大脑的重塑，对障碍学生的发展至关重要。新近的研究表明，在大脑遭遇某些发展困难后，在关键的敏感期进行干预，一些功能复苏是可能发生的。在与儿童视力或听力困难有关的敏感期进行干预，有可能使相关功能得到全部或部分延迟恢复。

在环境发生变化的情况下，神经系统仍然有可能发展新的神经连接，但需要数月和数年的时间。如果一个特定的技能（如语言学习）依赖于特定的发展窗口期中的特定经验和机会，那么错过这个窗口期，这些技能在以后的学习中将更加难以习得[①]。所以，把握敏感的关键期进行干预至关重要。

（四）工作记忆与学习

工作记忆是心理学家们的一种理论概念假设，这是一种对信息进行暂时加工和贮存容量有限的记忆系统，在许多复杂的认知活动中起到重要作用。1974年，巴德利和希契（Baddeley & Hitch, 1974）在模拟短时记忆障碍的实验基础上提出了工作记忆的三系统概念，用"工作记忆（Working Memory, WM）"替代原来的"短时记忆（Short–Term Memory, STM）"概念[②]。此后，工作记忆和短时记忆有了不同的意义和语境。

虽然很多障碍的诊断标准中没有工作记忆的损害这一项，但工作记忆水平低这一特征确实广泛存在各类障碍儿童身上。工作记忆差会影响学生参与课程学习的能力，因为许多结构性学习对记忆有很高的要求，工作记忆差的学生由于不能满足记忆要求而面临学习困难。如果任务信息量远远超出学生的工作记忆水平，会导致工作记忆超载。其后果是重要信息的永久丢失。因此，除非儿童能够再次接收重要的任务信息，否则他们无法继续活动或成功完成任务。

通常教师不会发现学生在工作记忆方面的困难[③]，而工作记忆差的学生却被认为注意力有问题。神经科学的研究成果表明，工作记忆差的儿童在进行要求高的认

---

① Gopnick A, Sobel D, Schulz L and Glymour C.. Causal Learning mechanisms in very young children: Two, three and four year olds infer causal relations from patterns of variation and covariation[J]. De velopmental Psychology, 2001, 37(5): 620-629.

② Baddeley A, Hitch G. *Working memory*. In G. H. Bower(Ed.). *The psychology of learning and motivation: Advances in research and theory*[M]. New York:Academic Press, 1974(8): 47−89.

③ Gathercole S. E. Working Memory in the Classroom[J]. *The Psychologist,* 2008, 21(5): 382-385.

知活动时，他们的大脑比其他人更容易游荡[1]。这种现象被称为"区域外荡（Zoning out）"，是工作记忆超载的一个特征。

对工作记忆困难进行教育干预，教师首先要识别学生是否有工作记忆困难。一般比较明显的标志包括不完全回忆、不遵守指示、放置错误、放弃任务或猜测答案等。教学前，教师应评估学生的工作记忆负荷，在备课写教案时，除了要考虑教学的时长、顺序，还要考虑不熟悉的内容或复杂的处理任务对工作记忆的负载；在教学中，教师要善于观察学生，寻找标志性的现象，询问学生教学的进度是否太快；学生学习困难时，教师应简化学习材料，或将学习内容分解为较短的步骤，提供参考资料等；重复重要信息，鼓励学生使用记忆辅助工具，利用多感官方法强化关键内容；鼓励学生运用自己擅长的学习策略，如记笔记、寻求帮助等。此外，加强记忆训练也是有效的应对策略之一。研究表明，利用一些计算机程序对学生进行记忆训练[2]，可以改善他们的工作记忆状况。

三、神经科学的教育回应

如前所说，可以利用神经科学的研究成果为患有神经系统疾病的儿童提供多层次的个性化教育服务，即认清神经问题对特定儿童的学习所造成的具体影响，并找到替代方法，消除障碍，以此支持其有效的学习参与。除了前面提及的神经科学对教育的启示外，神经科学对障碍学生教育的回应还表现在以下两方面：不同障碍类别的神经问题及其教育应对，以及利用神经反馈机制对障碍进行干预。

（一）不同障碍类别的神经问题及其教育回应

以下基于当代神经教育学的最新研究成果，重点就学习障碍、孤独症、行为障碍、脑瘫等联合存在的教育问题做出回应。

1. 学习障碍

儿童学习障碍是多种因素共同作用的结果，涉及生物学、语言心理认知和成长环境等多个方面。从神经科学的视角看，学习障碍产生于神经系统或大脑在发育过程中，由于各种原因导致的发育延迟或发育不良，脑发育上的问题又会导致认知功能的障碍。

---

[1] Kane M, Conway A, Miura T, Colflesh G. Working Memory, Attention Control and the n-back Task, A Question of Construct Validity[J]. *Journal of Educational Psychology Learning, Memory and Cognition*, 2007(33): 615-622.

[2] Gillberg C, Forssberg H, Westerberg H. Computerized Training of Working Memory in Children with ADHD-A Randomized, Controlled Trial[J]. *Journal of the American Academy of Child and Adolescent Psychiatry*, 2005, 44(2): 177-186.

学习障碍最主要的表现是发展性的阅读障碍和计算障碍。教育者可以通过心理学和神经科学研究来了解学生的学习特点，对学生缺失的技能进行教授。神经科学研究成果表明，用足够密集的干预，使阅读障碍儿童形成具体的、系统的语音结构，是确保儿童获得并巩固学习成果的前提。目前，对诵读困难的儿童主要进行语音强化教学[1]。另外，基于音乐节奏的干预也有利于患有阅读障碍的儿童学习，尤其对低年龄段的儿童来说，"跟随音乐歌唱是音节和押韵技巧的体现，节奏训练能提高语音意识[2]"。

计算障碍是一种先天性疾病，由大脑特定区域的异常功能引起[3]，主要源于遗传因素或早期脑损伤，其表现是在数感方面无法发展，说明大脑中有关数学系统各组成部分之间的联系没有建立起来，先天缺乏数字感。研究表明，采取搭积木的方式，耐心、稳步地重复教授数学规则是有效的干预方法。

2. 孤独症

神经科学研究成果显示，孤独症谱系障碍学生的神经系统存在着明显的问题。早期对孤独症的研究涉及实验性认知心理学技术，研究者提出了孤独症人群有"认知缺陷"的观点。他们用心智理论（Theory of mind）来解释观察到的孤独症特征，认为孤独症儿童缺乏心智推理或心智解读能力[4]。心智理论指的是个体感知、理解他人的想法和行为的能力。类似的术语还有"心智化（Mentalizing）"和"移情（Empathizing）"等。心智理论得到了神经科学家的认可。已有的解剖学研究表明，孤独症患者的大脑发育异常[5]，许多孤独症患者的大脑比普通人的大脑更大、更重，尽管他们出生时的大脑是和普通人一样的[6]。大脑在正常的发育过程中，脑细胞之间的连接首先是增殖，然后根据它们的使用量被"剪除"。以此推理，孤独症患者的脑细胞可能没有被适当地"修剪"。神经科学研究者认为孤独症患者的某些大脑区域存在缺陷[7]。通过对阿斯伯格综合征患者执行心智化任务时的大脑进行

---

[1] Rose. Identifying and Teaching Children and Young People with Dyslexia and Literacy Difficulties[J]. *DCSF Publications*, 2009.

[2] Shaywitz B, Lyon GR, Shaywitz S. The role of functional magnetic resonance imaging in understanding reading and dyslexia[J]. *Developmental neuropsychology*, 2006, 30(1): 613-32.

[3] Butterworth B. *The Mathematical Brain*[M]. London:Macmillan, 1999.

[4] Baron-Cohen S. *Theory of Mind in Normal* Development and Autism[J]. *Prisme*, 2001, (34): 174-183.

[5] Blakemore S, Frith U. The *Learning Brain: lessons for education*[M]. Blackwell Publishing, 2005.

[6] Courchesne E, Mouton PR, Calhoun M, et al. Neuron Number and Size in Prefrontal Cortex of Children With Autism[J]. *JAMA*, 2011, 306(18): 2001-2010.

[7] Baron-Cohen S, Leslie A, Frith U. Does the Autistic Child have a Theory of Mind?[J]. *Cognition*, 1985(21): 37-46.

扫描显示，参与"心智化"任务的三个大脑区域不太活跃①。

孤独症儿童缺乏"心理推理"能力并不意味着他们不能通过具体细致的教学来学习心理推理。主要问题在于，他们往往无法将自己的学习成果从一种情况泛化到另一种情况，实现迁移。在不同的情况或情境下，对于动作、面部表情、身体姿势和字词的含义等需要分别明确地解释清楚。社交故事就是针对上述的心智特征所采取的一种教学策略，它可以帮助孤独症儿童理解他人行为的含义，理解为何在与同伴玩耍时要注意举止得体。

3. 行为障碍

这里的行为障碍主要是指由于神经系统问题，在行为执行上出现困难或障碍，主要包括注意力缺陷多动障碍（Attention Deficit Hyperactivity Disorder, ADHD）、注意力缺陷障碍（Attention Deficit Disorder, ADD）。众所周知，注意力缺陷多动障碍和注意力缺陷障碍的共有特征是不适当的冲动、慢性注意力不集中，有时还表现为多动。ADHD/ADD 儿童可能会很难与成人或其他儿童建立关系，因为他们的行为方式往往使他人都感到难以理解。因此，多动症儿童有时会出现所谓的"第二次情绪困难（Develop Secondary Emotional Difficulties）"。

从神经机制的发展规律看，儿童注意力的保持与前额叶皮层中自我控制部分的成熟程度相关。抑制是额叶的一个重要功能，前额叶皮层及基底神经节这两个区域相互联结，在计划、决策、注意力控制和抑制不当行为方面起着重要作用，基底神经节是否活动取决于前额叶皮层发出的信号。因此，前额叶皮层可以决定一个人何时行动和如何行动，但对于多动症患者来说，关键是知道并能控制自己的行动，即什么时候不应该行动。对早期大脑扫描的结果表明，ADHD 男孩的大脑的这两个区域都小于正常男孩的①，说明他至少有轻微的脑功能障碍，脑细胞神经传递不足。多动症儿童的额叶抑制性控制并不有效，他们很难抑制行为和保持注意力，这可能与额叶的发育速度过慢有关。

许多患有多动症的儿童被予以处方药治疗，药物可以改善大脑中不活跃部分的功能，却不能治愈多动症，即便这些儿童的行为也得以改善。出于对依赖药物治疗多动症的担心，同时发现自我控制是学业成功的重要预测因素，神经科学家更多地倾向利用神经的可塑性，通过认知训练来积极影响大脑发育，通过适当的教学来发展自我控制能力。基于神经学的研究成果，目前对 ADHD 儿童的教育主要聚焦在自我控制能力的发展上，具体的策略包括安排结构化和可预测性活动、

---

① Happe et al. Theory of Mind in the Brain, Evidence from a PET scan study of Asperger syndrome[J]. *Clinical Science & Neuropathology*, 1996.

① Castellanos & Acosta. Syndrome of attention deficit with hyperactivity as the expression of an organic functional disorder[J]. *Revista de Neurologia,* 2002(35): 1−11.

营造减少分心的环境、调整任务和积极引导。

4. 脑瘫

脑瘫又称脑性麻痹，是一种持续的变动的运动、协调和姿势障碍，是大脑在发育完成之前，由一种或多种非进行性异常引起的脑损伤。大脑的损伤也会引起一系列问题，包括听觉处理困难，如无法记忆或回应口语指令，如无法重述数字序列、一周的天数、月份名称、字母表；视觉处理困难，例如眼睛可能无法协同工作，无法区分图像，无法分辨与视觉图像一起接收的其他信息，难以将物体、形状、单词或字母与其嵌入的背景区分开等。

由于大脑负责诸多功能，如交流、记忆和学习能力，所以大部分脑瘫儿童都有学习和交流困难。目前，神经科学的研究重点是如何减轻与脑瘫相关的脑损伤的后果。针对脑瘫儿童的一些专业干预措施包括手术、药物治疗、物理治疗和辅助支持运用等。教育上主要是结合专业干预开展引导式教育等策略。

（二）神经反馈干预支持

神经反馈是指大脑对神经生理信号的刺激所做出的反应机制。神经反馈技术是利用神经反馈机制将有关生理信号转换为容易被人们感知、理解的形式的手段或方法。神经反馈干预是指对与特定功能相关的脑神经活动进行测量，并将测量结果以视觉、听觉、触觉等方式实时反馈给受训练者，通过一定的训练手段（如奖励机制），帮助受训练者调动操作性条件反射功能，学会对目标脑神经活动进行自主调节和改善，从而使得对应的脑功能得到修复或提升的过程。目前，非侵入式的脑电技术（Electroencephalogram, EEG）是实施神经反馈干预的普遍手段。一般而言，通过向被干预者传递声音、动画等信号，被干预者可以选择性地增强或抑制某一种特征的神经生理信号，进而达到调节脑功能的目的。

神经反馈干预，是基于脑科学和行为科学学习理论发展起来的一种安全、非侵入式、个性化的改善大脑功能和结构的方法。神经反馈干预作用于大脑功能层面，它在兴奋和抑制的神经元动力学水平上调节大脑活动。半个世纪以来，研究者在神经反馈干预领域进行了大量的基础研究和临床试验，研究表明，神经反馈干预是康复治疗注意力缺陷多动障碍、癫痫、孤独症、头痛、失眠、焦虑、抑郁、药物滥用、创伤性脑损伤和其他疼痛障碍的有效手段。

利用神经反馈干预的原理与机制，可以建立起多重障碍学生学习的支持系统，包括诊断、干预和学习规划三个层面。诊断，即通过神经反馈对个体脑神经活动进行测试，以此来识别特定的功能及其潜在的神经活动特点，为改善或促进正向的神经活动提供基本依据；干预，即针对识别的神经活动特点，有目的、有计划地通过神经反馈干预活动，提高、促进或改善相应的神经活动特质，为学生的学习提供支持辅助条件；学习规划则是在前两者的基础上，基于神经教育学的指导原则，结合学生的学习特点，设计、规划适合学生需要的课程计划和教学策略。这个有关支持系统的假设对于多重障碍学生的学习是一个值得深入探讨和实践的话题。

与神经科学对话，有助于我们更好地认识神经科学研究与当代教育的关系，特别是与特殊教育的关系。我们需要用理论武装自己，借鉴神经科学的最新成果，但也需要清醒地认识到，理论来源与实践之间的关系：既不要盲从各种理论，也不要封闭自己、故步自封，较好的方法就是以开放的心态，审慎地看待一切研究成果的积极意义，尽可能地与教育实践结合起来，为多重障碍学生的发展服务。但有一点可以断言，随着脑科学研究的不断深入，其研究成果对教育的发展促进将是革命性的。

我国多重障碍学生教育现状

长期以来，我国特殊教育的重点对象主要集中在视觉障碍、听觉障碍和智力障碍儿童这三类上面，大部分多重障碍儿童往往被安置在机构化的福利院或医疗机构以及民办的康复中心。20世纪80年代以来，随着特殊教育对象范围的扩大，一些多重障碍儿童开始进入特殊教育学校，但由于教育者缺乏相关的专业知识和技能，多重障碍儿童往往得不到有质量的教育。因此，与特殊教育水平发达的国家或地区相比，我国的多重障碍儿童的教育水平相对要滞后得多，系统的教育实践与理论都相对缺乏。本节试图通过对相关教育活动演进的回溯、区域样本调查和基于文献视角的分析这三个方面，来描述我国多重障碍学生的教育现状，以期对多重障碍学生的教育问题做些基础性的梳理工作。

一、多重障碍：教育起步及相关服务

从20世纪80年代起，多重障碍学生的教育问题逐渐引起国人的重视。最值得一提的是，由中国教科院彭霞光老师牵头与美国帕金斯盲校开展的视障兼有其他障碍儿童教育的合作项目，通过人员培训、教育指导和派员赴国外学习等，开启了视障兼有其他障碍儿童教育的序幕。南京、上海、北京、广州、重庆等地的盲校先后开展了较为系统的实践研究，也取得了比较明显的成果。

目前，在安置方式上，部分多重障碍儿童在特殊教育学校就读，部分多重障碍儿童被安置在福利院或相关的医疗康复机构中，随班就读的多重障碍儿童还未见报道。对就读于特殊教育学校的多重障碍儿童，一般采取校内的"随班就读"

方式，进行单独的"特需班"或是部分时间跟班、部分时间特殊班的教学[①]。由于缺乏系统的特殊教育理论的指导，课程设计、教学方法及相关的技能培训还处于探索阶段。

进入 21 世纪以来，多重障碍学生不断增多，多重障碍学生的教育问题逐渐引起国家相关部门的重视，陆续出台了相关政策，目前集中反映在 2017 年教育部颁布的《第二期特殊教育提升计划（2017–2020）》上，主要包括以下方面。

1. 将不在教育机构的多重障碍学生纳入教育部门学籍管理。将在儿童福利机构特教班就读和接受送教上门服务的残疾学生纳入中小学生学籍管理。强调落实"一人一案"，做好教育安置。

2. 提供送教上门服务。对不能到校就读、需要专人护理的适龄残疾儿童，采取送教进入社区、儿童福利机构、家庭的方式实施教育。具体以区县为单位完善送教上门制度，为残疾学生提供规范、有效的送教服务。其实早在 2008 年，北京海淀区就开展了送教上门的教育服务。

3. 提出"研制多重残疾、孤独症等学生的课程指南"。因多重障碍学生身心特点的复杂性和多样性及其教育需要的特殊性，提出要专门研制出台有关教育课程的指导性文件。

二、基本情况：基于南京市特殊学校的调查

把握现状、分析现阶段存在的问题，是深入推进多重障碍学生教育的基础。为此，鉴于全国性的调查研究难以开展，本段重点介绍以江苏省南京市 13 所特殊教育学校为样本的调查研究，试图通过区域定点抽样的方法，反映有关多重障碍学生教育的现状，达到管中窥豹的目的。这里，虽然无须展示全部的研究报告，也无须记录具体的研究过程，但为了尽可能忠实地反映原有的研究情况，以下将按调查内容与方法、调查结果与分析两部分来呈现南京市多重障碍学生教育的现状。

（一）调查内容与方法

1. 调查内容

本调查以 2017 年秋季学期在校学习的多重障碍学生为调查对象，调查内容主要分为两个方面：一是在校多重障碍学生的基本信息，重点了解调查对象的数量、年龄、性别以及障碍的复合类型；二是多重障碍学生的课程教学情况，主要调查障碍的鉴定、个别化教育计划（IEP）的制订执行、教师的专业知识与态度（对多重

[①] 韩萍、李庆忠、郭利英等. 多重残疾视障学生教育的研究[J]. 现代特殊教育. 2006（8）：36-3.

障碍概念的了解)、教研活动的开展以及课程教学所面临的困难等情况。

2. 调查方法

研究主要采用问卷调查和访谈的方式。

(1) 自编《多重障碍学生基本信息调查表》。考虑到许多特殊学校的学生没有明确的医学鉴定的现状,该研究将调查表分为 A、B 两个分表,附上有关多重障碍定义的说明。A 表针对的是已有相关的医学鉴定,确认为多重障碍的学生;B 表针对的是那些具有显性的多重障碍,但没有相关医学鉴定的疑似多重障碍的学生。共得到 109 份多重障碍学生基本信息表,其中确认为多重障碍的学生 56 人,疑似为多重障碍的学生 53 人。以下结论均由此 109 份基本信息表中的信息反馈得来。

(2) 教师问卷调查

编制多重障碍学生教育情况教师调查问卷。主要调查障碍的鉴定、个别化教育计划(IEP)的制订执行、教师对多重障碍概念的了解、教研活动的开展以及课程教学存在的困难情况。共回收调查问卷 227 份,其中有效问卷 184 份。

(3) 访谈

为了进一步了解多重障碍儿童的教育现状,针对多重障碍学生基本信息调查表和教师问卷调查中反映的一些情况,对南京市 13 所特殊教育学校的部分学校管理者、教师进行了一些访谈。

(二)调查结果与分析

1. 多重障碍学生人数呈逐年递增趋势

在 13 所特殊教育学校中,确认为多重障碍的学生 56 名,疑似为多重障碍的学生 53 名,共 109 名,占特殊教育学校学生总人数的 9.6%;在年级学段分布上,109 名学生中,低年级(1—3 年级)46 人,中年级(4—6 年级)40 人,高年级(7—9 年级)23 人,低、中年级段的学生占多重障碍学生(含疑似)统计人数的 79%,多重障碍学生人数存在着逐年递增的趋势(见表 1-1)。

表 1-1 多重障碍学生入校年龄调查统计

入学年龄	5 岁	6 岁	7 岁	8 岁	9 岁	10 岁	11 岁	12 岁	13 岁	14 岁	不明
人数	7	10	32	21	16	11	3	2	2	1	4

从入学年龄来看,5—14 岁均有分布,其中 6 岁入校的学生仅为 10 人,以 7、

8、9岁入校居多，分别占29.4%、19.3%、14.7%，与单一的障碍学生相比，多重障碍学生入学年龄普遍偏大。从性别上来看，男女性别比例差异显著。其中，男生72名，占学生总数的66%；女生37名，占34%；男女比例约为2:1，说明在南京市特殊教育学校中，多重障碍男生的出现率大于女生。

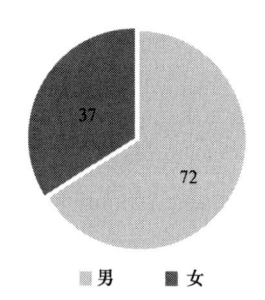

图1-1 多重障碍学生性别比

2. 多重障碍学生障碍类型组合复杂多样

调查以《残疾人残疾分类和分级》国家标准为据。从障碍的类型来看，在确认的56名多重障碍学生中，障碍类型的组合共表现出15种（见表1-2）。其中，以智力障碍为主，兼有精神、视觉、言语等障碍的人数最多；两重障碍有10种类型，三重障碍有3种类型，四重障碍则有2种类型。数据表现出多重障碍学生的障碍类型复杂多样。

表1-2 多重障碍学生复合障碍类型调查统计

序号	复合数量	类型	人数
1		智力障碍、言语障碍	6
2		智力障碍、视觉障碍	9
3		智力障碍、肢体障碍	6
4		智力障碍、精神障碍（孤独症8）	12
5	两重障碍	智力障碍、听觉障碍	3
6		视觉障碍、肢体障碍（脑瘫1）	2
7		视觉障碍、精神障碍（孤独症1）	2
8		言语障碍、听觉障碍	3
9		言语障碍、精神障碍（孤独症2）	3
10		肢体障碍（脑瘫2）、精神障碍（孤独症1）	3
11	三重障碍	智力障碍、言语障碍、肢体障碍	2

续表

序号	复合数量	类型	人数
12		智力障碍、视觉障碍、精神障碍	2
13		智力障碍、视觉障碍、肢体障碍（脑瘫1）	1
14	四重障碍	智力障碍、听觉障碍、言语语言障碍、肢体障碍	1
15		智力障碍、听觉障碍、言语语言障碍、视觉障碍	1
合计			56

3. 多重障碍学生的鉴定评估被严重忽视

上表数据显示，在 109 名调查对象中，经过有资质机构明确鉴定为残疾的学生只有 88 人（含疑似多重障碍中只鉴定了其中一种障碍类型的学生），有 20% 的学生缺乏相关的明确医学诊断。在访谈中，我们了解到，不少家长不愿意到有关机构进行鉴定评估，有的甚至都不愿意承认自己的孩子有残疾。另外，大部分特殊教育学校对学生的教育评估缺乏重视，主要表现在既缺少具有相关专业技能的教师队伍，也缺少灵活多样而适当的评估工具，这些都直接影响到教育决策的有效执行。

4. 多重障碍学生的 IEP 制订与执行情况堪忧

IEP 是为某个特殊需要学生制订的旨在满足其独特教育需要、具有授权性的书面指导性教育文件，它清晰而详细地阐明了这名学生所应接受教育的计划和相关服务[1]。越是个性差异复杂的学生，越需要明确的 IEP。调查显示，109 名学生中只有 72 人有个别化教育计划，另 37 人学校没有为其制订，个别化教育计划的拥有率只占 66%。访谈结果显示，许多 IEP 很笼统，大多只是简单说明学生的基本状况，并未对其发展制订精准合适的教育目标与措施等。"很多 IEP 变成了学生的补救教学措施或者学科教学的延伸，违背了 IEP 的本质和基本理念。"[2]

5. 教师的专业化水平亟待提高

从图 1-2 可以看出，特殊教育教师对于多重障碍学生的概念大多有一定程度的了解，但是普遍不深入。只有 4.89%（9 人）的教师认为自己非常了解多重障碍学生。有 34.24%（63 人）的教师了解。有 56.52%（104 人）的教师只是有所了解。更有 4.35%（8 人）的教师只是听说过多重障碍学生，但是并不了解。

---

[1] 盛永进. 特殊教育学基础[J]. 北京：教育科学出版社，2012. 254.
[2] 肖非. 关于个别化教育计划中几个问题的思考[J]. 中国特殊教育，2005（2）：8-12.

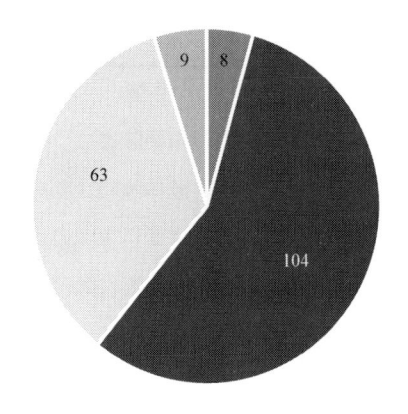

■A听说过　■B有所了解　■C了解　■D非常了解

图1-2　教师对多重障碍学生概念的了解情况

这一调查结果反映了一个颇为严峻的现实：教师对多重障碍学生教育的专业化水平亟待提高。对多重障碍学生的身心特征缺乏全面深入的认识，也就无法充分满足每一位多重障碍学生的特殊需要，更无法根据学生的个性特点灵活调整课程与教学策略。

尽管如此，绝大部分教师对于多重障碍学生的教育教学抱有信心，并且有较强烈的尝试与学习的意愿。从图1-3可以看出，有47.83%左右（88人）的教师表示愿意尝试对多重障碍学生的教育教学，有34.24%左右（63人）的教师表示如果班级中有多重障碍学生，将探究如何有效地开展教育教学活动，还有9.78%左右（18人）的教师对于多重障碍学生的教育教学表示有信心。这个结果对于未来提高多重障碍学生的教育质量有非常重要的意义。

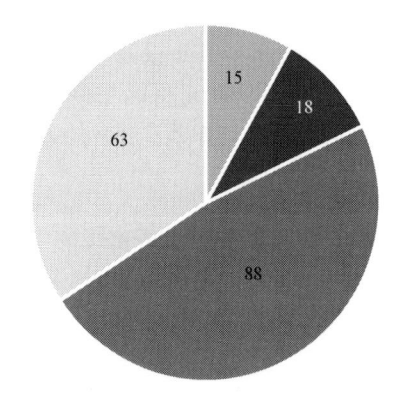

■A没有　■B有　■C愿意尝试　■D会探索研究

图1-3　教师对多重障碍学生教育的信心情况

6. 教研活动严重弱化，课程教学面临诸多问题

与教师尝试、探究意愿数据相反的是，现有的教研活动却很少。调查显示，南京 13 所特殊教育学校都少有开展专门的多重障碍教研活动。有 47.28% 的教师表示很少有机会参加专门的多重障碍教研活动，有 37.5% 的教师认为学校就没有专门的多重障碍教研活动，回答经常参加相关教研活动的教师人数仅占 15.22%，可见相关活动的严重弱化。

与之相关的是，多重障碍学生的课程与教学面临着诸多的困难（见表 1-3），主要是多重障碍学生课程开发缺乏理论指导与领导组织；现有的课程目标与内容不适合个别化需要；班级学生多，一般都在 12 人以上，多重障碍学生在教学上得不到应有的关注等。

表 1-3 多重障碍学生的课程与教学面临的困难（多选项）

面临困难	缺乏多重障碍课程开发的理论指导与领导组织	现有的课程目标与内容不适应个别化需要	班级学生人数多，多重障碍学生在教学上得不到应有的照顾	其他
选择人数	153	141	131	31

三、研究水平：基于文献分析视角的描述

在进行有关教育现状调查的同时，我们还从文献分析的视角了解我国多重障碍学生教育的研究情况，试图从一个侧面反映我国相关研究的水平。

（一）研究设计

文献分析主要通过查搜、鉴别、整理相关文献，对其中涉及多重障碍或重度障碍学生教育的文献内容、其作者以及文献中出现的高频词进行必要的整理分析，以反映目前的研究现状。

具体方法是以"中国知网"为文献检索源，分别对"多重障碍""多重残疾""重度障碍""重度残疾"四个关键词进行检索。筛选检索出文献后，根据文献的研究方向和内容进行分类、整理和分析。鉴于多重障碍学生研究很薄弱的现状，为了纵向把握相关情况，我们将检索时间分为两个阶段：一是截止到 2017 年；二是 2018 年全年的文献。

（二）检索结果

检索关键词"多重障碍"有 20 篇，"多重残疾"有 5 篇，"重度障碍"有 2

篇,"重度残疾"有 15 篇,共计 42 篇文章(包括相关学位论文)。最早起始年限为 2004 年,其中虽然有 10 篇题目中未出现检索的关键词,但内容主要谈及的是多重障碍或重度障碍学生教育,总体来看,可分析的相关研究文献十分匮乏(见表 1-4)。

表 1-4　关键词检索结果(截止到 2017 年)

题目	作者	期刊	期数
自闭症、视障儿童的个别化教育的案例	袁东	《中国特殊教育》	2004(11)
半数以上脑瘫儿童伴有多重障碍	王红歌	学术会议论文	2006(08)
"多重障碍·多重干预"综合康复体系的构建	黄昭鸣、杜晓新、孙喜斌、卢红云、周红省	《中国特殊教育》	2007(10)
多重障碍儿童成长发展小组案例分析——基于宁夏儿童福利院的特色小组案例	王雪梅、曲正	《社会工作》	2010(02)
多重障碍盲童课堂教学"空闲时间"的有效利用	琚四化、陈惠华	《现代特殊教育》	2012(01)
多重障碍儿童教育康复个案研究	王桐娇	《现代特殊教育》	2012(01)
多重障碍聋生心理健康个案的研究——以治疗取向的美术教育为切入点	黄静文	《现代特殊教育》	2013(02)
台湾特殊教育之启示	铁玲	《社会福利》	2014(01)
多重障碍盲童教育中实物日程表的运用	周海云	《现代特殊教育》	2015(05)
浅析智力障碍儿童测验中存在的问题	王欢	《绥化学院学报》	2015(10)
一例视障兼自闭症倾向儿童的特殊教育需要评估与对策研究	王辉、李晓庆、陈惠华	《现代特殊教育》	2015(08)
浅谈多重障碍儿童的心理行为特征及干预策略	栾萍萍	《学周刊》	2015(33)
感觉提示策略应用于多重障碍学生课堂问题行为干预	王桐娇	硕士论文	2016(05)
残疾分类及其研究范式转变	李芳	《现代特殊教育》	2016(12)
正向行为支持介入多重障碍儿童扰乱课堂秩序的个案研究	孙雯、孙玉梅	《绥化学院学报》	2016(10)

续表

题目	作者	期刊	期数
多重障碍学生课堂问题行为干预的个案研究	王桐娇、胡雅梅、周桂英	《现代特殊教育》	2017（02）
运用AAC提升多重障碍儿童沟通能力的个案研究	周超	硕士论文	2017（02）
多重障碍：概念、内涵及其特征	盛永进、秦奕、陈琳	《现代特殊教育》	2017（09）
多重障碍国际新动向	盛永进、王培峰、石晓辉	《中国特殊教育》	2017（07）
多重残疾听力损失儿童干预的个案研究	曾守锤、张福娟	《中国特殊教育》	2003（06）
美国盲多重残疾儿童教育的现状	彭霞光	《中国特殊教育》	2005（12）
多重残疾视力障碍儿童行为治疗的个案分析	谭间心	《教育导刊》	2006（03）
盲校多重残疾视障学生的教育研究报告	韩萍、李庆忠、郭利英、高文军	学术会议论文	2006（09）
针对差异，按需施教	徐洪妹	《现代特殊教育》	2008（04）
残障儿童随班就读难在哪儿？	柯进	《中国教育报》	2016.11.02
中国听力残疾构成特点及其康复对策	孙喜斌、于丽玫、曲成毅、梁巍、王绮	《中国听力语言康复科学杂志》	2008（02）
江西省15—60岁残疾人受教育程度分析	刘晓洪	《江西教育》	2010（Z1）
盲多重残疾儿童生活自理课程的教学策略	周海云	《现代特殊教育》	2011（Z1）
盲多重残疾儿童实物日程表的建立与应用	程小兵、项芳芳	《中国残疾人》	2011（10）
多重残疾盲童语言表达能力培养探析	谭间心	《残疾人研究》	2012（02）
例谈"视多障"学生数学学习能力的培养	刘红云	《现代特殊教育》	2013（11）
多重残疾学生个别化教育的实践	陆美芳、虞继红、林宏	《现代特殊教育》	2015（11）
情境教学对伴有其他障碍视障儿童沟通行为的干预研究	李春艳	硕士论文	2016（04）
国外重度障碍者自我决断研究综述	石晓辉	《医学与哲学》（人文社会医学版）	2010（06）

续表

题目	作者	期刊	期数
重度障碍学生教育康复需求研究的个案评估报告	赵族	《基础教育参考》	2014（23）
日本的访问教育	西村圭也	《现代特殊教育》	2002（03）
帮助重度残疾儿童接受义务教育	陈君恩	《政协天地》	2010（Z1）
重度残疾儿童非正规义务教育探讨	赵小瑜	《残疾人研究》	2012（03）
佛山市重度残疾儿童送教上门教师工作现状的调查研究	董桂林、陈小玲、何至芳	《现代特殊教育》	2015（16）
让每位残疾儿童少年享有公平、优质的教育	李长东	《现代特殊教育》	2016（07）
重度残疾学生送教上门的实践与思考	朱红民	《现代特殊教育》	2016（22）
如何为特殊儿童送教	杨敏	《教育科学论坛》	2017（34）

表 1-5　关键词检索结果（2018 年全年）

题目	作者	期刊	期数
聋兼唐氏综合征儿童教育评估的个案研究	王明玥	《绥化学院学报》	2018（01）
多重障碍儿童的沟通与交往研究	雷江华、王艳	《绥化学院学报》	2018（01）
多重障碍学生沟通技巧的发展	盛永进	《现代特殊教育》	2018（17）
多重障碍聋生康复目标的跨学科实现途径	严娜琴	《现代特殊教育》	2018（17）
图片交换沟通系统对多重障碍儿童沟通表达成效的个案研究	付忠莲、叶思思、胡金秀、刘永萍	《绥化学院学报》	2018（10）
立足学生发展实际，提高送教服务实效	王桐梅	《现代特殊教育》	2018（21）
美国视障多重残疾学生的教育与启示	彭霞光	《中国特殊教育》	2018（08）
盲校多重残疾学生沟通交流训练的有效方法——基于个案的实操分析	周丽莉	《现代特殊教育》	2018（15）

（三）总体内容分析

根据文章的研究方向与内容可以把现有的文献大致分为四个部分。

一是关注多重障碍学生教育现状的文章，该类文章数量占总量的26%，如《盲校多重残疾视障学生教育研究报告》等，对学生的教育安置、教育目标、课程设置、教育内容和教学策略等方面都有所讨论。除此之外，比较多的是区域性的实践探索调查等，如《佛山市重度残疾儿童送教上门教师工作现状的调查研究》《云南地区中、重度智力障碍儿童素质培养方法的研究》等。

二是多重障碍的个案研究文献，此类文章最多，占总量的32%，如《多重障碍儿童教育康复个案研究》《多重残疾听力损失儿童干预的个案研究》等。该类个案报告多体现了个别化教学的思想，对多重障碍学生进行具体的评估、干预、教学和康复训练等。

三是有关具体教学方法的文献数量占总量的21%，如《例谈"视多障"学生数学学习能力的培养》《多重障碍盲童教育中实物日程表的运用》等，还有少量文献提到多重障碍学生的素质教育问题。

四是对相关理论进行探讨的文献，数量占总量的21%，如《国外重度障碍者自我决断研究综述》《多重障碍儿童的沟通与交往研究》等。

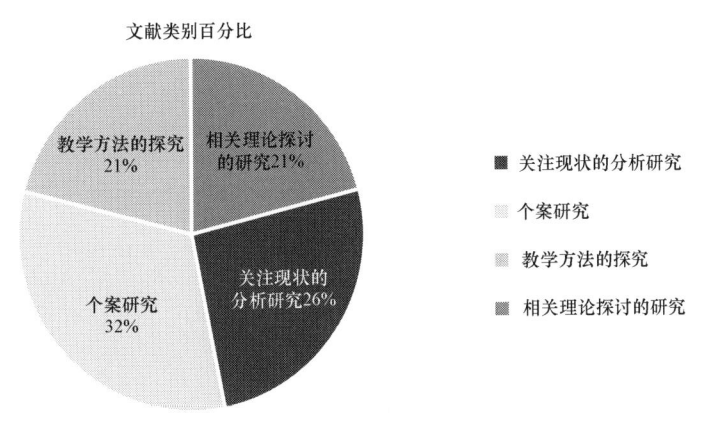

图1-4　多重障碍教育研究文献类别百分比

通过对在中国知网上检索到的相关文献进行梳理和分析，可以看出，目前在多重障碍学生课程研究方面，文献篇数少、研究范围狭窄、研究内容缺乏深度，还不足以支持多重障碍儿童的教育实践，这与我国多重障碍学生教育起步晚、经验少等有着直接关系，但随着特殊教育的不断发展，障碍学生的增多以及障碍程度的加重，特殊教育工作者在这方面越来越加以重视。

第 2 章 多重障碍学生课程开发

"课程不仅集中体现了教育思想、教育观念，也是实施培养目标的蓝图，是组织教育教学活动的最主要依据。"[1]多重障碍学生是特殊教育对象中比较特殊的群体，该学生群体身心发展的条件受到严重的不利影响，在生活学习或感官、身体发展方面均面临严峻的挑战，需要持续的帮助、支持才能维持基本的生存能力。那么，这一学生群体的发展与成长究竟要走向何方？教育者又如何引领他们走向发展与成长的目的地？换句话说，如何"以终为始"来确定他们的课程目标、课程内容、课程范式、课程实施等，这是课程开发者对课程开发进行价值判断的逻辑起点。本章主要围绕上述问题展开讨论。

课程目标的价值判断

课程目标是课程力图促进学生的身心发展所要达到的预期结果[2]。课程目标具有一定的层级性，一般可分为课程总体目标与学段目标、科目或领域目标等。课程的总目标是课程的最高层次目标，它与教育培养的目标相一致。课程总体目标可以解决什么知识最有价值的问题，为课程的内容选择、课程的组织类型、课程的实施及评价提供依据。课程的学段目标是指按时间的跨度，根据学龄划分的课程目标。科目或领域目标则表现为具体的学科或科目的课程标准。多重障碍学生课程目标的确立要在全面贯彻党的教育方针，落实立德树人的根本任务的前提下，遵循科学的课程设计原理，综合考虑社会发展、学科知识和学生个体需要。本节主要讨论的是课程的总体目标，主要表现为学校层面的培养目标问题。

一、本土认识：我国相关问题的表述

我国多重障碍教育起步较晚，专项的研究也比较缺乏，因此对相关问题的认

---

[1] 钟启泉，崔允漷，张华. 为了中华民族的复兴，为了每位学生的发展——《基础教育课程改革纲要（试行）》解读[M]. 上海：华东师范大学出版社，2001：3.
[2] 目前学界对于课程目标的定位有着不同的理解，本章中这一概念是指课程的总体目标。

识首先聚焦于课程的目标上。由于多重障碍学生绝大多数存在智力障碍，且大部分多重障碍学生与重度障碍学生在范围上重叠，因此其教育目标及其课程问题，主要围绕着我国培智学校教育对象的残疾程度不断变化。基于此，本节着重以课程建设为核心，通过梳理与之相关的课程目标表述，帮助我们回顾分析多重障碍学生的教育及其研究问题。我国培智学校的课程目标表述主要出现在有关教育文件和一些有限的教育论著中。

（一）《培智学校义务教育课程设置实验方案》

2007年2月2日教育部印发的《培智学校义务教育课程设置实验方案》（简称"实验方案"）中规定了培智学校义务教育阶段的培养目标是："全面贯彻党的教育方针，体现社会文明进步要求，使智力残疾学生具有初步的爱国主义、集体主义精神；具有初步的社会公德意识和法制观念；具有乐观向上的生活态度；具有基本的文化科学知识和适应生活、社会以及自我服务的技能；养成健康的行为习惯和生活方式，成为适应社会发展的公民。"

作为培智学校教育的总目标，"实验方案"所规定的目标是我们讨论的多重障碍学生课程目标的指南和依据。但方案针对的是智力残疾学生，在残疾类别、程度上并没有充分考虑多重障碍学生的复杂性、多样性。因此，就多重障碍学生课程目标的价值判断来说，还需要进一步从学理上梳理分析。

（二）《中度智力残疾学生教育训练纲要（试行）》

针对培智学校中度智力障碍学生逐渐增多的问题，1994年10月22日原国家教委印发了《中度智力残疾学生教育训练纲要（试行）》（以下简称"纲要"），阐述了中度智力残疾学生教育训练的目标与任务。

"中度智力残疾儿童少年是儿童少年的一部分。应当通过适合其身心发展特点的教育与训练，使他们在德、智、体诸方面得到全面发展，最大限度地补偿其缺陷，使其掌握生活中实用的知识，形成基本的实用能力和必要的良好习惯，为他们将来进入社会参加力所能及的劳动，成为社会平等的公民打下基础。"

"纲要"概括起来就是要实现三大任务：全面发展、补偿缺陷和社会参与准备。为此"纲要"还较为具体地阐述了各项任务的要求（见表2-1）。

表2-1　中度智力障碍学生教育目标任务

任务	具体要求
全面发展	应使每个中度智力残疾学生在基本的道德品质和行为规范、初步文化知识、身心健康等方面都有适合其特点与水平的发展与进步。

续表

任务	具体要求
补偿缺陷	根据每个中度智力残疾学生的运动、感知、语言、思维、个性等方面的主要缺陷，采取各种教育训练措施，使其各方面的潜在能力发展到尽可能高的水平，达到康复的最佳效果。
社会参与准备	培养中度智力残疾学生的生活自理能力，与人友好相处和参与社会生活的能力，学会简单的劳动技能，养成劳动习惯，为其成为自尊、自信、自强、自立的劳动者打下基础。

该纲要虽然是针对中度智力障碍学生的，但可以作为基本参照，为理解多重障碍学生的教育目标与任务提供有益的借鉴。

（三）《智力落后教育的理论与实践》

肖非、刘全礼先生在20世纪90年代出版的《智力落后教育的理论与实践》中提及了关于重度智力障碍学生的教育问题，认为重度智力落后学生的课程主要有以下四个目标：培养重度智力落后学生基本的道德品质，了解自己的基本权利和做人的尊严；学习日常口语交际的基本能力，在各种交际活动中，学习倾听、表达与交流；形成基本的动作和运动能力，学习健康生活（尤其是自理生活）的技能和习惯，增进身体健康，形成乐观开朗的生活态度；开发重度智力落后学生各方面的发展潜能，矫正其身心缺陷。[1]这个表述基本遵循智力障碍学生的身心特点和发展需要，但文章并没有对此进行深入具体地分析。

二、国际理解："生活质量"的社会学框架

多重障碍学生课程的总体目标要受教育目的、学生的身心差异和年龄特征、科目的性质以及教学的时空条件等因素制约。多重障碍儿童由于心智等多方面功能受到严重的限制，身心发展遭受严峻的挑战，国际特殊教育工作者在长期的实践中，通过对这一群体的教育潜能研究，基本形成一种共识，即"重度障碍者教育的所有努力必须为未来的成人生活做准备，尽可能地发挥在生活环境中的最终功能[2]"。也就是说，对于多重障碍儿童，理想的课程目标就是通过教育，尽可能地让他们获得生活自理技能，进而提高生活的质量。据此，他们提出"生活质量"的目标口号，将之作为指导特殊教育政策、实践与服务的核心概念。

---

[1] 肖非、刘全礼. 智力落后教育的理论与实践[M]. 北京：华夏出版社，1992.128.
[2] Brown L, Nietupski J, Hamre-Nietupski S. *Criterion of ultimate functioning In A. Thomas (Ed) Hey, don't forget about me!*[M]. Reston, VA: CEC Information Center, 1976.

生活质量（Quality of Life，QOL）又被称为生存质量或生命质量，是一个关于全面评价生活优劣的概念。生活质量有别于生活水平，生活水平强调的是物质生活、文化条件等，生活质量这一概念更具复杂性和广泛性，主要描述个人与社会权益的积极与消极特征，包括身体健康、家庭、教育、就业、财富、宗教信仰、金融和环境等方面的生活满意度[1]。医学、社会学、心理学等学科都对"生活质量"的概念做过探讨。不同的学科引入"生活质量"的概念，对其有着不同的评估视角。费尔斯和佩里（Felce D. & Perry）针对残疾人的生活质量，从社会学的视角提出了一种包括五个领域的生活质量模型：身体健康、物质资源、社会福祉、情感健康以及发展与活动（具体内容见表2-2）[2]。

表 2-2　五个领域的生活质量模型

领域	具体内容
身体健康	移动性、健康、卫生、营养、休闲
物质资源	生活环境、技术支持、交通
社会福祉	交流沟通、基本安全、家庭纽带、社会关系、个人关注、社会参与
情感健康	积极的情感、富有个性、尊重、地位和自尊
发展与活动	活动参与、控制与选择、发展

在上述五个领域中，身体健康领域强调的是个体的生存技能，物质资源领域强调的是社会性的支持与服务，而社会福祉、发展与活动以及情感健康则聚焦于个体的社会性发展和个人价值的实现。这个模型基本体现出对国际残疾人事业发展目标的共识，同时也为我们分析多重障碍学生的课程目标提供了有益的理论框架。将生活质量问题放在教育学的视野下，我们需要从人的发展需要来探讨。

三、价值判断：个体发展需要的教育学分析

站在教育学的立场看，我们可以借助马斯洛的需求层次论，分别从自然人与社会人这两重属性来分析为提高多重障碍学生的生活质量所需要确立的课程目标，可将之概括为技能、关系和意识三个方面的目标成果。

技能成果是指作为自然人，学生应该通过课程的学习获得能维持生存的最基本的技能，即参与日常生活的技能，其对应的生活环境是学校、家庭、社区和工

---

[1] Barcaccia, Barbara. Quality Of Life: Everyone Wants It, But What Is It?". Forbes/ Education, 2013.

[2] Felce D, Perry J. Quality of life:its definition and measurement[J]. *Research in Developmental Disabilities,* 1995, 16(1): 51-75.

作场所等，诸如吃喝、洗漱、走访、上班以及做事等。这是实现和维持第一层次和第二层次生理、安全基本需要的基础。作为社会人，多重障碍学生还应该通过课程的学习获得关系成果和意识成果。

首先，关系成果表现为一种社会的归属关系，尽管多重障碍学生的残疾程度很重，他们也应该作为学校、家庭、社区及其工作单位的一员，为当下及未来融入社会做准备。为此，教师应帮助学生认识和熟悉自己日常生活中的重要他人，并建立起良好的信任关系；其次，关系成果表现为作为社会成员在各个层面上发展起来的社会关系。

意识成果主要体现在"作为个体生活中的主人，能对有质量的生活做出选择和决定，而免受不当的外部影响和干扰"[①]，即能够自主决策（自我决定）（Self-Determination）。人与动物的本质区别在于具有赋权自我的意识和行为。多重障碍学生的这种自主意识和行为技能的培养往往被忽视。他们的生活常常容易被安排、被包办、被决定，这在很大的程度上削弱了他们作为人的生活满意度和幸福感。从这个意义上说，形成自主决策的意识成果就是让多重障碍学生拥有自己的尊严，实现和维持第四层次尊重需要和第五层次自我实现需要。对于多重障碍学生，自我决策主要表现在对日常生活各方面的掌控能力：以自己的意愿做出适当选择；与他人进行有效的沟通；调节自身的行为情绪以及与他人的关系等。

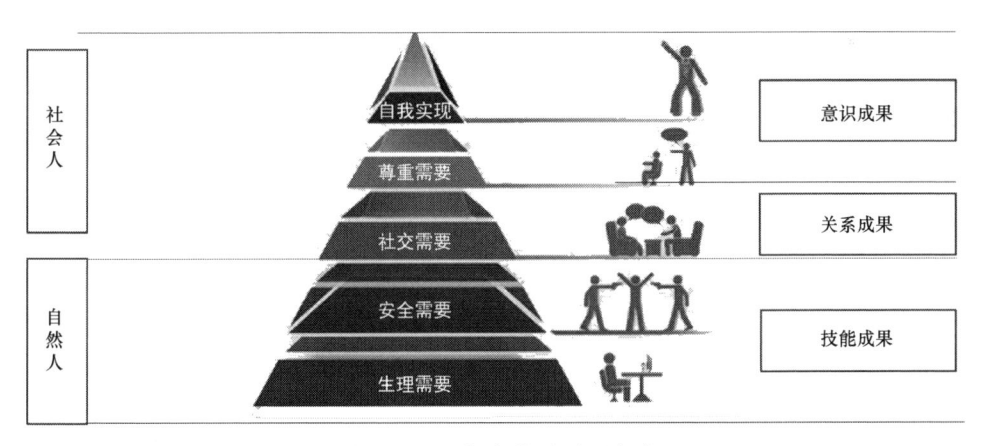

图 2-1 马斯洛的需要层次论

上述三维目标又可具体细化为九项具体的关键技能目标（见表 2-3）。多重障碍学生课程的总体目标就是要培养多重障碍学生的生活自理能力，为未来的成人

[①] Wehmeyer M L. Self-determination and the education of students with mental retardation[J]. *Education and Training in Mental Retardation*, 1992(27): 302-314.

生活做准备，促进他们独立地生活，进而提高生活的质量，使他们尽可能顺利而快乐地生活。

表 2-3　九项具体的关键技能目标

人的属性	成果	具体技能
自然人	技能成果	自我照料（包括保健与安全等） 学校学习 居家生活 社区参与 职业劳动（意识、经验、准备）
社会人	关系成果	归属关系（成员意识） 互动关系（社会交往）、社会性发展、情绪行为调节
	意识成果	自主决策（自我认识、管理、控制、相信、尊重） 休闲娱乐

以上分析结果基本与我国培智学校教育目标的表述相一致，当然，对于多重障碍学生，其课程目标在知识、社会和学生三者中更强调学生本位，强调个体成长的价值和促进学生的社会适应能力的发展。

课程内容的组织选择

多重障碍学生的身心特点与发展需要决定了课程目标，而课程目标又决定了课程内容的组织与选择。从多重障碍学生复杂的学习需要看，他们需要比普通的同龄人学习更多的内容，也需要更长的学习时间，这决定了课程内容范围的总体结构；从多重障碍学生的成长需要看，不同的学段在课程内容的选择上有不同的价值取向；从多重障碍学生的学科知识、技能需要看，学科课程内容有着独特内涵与形式。下面分别从总体结构、学段取向和学科课程特点三个方面来讨论。

一、总体结构：基于核心板块的建构

同其他特殊需要学生一样，多重障碍学生的课程内容结构可以分为核心（一般性）课程、核心扩展（特殊性）课程和康复性课程三大板块。这里的核心课程、核心扩展课程沿用了传统核心课程（Core Curriculum）与外围课程（Peripheral Curriculum）的概念。

（一）核心课程

核心课程即"所有学生必修的课程"[①]，主要是指在基础教育阶段为学业成功和未来生活做准备的所有课程，也就是通常的常规性课程或一般性课程。其课程目标是为多重障碍学生发展奠定基础素养，他们学习的科目或领域内容基本与普通学生相一致，主要包括语文、数学、科学、社会、美术、体育、健康等课程。一般而言，对所有学生来说，无论有无障碍，掌握普校的一般性课程内容都是家长和教师强调的，也是在校取得学业成功以及今后能够独立生活的必要条件。因此，普通学校的一般性课程几乎是所有学生学习的基础。但是，叠加的障碍给多重障碍学生带来严峻的学习挑战，他们在学习普通学校一般性课程时，知识的深度、广度都受到极大的限制，因此他们的学习更多聚焦于生存发展所必需的"读、写、算"技能。这样，语文、数学和科学这些最基本的课程又被认为是核心课程中的"核心"，即"共同核心课程"。当然，在具体的课程内容与实施方式上，多重障碍学生的核心课程与普通学校一般性课程也有所不同，内容的选择与教学取决于障碍的类型、程度和个体需要，有关问题将在后面详细论述。

（二）核心扩展课程

核心扩展课程（Expanded Core Curriculum）即外围课程，"是为不同的学习对象准备的，它以学生存在的差异为出发点"[②]，又被称为特殊课程或补偿性课程，它是为满足学生的特殊教育需要而设置的有别于普通学校一般性课程的课程内容。特殊性课程主要是一些具有补偿性质的课程内容，涉及在学校、家庭和社区中所需的许多应用性技能，如生活自理、社会交往、定向行走、辅助技术、休闲娱乐、生涯教育等。通常，没有障碍的学生通过自然随机地学习即可掌握日常概念、知识或技能，对其无须设置专门的课程，而多重障碍学生往往会错失随机学习的机会，或以不完整的甚至扭曲的方式学习。而这些概念、技能的掌握又为未来的学习提供了基础，因此必须具体、系统地教授，才能确保多重障碍学生可持续地学习和发展。需要明确的是，不是所有的多重障碍学生都要学习所有的特殊性课程内容，这取决于评估和个别化教育计划的规定；同样，也不是所有的特殊性课程内容都要专门设置一个科目来学习，如沟通交往、感知训练、自我决策等，这些知识、技能可以通过整体、系统地计划安排整合到其他课程及一日的例程中（如课后活动、家庭练习、假期训练营和短期实习等）进行教学，有关通过日常生活的例程安排对核心扩展课程内容进行嵌入式教学的具体方法，本书在第三章的

---

① 施良方. 课程理论：课程的基础原理与问题[M]. 北京：教育科学出版社，1996. 121.
② 施良方. 课程理论：课程的基础原理与问题[M]. 北京：教育科学出版社，1996. 280.

嵌入式教学部分将详细讨论。

（三）康复性课程

从广义上说，康复性课程又可称为临床康复支持服务课程，主要是指那些根据多重障碍学生需要，提供的相应的医学康复服务，主要包括物理治疗、作业治疗、言语治疗、心理治疗、园艺治疗和艺术治疗等。这些内容是支持学生学习的一个不可或缺的重要板块。同样，康复服务的类型是与学生的个别化教育计划相联系的，不是每一个学生都需要所有类型的康复服务。大部分康复服务是由相关专业人员在专门计划的时间内执行，但也可以根据需要，按照学生的个别化教育计划，与相关的课程进行整合教学。

二、学段取向：发展性与应用性

多重障碍学生的课程内容要受教育目的、学生的身心差异和年龄特征、科目的性质以及教学的时空条件等因素制约。从成长需要看，不同的学段，其课程内容选择与组织的取向各有所侧重，在低年级阶段一般侧重课程的发展性取向，而到了中高年级阶段则以功能性或应用性取向为主。

（一）发展性课程

发展性课程是指基于儿童早期心理发展的理论，遵循儿童心理发展的阶段性、顺序性规律，以正常儿童早期发展的里程碑为依据来设计的课程。其特点是将课程按发展里程碑划分为感觉运动、语言沟通、认知发展、社会交往等不同的技能领域，通过评估学生的心智年龄、智商等发展水平找到教育教学的起点，按照发展顺序进行系统的教学。

由于多重障碍的影响，学生的心智发展水平与其生理年龄发展水平并不一致，应首先解决学生在各发展领域的基础性技能问题。所以，在多重障碍学生的早期学段，应以发展性领域的技能学习为主，即为后续发展做准备的优先技能，如语言沟通、认知发展、感觉运动等。因此，发展性课程比较适用于低龄的学生，或虽然生理年龄比较大，但心智水平仍处在正常儿童早期发展阶段的学生，包括多重障碍学生。一般而言，在学前和学龄早期阶段的课程都应强调发展性的取向，为学生的早期发展打下坚实的基础。

学生的心智发展并不完全与其生理年龄的增长相一致，也不是所有学生都遵循着典型发展的顺序性，尤其是多重障碍学生。因此，到了中、高年级学段，在课程目标上强调学科知识教学的实用性，选择"那些服务于个体当下和未来生活的学科性知识和技能"[①]，其课程功能更侧重于应用性的取向。

(二) 应用性课程

应用性课程又称功能性课程 (Functional Curriculum)，也可称为生活技能课程，主要强调的是生活技能的培养。自美国学者洛乌·布朗 (Lou Brown) 首次提出生活技能对于重度障碍学生的重要意义之后，功能性课程目前已经发展为重要的课程范式。功能性课程是基于社会生态学的理论假设，强调课程的应用性功能，主张儿童应获得与年龄相当的技能，促进个人社会生活的独立性和参与性。课程最突出的特点可概括为应用性（技能训练融于功能性活动）、适龄性（教学活动要与年龄相适应）。应用性表现在两个方面。一个方面，课程内容明确指向当下和未来的生活，注重学生的生活自理和生存能力的培养，即学是为了用，而且能用得上。这特别适合中、重度以上智力功能受限的学生。另一个方面，课程实施要注意将知识、技能的教学融于功能性的活动中。譬如，在发展性的课程实施中往往是通过插木板眼、拣砝码等活动进行精细动作的教学，但这种单纯的精细技能训练即使学生熟练掌握了，也不一定能迁移到实际生活中；但在功能性的课程中，则可设计抓捏钥匙插锁眼开锁、使用磁卡购物等活动，通过这些活动学生不但发展了精细动作，而且也学会了生活的必备技能，一举多得。

适龄性是指与学生实际生理年龄相一致的课程教学要素取向。学生发展到一定的年龄后，即使心智还处于较低水平，也应对其实施超越纯认知技能的发展顺序的教学，着重采取与其年龄相一致的应用性教学，即选择与年龄相适应的活动形式、教学材料、教学语言。因此，如果说发展性课程适用于多重障碍学生的早期学段，那么应用性课程则比较适用于中、高学段。以学科知识与技能学习为例，发展性课程主要解决早期的分类、配对、排序等认知问题，而应用性课程则主要解决具体情境中的读、写、算问题（见图2-2）。

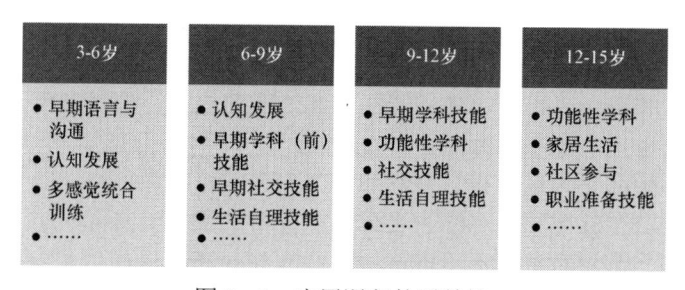

3-6岁	6-9岁	9-12岁	12-15岁
●早期语言与沟通 ●认知发展 ●多感觉统合训练 ●……	●认知发展 ●早期学科（前）技能 ●早期社交技能 ●生活自理技能 ●……	●早期学科技能 ●功能性学科 ●社交技能 ●生活自理技能 ●……	●功能性学科 ●家居生活 ●社区参与 ●职业准备技能 ●……

图2-2 应用课程的适龄性

---

① David L, Westing, Lise Fox. *Teaching Students with Severe Disabilities(4th)*[M]. New jersey: Person Education Ltd. 2009: 442.

应用性课程概念的内涵也有其演进的过程。早期应用性课程除了从取向上强调实用性外，在课程的设置上，其实用性表现在以生活技能内容来设置课程，主要包括个人发展、生活自理、生涯发展（职业发展）、应用性学科等学习领域。随着融合教育的发展，在参与普通课程学习的潮流走向下，人们对应用性课程引发的弊端也警觉起来，认为如果走向极端，片面地强调功能性技能的训练，很有可能忽视学生潜在的其他能力，剥夺了学生学习其他相关知识、技能的权利，会导致教育的平庸化，"成为一个没有知识的学科课程"。

因此，在当代的融合改革中，研究者提及应用性课程概念的时候，更主要强调的不是课程设置，而是课程实施时的教学取向，即在具体的教学中应选择功能性内容、真实的教学情境、与年龄相适应的教学材料等。在当代融合教育走向下，应用性课程并不是以应用课程替代一般课程或扩展的核心课程，而是课程教学与实施的一种取向。在课程规划中使用功能性方法，意味着在教学实践中能为学生提供应用性技能的学习机会，帮助学生成功地与外界互动。

根据这一描述，很明显，在核心课程和核心扩展课程内容中的许多技能可以归类为"应用性"的，两者在概念的内涵与外延之间存在重叠。然而，在应用性课程中，相对于核心扩展课程或核心课程，更多强调的是如何教和何处教。为使学习成果在现实生活中应用得更快，应用性课程强调在自然环境和有意义的活动中进行教学。对于多重障碍学生，其日常生活已经受到多重障碍的限制，在有意义的活动和环境中学习，意味着学生可以更快地学习、发展相关的概念和技能，且更容易将之迁移到其他环境和活动中。例如，当一个学生能够拿着钱币去商店买自己想要的东西时，他就会逐步清晰地理解钱的概念。起初，这个活动使学生认识到钱（硬币或钞票）可以用来获取想要的东西，随着时间的推移、经验的累积，学生就可以逐步了解金钱的价值和意义。对于多重障碍学生，如果只是在教室里数硬币或钞票，与钱的实际使用没有任何联系，那么学习上就会困难得多。

三、学科课程：前学科与应用性学科

对于多重障碍学生，学科课程同样有其价值和地位，但对其内涵与课程实施的理解不能简单地等同于普校的学科课程。

从课程设置的类型角度看，学科课程主要以分科课程设置。它是基于科学知识的系统性假设，认为学科知识有着严密的逻辑顺序及系统性。因此，对于儿童的教育应根据一定年级的学生的发展水平，分别从各门学科中选择内容，组成各种不同的学科，彼此离散地安排它们的教学顺序、教学时数和期限。其分科的门类一般包括语文、数学、科学、社会、体育、艺术等。在普通学校，传统学科课程强调各门课程各自的逻辑体系，教学以各自学科知识为中心分科进行，其课程

内容按学科知识的逻辑结构来选择和安排，重视学科内容的内在联系，同时强调教师的系统讲授。

学科课程设置对于多重障碍学生的局限性在于学科教学的逻辑顺序与障碍学生（尤其是中重度智力与发展性障碍学生）的认知发展水平并不完全匹配，"单纯依据学科线索选定的某些知识讲授，可能因脱离智力障碍儿童的认知基础和生活经验而导致其难以完全被理解和掌握"[1]。另外，课程内容往往与学生的生活实际相脱离，在教学中容易忽视学生的兴趣及其实际需要，也可能会压制学生在教学过程中的主动性和积极性。因此，虽然多重障碍学生需要学科课程的学习，但更需要前学科和应用性学科的综合学习。

（一）前学科

前学科又称为早期学科，主要是指学科知识、技能的萌发及其早期形式[2]。绝大多数多重障碍学生的发展水平迟滞，远远落后于正常学生，因此，他们在发展的早期阶段，所学习的学科知识、技能，往往属于"前"学科。这些知识、技能的萌发与儿童许多关键的发展里程碑相联系。如"客体恒常性"的萌发和理解是学生认知发展的重要里程碑，具体表现为对"有""无"的理解、认数、数数等，诸如"多少""大小"等，这些所谓的"数前概念"，都属于前学科知识或技能。表2-4是正常儿童出生后4个月至3岁时，对"数前概念"的掌握及其发展进步情况，认真分析该表有助我们认识前学科知识技能的萌发及其早期形式。需要特别强调的是，前学科知识、技能的内容往往与其他关键发展领域的教学内容相互渗透，如精细运动技能，包括书写和动手操作（按大小排序、拼图、匹配、计数）等，学生对这些技能的掌握状况是我们设计教学活动的基础。

表2-4 正常儿童出生后4个月至3岁对"数前概念"的掌握及其发展进步情况

年龄	发展情况
4个月	逐渐初步具备"客体恒常性"意识，通过玩拉线玩具，建立物体间初级的因果关系（一拉就动）
5个月	开始感知到物体数量和多少的不同并做出不同反应
6个月	确立"客体恒常性"，开始寻找失落的玩具或物体
7个月	开始感知到物体的大小区别，并会在相同物品中选取"大"的那个

---

[1] 刘春玲、马红英. 智障儿童的教育与发展[M]. 北京：北京大学出版社，2011：152.
[2] Penny Lacey, Rob Ashdown. *Severe, Profound and Multiple Learning Difficulties* [M]. London: Routledge, 2015: 248-249.

续表

年龄	发展情况
8–10 个月	进一步确立拉线玩具的因果和逻辑关系
11–12 个月	懂得用手指表示 2
1–1.5 岁	能区分"1"和许多；能找出一样的物品（配对）、按自然的顺序数数（1、2、3……）
1.5–2 岁	懂得分类和归类；会准确地运用量词；知道"1"和许多的不同之处；从能把一样的物体（同样形状、同色、同质地的物体）进行匹配，到能根据不同物体的认知特点进行分类，如同颜色、不同形状或形态的物体，同形状、不同颜色的物体，同质地、不同颜色的物体等，辨别物体间的相同和不同之处
2.5–3 岁	以物量物。"5"以内的点数，懂得物体的配对、分类及物体相互之间的逻辑关系，并能通过排列、排序找到、总结出事物的内在规律

多重障碍学生学科学习的内容，不一定表现为传统的学科知识与技能形态。除了早期学科知识、技能萌发构成了多重障碍学生学科学习的重要内容外，其学习过程中的一系列与学科早期知识或技能相联系的行动反应、事件或经验等也是学生"学科"学习的发展进步形式[1]。譬如，如果一个没有言语语言能力的极重度障碍的学生看到自己的亲人时会变得兴奋起来，或是能和一个熟悉的人进行短暂的互动，那么这些反应就意味着一种沟通互动。同样，一个没有数的意识和概念的极重度障碍学生，在对某些物体的出现或消失做出惊讶的表现时，说明该学生已经开始有了"物体恒常性"。这种对"前学科"概念和知识的反应也是一种对学科知识的学习，只不过处于早期学科萌发阶段。这些发展往往又是后续学科知识、技能学习理解的基础。

（二）应用性学科

应用性学科即"功能性学科（Functional Academic）"，是与应用性课程相伴的一个重要概念，也是一个舶来概念。如果说，功能性课程是以提升学生成人后的生存质量为目的，聚焦学生当下和未来的实际生活，那么功能性学科则是课程中与学生学习和个人的实际生活有"直接关系的最实用的学科知识与技能"[1]，其内容学习的成果在于"支持残疾学生参与日常生活，进而帮助他们独立生活并

---

[1] Penny Lacey, Rob Ashdown. *Severe, Profound and Multiple Learning Difficulties*[M]. London: Routledge, 2015: 248-249.

[1] June Lee Bigge, Colleen Shea Stump. 特殊教育课程与教学[M]. 吕美娟、施清丰、李玉锦译. 台北：学富文化事业有限公司，2002：116.

获得快乐"。由此可见，强调应用性课程并不意味着排斥学科课程，部分学科课程的知识、技能学习同样具有功能性价值，能为学生当下与未来的生活服务。与普通课程相比，多重障碍学生的学科课程的设计目的不是出于学科知识传递的需要，而是着眼于促进学生全面发展的需要，因此它并不注重学科知识自身的逻辑性、系统性，更聚焦于能否为学生当下和未来的生活提供支持和帮助。

对于多重障碍学生，"最具功能性的学科内容就是阅读、书写和计算这三门的知识和技能"[1]。根据"功能性"的要求，多重障碍学生功能性学科内容的选择应该体现在三个方面：生活所需的最基本的知识技能；在不同环境高频出现的知识技能；满足个体特殊需求的知识技能[2]。前两者是从共性的角度来衡量，具有普遍意义；而后者则要考虑学生个体具体而独特的生活需要，需要教师在充分了解、评估每一个学生特殊需要的基础上，做出灵活的个别化调整。关于阅读、书写、计算等领域的具体内容选择，国外不少学者做了实证研究并进行了经验总结。

1. 阅读内容的选择

对于阅读内容，范伯格（Feinberg）认为应选择那些学生能在自然的社会环境中经常用到的字、词、句，且不同年龄段的学生所学习的内容应有所差异[3]。对于低年级的学生来说，应该选择他们在家庭生活和学校学习中经常听到和需要说的内容，诸如你、我、他（她）、你好、再见、谢谢等；而对于高年级的学生来说，最好选择他们在社区环境中经常遇到的内容，诸如男、女、出口、入口、危险、禁止等指示牌、标记，或作息表、时刻表、生活地图、分类清单、目录以及高度感兴趣的信息等。

2. 书写内容的选择

书写与阅读应该是平行的学习活动。学生所要学习书写的字、词必须是其正在学习阅读的或已经会读的。以功能性学科的角度来看，与阅读相比，书写活动应该兼具功能性和娱乐性两个方面[4]。功能性的书写内容是与学生的个体生活需要相联系的，如书写自己的姓名、地址和电话号码等个人信息；娱乐性的书写活动会更多考虑到个人表达与创意，如写卡片、信件、故事等。对于年龄较小的学

---

[1] Browder Snell. *Functional academic instruction of students with severe disabilities(5th)*[M]. New jersey: Merrill/Prentice Hall, 2000: 497.

[2] Westling D L, Fox L, David L. *Teaching Students with Severe Disabilities(4th)*[M]. New jersey: Person Education Ltd, 2009: 447.

[3] Feinberg P. Sight vocabulary for the TMR child and adult: Rationale, development and application[J]. *Education and Training of the Mentally Retarded*, 1975(4): 246-251.

[4] Westling D L, Fox L. *Teaching students with severe disabilities(4th)*[M]. New jersey: Person Education Ltd, 2009: 459.

生或认知水平很低的学生，他们可以借助图形符号表达自己的想法。

3. 计算内容的选择

与阅读、书写技能一样，计算技能的掌握有助于提高人们生活的质量。功能性计算内容主要包括三个方面：数的关键概念、钱币管理和时间管理技能。其中，数的关键概念及基本技能主要是指点数、计数、加减法等，这也是学习钱币和时间管理技能的基础。

钱币的管理技能依赖于计算技能的实际应用，也是日常生活必备的技能之一。美国学者布劳德（Browder）等提出五种最重要的钱币管理技能，即知道有多少钱，知道从银行取钱，知道能花多少钱（预算），知道如何花钱（比较价格、购买），知道如何理财（存储和投资）[1]，伴随着这些技能的习得，学生学会认识不同的硬币和纸币以及它们相对应的价值。大多数轻度、中度智力障碍学生能学会这些技能甚至是更复杂的技能。对于多重障碍学生来说，在提供充分支持的情况下，特别是以计算器或相关的钱币管理软件加以辅助，他们也可以学会购买等与钱币相关的事项。

时间管理技能也是功能性计算的具体运用，主要是指能够识别和理解时间、预期某个时间，或知道在某个时间需要做某件事情，以及预测某个事件会在什么时候发生，并相应地调节自己的生活。对于大多数多重障碍学生，他们一般不一定能通过看手表和钟面来识别时间，可以采取钟面时间与活动图片匹配的策略来教学，或者通过让学生意识到事件顺序与时间之间的彼此联系，以及与环境线索联系的方式进行教学，即使学生没有学会看时间或有时间意识，他们也学会了时间的宽泛概念和组织一天的事情。这些对于提高他们的生活质量有着重要的意义。

课程模式的校本开发

课程模式是按照一定课程设计理论所建立的具有特色的课程结构组织形式。由于绝大多数多重障碍学生被安置在特殊教育学校或康复机构，不同的课程模式往往反映的是特殊教育学校课程校本化的特色与成果，主要表现为国家课程的校本实施。国家课程校本实施是指学校对国家课程和地方课程进行再加工、再创造，使之更符合本校学生特点和需要的课程建设活动。特殊教育学校课程发展受制于诸多因素。可大致分为学校内外两种因素。外部因素包括国际教育潮流、国家教育政策和地方特点等因素，内部因素主要包括在校学生的情况、教工和家长对课程价值和优先事项的共识等，其中外部因素对当代多重障碍学生课程模式的发展

---

[1] Browder D. M, Grasso E. Teaching money skills to individuals with mental retardation: A research review with practical applications[J]. Remedial & special education. 1999(20): 297-309.

影响很大。本节在总结特殊教育学校国家课程校本实施国际走向的基础上，着重通过国际经典案例分析，评价学科分科和技能领域两种不同导向的课程模式。

一、国家课程校本实施的国际走向

对于多重障碍学生，其课程设置是以学科分科为导向还是以技能领域为导向，一直是特殊教育课程开发者探讨的问题。在融合教育理念产生之前，多重障碍学生的课程设置都是采取与普通学校隔离分立的模式，以技能本位的应用性课程为主，即不是按学科进行分科设置构建课程方案，而是按发展领域把应用性技能划分为认知、语言与沟通、运动与生活技能等多个方面。与此相对应，多重障碍学生的学业评价也主要是基于正常儿童发展规律进行领域式的技能清单测量。随着融合教育的不断推进与发展，围绕着权利、平等和融合的课程开发理念与实践越来越被人们看重，参与普通课程学习和基于标准的教学改革运动对当代多重障碍学生课程模式的构建产生了重大的影响。无论是分科设置，还是按领域设置，并不存在绝对的好与坏的问题，关键在于课程实施时，能否基于课程标准，将学科与领域相协调，提高学生发展的质量。

（一）参与普通课程学习

国家课程（The National Curriculum）是"权利课程"（An Entitlement Curriculum），残疾学生有权参与普通课程的学习，这是当代国际特殊教育课程改革的重要理念。为了保证残疾学生参与普通课程的权利，许多国家通过课程政策的制定驱动特殊教育课程改革，为包括多重障碍学生在内的残疾学生提供参与普通课程学习的权利和机会。

美国1975年颁布的《所有残疾儿童教育法》（The Education for All Handicapped Children Act，即94-142公法）及其此后的历次修订都强调：个别化教育计划的目标应使学生能够在参与普通课程学习中取得进步，并满足教育需要。2001年制定的《不让一个孩子掉队法案》（No Child Left Behind Act，NCLB）、2015年的《每个学生都成功法案》（The Every Student Succeeds Act，ESSA）要求包括重度障碍儿童在内的所有儿童接受高质量的教育，并展现出在州学业标准评价中的精熟水平。"尤其是对那些承载着读写、计算等最基本概念与技能的核心课程（诸如语文、数学、科学等），应在尽力满足学生特殊需要的基础上，保证所有学生尽可能地完成基于普通课程大纲所规定的具有挑战性的学习任务，从而实现和维持他（她）们能达到的学习水平。[①]"

---

① 盛永进. 全纳走向下国际特殊教育课程的发展[J]. 外国教育研究，2013（09）：88-95.

英国 1989 年开始制定统一的国家课程，而且首次明确提出了国家课程是"权利课程"的概念，主张所有的学习者都有权（并且期望）参与国家课程的学习，要求每所学校在校本课程开发时都必须基于国家课程保证校本课程的广延性（Breadth）、均衡性（Balance）和关联性（Relevance）以满足学生多样化的学习需要。英国课程与资格局（The Qualification and Curriculum Authority）于 1999 年提出了课程评价必须适应学生的多样性需要。国家课程主要是以普通学生为教学对象、以学科为导向而设置的课程，根据国家课程实施的要求，校本课程开发必须与以学科取向的课程设置相对接。这样，就面临着课程普遍性与特殊性的冲突，具体表现为学生个体不同的发展水平、残疾类型和残疾程度所形成的学习需要复杂性：1. 保证课程学习权利的同时如何关注个别差异；2. 维持课程的广延性、均衡性；3. 协调个体相关的优先技能。为此，英国教育管理部门颁布了一系列课程文件用于指导特殊教育学校校本课程的开发实践，其中《特殊需要学生 P-Scale 学业表现目标》（Performance P-Scale Attainment Targets for Pupils with Special Educational Needs，简称"P-Scale"）的颁布和执行，对多重障碍学生的课程改革影响最大，具体内容在后面将会介绍。

（二）基于课程标准的教学改革运动

始于二十世纪八十年代的基于课程标准的教学改革运动，推动着全球范围内的基础教育改革。课程标准一般描述的是学生学习所包括的主要领域及大多数学生在每一学习领域能达到的学习结果。因此，课程标准是教材编写、教学、学业评价的依据，也是课程与教学管理和评价的基础。基于课程标准的教学改革运动就是要改变基于经验、基于教材的教学，实现基于标准的教学改革转向。随着时间的推移，为了确保满足所有学习者的个性需要，各种基于课程标准的对普通课程的调整、改造的方法层出不穷。最终找到比较好的办法，就是基于国家课程标准，为所有学生提供与年龄、发展水平相符合的学业调整评价，这样使多重障碍学生也能参与国家课程的学习。

美国在 2002 年通过 NCLB，要求每个州都必须为所有的学生建立年度发展目标，在国家规定的基础上调整，制定出用于特殊需要学生的学习标准，保证学生的充分发展，并要求包括残疾儿童在内的所有学生参加由州组织的基于普通课程标准的统一考试，以衡量他们在州级课程标准下所掌握的知识、技能情况；对于那些不能参加标准评价或调整性评价（Adapted Assessment）考试的学生，则采取替代性评价（Alternative assessment）以便衡量他们的进步。根据 NCLB 的要求，对于语文、数学等核心课程的学习，各州必须制定相应的州级残疾学生课程标准指南，详细规定残疾学生基于普通课程标准学习的原则、要求与策略。

这种标准指南既不照搬复制普通学校课程标准，也不是仅仅参照前者制定出的一套平行分立的新标准，而是根据学生的差异，通过对普通课程标准的调整，以适应不同障碍类型、不同障碍程度学生的特殊需要。

2007 年，P-Scale 正式成为英国国家课程的一个重要组成部分。P-Scale 是英国教育部为那些达不到国家课程学业标准的 5—16 岁特殊需要学生所制定的具体表现性学业标准，其内容涵盖了国家课程设置的所有学科。作为国家课程的一个重要组成部分，英国教育部规定 P-Scale 主要适用于义务教育的前三个学段[①]，无论是普通学校还是特殊教育学校，都要运用 P-Scale 为低于国家课程 1 级水平的所有学生（包括重度、极重度的障碍学生）实施学业评估。P-Scale 一共分为 8 个等级水平，P1—P3（每级又分别细分为 2 个次级水平）对应的是极重度障碍学生，P4—P8 对应的是重度障碍学生，它不仅把多重、重度障碍学生的学业评价纳入国家统一的课程体系，同时也为特殊教育学校和开展融合教育的普通学校在课程规划、教学和评估等方面提供了清晰的指导，特别是对于特殊教育学校的校本课程建设来说，起到了积极的引导、规范作用，产生了广泛的积极影响。

二、课程模式校本开发的案例评介

（一）学科设置导向范式：斯蒂芬·霍金学校的课程方案

以学科设置为导向的课程范式是指以国家分科课程设置为主的校本化课程模式，主要表现在如何根据国家课程要求，设计具有校本特色的课程方案。

斯蒂芬·霍金学校(Stephen Hawking School)是英国一所主要招收 2—11 岁多重、重度和极重度障碍学生的特殊教育学校。根据国家课程改革政策的要求，结合本校教育对象的实际情况，斯蒂芬·霍金学校开发了富有特色的校本课程方案，课程设置兼顾共性与个性，同时在共性课程中又突出对学生特殊需要的关注。

1. 兼顾共性与个性的课程设置

学校首先把国家课程作为学校课程开发的起点，既以国家课程为依据，又兼顾特殊需要学生的发展水平，同时还要满足学生康复治疗的需要。针对那些处于早期发展水平的多重障碍学生，学校将国家学科科目课程合并统整，与相关的发展领域融合，形成几大综合主题，然后再根据学生发展水平的提升，逐步分化回归国家课程的学科科目设置（见表 2-5）。

---

① 英国《1988 年教育改革法》把 5—16 岁的义务教育阶段划分为四个学段，分别是：学段 1（KeyStage1，KS1），5—7 岁；学段 2（KeyStage2，KS2），7—11 岁；学段 3（KeyStage3，KS3），11—14 岁；学段 4（KeyStage4，KS4），14—16 岁。

表 2-5　斯蒂芬·霍金学校课程方案一览表

评估水平	科　　　目									个人与社会
	英语	数学	科学	历史	地理	宗教	技术	音乐	艺术	体育
P1(1) FS1	沟通交流		探索		了解我的世界						身体发展	个人与社会
P1(2)											
P2(1) FS2											
P2(2) FS3											
P3(1) FS4											
P3(2) FS5											
P4　　 FS6	英语	数学	科学	认识更广阔的世界				创意艺术		体育	
P5											
P6											
P7				历史	地理	宗教	技术	音乐	艺术		
P8											
计算机（信息技术）										

（资料来源：霍金学校，Curriculum Map for Key Stages One and Two）

从表中看出，校本课程开发主要依据 P-Scale 的等级水平设置课程并进行科目统整。课程科目整合与分化取决于学生学习困难的复杂程度，"残疾程度越高，学习困难复杂程度越高，就越需要整合为窄域的课程和具象的内容"①。因此，学校科目课程要随着障碍程度的增加而逐步整合缩减科目的范围。除计算机科目外，P1—P3 的课程基本与学前 "FS"② 的 6 个阶段相对应，在这个水平阶段国家课程基本上被调整整合为五大主题领域：英语替换为"沟通交流"，数学与科学整合为"探索"，历史、地理、宗教、技术、音乐和艺术整合为"了解我的世界"，体育被替代为包含康复治疗内容的"身体发展"。从 P4 到 P6，英语、数学和科学三门核心学科课程开始对接国家课程，基础课程中历史、地理、宗教、技术、音乐和艺术则整合为"认识更广阔的世界"和"创意艺术"两个领域，而体育则被改回原

---

① Peter Imray. Curricula for Teaching Children and Young People with Severe or Profound and Multiple Learning Difficulties[M]. London: Routledge, 2014: 45-46.

② "FS"是"the early years foundation stage"的简写，英国教育部将学前婴幼儿早期教育按 0—5 岁分为 6 个阶段，并制定了相应的课程标准。

来的名称但仍然包括康复治疗的内容。个人与社会以及计算机这两门课程虽是以独立的科目命名，但嵌入许多补偿性内容，实则是以跨科目的方式贯穿在所有的课程教学中。从 P7 开始，所有课程全部回到国家课程的分科设置。由此，整个学校课程方案成为多层级、可选择的连续统一体，很好地解决了学生学习困难的复杂性与课程需要之间的关系问题，为复杂多样的多重障碍学生个体提供了参与课程学习的个性化路径。

另外，课程表中各科目所占的区域大小显示了课程内容的多少及其科目的重要性，譬如对于处在 P1—P3 水平的极重度障碍学生，"沟通交流"所占的区域最多，分量最重，而对于处于 P4—P8 水平的重度障碍学生，英语科目所占的区域则最多，分量最重。

2. 共性课程中对学生特殊需要的关注

在同一课程框架中，斯蒂芬·霍金学校设置的课程除了国家课程外，也包括特殊需要的课程领域（如沟通交流、康复治疗、生活技能、功能性技能等）。如果说课程框架的设置主要体现在科目的统整上，那么共性课程对学生特殊需要的兼顾则突出体现在具体课程内容的整合和一些领域的关联、强化上。

重度障碍乃至极重度障碍儿童学习困难的复杂程度极高，尤其在发展的早期阶段，对其采取以学科逻辑为主线的分科式教学是不适合的，因此霍金学校通过对国家课程的整合，为那些有着特别复杂需要的学生优先教授对他们有意义的学习内容，形成了其校本课程内容自身的特点以及教学的重点。在充分考虑处于早期发展阶段的障碍学生的学习特点和需要的基础上，霍金学校专门制定校本课程文件，对校本各课程的性质、功能以及内容的选择与组织等都提出了明确的要求。这方面尤其表现在 P1—P3 整合的五大课程领域中，通过对该校有关具体校本课程文件的梳理分析，将其列表如下（见表 2-6）。五大领域虽然在名称上有所变化，内容上基本突出了传统的语言沟通、认知发展、感觉运动、生活自理与社会交往等功能性技能。

表 2-6　P1-P3 课程领域内容一览表

课程领域名称	主要目的与内容
沟通交流	主要根据学生自身的沟通水平和特点，进行沟通与语言思维方面的教学，具体表现为语前与辅助性的听、说沟通及阅读、书写等方面的训练。
探索	培养学生对自身及其环境的认识和兴趣，同时为学生个体探索水平的发展提供适当的支持，这是该课程的主要目标。
了解我的世界	帮助学生认识自身与其所处环境中的人、事及社会的关系等，包括自身的体验方式以及受现实环境的影响。

续表

课程领域名称	主要目的与内容
身体发展	帮助学生理解身体活动与选择健康饮食的重要性,包括身体动作的协调、控制等方面的康复性治疗以及基本的个人生活自理能力,如洗漱、穿衣和如厕等。
个人与社会	主要聚焦学生的个人与社会生活方面的技能,包括缺陷的补偿,主要内容为学习、工作的方法,涉及个人自理、家居生活等方面。

除了表中列出的五个领域外,在 P4—P6 阶段的"理解更广阔的世界"也是在 P1—P3 中"探索""了解我的世界"的基础上进一步引导学生以更加复杂、深入和广泛的方式探索人与环境及文化间的互动和相互影响,并尝试系统地应用潜在的解决方案来处理现实问题,而这些又可为后续直接进入历史、地理、宗教、技术、音乐和艺术等课程的学习打下基础。斯蒂芬·霍金学校非常重视艺术课程,他们认为艺术课程在所有学生的教育中都扮演着重要的角色,特别是对于多重障碍学生,该课程设置的主要目的并不是艺术知识或技能的传授,而是以艺术教学的形式支持个体的沟通交流等技能的发展,为其参与所有课程领域提供机会,促进其发展。因此,在这一阶段设置了"创意艺术",它整合了国家课程中的音乐、戏剧、艺术设计和舞蹈方面的内容。

另外值得一提的是体育、个人与社会及计算机等科目,都是根据各自的特点有机地关联或强化了特殊需要的内容,譬如身体发展和体育都包含了康复性治疗内容,个人与社会则强调了生活适应和社会交往技能的教育,而对于计算机科目,学校将注意力集中在每个学生能力的评估上,分析学生现有的技术水平,然后选择和使用更合适的技术或设备开展教学,包括运用信息技术解决学习中的问题,诸如沟通障碍、环境参与等内容。

(二)领域设置导向范式:维多利亚学校(Victoria School)的课程方案

领域设置导向课程范式是指以技能发展领域课程设置为主的校本课程模式,虽然技能领域的课程设置完全改变了国家课程的结构,但学校必须依据国家课程标准,将相关的学科内容整合嵌入相关的技能领域。

维多利亚学校是英国一所专门招收具有感官障碍兼有其他障碍学生的特殊教育学校。着眼于满足 2—19 岁的学生在身体、感觉方面的需要,该校开发了以技能领域为主的具有校本特色的多重障碍学生单元课程方案(Multi-Sensory Impairment,MSI)。MSI 单元课程分为八个领域:社会交往和情感发展;沟通交流;概念发展;感觉反应;时间和地点的理解;定向、动作(运动)和移动;权益学习;日常事务和变化的应对。其中一些领域(如沟通交流、概念发展等)对所有的学生都是同等重要的,而其他的一些领域(如感觉反应、理解时间和地点、应对日常事务与变化等)则与学生的特殊需要密切相关。

与霍金学校不同,维多利亚学校的课程方案在学习领域的划分上并不直接对接国家课程科目,也没有像霍金学校那样按水平层次来分化整合课程,但在总体上覆盖了国家课程的科目内容,并增加了针对学生特殊需要的 MSI 课程。

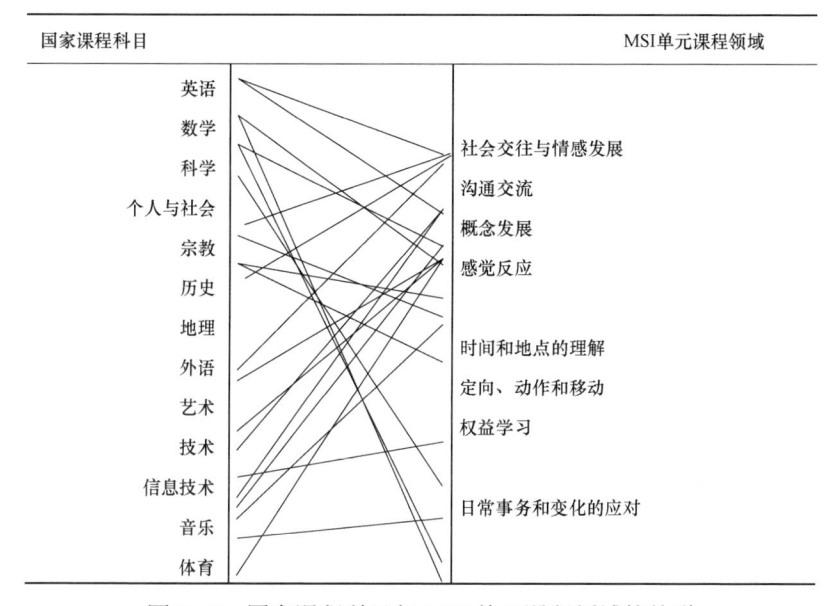

图 2-3 国家课程科目与 MSI 单元课程领域的关联

课程分为四个学段,它反映了学生最常经历的发展进程,其共同特点是缺乏来自身体和社会环境的一致的、保真的感觉输入。MSI 与特定的学习和发展模式相关,与 P-Scales 并不精确对等,在沟通发展水平方面和 P-Scales 层级的关联大致如下:

表 2-7 在沟通发展水平方面和 P-Scales 层级的关联

学段	P-Scales 层级/沟通水平	课程
学段 1	P1(1)-P2(2)/前意图	社会交往和情感发展 沟通交流
学段 2	P2(1)-P3(2)/非符号性意图	概念发展 感觉反应
学段 3	P3(2)-P6/早期符号	时间和地点的理解 定向、动作(运动)和移动 权益学习
学段 4	P5-P8/正式符号	日常事务和变化的应对

四个课程学段反映了学生对其学习、生活环境的理解逐渐复杂。每个学段由一系列的"学习特征"构成，体现学生如何进入这个学段并与他们所处的社会和物理环境互动。在早期学段课程内容主要侧重教授学生在互动中不断发展自我意识、兴趣和能力，而在后期学段随着学生能够认识各种各样的人、参与和处理各种各样的活动与情境，课程内容日益分化。

课程统整的校本实施

实施课程统整，进行综合性教学是当代课程教学改革的重要议题之一。从当代课程论的视域看，培养学生的能力"不应禁锢于单一学科范畴，需要跨学科的协同努力和共振效应"[1]，这已成为教育界的共识。多重障碍学生的课程实施也是如此，它更需要通过对课程的整合来实现多重的教育意义。譬如，读写能力的发展，需要多学科协同努力来提升，阅读时间表、查看操作步骤、了解药品说明、填写出生年月等既是学习读写的资源，也是运用读写知识的有效途径。随着信息时代的来临，读写能力的培养早已融入学生的生活，超越传统的语文分科教学。当今特殊教育界对课程统整的概念有着不同的解释，综合多种观点，本书认为"课程统整是指基于学习者的需求，将各种分割的课程内容贯串整合，使其产生有意义的关联与整合，进而促进学生学习的活动"[2]。

一、课程统整与特殊需要

多重障碍学生的课程统整当然要符合一般性的原则，但又有其特殊性。对于多重障碍学生，采取课程统整，实施整合性的教学不仅能适应其身心特点，有利于突出学科的功能性价值，也是一些重要技能教学的基础。这种特殊意义尤其体现在认知功能障碍和学习困难的复杂性这两者与课程统整需要之间的关系上。

（一）认知功能障碍程度与统整需要

由于障碍程度高，认知功能受到严重限制，多重障碍学生在习得知识、技能的过程中需要反复的练习，至于技能的迁移更需要将教学融于自然的生活情境，与生活紧密联系。整合性的教学可以充分发挥这方面的优势，既提供了技能习得巩固的机会，又提供了技能迁移的情景。整体而言，对于认知功能缺损的发展性障碍学生，包括多重及重度障碍学生，其课程的整合程度应高于其他学生。从障

---

[1] 董蓓菲. 语文课程标准研制的国际视域[J]. 全球教育展望，2015（10）：84-93.
[2] 盛永进. 多重残疾学生学科课程问题审视[J]. 现代特殊教育，2017（11）：23-26.

碍的程度看，障碍程度越高，整合度也应越高；从障碍学生的年龄看，低龄障碍学生课程的整合性要高于大龄学生。随着学生心理、生理年龄的增长，应逐渐增大分化性的学习比重。因此，理想的整合与分化关系的处理，应根据特殊学生的需要，有层次地递减或递增（见图2-4）。

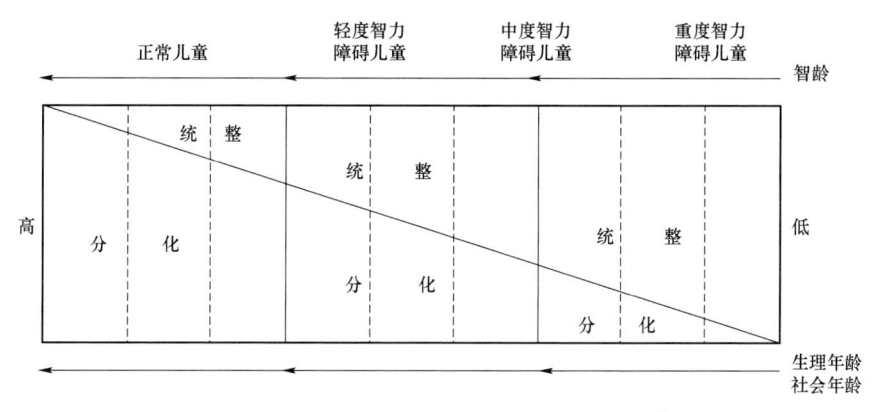

图 2-4　特殊教育课程整合和分化的关系[①]

（二）学习困难复杂性与统整需要

比起一般的学生，多重障碍学生的学习困难更为复杂，而在学校的学习时间又非常有限而宝贵，个性化课程设计就是"裁剪那些不重要的学习领域，聚焦对学生发展特别重要的领域"[②]。教师有责任为那些有着特别复杂需要的学生优先教授对他们有意义的学习内容。英国曼彻斯特大学教授彼得·伊姆雷（Peter Imray）认为，学生学习困难的复杂性，决定了课程个性化的程度。应对个体的独特需要，学习困难越复杂，其个性化学习需要的强度也就越高，越需要运用专业化的教学方法、窄域的课程、具象的内容；反之，对于学习困难复杂性低的学生，个性化学习需要的强度则低，需要更广域的、抽象的和更为经验化的课程。学习困难的复杂性与课程需要之间是一种连续动态的流向关系（如图2-5）[③]。这种连续性反映的是学生学习困难的复杂性，而非其能力。换句话说，学生学习困难的复杂性越高，越需要通过课程的整合，适应其个性化学习需要。无论是从障碍程度的视角，还是从学习困难复杂性的视角，多重障碍学生都可以获益于跨领域或跨学科的课程统整与教学，使所学的知识与技能在不同的时间、不同的情境中获得练习

---

① 毛连塭. 特殊教育行政[M]. 台北：五南图书出版社，1993：354.
② Peter Imray. *Curricula for Teaching Children and Young People with Severe or Profound and Multiple Learning Difficulties*[M]. London: Routledge, 2014: 45-46.
③ Peter Imray. *Curricula for Teaching Children and Young People with Severe or Profound and Multiple Learning Difficulties*[M]. London: Routledge, 2014: 45-46.

与巩固。因此,强调课程统整,实行整合性教学,提供基于学生经验的情景活动是多重障碍学生学科教学的重要特征。

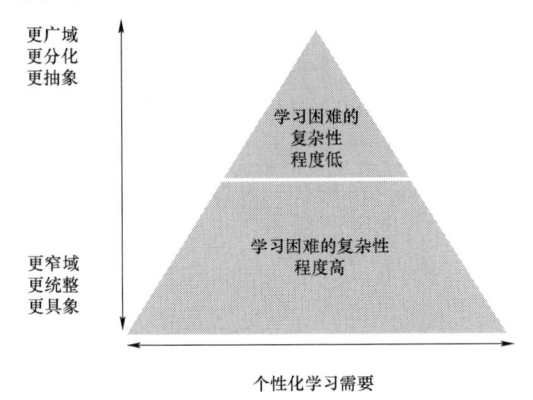

图 2-5 学习困难的复杂性与课程需要之间的动态流向关系

(三)课程设置与课程统整

多重障碍学生的课程,可以分科设置,也可以按领域设置。无论是分科课程,还是领域课程,在实施时都应以课程标准为依据,通过内容的统整,实现知识与技能的相互渗透和整合。以我国 2007 年《义务教育培智学校课程设置实验方案》和 2016 年教育部颁布的课程标准为例(见表 2-8),虽然课程方案和课程标准都是以分科形式体现的,但课程实施时并不一定机械地采取分科教学,完全可以通过课程统整,将不同科目的课程标准整合到相应的主题教学中。实施课程统整,采取整合性的教学并不意味着就一定要取代分科课程,而是要弥补分科课程的不足。换句话说,课程结构是可以采取分科设置的,它便于课程结构的安排,符合传统的习惯,但这不意味着机械不变地固守传统分科课程的实施方式;相反,在具体教学时,结合现有的课程安排、教材与生活经验,设计主题式的统整教学方案,一方面可促进学习内容的意义化、简化、内化与迁移,另一方面能发挥教师的专业能力,符合当前的教育情境与改革需求。

表 2-8 培智学校课程计划表(节)

课程 年级	一般性课程									选择性课程			
	生活语文	生活数学	生活适应	劳动技能	唱游与律动	绘画与手工	运动与保健	信息技术	康复训练	第二语言	艺术休闲	校本课程
低年级	3-4	2	3-4	1	3-4	3-4	3-4		6-9			
中年级	3-4	2-3	2-3	2	3-4	3-4	3-4		6-9			
高年级	4-5	4-5	1	3-4	2	2	2-3		6-10			

重新开发一套分领域的课程，需要组织大批的人力，进行长时间的研究才可能做到，并非一蹴而就。我国不少培智学校还沿袭着传统的班级授课制，相应的支持保障措施欠缺，许多教师习惯于围绕学科或分科设置的课程进行教学。因而，在缺乏系统的课程统整理论与成熟的实践经验的情况下，完全采取统整的领域课程，无论是从理论上，还是从实践上都不是一种成熟的处理方式。另一方面，随着融合教育改革的深化，以普通学校课程标准为框架来编制特殊教育课程，以及基于普通学校课程标准的教学评价，已成为当代国际特殊教育课程发展的趋势，并已得到理论与实践层面的有力支撑，即课程仍可维持分科设置的形式，但在课程实施时主要通过课程内容的整合来实现分领域的教学。具体而言，学校和教师在课程实施时要对统整的内容进行充分的思考和设计，针对学生的特殊需要，通过主题式的统整教学或采取类化、嵌入等方式，将不同学科或科目的知识和技能整合在一个有意义的、符合学生真实生活经验的学习活动之中。

二、课程统整的依据与路径

（一）课程统整的依据

基于课程标准的教育改革模式，已成为全球范围内基础教育改革的基本范式。这种基本范式就是要求整个基础教育要从"输入"转向"输出"，即教师的教学是根据课程标准从学生必须完成的学习任务及其应有学习成果的构想开始。因此课程整合的主题、内容以及活动的安排等都应以由课程标准为依据。这样，在统整不同学科中的相关内容时，课程标准为课程整合提供了关联各个学科或科目内容的依据。在具体的整合性教学中，教师也应该根据课程标准，查找相应的标准内容等，以实现对不同学科内容的统整。

课程统整有不同的程度和不同的层次，这些往往也决定了统整的不同方式，进而形成校本课程统整的特色。就统整程度而言，既有从结构到内容的完全统整，也有改变部分结构的统整，还有不改变课程结构仅限于课程实施时对内容的统整。改变结构的统整主要从课程设计的角度，一般是在学校的层面上对国家课程的结构类型进行重组调整。如英国维多利亚学校就完全打破国家学科或科目界限，按照所教授的功能性技能将课程内容划分为社会交往与情感发展，沟通交流，概念发展，感觉反应，时间和地点的理解，定向、动作和移动，权益学习，日常事务和变化的应对等八个领域。然后，依据课程的内容标准，将国家课程内容分别渗透在不同的领域之中。霍金学校则是根据学生的残疾程度，采取由部分到整体的结构调整，形成逐级分层统整的连续体。不改变结构的统整多半是从课程实施的角度对课程学习内容的统整，我国杨绫子学校就沿用国家培智学校"7+5"课程方案结构，但在具体实施时采取主题教学方案进行内容统整。

就课程统整的层次而言，可分为学校层面、年级层面、班级层面、课堂层面和学生个人学习层面等五个层面的统整（见表2-9）。学校层面的课程统整是校本课程建设的重要内容，它需要对全校课程的统整进行总体的规划，既涉及纵向不同学年的课程或领域，也包括横向的同一学年不同的课程和领域。班级层面的课程统整是根据学校的统整安排，针对本班学生需要，对课程安排进行统整，主要反映在班级的课表中，包括班级的主题教学及所有学生的跨级走班安排等。课堂层面的统整涉及课堂教学时如何整合不同的知识技能，实现课堂教学的优化。学生个人层面的统整，主要反映在如何根据学生的个别化教育计划，将不同的学习需要整合在一日例程中。其中，优秀的校本课程统整方案要兼顾纵向的学段衔接与横向的年级统整。

表2-9 课程统整层次一览表

层次	课程统整层面	表现
1	学校层面	课程方案
2	年级层面	年级课表
3	班级层面	班级课表
4	课堂层面	教案设计
5	学生个人层面	一日例程（个人课表）

（二）课程统整的路径

台湾学者游家政在梳理有关课程统整文献的基础上，总结出校本课程统整的路径与步骤[1]，很有指导意义。本书摘其要点将之简化为五步，以简表形式描述（见表2-10）。

表2-10 校本课程统整的路径与步骤

步骤	主要内容
1. 建构理想的儿童图像	国家教育目标与政策；课程标准；地方教育规定与特色；学校教育目标与发展愿景；社区与家长的期望；儿童特质与需求等。
2. 评估可用资源	包括经费、人力、设备、设施、时间与空间等。
3. 研拟全校统整学习方案	学校年度主题与目标；年级的次主题目标与重点；人力安排；时间规划；空间规划、资源分配；评估项目与标准等。

---

[1] 游家政. 学校课程的统整及教学[J]. 课程与教学季刊. 2000（1）：19-38.

续表

步骤	主要内容
4. 研拟年级统整教学计划	学年或学期活动主题系列与要旨；年级教师的协同合作；班级活动的安排；空间规划与资源分配等。
5. 研拟班级统整学习活动	活动主题与目标；统整的范围与架构；实施时间与节数；教学活动设计与学习活动单；评估方式与标准；教学资源需求等。

所谓"建构理想的儿童图像"是指首先要确立学校课程的培养目标，以此作为校本课程统整的指导思想。这需要考虑相关因素对学校整个课程统整的影响，即从社会发展、国家政策、学校发展愿景以及学生的特殊需要四个层面构建课程的统整目标，力图将分立的课程单元组成具有整体性、意义性的学习内容。其次，要认真评估学校课程统整可利用的资源，这要求学校认真调查学校和社区现有的可用资源，争取创造各种条件为课程统整的实施提供有利条件。再次，着手研拟全校的统整学习方案。一般以季节、节日、地域、事件、习俗等为主题线索组织统整，制订出全校性的统整学习方案。接着再分别研拟纵向的学年（年级）统整教学计划和横向的班级学科（科目）统整教学计划。年级计划依据学校统整学习方案，而班级的统整教学活动，则由教师再根据年级的统整教学计划进一步具体地设计、深化主题教学步骤（见下文的主题教学）。

三、课程统整经典案例分析

（一）霍金学校的课程统整

霍金学校的课程统整包括课程设计中的结构统整和具体实施中的主题教学统整。前者即所谓的多层级连续体的结构统整，已在上面课程模式中进行了评介。后者则是在具体教学时，如何通过主题教学实现具体的课程内容整合。霍金学校课程实施最突出的特点是全部采取综合性主题教学（见表 2-11）。从主题设计、科目联结到整合方式都独具特色。

1. 主题设计

每一年级、每一学期都以主题统整课程形式进行教学。每学年秋季、春季、夏季三个学期各有一个大主题，六个学年共有"我们""食物""海边"等 18 个主题。学校采取主题统整方式不仅可以贯彻执行国家法定课程的要求，也可以通过增加课程学习的灵活性，为学生提供多样的学习项目和内容，保障所有学生发挥潜能、快乐地学习。

表 2-11　教学主题一览表

学年	主题		
	秋季学期	春季学期	夏季学期
学前阶段	我	成长与变化	我们周围的世界
学年1（一年级）	我们	食物	海边
学年2（二年级）	我的世界	动物	运动
学年3（三年级）	容器	社区	色彩
学年4（四年级）	天气	物料	轮圈
学年5（五年级）	明和暗	孔洞	水
学年6（六年级）	节日	蜕变	河流

（资料来源：霍金学校，Teaching and Learning Policy）

2. 科目对接

在霍金学校，采取主题教学方式并不意味着取消国家学科课程的教学，相反国家课程各个科目的内容通过每个主题的整合得以保留。这些主题对学科各次领域的学习都进行了周密的安排（见表2-12）。以一年级为例，表中反映了英语、数学和科学三门学科具体教学内容与教学主题的关系。例如，第一学年春季学期围绕"我们"的主题，语文以"我把东西放在哪儿？""妈妈会是谁？""小聪明""小不点儿"等为题组织文本内容，数学的重点是"数"和"量"，而科学课则以"我们穿的和用的""我们学校的植物""我们和家人"等为题，聚焦事物的功能、生物的生命活动与过程等。需要强调的是，霍金学校在相关课文内容的选择上，几乎都是以民间广为流传的、能反映英国传统文化的经典童话、诗歌或传统故事为主，诸如"三只小猪""姜饼小人""甘伯先生"等，其中语文课程中的字母（Grapheme）、语音（Phoneme）教学则贯穿在所有的科目与课文教学中。

表 2-12　学年 1 科目内容与教学主题关系一览表

学期			秋学期	春学期	夏学期
			字母与语音教学跨越所有的科目与课文		
	主题		我们	食物	海边
学年1	科目	英语	我把东西放在哪儿？ 妈妈会是谁？ 小聪明 小不点儿	姜饼小人 汉达的惊喜 垃圾桶爸爸	坐火车 愿望之鱼 基思公园诗歌 小鱼儿

学期		秋学期	春学期	夏学期
学年1		字母与语音教学跨越所有的科目与课文		
	主题	我们	食物	海边
	科目 数学	数、量	分数、量、数	几何、图形与位置、数
	科学	我们穿的和用的 我们学校的植物 我们和家人	动物喜欢吃什么 我们四季吃什么	海边的植物 海边的动物

（资料来源：霍金学校，Long Term Planning Curriculum Map Key Stage 1）

3. 统整方式

霍金学校采取大主题中套小主题的套式联络统整方式，在学科之间以学期为界同时教授相关的大主题，使学习内容能相互联络或贯穿起来，即联科教学；在学科内部则围绕大主题，又以小主题为课题将相关的教学内容组成有意义的学习单元。由于联络式统整仍维持分科教学设置，涉及学校和教师的变动最少，因此最容易实施，既能维持分科设置的原有优点（确保学科内容的获得学习），又能将各科的学习关联起来，组成有意义的整体。

（二）杨绫子学校的课程统整

课程统整的实践在我国也取得了丰富的成果，比较典型的代表有浙江杨绫子学校、北京安华学校等。这些学校都立足校本实际，依据国家课程标准，对国家课程方案进行整合规划，形成了具有自身特色的课程实施模式。

杭州杨绫子学校是一所专门招收智力与发展性障碍儿童的特殊教育学校。学校涵盖了学前教育、义务教育和高中职业教育三个学段。学校重视课程建设与教学改革，其学前、义务教育阶段的校本化课程统整系全面且颇具特色，以下分别从学校、年级和学科具体对接层面来描述。

1. 学校层面的课程统整

杨绫子学校根据国家培智学校"7+5"课程方案和相关的课程标准，以生活化主题来统整学校课程，将主题目标分为智能发展、社会适应和生活实践三大领域，每个领域又逐层细化为 18 个次领域、98 个项目和 642 个教学目标（见图 2-6[①]），然后将之与国家课程方案"7+5"科目对接，形成校本化的课程方案

---

① 资料来源于许家成教授的 PPT 讲座资料。

（见图2-7）①。在具体实施时，则将学科目标与主题教学相关联。

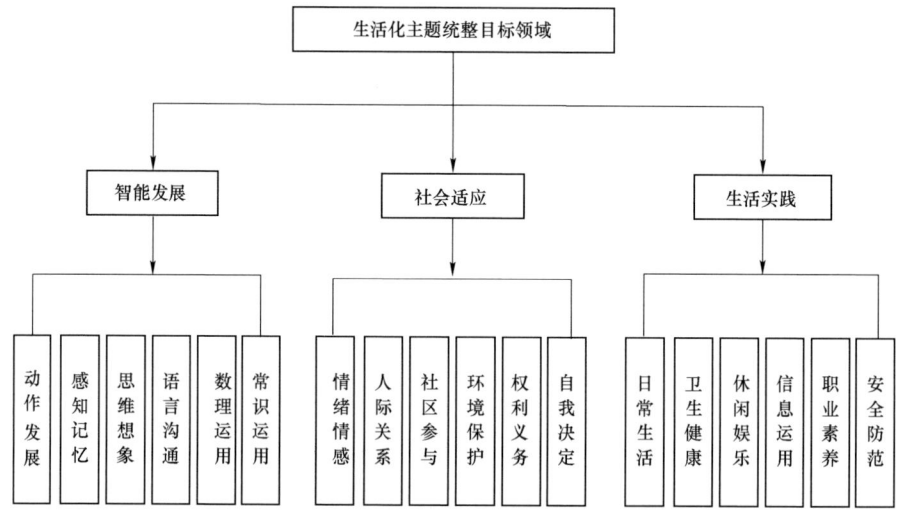

图2-6　杨绫子学校生活化主题统整教学目标领域

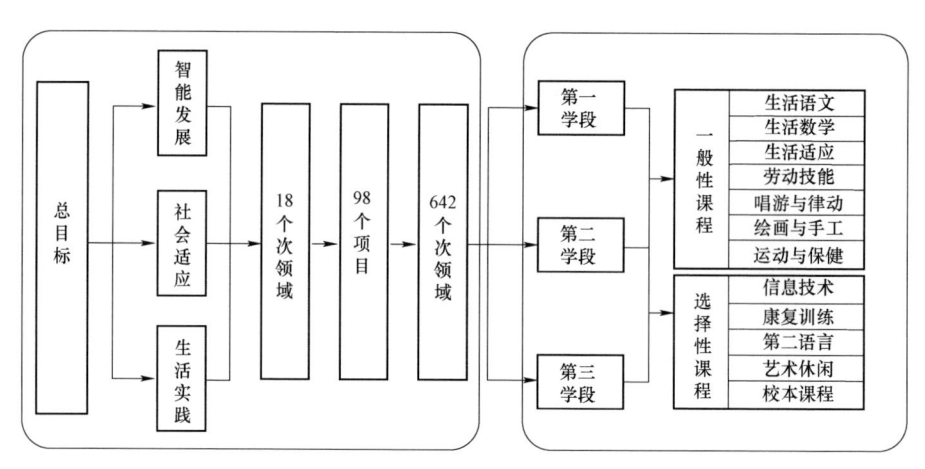

图2-7　杨绫子学校生活化主题课程统整

2. 年级层面的课程统整

根据校本化的课程方案，在年级层面上，结合学期课程安排，学校遵从"社会生态模型，按照学生发展的需求，从学生自身的生活事件、学校的重要事件、社区生活、社会生活等方面着手，确定符合学生年龄特征、生活经验并适宜学生探究的主题"。所选取的主题广泛地适用于各个科目领域，与科目的所有层面有密

---

① 本图和表2-13的资料均来源于杨绫子学校课程文件。

切联系。以 2018 学年第二学期为例，从学前到义务教育阶段，每个年级各有三个主题单元，以此整合整个学期的教学内容，实现年级层面的统整（见表 2-13）。

表 2-13 2018 学年第二学期学校生活化主题一览表

	主题一	主题二	主题三
学前班	热闹的花园	快乐的池塘	我上一年级
一年级	我去上学校	我真的很棒	我的家人
二年级	文明乘梯、如厕	家里的"小伙伴"	爱劳动、爱运动
三年级	快乐生活	文明做客	居家帮手
四年级	走进春天	休闲活动	文明迎亚运
五年级	个人小档案	快乐的课余活动	我是当家小主人
六年级	文明小市民	快餐店点餐	传统节日
七年级	我的生活饮食	我的休闲生活	美丽的青春
八年级	生活好帮手	居家小能手	厨房小能手
九年级	居家饮食	我们去旅行	各种各样的职业

3. 具体学科对接层面的课程统整

学期内每个主题的确定规划了每个班级的教学方向，但在具体实施时，教师必须将学科目标与主题单元教学相关联，实现主题与具体学科层面的对接，并细化为具体的教学目标，以此设计主题教学活动，从而达到课堂层面的进一步统整。为此，学校为学期内每个单元主题确定出具体的主题目标和相应的主题活动，然后再列出对应的每个学科的关联目标与内容，实现学科目标与主题领域目标的整合（具体实例见表 2-14）[①]。

表 2-14 七年级学科目标与主题领域目标相整合实例

月份	3-4 月	4-5 月	5-6 月
主题	我的生活饮食	我的休闲生活	美丽的青春
主题目标	1. 能蒸速冻食品。 2. 能够整理衣物。 3. 能够清洗果蔬（生菜、青菜、芹菜）。 4. 能够处理果蔬（剥毛豆、水果刨皮）。	1. 能说出自己在周末的兴趣爱好。 2. 能够制定购物计划单。 3. 能根据购物单进行购物。 4. 能独立乘坐地铁。	1. 能发现自己身体的变化。 2. 能做好身体的清洁工作。 3. 能通过锻炼保持身体健康。 4. 能通过自我暗示尝试控制自己的情绪。

---

① 资料来源于杨绫子学校课程文件。

续表

月份	3–4月	4–5月	5–6月
主题	我的生活饮食	我的休闲生活	美丽的青春
主题活动	一、我是"小厨神" 二、我是好帮手	一、购物小帮手 二、我们一起去____	一、班级运动会 二、我的"小秘密"
关联学科 生活语文	教学内容： 《复习》 《看花灯》 《今天我很忙》 《冰箱真好》 《校园的早晨》 关联目标： 1. 能够书写课文常用字词。 2. 能够认读并使用课文中的常见词语。 3. 能够用一些课文中常见的句型说话。 4. 能读懂包装说明书。 5. 能文明用水。	教学内容： 《磁悬浮列车》 《北京》 《雾》 《雷雨》 《水上安全不能忘》 《期中复习》 关联目标： 1. 能够书写课文常用字词。 2. 能够认读并使用课文中的常见词语。 3. 能够用一些课文中常见的句型说话。 4. 能书写周末游记。 5. 能书写\表达购物计划单。 6. 能阅读外出安全注意事项。 7. 能认读外出文明提示标语。 8. 能认读高铁时刻表上的信息。	教学内容： 《穿衣的学问》 《家具城》 《做什么事最快乐》 《期末复习》 关联目标： 1. 能够书写课文常用字词。 2. 能够认读并使用课文中的常见词语。 3. 能够用一些课文中常见的句型说话。 4. 能够做简单的自我介绍。 5. 能够流利地朗读课文。 6. 能够在相应的季节选择恰当的衣物。
生活数学	教学内容： 《复习》 《百以内数的认识》 《千以内数的认识》 关联目标： 《百以内数的认识》 1. 能认读百以内的数字。 2. 能以十为单位数出百以内的数字。 3. 能说出几个10，就是几十。 4. 能说出两位数的意义。	教学内容： 《计算器的认识和使用》 《百以内的加法计算》 关联目标： 《计算器的认识和使用》 1. 能知道计算器的用途。 2. 能认识计算器上的按键。 3. 能按要求按出指定的按键。 4. 能认识计算器的几个常用按键。 5. 能了解计算器的几个常用按键的功能。 6. 能通过计算器输入数字。	教学内容： 《直线、曲线》 《长度与测量》 关联目标： 《直线》 1. 能辨认直线和射线。 2. 能在纸上画直线。 《线段》 1. 能辨认线段。 2. 能找出生活中的线段物体。 3. 会利用工具画一条线段。 《长度与测量》 1. 能用手比画1米有多长。 2. 认识常用测量工具。

续表

月份		3-4月	4-5月	5-6月
关联学科	生活数学	《千以内数的认识》 1. 能认读整百数。 2. 能以百为单位数数。 3. 能认读几百几十。 4. 能数出100元以上的钱数。	7. 能通过计算器计算加法算式。 《百以内加法计算》	3. 能在帮助下测量整米的长度。 4. 知道1厘米的长度。 5. 能正确测量长度。 6. 会画出几厘米的长度。
关联学科	生活适应	教学内容： 《垃圾分类》（可回收垃圾） 《蒸速冻食品》 《折叠衣物》 关联目标： 1. 能认识什么是可回收垃圾并做好分类。 2. 能蒸熟速冻食品。 3. 能自己整理衣物。	教学内容： 《做购物计划清单》 《购物》 《自助付款》 《摆放餐具》 关联目标： 1. 能根据需求自己做购物计划清单。 2. 能去超市按照购物清单购物。 3. 能在超市自助付款。 4. 能根据人数把餐具放整齐。	教学内容： 《整理餐桌》 《清洗盘子》 《青春期生理健康》 关联目标： 1. 能在饭后把餐桌整理干净。 2. 能自己把盘子清洗干净。 3. 能认识青春期的变化并做好自我管理。
关联学科	劳动技能	教学内容： 《垃圾分类》（厨余垃圾） 《清洗蔬菜》 《处理果蔬》 关联目标： 1.能分辨什么是厨余垃圾。 2.能清洗蔬菜（生菜、青菜、芹菜）。 3.能自己处理果蔬（剥毛豆、刨皮）。	教学内容： 《乘地铁流程》 《乘坐地铁》 《铺桌布》 《冲泡奶茶》 关联目标： 1. 能熟悉乘坐地铁的流程。 2. 能自己乘坐地铁。 3. 能把桌布铺得大方、整齐。 4. 能自己冲泡袋装奶茶。	教学内容： 《垃圾分类》 《做垃圾箱》 《扫地》 《洗桌布》 关联目标： 1. 能给垃圾分类。 2. 能根据垃圾种类制作不同标识的垃圾箱。 3. 能自己扫地并扫干净。 4. 能自己把桌布清洗干净。
关联学科	唱游	教学内容： 歌曲《大海啊，故乡》 欣赏《听妈妈讲那过去的事情》	教学内容： 歌曲《我们的学校》 欣赏《校园多美好》	教学内容： 歌曲《小螺号》 歌曲《儿童圆舞曲》

续表

月份		3–4月	4–5月	5–6月
关联学科	唱游	关联目标：歌曲中体会生活的幸福。	关联目标：了解我们的学校以及在学校可以进行的休闲活动。	关联目标：体会这个年龄段的青春快乐。
	律动	教学内容：《复习》《十字步》《十字步组合：红绸舞》	教学内容：《跑跳步组合》《律动：春晓》《青蛙跳》	教学内容：《律动：小玉米》《地面运动》《律动：三字经》
	绘画手工	教学内容：《和草间弥生一起来画画》《小蚂蚁搬食物》《会跳舞的人》	教学内容：《水墨青花瓷》《美丽花朵创意画》《平面化的绘画大师》	教学内容：《土豆连连看》《奇妙的油彩水拓画》《向大师学画》
统整活动		厨艺大比评	生活小当家	快乐运动会

理想的学校课程整合当然是结合本校学生需要对国家和地方课程进行系统全面地统整。中外两个学校课程统整的案例充分说明，优秀的学校一定有优质的校本课程。随着融合教育的发展，优质的校本课程的衡量标准也在不断变化。目前来看，基于普通学校课程方案设计的特殊教育学校课程设置形式，以及结合学生的特殊需要统整的课程内容是特殊教育学校校本课程开发的潮流，并已得到理论与实践层面的有力支撑。总之，走综合教学之路，推进综合课程建设是多重障碍学生课程发展应走的方向，也是教师提升专业素养的必由之路。

第 3 章　多重障碍学生教育评估

特殊教育评估是根据一定的原则，通过全面的检查、测评或以其他方式测量、鉴别或确定学生特殊需要的活动。相对于其他评估，特殊教育评估的目的性很强，特别重视评估工具和方法的选择，以适应个体的需要。评估对于确定多重障碍学生的教育安置、制订个别化教育计划和提供相应的教学及支持服务具有重要的意义。在现代汉语中，评估与评价有着明显的语义差别，考虑到我国特殊教育界业已通用这一概念，本书不做严格的区分，尽管这二者是不同的概念。从个别化教育决策的角度看，教育评估是教育计划的前提与基础，教育计划的制订是教育评估结果的运用及其工作的延续和深化。因此，本章将评估与计划组织在一起，作为多重障碍学生个别化教育的重要内容。本章主要侧重讨论多重障碍学生教育评估的有效技术和策略，目的是为读者提供相关的信息和资源，同时进行必要的评述，以帮助读者了解和掌握基本的多重障碍教育评估知识和技能。虽然有关正式评估策略的内容也十分重要，但鉴于多重障碍学生的学习特征，本书更重视非正式的评估。在个别化教育计划部分，着重讨论个别化教育计划中的课程设计因素及其具体的制订问题。

多重障碍与教育评估

在多重障碍学生教育中，有关教什么、如何教、教得怎样以及学生学得怎样等信息的获得，都需要依赖评估结果。同其他障碍学生教育一样，多重障碍学生教育涉及对评估工具的了解、选择和运用以及如何解释评估结果。学校环境中，教育评估者主要是教师。与其他专业评估人员不同，教师一般不需要掌握与其专业领域无关的评估工具的运用技能，但他们需要能够与心理学、医学（如语言治疗、作业治疗和物理治疗）等领域的专业人员沟通，尽可能地评估出学生的学习潜力。从这个意义上说，多重障碍学生教育评估者不仅要了解熟悉学生的个人学习能力和风格，还需要具备评估环境的调整能力，以确保每个学生的评估结果的科学性、有效性。例如，对于一个视觉障碍兼有其他障碍的学生，评估者应该根据学生的视野特点，对触觉材料摆放的位置提出合理化的建议。在具体的教育教学中，教师不仅要掌握应用性的学科课程评估的方法和策略，还要具备感觉技能、学习媒介、语言沟通以及生活技能等领域评估的能力。如果没有这些基本的知识和技能，就很难为多重障碍学生制订出有效的教育教学计划。因此，无论是制订个别化教育计划，还是开展具体的教育教学，教师的教育评估在多重障碍学生的发展中都起着至关重要的作用。本节首先讨论多重障碍学生教育评估的特点、方法以及应注意的一些影响因素等基础性问题。

一、多重障碍学生教育评估特点

障碍的叠加对学生学习的影响是复杂的，多重障碍学生的教育评估也有其自身的特点，根据不同的标准评估可以划分为不同的类型。

（一）评估特点

首先，在评估的取向上要强调学生的"能"，而非"不能"。多重障碍学生的能力受到多方面的限制，对多重障碍学生的评估，虽然涉及对其弱项或缺陷的评估，但并不意味着评估的取向聚焦于学生不能做什么，有哪些特别的缺陷，相反，评估旨在为制订适宜的教育教学计划提供依据，进而采取支持性的服务措施提高学生的学习能力，促进其成长进步。

其次，在评估的方式上更重视非正式评估。多重障碍学生的教育也需要各种相关的正式评估，譬如标准化测试可以用来提供多重障碍学生的表现基线，但需要谨慎地应用这些评估结果，同时要考虑学生的各种障碍对评估结果的影响。不过，教师、家长在具体的教育教学过程中，往往更多地采用非正式评估。对于制订教育计划，非正式的评估，诸如生态评估、课程本位评估、功能性评估等更具有实际的教育教学运用价值。当然，这并不是否定正式评估的作用，以常模为参照的测验也有其价值。譬如，运用智力量表和适应行为量表这两个评估工具，可以了解被评估学生在标准样本水平中的位置，为进一步地评测他们的具体教育需要提供参考依据。但是，这类发展性评估在用于多重障碍学生教育时也常常存在问题，尤其是类似智力测验等工具并不能很好地反映学生的发展现状。这种测试只有在常模组中包含与被测试的学生有类似残疾特征的学生时才有效。这是因为："第一，中重度障碍学生常常不被纳入许多测验的常模样本之中；第二，许多中重度障碍学生在这些测验上很难获得分数，许多中重度障碍学生的智力水平可能低于这些常模测试的最低分数，因此测验无法提供有关学生功能的正确信息；第三，中重度障碍学生所获得的很低的分数很少能够反映现有技能水平和以后的学习潜能，至少它损害了人们对个体的期望。[①]"因此，常模参照测验的结果很少能与课程与教学直接联系起来，对于教师制订相应的教育目标和教学计划，其功能就非常有限。

再次，在评估的内容方面，对多重障碍学生的评估侧重于行为和沟通等技能领域，因为这些技能对融入学校和社会环境以及学生的生活质量有着重要的影响。此外还需要特别关注优先技能的评估。优先技能是指在评估的众多的技能项目中，对于学生或其家庭来说相对重要的有优先发展意义的技能。多重障碍学生遭受的功能限制多，需要学习的技能也多，同一时段或同一领域中会同时存有许多需要学习的技能，不可能所有的技能学习都齐头并进，这样就必须评估出那些对学生来说最具优先发展价值的技能，以便制订相应合适的学习计划。

（二）评估的类型

多重障碍学生教育评估可以根据不同的标准划分为不同的类型。依据评估的方式可分为正式评估与非正式评估。正式评估是指事先制订完整的评估方案，往往由专门的机构与人员按严格的程序和规范所进行的教育评估。正式评估是高度结构化的，一般以常模样本为对照，有着具体明细的操作要求和评分要求，以及明晰的指南，指南中说明了测试的适用对象、实施方法、实施条件、项目评分、时间限制以及具体评估学生表现的步骤程序，对于评估结果的解读也有具体要求，如智商测验、成就测验和适应行为量表等。对多重障碍学生也可以实施各种正式的评估，包括智力测验、发展量表、适应行为量表、社会和情绪测量以及学业成就测验等。非正式评估一般缺乏严谨的结构，更加主观化，往往对实际情况考虑更多，通常与相关教育教学直接关联，如课程本位评估、动态过程评估等。非正式评估在多重障碍学生教育中占据很重要的位置，比如课程本位评估中的任务分析、工作样本、数据积累、准则测验、档案袋评估等都是常见的评估方法。

依据目的可分为资格诊断评估、特殊需要决策评估和进步监控评估。资格诊断评估是对学生的障碍情况进行诊断鉴定，确认是否为多重障碍，以便决定是否需要为学生提供相应的特殊教育的服务，这些评估主要由具备相关资质的医学、心理学专业人员来完成。特殊需要决策评估是指在学生被确认为多重障碍后，对其障碍引发的特殊需要进行评估，了解学生在教育教学方面有哪些具体的特殊需求，以便制订相应的教育目标与服务计划。进步监控评估主要是在经过一段时间的教育教学后，对学生的发展进步情况进行监控测量，以便持续不断地了解学生的学习进展与表现，为改进教学提供依据。本章主要讨论后两种评估，即如何通过评

[①] 特恩布尔（Turnbull R.）等. 今日学校中的特殊教育[M]. 方俊明 译. 上海：华东师范大学出版社，2004：131.

估为多重障碍学生制订适宜的教育目标和教学计划以及如何监控其发展进步。

依据评估的具体内容又可分为学科技能评估和发展领域技能评估等。学科技能评估是指对应用性学科知识的评估，对于多重障碍学生来说主要是对其为读、写、算三项核心技能进行评估。发展领域技能评估主要是对感觉技能、运动技能、语言沟通技能、社会交往技能的评估。这些发展领域的技能评估也是复杂多样的，譬如，在感觉技能领域不仅需要了解学生现有的各种感觉能力水平，还需要对其感觉通道学习的适应性进行评估，以便更好地为学生提供相应的学习媒介，支持学生的学习。此外，诸如偏好评估、优势强项评估等也可归入发展领域技能评估的范围。

二、多重障碍学生教育评估方法

对于评估信息的收集、评估工具的选择和评估结果的解释运用，其方法是多重障碍学生教育评估者必须掌握的。有关评估工具的选择将在后文进行专门讨论。

（一）评估信息的收集

收集信息是教育评估最为基础的工作，无论是为了了解学生的身心特征，还是制订教育教学的目标，或者是监控学生的学习进步，都需要以收集信息为基础。特别是刚入校的新生，收集其信息是教师首要的工作任务，也是对其进行教育评估的前提。比起其他障碍学生，多重障碍学生所需要收集的资料更多，资料更复杂，其完整性也更重要，包括收集学生的需求、长处、兴趣和偏好等信息。信息收集的主要方法有问卷调查、查看现存资料、家长访谈、制订生本规划等。

1. 问卷调查

对于刚入学的新生，可以采取问卷调查的方式来了解他们的基本概况，应根据他们的教育需要全面编写问卷题目，以尽可能完整地收集第一手资料。完整的信息包括家庭背景、父母生育史、医疗史、教育史及个人发展领域的表现状况等。

2. 资料查阅

对于新接班级的在校学生，教育者必须在制订教育教学目标之前，查看学生现存的档案记录，尤其是他以前的个别化教育计划。需要注意的是，不是所有累积的信息都重要，诸如智商测验、发育筛查测试分数以及无关的目标等对于制订新目标的作用是有限的。相比而言，重要的有用信息包括学生过去努力要达成的目标、是否达成以及在保持或泛化方面的表现情况。对于没有掌握的目标技能，可能需要继续教学。而对于那些已经学会的技能则可能需要进一步地巩固以促进迁移。这些就可能是新目标的一个组成部分。

除了先前的目标外，教师还应重点回顾查阅学生其他相关的信息，包括前面所提及的医疗过程、身体状况、饮食禁忌、过敏现象、挑战性行为（尤其是自伤或攻击行为等）、喜恶偏好、感觉运动能力和沟通交流技能等。这些信息虽然不一定直接影响教育教学目标的制订，但是能帮助教师明确学生有哪些特殊需要。

3. 家长访谈

家长是学生的第一任老师，也是最熟悉、最了解学生的人，同时家长也是教育团队的重要成员。家长的参与非常重要，当了解孩子的家长成为评估团队的一员时，评估结果的真实性就高。这往往能确保孩子的行为是以典型的方式反馈给一个陌生人。与家长访谈不仅可以掌握学生当前的能力和日常活动以及有关学生在学习上的特殊需要的关键信息，而且可以了解家长关于学生教育目标的意见和建议并与其沟通和协调。在采访家长时，访谈者首先应学会与家长沟通，特别要注意相互尊重，尽可能地确保最少地侵犯家庭的隐私。

访谈时可能需要向家长提出许多问题，为了提高访谈的效果和质量，教师事前应和其他团队成员拟定好访谈提纲，或绘制一个调查表格。许多商用评估工具可以为访谈提纲的拟定提供很好的参考，譬如各种适应行为量表、功能性活动量表等，本章下文将对这些量表做具体地分析介绍。不过，在选择任何一个或多个量表参考使用之前，团队成员应该检查一下，以确保该量表适合用于被访谈家长的孩子。

4. 制订生本规划

生本规划（Person-Centered Plans）的理念来自对学生未来发展及其生活质量的期待，主张"以终为始"的目标制订，为学生未来的成人生活奠基。在美国，有多种生本规划，但核心都是围绕学生未来的生活愿景。其中一种被称作个人未来计划（Person Futures planning），个人未来计划由美国学者芒特和泽尼克（Mount & Zwernik）开发，教育团队据此为残疾学生的发展建立起互动的社会关系，帮助他们积极参与社区生活、增强掌控自己生活和发展技能的能力[①]。其关键特点是强调不要聚焦学生的缺陷，而应关注其能力、技能和机会，以及未来持续的社会参与问题，主张未来的目标始于当下的努力。个人未来计划有五个具体特征：描述分析个体与环境的互动能力及机会；建立未来的愿景、目标；让学生和日常生活中的重要他人建立起积极的互动关系；鼓励学生参与体验各种新颖的活动；采取措施，鼓励相关团队成员展开行动，促进学生成长和生活质量的提高。

个人未来计划的制订一般有三个步骤：先是收集、讨论、分析相关信息和资

---

① David L, Westing, Lise Fox. *Teaching Students with Severe Disabilities(4th)*[M]. New jersey: Person Education Ltd. 2009: 121.

料；然后分析环境资源的条件，建立愿景并制订未来发展计划；最后是根据目标和计划组建学生未来发展的支持系统。制订个人未来计划需要教师、家长乃至学生的共同参与和研讨，这也反映出西方社会对个人权利的强调，对我国的多重障碍学生教育有借鉴意义。

（二）评估结果的解释与运用

科学准确地解释评估结果信息并将之运用于实践，是对从事多重障碍学生教育工作的人员的基本要求。评估工作的重点是进行评估数据分析和报告评估结果。

1. 数据分析

对学生评估结果的分析和解释是制订有效教学计划的关键。首先，团队成员应对相关数据进行讨论，确定是否有需要关注的特定领域。在具体地分析评估所获得的数据时，最好创建一个分析文档，有计划地列出相关学习领域的知识、技能内容，这样一些重要的信息就不会被忽略掉。文档中的数据可以划分为"已达成"和"需要学习"两类，这有助于教师清晰明了地掌握相关情况（见表3-1）。这些内容可以直接从使用的评估工具或观察、访谈中获取。

上述文档可以帮助团队成员确定学生教育评估报告中需要关注的领域和内容。通过对评估数据的分析，团队成员可以清楚地了解哪些知识和技能是学生已经"获得"的，哪些知识和技能则是"需要学习"的。

表3-1 文档中的"已达成"和"需要学习"

学习领域：触觉发展 学生：	
已达成	需要学习
区分质地的硬、软	还未能分类
当触摸柔软质地的物件时表达快乐	还未能命名

分析文本中所达成的项目可以概括为个别化教育计划中相关的评估摘要或是某个项目领域中现有的表现水平。有时，学生可能还没有全部达成某些技能或完成某项活动，还需要进一步的练习加以巩固，这样团队成员对文档的记录分析和讨论就显得非常重要，有助于评估报告的撰写、个性化课程的开发和个别化教育计划目标的选择与确定。

分析评估数据时，要特别重视分析那些学生还没有掌握的特定技能及其原因。也许教师的课堂安排或组织的技能教学不能匹配学生的教育需要，使得学生没有机会或通过活动来获得相应的技能。此外，对于许多多重障碍学生来说，他们可能会有严重的医学问题,这阻碍了他们学习。同样,那些有着严重的挑战性行为的学生可能需要结构化的行为干预,以便保证教学以有意义的方式进行并有所实效。总之,教育团队通过认真分析评估数据,可以确定如何更好地确保学生能够学习进步。

2. 报告评估结果

报告评估结果一般是以书面或口头方式与同事、家长共享,包括以下方面:学生基本信息(如姓名、地址、出生日期、学区、教师、考试日期);转诊和评估的理由;背景历史(家庭情况、发育情况、学习情况、社交情况、习惯、兴趣、爱好、社会生活、父母的关注程度);学生行为;测验和过程说明;结果与发现;对学校、教师和家庭的评估建议的总结。

正式的评估工具可以提供标准数据并产生与学生表现相关的比较分值,也可用来测量学生一段时间的进步基线,但是教师要谨慎地对待这些信息,重在强调评估结果如何影响学生的学业及社会性的表现[1]。心理学家和其他专业人士在分析这些信息时,侧重解释学生的多重障碍如何影响评估结果,这对教师和家长很有帮助。评估报告不要强调分数或等值,而是要关注学生能做什么,还没有做到什么,以及教什么才是最有价值的。

评估报告的撰写水平取决于如下几个变量:时间限制、参与的团队成员以及团队成员之间共享信息的意愿。团队成员应了解和交流彼此的报告,对出现的不一致性结果应进行认真地讨论。

三、多重障碍学生教育评估影响因素

有效的教育评估必须建立在一定的条件基础之上。多重障碍学生教育评估受到许多因素的影响:学习者的身心特征、评估者的专业能力、评估工具的特点、专业人员之间及与家长的合作、评估者与学生的融洽关系、评估的环境和测试材料的性能等。因此,要确保评估的有效性,评估前就必须考虑各种条件性因素。以下着重从学习者、评估者、评估环境和评估工具选择这四个方面分析这些影响因素。

(一)学习者的特征

学生的残疾情况决定需要评估的领域、工具的选择和评估方法。在对多重障碍学生进行评估设计时,评估者需要全面地考虑学生的身心特点和成长过程。有

---

[1] Bradley-Johnson, Morgan. *Psychoeducational assessment of students who are visually impaired or blind: Infancy through high school(3rd ed.)*[M]. Houston, TX: Region IV Special Services. 2008.

些学者列出了 14 项要点因素①（见表 3-2）。

表 3-2　多重障碍学生评估因素

列项	具体因素
1	病史和健康现状
2	致残年龄
3	残疾及其病因对评估的影响
4	感觉特性（视觉、听觉、感觉输入的敏感性，诸如感觉超敏、感觉迟钝或感觉偏好等）
5	沟通水平及辅助需要
6	学生及其家庭的语言文化背景
7	行为状况（包括自我刺激、自伤等）
8	活动经历
9	教育经历
10	人际交往（包括与同伴、家人、教师和评估者等）
11	学习方式（包括学习节奏）
12	行为的一致性表现（跨时间、跨活动和跨环境）
13	注意和警觉水平
14	辅助设备和技术需求等

　　除上面列出的因素外，学生的动机水平（如控制性动机、习得性无助等），个性特征（如内向害羞、外向活泼等），残疾造成的疲劳水平以及应试技巧等都有可能对评估的过程与结果产生影响。

　　要做到有效评估，评估者在评估前必须重视向最熟悉学生的人员了解情况，争取让他们提供有价值的信息。这些信息包括多重障碍学生的学习风格、学习偏好、情绪行为特征、对问题或活动反应的时间以及完善评估的最佳策略。此外，还应特别注意的是，评估者要了解学生对评估本身是否存在害羞、紧张或焦虑的情况。

（二）评估者的特征

　　对多重障碍学生进行教育评估，实施者应具有丰富的学科专业知识和技能，

---

① Barclay. *Preparation for assessment.* In S. A. Goodman & S. H. Wittenstein(Eds.), *Collaborative assessment: Working with students who are blind or visually impaired, including those with additional disabilities*[M]. New York: AFB Press, 2003:3-70.

同时要清楚学生身上叠加的残疾对评估过程和方法的影响。例如，对于视障兼有其他障碍的学生，心理学专业人员运用智力测验工具或适应行为量表时需要认识到这样一个问题，即建立在视觉正常学生常模基础上的标准并不一定适用于多重障碍学生。学生只有在评估中展现出应有的知识和技能，评估才是有效的。有效的教育评估反应在对评估者的要求上，需要具备如下的条件："熟悉评估工具的特点，如信度、效度和群组标准；能依据评估工具特点和评估目标，选择、调整评估工具的能力；熟悉所选择评估工具的实施过程与方法；具备评估时安抚学生并与之互动的知识和技能；明确叠加残疾对评估的影响；以适当的形式与学生沟通交流的能力；开放所有调整性测试并明确其对效度的影响；明确意愿及其对测试效度可能产生的影响以及能够与家庭和其他专业人员合作以确保准确的评估结果；以书面或口头方式有效地交流评估的结果。"[1]

（三）评估环境

学生的行为应在自然情境中接受评估，即评估应在他们通常做这些事情的地方进行。由于行为状态和学生身体健康等的变化影响，多重障碍学生的教育评估一般需要跨越多个观察阶段、多个学习和生活的自然情境。当学生面对陌生的评估者时，他们很难展现出自身最大的潜能。因此，评估前应为学生提供熟悉的评估人员和相应的环境，让他们与评估者发展起良好的互动关系、了解活动的环境，这将有助于减轻任何恐惧并建立起积极的期待。

如果评估者在家庭环境中实施部分评估，可以获得多重障碍学生更为全面的表现情况。学生在家里的表现往往不同于学校，他们可能更放松，往往能表现出在学校环境中难以观察到的活动情况。另一方面，家庭环境也有其局限，学生也可能不愿意在家里展示其在学校或社区所获得的技能。因为家庭成员会分散他们的注意力，或者在家里进行活动时缺少应有的鼓励，他们无法将技能从一个环境迁移、泛化到另一个环境。因此，当学生在家里接受评估时，评估者必须多方面考虑相关因素，做到事前准备、了然于胸，进而提高评估的质量。美国学者克里蒂科斯（Kritikos）等人总结了在家庭实施评估时需要注意的一些问题，很值得评估者借鉴，具体包括以下内容：家庭观察之前，与家庭成员建立起融洽的关系，向家庭成员解释观察的目的，了解学生在家中有关技能与行为活动的表现；考虑家庭第一语言（有沟通障碍的孩子的第一沟通语言很有可能是手势）对评估过程和孩子表现的影响；尊重他们的家庭文化、生活习惯和物理环境；在正式访谈和观察前应进行友好的交谈，了解谁在孩子的教育问题上是主导者；了解家长对残疾的看法以及对孩子的期望；了解家庭日常生活的安排和孩子参与的情况；了解

---

[1] Sharon, Sacks, Mary. *Keys to Educational Success*[M]. New York: AFB Press, 2016.

家庭对孩子行为和纪律的期望；了解家庭如何看待孩子的未来和对孩子支持的水平；鼓励家庭成员提问并分享他们用来教孩子某些技能或任务的策略；通过邀请家庭成员参与评估，分享观察过程中获得的信息，培养相互的信任感。[1]

无论评估的环境是在家庭，还是在学校；也无论是直接测试学生，还是在常规课堂上做观察记录，评估者都要为评估创造最佳的条件，这些条件准备可归纳为以下七个方面：评估所用材料都是容易获得的，并且是最适合学生的；要依据学生的日程安排，在他们一天表现最佳的时候实施评估；一些学生需要一系列较短的测试来增加其专心的任务行为；在陌生的环境中进行评估，要给予学生探索环境的时间，使之逐渐适应环境；测试环境应避免听觉和视觉上的干扰，包括评估者所穿的衣服类型（例如，纯色衬衫可能比有图案的衬衫更不容易引起分心）；要照顾到学生测试反应的时间，多重障碍学生的信息加工过程普遍缓慢，很可能达不到预期的速度；允许学生在测试期间休息，要提供位置移动或身体伸展的机会，他们可以到户外走走，或从事一个短暂的游戏活动。

除了上述提及的这些条件，评估者要认识到，没有一个评估工具是十全十美的，也没有一个评估工具能解决障碍学生的所有问题。因为许多评估工具并没有考虑到所有的影响因素，特别是标准工具中的一些测试问题和任务，并不能完全匹配多重障碍学生的感知方式，那么学生就很难做出适当的反应。例如，对于全盲的学生，他们无法对视觉性的图表、图画等项目测试做出反应。在某些情况下，由于学生的障碍问题，学生并不具备评估工具所要求的一些先备技能，那么一些评估项目就可能无效。在这种情况下，应在评估目标技能之前根据多重障碍学生的特殊需要，对评估工具中的活动内容进行适当地调整或修改。下表（表3-3）是针对常见的障碍类型，对评估的一些调整建议[2]，供读者参考。

表3-3 常见的障碍类型及评估调整建议

障碍类型	调整建议
认知障碍	多给学生一些做出回应的时间； 简明、和缓地重复指导语； 逐渐减少提示、模仿，最终学生在没有任何帮助的情况下做出回应； 对学生的表现给予及时的积极表扬。
沟通障碍	如果学生没有任何语言或言语的支持，必须在被评估之前，为其建立起有效的沟通交流机制，可采取符号系统、电子沟通板、图片显示及其他沟通技术设备等。只有形成了可交流的机制时，才能实施评估。

---

[1] Kritikos, LeDosquet, Melton. *Foundations of assessment in early childhood special education*[M]. Upper Saddle River, NJ: Pearson Education, 2012: 115-116.

[2] 盛永进，范里. 儿童认知发展：评估与教学[M]. 南京：南京大学出版社，2017：7-8.

续表

障碍类型	调整建议
视觉障碍	取决于学生的视觉障碍程度。评估者可以向视觉障碍教师或者验光师等相关专业人员进行咨询，获得帮助支持。
听觉障碍	寻求听力学家、语言治疗师和听觉障碍教师的帮助支持； 确定哪些评估技能适用于有听觉障碍的被评估学生； 分析被评估学生的沟通交流的情况，了解学生是需要综合性的支持，还只是语言或手势方面的支持，然后采取相应的接受与表达范式进行评估。
行为障碍	评估过程中通常包括常见的行为反应，评估者可以按照现有的方法来评估，但要做如下修改： 如果涉及学生的任务性行为问题，把评估分解成几部分完成，每次互动只需几分钟； 使用简明的陈述或者采取角色扮演，指导语要确保学生在评估时，正确理解评估者希望他做什么； 学生每完成一部分评估后要及时予以充分的奖励。学生尝试完成任务、做出努力、认真听讲和实现目标时都要给予积极地正强化，表扬要具体化，经常变换奖励的形式。 如果评估无法明显地反映学生的真实表现，就停止评估。
运动障碍	在需要学生做视觉运动的地方使用图案、模版或引导图等替代； 对于任何知觉动作内容，给予口头指导； 借助辅具设备，如握笔器、改装剪刀等； 确保学生坐在桌子旁边的时候，脚能够平放在地板上，桌子的高度应该适中。

（四）评估工具

评估工具的选择也是影响评估结果的重要因素之一，尤其是商用评估工具的选择。一般来说，选择商用评估工具要以一定的专业理论为指导，在此基础上评估者要充分考虑学生的年龄、心理、个性及其残疾等对工具的适应性。如果是正式评估，评估者首先需要确认常模样本是否适用于所评估的学生，接着要考虑工具的范围、领域、项目的优点乃至所选工具每个部分中涉及任务的数量、项目的易理解程度、易读性等。

在多重障碍学生的教育评估中，选择商用评估工具时特别需要谨防出现偏见。有些偏见往往来自我们日常生活中所积累的一些成见，客观存在却又缺乏主观认知。首先是对残疾的偏见，我们往往低估残疾学生潜在的能力，总是怀疑残疾学生是否具有处理相关事务的能力；其次是经验偏见，习惯于停留在过往的经验认识，简单地否定被评估学生能对评估项目做出足够的经验反应；再就是文化偏见，如果以贫富、贵贱、习俗等文化差异遮蔽评估者的双眼，就会导致评估结果的失真。维恩（Venn）认为对多重障碍学生最有效的评估工具有以下特点[①]：适应性的反应范式（学生能以多种方式表达认识）；灵活的实施方式（团队成员可以通过各种方式收集数据，如通过对学生日常表现的了解、观察、测试以及与熟悉学生的人员访谈等）；给予部分表现或萌发技能的部分认证（包括测量所需的提示水平）；广泛的行为样本（捕捉可以指导教学中需要教什么的微小进步）；确保评估与课堂教学相联结。

每一个多重障碍学生的评估都是高度个性化的，评估工具的选择必须因人而异。此外，当实施正式评估时，优秀的评估者会仔细观察学生，注意学生的动机、行为、兴趣和态度。这些信息有助于评估者解释评估结果的意义。最后，借用爱因斯坦的名言来结束本节的内容：并非所有需要评估的都可以被评估，也并非所有可评估的都需要去评估。必须强调，对于多重障碍学生的教育评估，任何评估技术或工具都有其特点和优势，也有其侧重和局限。因此，没有一个技术或工具能够满足每一个学生的所有需要，其评估工具的选择一定是多样、多维而又灵活的。

评估技术及其工具评介

特殊教育计划决策评估旨在实现"学生特征（优势、需求和学习方法）与教学特征（环境、内容、挑战和教学策略）之间的最佳契合"[②]。这种决策的目的集中反映在个别化教育计划制订和具体的教育教学方案设计上。要达到"最佳契合"，其前提是必须对学生的发展现状进行全面评估。特殊教育计划决策评估的内容和方法有很多，从学科学习目标到各发展领域的技能以及专项的偏好、所需的相关服务等，都可归入教育计划决策评估的范畴。鉴于国内目前这个领域的研究严重缺乏，本节重点分析介绍一些常用的综合性和专项性评估技术及工具，以帮助读者了解有关多重障碍学生教育计划决策评估的有效技术和策略。其中有关学科目标的决策，将在教学一章中具体讨论。

一、综合评估技术及工具

本章谈及的综合性评估工具就其评估范围来说，包括多领域的内容，这里主

---

① Venn J. *Assessing students with special needs(5th ed.)*[M]. Upper Saddle River, NJ: Pearson Education, 2014.
② Sharon, Sacks, Mary, Editors. *Keys to Educational Success*[M]. New York: AFB Press, 2016.

要介绍适应行为量表等四个不同类型或不同方式的评估工具及其使用问题。

（一）基线发展水平测量：适应行为量表

适应行为是指"在特定环境中，能够调节个人和社会需求之间的关系的行为"[1]。人的适应行为受个体发展和环境要求两个方面的影响，而个体发展又受成熟程度和学习两个因素的制约。与智商不同，适应行为不是能力，而是根据某项典型活动来进行定义的，因而是可以改变的。在不同的发展阶段，人的适应性行为是不一样的。适应行为量表是特殊教育领域最基本的评估工具之一，主要用于测量学生适应社会生活的基线发展水平。适应行为的信息可以通过专业的商用评估工具——"适应行为量表"获得。适应行为量表涉及日常生活中最基本的内容，覆盖了许多技能，主要包括日常生活技能、社区生活技能及相关专门领域的实用技能，诸如社会交往、沟通交流、动作能力和基本的学科运用技能等。利用一个或多个适应行为量表，通过对学生监护人的调查、访谈等方法，可以客观地评估个体适应行为的现有水平。

1. 工具的选择与使用

适应行为量表有许多，其中有些非常适用于多重障碍学生。当使用适应性行为量表进行教学规划决策时，需要重点考虑五个方面[2]：量表应涉及不同的环境；量表涉及的行为列项应系统全面；量表有与教学活动相关联的项目内容；列项和评分非常具体，有助于做出计划的初步决策；使用评估工具有助于确定教学的范围、顺序和内容。

需要指出的是，现有的适应行为量表中一般没有适合极重度障碍学生的项目内容，这是学界的共识。对于不少极重度障碍学生来说，量表中的评测项目已远远超出他们的行为表现范围。如果以此来评估，只能得到完全"平直的水平线"[3]，这样的信息就没有什么意义。

选定具体的评估工具后，教师要认真阅读评估指导说明，弄清评分系统的运用。通常评估工具都会提供不同层级的表现水平及其分值，每项评分都反映了知识或能力应有的最佳状态。完成适应行为评估后，需要对测试进行打分。许多适应行为量表为常模参照（即所测的分数可以与标准化样本进行比较）量表，且包

---

[1] Venn, J. *Assessing students with special needs(4th ed.)*[M]. Upper Saddle River, NJ: Merrill/Prentice Hall. 2007.

[2] Cone. Intervention planning using adaptive behavior instruments[J]. *Journal of Special Education*. 1987, 21(1): 129.

[3] David L, Westing, Lise Fox. *Teaching Students with Severe Disabilities(4th)*[M]. New jersey: Person Education Ltd. 2009: 136.

含了其他的一些技术属性（如效度、信度等），不同领域的得分以及整体得分可与标准样本进行比较，方便评估者参照前测绘制出示意图表，有助于进行教育决策，特别是通过分析个别单项的评测信息，教师可以确定学生的教学目标。

绝大多数适应行为量表可以呈现出学生行为发展中的优势强项与弱势不足。对学生的那些处于弱势的行为技能应给予特别的重视，因为这些行为技能的现状制约了学生的发展，需要将其优先列入教育计划目标，而那些处于优势的领域，教师可以从中识别学生已经接近或达到符合社会期待的行为，从而帮助学生进一步巩固这些行为。

2.《婴儿—初中生社会生活能力量表》

在许多常用的适应行为量表中，为我国读者熟悉的有《文兰适应行为量表》（Vineland-II）、《美国社会适应行为量表》（AAMD-ABS）等。前者自发布以来已有90年的历史，其作者宣称该量表对智力障碍、孤独症、创伤性脑损伤、多动症、认知障碍等儿童和成人均适用。以上量表虽然也有中文版，且其发挥的作用也毋庸置疑，但由于国情、文化背景及评估的要求等方面的不同，这些量表相对来说并不十分简单实用。

基于以上原因，这里重点介绍《婴儿—初中生社会生活能力量表》。该工具最初由日本心理适应能力研究所等单位编制，1987年北京大学等单位完成了中国标准化工作。该量表可用于儿童社会生活能力的筛查，也可应用于临床智力低下的诊断和教育教学的决策。与其他筛查量表相比，它具有简单、省时的特点，尤其是对不合作的儿童更为适合，这是该量表突出的优势。

（1）量表结构与项目内容

量表分为独立生活能力、运动能力、作业、交往、参加集体活动和自我管理等六个领域，共有132个项目。每个领域列出了相应的关键性生活技能（见表3-4）。从项目类型设计及内容的选择看，这个量表也非常适用于多重障碍学生的评估。

表3-4　量表中的关键性生活技能内容

领域	项目内容
独立生活能力	进食、脱换衣服、穿着、料理、如厕，个人和集体清洁卫生情况（洗脸、刷牙、洗头、剪指甲、打扫和装饰房间）。
运动能力	走路、上楼梯、过马路、走亲访友、外出玩耍、到经常去的地方、独自上学、认识交通标志、遵守交通规则、利用交通工具到陌生的地方去。
作业	抓握东西、涂鸦、倒牛奶、准备和收拾餐具，使用糨糊，剪图形，开起瓶盖，解、系鞋带，使用螺丝刀、电器、煤气灶，烧水，做菜，使用缝纫机，修理家具等。

续表

领域	项目内容
交往	被叫名字时有回应，说话，懂得简单指令，说出自己的名字，说出所见所闻，交谈，打电话，看并理解简单的文字书、小说、报纸，写便条，写信和日记，查字典等。
参加集体活动	做游戏，同小朋友一起玩，参加班内值日、校内外文体活动，组织旅游等。
自我管理	自己可以独自做事情，有规划，能忍耐，不随便拿别人东西，不作闹，能独自看家，按时就寝，控制自己不随便花钱，有计划地买东西，关心幼儿和老人，注意避免生病，独立制订学习计划等。

（2）适用年龄

量表适用于 6 个月~15 岁儿童，具体年龄阶段划分见表 3-5。

表 3-5　量表适用年龄阶段划分

Ⅰ	6 个月~1 岁 11 个月
Ⅱ	2 岁~3 岁 5 个月
Ⅲ	3 岁 6 个月~4 岁 11 个月
Ⅳ	5 岁~6 岁 5 个月
Ⅴ	6 岁 6 个月~8 岁 5 个月
Ⅵ	8 岁 6 个月~10 岁 5 个月
Ⅶ	10 岁 6 个月以上

该量表简单易行，一般情况下需要大约 15 分钟的时间即可完成。评估时按照相应的年龄段从第一题开始，逐项检核，如果连续 10 个题项都能通过，则认为起始题以下的各项均通过；反之，如果连续 10 个题项未通过，则认为以下的题均不能通过，测评即可结束。然后，根据各领域所测题项的得分，算出总分；再根据年龄组得分的范围，按照对应的标准分，查出评定结果。该量表对于智力低下的诊断标准，需依赖于智力测验和行为评定的结果，只有当智力测验 IQ<70 或 DQ<75，行为评定有缺陷时，才能考虑判定为智力低下。

（二）优先技能识别：应用性技能检核工具

1. 优先技能识别工具

应用性技能又称功能性技能（Functional Skills），是指学习者在当下以及未来的学习、工作和日常生活中能够独立开展有效活动的必备技能。应用性技能量表与一般的儿童发展性量表不同，它不是按照儿童常模的正常发展顺序所设计的一系列离散而互不相关的行为技能清单，而是注重与学习者生理年龄相符合的功能性活动和技能。通过评估教师可以安排与学生、家长共同参与的有意义的活动，通过与家长的访谈，教师可以和家长共同确定适合学生的教育教学目标，明确学生的优先技能需要，进而决定什么时候教、在什么环境中教，以及为学生的学习提供什么样的支持。换句话说，它是优先技能学习决策的评估工具。国外有许多应用性课程（功能性课程）与活动方面的指南，如"美国的儿童选择与调整"（Choosing Options and Accommodations for Children，COACH）[1]、"Syracuse 社区课程"（The Syracuse Community-Referenced Curriculum Guide）[2]、"社区生活分类量表"（Community Living Skills：A Taxonomy）[3]以及"重度障碍学生替代课程：活动分类"（The Activities Catalog：An Alternative Curriculum for Youth and Adults with Severe Disabilities）[4]等。这些评估性的指南工具都可用来评估多重障碍学生的功能性技能，制订适宜的教育目标并将其列入个别化教育计划。本节重点介绍功能性技能筛查量表及其运用。

2. 应用性技能筛查量表

应用性技能量表（Functional Skills Screening Inventory）由美国希瑟·贝克尔（Heather Becker）博士等人于1984年制订。该量表主要描述学生为之后进入成人生活所需要获得的关键性生活技能和工作劳动技能。应用性技能量表的评估项目涵盖感觉运动、语言沟通、生活自理、认知学习、工作劳动、社会交往、情绪行为这七个领域。它不仅可以评估学生技能的有无，还可以评估学生拥有技能的类别和程度，以及需要促进或改善的情况。该表可对学生进行持续一致的评估，判断学生的功能性技能掌握情况，为特殊教育学校及其他机构提供监测数据，为制订和实施具体的教育教学计划服务。

（1）量表特点

多重障碍学生的发展并不一定按照常规顺序，而且许多常模参照性量表并不

---

[1] Giangreco, Cloninger & Iverson. *Choosing options and accommodations for children:A guide to planning inclusive education(2nd ed.)*[M]. 1998.

[2] Ford et al. *The Syracuse community-referenced curriculum guide for students with moderate and severe disabilities*[M]. Baltimore: Paul H. Brookes,1989.

[3] Dever R. B. *Community living skills: A taxonomy*[M]. Washington:American Association on Mental Retardation. 1988.

[4] Wilcox, Bellamy. *The activities catalog: An alternative curriculum for youth and adults with severe disabilities*[M]. Baltimore: Paul H. Brookes, 1987.

适合这类学生,因此该量表不是发展性评估,即按照各个技能领域发展的顺序排列,而是按照技能在工作和生活环境中所运用的优先级别排列。所谓优先级别顺序是指根据生活和工作中的技能应掌握的优先顺序,确定障碍学生尤其是多重障碍学生学习技能的优先顺序。量表将优先顺序分为初级需求、中级需求和高级需求三个梯次,分别对应三个级别的优先技能(见表3-6)。一级优先技能主要是指生活和工作中需要训练的最基本的技能要领;二级优先技能是指监护生活或庇护性就业所需要的技能;三级优先技能是指有助于促进成功地独立生活和工作的技能。

表3-6 技能级别的内容

技能级别	内容	需求级别
一级优先技能	生活和工作中需要训练的最基本的技能要领	初级需求
二级优先技能	监护生活或庇护性就业所需要的技能	中级需求
三级优先技能	有助于促进成功地独立生活和工作的技能	高级需求

(2)适用对象

该量表主要评估个体在自然环境中现有的行为功能水平,可以用于不同能力水平的学生,特别适用于中度到重度障碍学生,也可以对一些极重度障碍学生进行评估。年龄上适用于6岁到成人,但主要用于12~25岁的青少年。

(3)评分标准

量表将功能性技能与行为问题分开,根据支持的需要程度和挑战行为的显现频率各分为五个评估级别,给予相应的分值,以便做出定性、定量的评判(见表3-7、表3-8)。

表3-7 功能性技能分评分标准

级别	支持需要	分值
1	个体能够持续地、完全地、准确地操作完成这些项目,同时不需要任何提示、催促或帮助	4
2	个体能够经常地、实质性地操作完成这些项目,只需要轻微的引导、提示或帮助	3
3	个体能够间断地、部分地操作完成这些项目,需要中度或部分的引导、提示或帮助	2
4	个体偶尔或极少操作完成这些项目,需要大量或完全的引导、提示或帮助	1
5	个体根本不能操作完成这些项目,从不操作完成	0

(注意:如果不适用,打4分,对于这个项目,使用语言或手势语的人应该给4分)

表 3-8　问题行为评分标准

级别	显现频率	分值
1	个体从来不显现问题行为	4
2	个体很少显现问题行为	3
3	个体有时（约一半的时间）显现问题行为	2
4	个体经常地显现问题行为	1
5	个体频繁地显现问题行为	0

（注意：如果不适用，打 4 分）

一旦确定了技能现有的发展水平和优先级别，教师就要根据评估结果确定有关教学目标和内容，同时将之列入个别化教育计划。

（三）技能表现观察：生态评估检核表

生态评估是指对特定的真实环境中的行为活动进行分析的一种评估方法。评估多重障碍学生的教育需求的一个重要方法是分析他们在当前或未来生活环境中所需的技能。这种分析能使教师或相关的专业人员明确学生在日常环境中通常需要的活动技能，然后通过直接观察学生在环境中和活动中的实际操作表现，识别学生是否能够执行相关的技能活动，进而使教育团队能够确定学生潜在的教学和康复需要。例如，教师想评估一个学生穿衣的能力，那么适合评估的环境、地点应该是午休的休息室或宿舍，或是体育课后的换衣室。在评估之前需要列出相应的技能清单，然后在特定的真实环境中进行观察，故此清单又被称为生态评估或生态清单。生态评估是用于确定日常活动所需的功能性教学需求和相关康复服务需要的最有效的基础性方法。一份生态清单"旨在勾画出期望健全人在环境中的表现技能类型，以此为参照来直接观察残疾学生在环境中的能力表现，以确定教学需求和康复干预"[1]，进而提高学生在环境中的技能水平。

生态清单评估是建立在功能取向上的，着重评估在现实环境中学习的成效。生态清单评估从分析现有的和潜在的学习环境入手，往往与差异分析和任务分析相关。生态清单评估一般涉及以下步骤：首先，确定课程内容实施的环境（如家庭、学校或社区）；其次，确定当前和未来的每个领域中技能应用的具体环境（如社区生活领域的杂货店）；再次，确定相关活动的亚环境（如家中的浴室或厨房；

---

[1] David L, Westing, Lise Fox. *Teaching Students with Severe Disabilities(4th)*[M]. New jersey: Person Education Ltd. 2009: 121.

杂货店的结账柜台）；在此基础上，编制每个亚环境中相应的具体活动清单（如在盥洗室刷牙或洗脸）；最后，确定执行特定活动所必需的技能。[②]

一旦确定了特定的活动和相关技能，就可以通过任务分析来描述完成每一个任务的步骤顺序。在差异分析中，要分析每一个步骤顺序以确保学生最大限度地参与并确定所需要支持的类型和水平，诸如激励水平和适应性辅具设备等。因此，从这个意义上说，生态评估就是为了识别学生在经历的环境中，或未来新环境中所需要的必要技能，以及积极参与活动所需要的支持水平与措施。这样，任务分析就成为个性化课程开发的基本手段。

在西方，生态评估中的活动分析（Activity Analysis）与例程任务分析（Routine Task Analysis）是常用的两种生态清单评估方法。

1. 活动分析（Activity Analysis）

如前所说，一份生态清单旨在勾画出期望个体在环境中的表现技能类型，一般以健全人为参照直接观察多重障碍学生在环境中的能力表现，以确定教学需求和康复干预目标，进而提高学生在环境中的技能水平。换言之，活动分析一般是将障碍学生与普通学生进行对比，评估其在某项生态环境中一系列技能表现的情况。两者之间的对比又被称为差异分析。

一项活动分析一般包含以下步骤：首先，列出健全学生完成特定活动所需的技能；其次，观察并记录多重障碍学生在完成活动所需技能方面的表现水平；再次，执行差异分析以确定学生可以独立完成活动中的哪些步骤，以及哪些步骤需要支持；又次，进行差异分析时，教师需要考虑一些问题，包括学生能否独立完成活动、学生在活动的每一步骤中是否需要支持、学生执行活动需要哪些级别水平的提示（如身体提示、直接口头提示、间接的语言提示或手势提示）等；最后，确定需要什么样的调整或干预措施，以便学生充分参与活动。

一旦选定了目标活动，教师就可以采取任务分析的方法设计教学（见表3-9）。

表3-9　生态清单：活动分析案例

活动分析			
学生：刘亮	老师：王刚	年级：一	日期：16/4/16
活动：独立地在作业本上写字		领域：识字	

说明：
活动中的顺序步骤，描述了正常同龄学生执行活动的方式。在学生表现一栏，如果学生能独立执行步骤，标记"+"，如果学生没有独立执行步骤，标记"－"，在差异分析和建议调整栏中描述学生执行标记"－"活动所需要的支持。

[②] Sharon, Sacks, Mary. *Keys to Educational Success*[M]. New York: AFB Press, 2016.

续表

活动分析步骤	学生表现	差异分析	调整建议
听从指令	+	无。	请学生重复指令,以检查是否听懂指令。
走向座位	−	依靠助教提示走向座位。	教学生通过识别自己的名字找自己的座位。
坐到座位上	+	无。	无。
正确打开作业本到相应页数	−	依靠助教提示打开到错误页。	教学生利用视觉提示方式打开到下一空白页。
制作触觉画或粘贴图片	−	不知道做什么,需要依靠助教重复指令。	教学生询问同伴自己应该做什么。提供书写或视觉步骤提示,教学生就座之前,问清任务。
写字或词	−	需要依靠助教告诉他写什么。	教学生将助教老师口述的字词抄写在作业本上。最终的目标是让学生自己写作业。
合上作业本	−	需要依靠助教重复指令。	完成书写后,通过视觉或书写步骤提示,教学生合上作业本。

2. 日常例程任务分析

日常例程任务分析（Routine Task Analysis）的分析重点是在一天中发生的常规活动,而不是仅限某个特定环境中的活动。例如,中午做饭,在例程任务分析中不仅仅要分析学生是否能够下面条或煮饭,而且要观察当学生饿了,他是否能走进厨房,找到挂面或米、使用炊具等,然后做好饭进餐。与一般的活动任务分析不同,日常例程活动是由环境中的自然线索引发的,而不是教师的直接指令,除非这个直接指令是自然线索。譬如,学校日常活动开始的自然线索可能是铃声响了,其关键的影响或结果可能是学生走进教室,对老师或同学说"早上好"。铃声和教室都是激发学生"走进教室"和"问好"的自然线索。例程活动的完成或掌握,是学生完成事件的自然强化。仍以做饭为例,因为吃面条或米饭而不再饥饿,这就体现了事件的因果关系。

如果教育者能够确定某个学生能够独立完成的例程性常规活动,那么就可以把这些日常的例程活动技能教给其他学生,使他们更独立地生活。因此,在培养多重障碍学生生活自理能力方面,拟定出一日常规的例程性活动是非常有意义的（见表3–10）[1]。

---

[1] Dever. *Community Living Skills: A Taxonomy*[M]. Washington: American Association on Mental Retardation. 1988.

表 3-10　一日常规的例程性活动

步骤	活动任务
1	起床
2	如厕
3	洗漱
4	查看天气信息，选择合适的服装
5	穿衣
6	整理床铺
7	准备早餐
8	吃早餐
9	准备外带的午餐
10	收拾桌子、洗碗
11	整理厨房
12	刷牙
13	根据天气情况选择外套
14	检查灯和电器
15	离家锁门
16	去上班（工作时间）
17	回家
18	取邮件
19	脱外衣
20	处理事务或运动锻炼
21	做家务或休闲活动等
22	摆餐桌
23	准备晚餐
24	吃晚餐
25	收拾桌子和洗碗
26	整理厨房
27	整理客厅
28	做家务或休闲活动等
29	洗浴
30	整理、穿衣
31	摆放脏衣服
32	清理浴盆
33	如厕、穿睡衣
34	设置闹钟
35	睡觉

通过任务分析收集到的数据，可以进一步补充或拓展这个例程活动的信息。将所选择的例程活动所需的技能进行分解，以便更有针对性地进行指导。例如，一日例程的信息数据表明，某个学生能够穿衣，但却不能给衬衫扣扣子或给裤子拉上拉链，而这两件事又是该学生每天都必须做的，那么这两项任务就作为重要的教育教学目标被列入个别化教育计划。通过例程任务活动分析，教师可以确定执行任务活动的步骤，评估学生在常规任务每一个步骤中的活动表现，确定使学生参与活动的自然线索，评估线索对学生在每一步活动表现的影响。在一个例程任务分析的评估中，学生在每个步骤的表现记录可以与上面的任务活动分析相同（见表3-11）。

例：生态清单：例程任务分析——做果酱吐司

表3-11 任务分析与提示水平数据收集表

学生	宋小悦	评分等级
教师	王天华	5－独立
		4－语言提示
目标	提供所需要的食材和厨具，宋小悦在两个多月里，大多数时候都能自己准备好面包（无提示）。	3－身势/示范
		2－身体的提示
任务	做果酱吐司（果酱是宋小悦的最爱，他不喜欢黄油）。	1－拒绝

说明：根据提示层次为任务中的每个步骤打分数或评分。

步骤	分数/等级评定 6/15/15
拆开面包袋	2
取出一片面包	5
把面包片放入烤箱	5
按下烤箱的开关	4
面包弹出后，取走面包片	4
把面包片放在盘子上	5
用餐刀刮果酱	2
把果酱涂在面包上	2
总计	29

需要注意的是，在做例程任务分析时，评估者要观察和确定学生完成任务的

每一步需要多长时间和需要什么程度的提示，以及教师提示与学生反应之间的时间间隔。

（四）儿童导向动态观察：凡·戴克评估

凡·戴克评估由知名的荷兰特殊教育工作者凡·戴克（van Dijk）开发，原主要用于双重感觉障碍（盲—聋）的儿童，后来广泛用于各种重度障碍、极重度障碍的学生，包括所有年龄段前语言水平的（沟通水平还未达到语言的层次，详见第五章沟通发展中有关沟通层次水平的内容）学生。当评估者无法确定学生能否独立自主完成某些事情，或者想更多了解学生的感觉运用情况以及试图了解他们如何在一个结构化的程序中进行交流互动的时候，特别适合用凡·戴克评估方法。

1. 凡·戴克评估的特点

从评估取向看，凡·戴克评估属于典型的儿童导向评估。儿童导向评估是动态评估的一种形式，即评估方式和评估的内容都发生在与学生的直接互动之中。它是基于维果茨基最近发展区的原则（学习者在支持下可以达到自身能做到的最高水平）和支架教学策略。在实施儿童导向的评估时，教师或评估者要重视学生的兴趣、爱好和警觉水平（行为状态），为其创设一个良好的学习环境，然后跟随学生的活动，观察其兴趣、爱好及行为状态的表现。在学生从事具体的学习任务时，评估者可以和学生一起合作互动，从而促进、引导学生。例如，老师可以向学生介绍一个新的音乐玩具，然后进行观察，当学生轻敲它并把它翻过来但不打开它时，老师可以示范如何打开音乐玩具；如果学生模仿得还不充分，老师可以提供手把手的帮助，一起打开玩具。这样重复几次后，学生能够独立操作玩具。因此，在这种以儿童为导向的评估中，评估者重在评估学生产生期望行为所需的支持程度和类型，它特别适用于极重度障碍的学生。

2. 凡·戴克评估的结构与内容

凡·戴克评估共分为 8 个领域：行为状态（生理行为状态的维持和调节）、定向反应（对方向信息的反应和加工）、学习通道（感官学习通道的优选性）、趋避性、记忆、社交互动、沟通（沟通模式和方法）、问题解决。每个领域又包含着评估者期望了解学生行动的具体项目信息，这些内容都以问题的形式呈现（见表 3-12）[1]。

---

[1] Nelson C, Van Dijk, McDonnell. A framework for understanding young children with severe multiple disabilities. In: Research to Practice for Persons with Severe Disabilities[J]. 2002(27): 97-110.

表 3-12　凡·戴克评估的结构与内容

领域	具体内容
行为状态	个体当前的状态是什么？ 个体能否控制或调节自己的状态？ 个体处于警觉状态的时长是多少？ 个体表现出的状态范围及其转换模式是什么？ 影响个体状态变化的因素是什么？
定向反应	影响定向反应的因素是什么？ 个体如何展现某项的定向反应？ 联结定向反应的感觉通道（触发感觉信息反应和感觉运用情况）是什么？
学习通道	个人是如何获取信息的？ 个体如何对声音做出反应？ 个体如何对视觉信息做出反应？ 个体如何对触觉信息做出反应？ 个体一次使用多重感觉吗？ 个体对特定感官信息反应表现出专注或忽略吗？
趋避性	哪些刺激能引起个体的关注和兴趣？ 哪些刺激能引起个体的分心和无聊？ 哪些刺激能激发个体的动机和积极性？ 哪些刺激似乎是个体逃避或厌恶的？
记忆	个体习惯于熟悉的刺激吗？ 在习惯某刺激前，需要多少、多长时间的刺激呈现？ 如果刺激的特征发生变化，个体还会有反应吗？ 这种反应有差异吗？ 个体对熟悉的人和陌生的人有不同的反应吗？ 个体是否显现出对物体恒存性的理解？ 个体是否将前一事件与后续事件联系起来？ 个体是否表现出对即将到来事件的期待？ 当与期望不匹配时，个体是否做出反应？ 个体是否学会利用物品的功能？ 个体能否学会一个简单的例程？ 个体是否学会并记住了例程？

续表

领域	具体内容
社交互动	个体能面向他人吗？ 个体对其生活中的重要他人表现出安全依恋吗？ 个体是否参与轮换？ 当个体开始互动时，参与轮换的谈话吗？ 在退出互动前有多少次轮换？ 在和一个伙伴的合作过程中，个体能增加更多的轮换互动吗？ 回应合作伙伴时，个体能增加更多的轮换互动吗？
沟通交流	个体能通过手势、发声、姿势等类似的行为展示出沟通意图吗？ 个体运用什么方式进行沟通交流？ 个体能一致性地使用信号吗？ 个体运用不同的交流方式吗？描述其交流的方式及可能的意义。 当呈现选项时，个体能做出选择吗？ 个体能习惯性地运用肢体语言吗？ 个体能用一个物件或表征代表某一活动或对象（事件）吗？ 个体展示出对沟通符号的理解吗（听觉、视觉或触觉的）？ 个体使用符号性沟通方式吗？具体描述。
问题解决	个体有对因果关系的认识吗？ 个体表现出对某种手段和目的之间关系的理解吗？或者运用中间步骤来解决某个问题？ 个体是否表现出对相同物件（事物）共同功能的理解？ 个体是如何处理问题的？ 个体对某些事保持注意和持续关注吗？

3. 凡·戴克评估的步骤

通常情况下实施凡·戴克评估，一般开始于与学生父母或监护人的访谈，然后与学生进行有趣的玩耍活动，记录学生的相关表现，再根据评估的结果确定学生发展的目标和教育计划。实施凡·戴克评估一般应遵循以下步骤（见表3–13）：初始，评估者应通过积极的互动与学生建立起一种信任的关系，而教师与学生之间的一系列互动则要基于学生的兴趣、爱好；通过加入其正在进行的活动与学生进行快乐互动，逐步建立起相应的日常活动常规，并把握适时教学的时机。可邀请学生父母和其他团队成员共同参与评测过程。

表 3-13　实施凡·戴克评估的步骤

步骤	主要任务
1	与学生建立起信任关系
2	建立在学生兴趣爱好的基础上
3	与学生愉快地互动
4	加入学生的活动当中
5	建立起日常准则并注意时机

作为儿童导向的评估，凡·戴克评估的关键在于自然地融入以学生为主导的活动，在与学生的互动过程中观察、了解学生各领域技能的功能性水平，以下是具体的评估案例描述。

小琴的凡·戴克评估

评估以小琴玩喜欢的电子音乐玩具开始。老师把各种彩色的圆环套在电子玩具的柱子上。当放好所有圆环后，老师按下玩具柱顶端的按钮，音乐响起来，这列圆环也亮起来了。音乐刚响起时，小琴就笑着伸手去够玩具。当音乐停下来，小琴便抓着老师的手放到玩具柱的顶端。老师按住按钮，音乐又开始响起来。这时，老师把手移出，小琴便敲击玩具柱的顶端。有时候，她能激活音乐按钮，但当激活不了时，她便立刻抓老师的手让老师给她播放音乐。当她对这个玩具厌烦了，老师便用一个新的音乐玩具替代。当玩了一阵新玩具后，小琴仰面躺下。当老师也和她一起躺下时，小琴又翻滚身子趴下，老师也跟着这样做，小琴开心地笑着，胳膊伸向两侧再次翻身仰面躺着，老师也跟着一起做。这样几轮之后，小琴闭上眼睛，老师让她休息一会儿，然后抓着小琴的手，扶着她站起来。小琴开始迈着步子两边晃，老师便抓着她的手和她一起边跳舞边唱电视流行歌曲。小琴笑着继续跳。老师一停下来，小琴就抓着老师的手继续跳。几轮过后，小琴走去玩滑梯。老师帮助她抓住扶手，爬上了第一级台阶，不一会儿她似乎害怕，啜泣着爬下来，然后拉着老师去水车那里，注视着转动的水车。当水车停转时，小琴就抓着老师的手让她再让水车转动起来。老师这样做了几次。小琴靠近水车朝上面泼了一些水，使水车转动。老师也过来和她一起轮番泼了两次。小琴拿起桌子上的红色杯子，把水倒在老师手上。老师也拿起杯子做和小琴一样的动作，把水倒在小琴手上。重复几轮后，老师把水杯里的水倒在水车上，小琴也跟着做。之后，小琴把嘴凑近桌子上的水。老师问她是不是想喝水，她拿起杯子，带着老师走到放果汁的地方。老师马上拿起杯子，倒了一杯果汁。每次小琴递给老师杯子，老师就倒一点果汁递回给她。

4. 凡·戴克评估的应用

如前所说，实施凡·戴克评估并没有什么标准的程式，也无须遵循任何特定的顺序，旨在能整体了解儿童当前在不同发展领域的水平，以便设定目标、设计活动方案，通过具体的教育教学促进儿童在这些领域的能力发展。当评估互动与相关观察记录完成后，教师需要对评估结果进行认真分析，仔细分析观察到的记录，然后根据观察的领域，将评估发现的关键性内容与个体现有能力发展情况及下一步促进发展的教育措施以列表的形式排列出来，这样学生的发展与教育的方案就明晰了（见表3-14）[①]。

表3-14 凡·戴克评估的应用

观察领域	现有能力水平	具有的学习准备	下一步措施
行为状态	在学校，小琴困乏次数频繁，白天经常睡觉。增加活动来提振她的状态，但当过度刺激时，她便走神，开始打哈欠。	妈妈记录了小琴在家的睡眠—清醒状况，是有点不稳定的。有时候让她入睡难，但叫醒她也难。	每天记录小琴的睡眠状况。让她按照常规的作息时间，保证例程性的睡眠活动，改善睡眠模式。减少刺激。当小琴在学习时表现出昏昏欲睡的状态时，以相关的活动唤醒她。
适应反应	小琴可以适应很多定向的刺激，包括视觉性的刺激、声音和动作等。	可以对喊她名字的人做出连续一致的反应。	在一天中，寻找自然的机会叫她的名字，然后对她的回应进行强化。
学习渠道	小琴利用视觉、听觉和触觉来获取信息。她看东西时必须在60cm以内凑近看，她似乎在深度知觉上有困难，并且害怕爬上爬下。	能运用多种学习渠道探索环境。	让她在上台阶之前用手摸台阶，帮助她站稳脚跟，教她利用扶手。通过做旋转活动对她进行相应的感统训练，鼓励她进一步探索周围的环境。
趋避性	专注投入时，能够微笑和保持目光的接触；对感兴趣的东西，会伸手去摸；回避时则会通过转脸、走开或捂住眼睛表现出来。	可以用她喜欢的音乐和节奏作为日常例程和提振精神的提示，这样可以为进一步的强化做好准备。	鼓励她与同伴一起参与音乐活动。对相关提示做出一致的反应。尝试使用开关辅具设置说"我完成了"。

---

① David L, Westing, Lise Fox. *Teaching Students with Severe Disabilities(4th)*[M]. New jersey: Person Education Ltd. 2009: 154.

续表

观察领域	现有能力水平	具有的学习准备	下一步措施
记忆	有习惯性刺激,且对变化可再适应。对即将到来的事情有不同的反应、期待;能对不匹配的事物做出反应,学会遵照简单的例程。	能够理解活动与相关事物之间的联系。对物品功能性的理解能力增强。能够寻找不在现场的物品。	加强对教室、厨房等环境中的物品的功能性认识;从喜欢的活动开始,将物品(事物)与活动相联系;示范寻找丢失的物品。
互动	对他人有反应,对生活中的重要人员似乎有了安全依恋感;开始互动,参与轮换;在快乐的活动中,可参与多达6次的轮换;可以增加更多的互动。	通过与同伴的轮换,能够更多参与例程活动。	增加更多的例程活动。在她喜欢的情境活动中予以与同伴轮流互动的机会。提供同伴培训,鼓励与同伴一起以"她我导向"进行轮换互动。
沟通	持续一致地运用多种肢体语言、声音、表情去交流。向成人表达她想要的东西。在喜欢的活动、玩具、食物和人中做选择;开始使用实物交流。	能够以实物表征喜欢的活动以及指着或拿着代表活动、玩具的实物做选择。非符号性的对话次数增加。能够以常规的肢体语言做交流。	帮助他人在环境中认识和回应她的非符号性沟通。让她选择一个实物(物件)代表外出和进屋;为她启动一个简单的日历系统;让她在一个选择板上选择两个最喜欢的活动;鼓励她举着一个物体向他人表示她的选择;示范和引导她用点头、摇头来表达。

凡·戴克评估特别适用于0—8岁的重度或极重度障碍学生,主要聚焦基本认知、语言和社会交往等基本能力发展。本章中讨论到的其他方法对于许多技能的教学都是有用的,但对于一些学生而言,与凡·戴克评估一起使用的效果可能会更好。在评估发现的基础上,教师可以开发相应的学习活动,在自然活动的生活环境中进行系统教学,可最大化地促进学生的发展。

二、专项评估技术及工具

多重障碍学生的教育需要是多方面的,除了以上涉及的内容外,还有诸如感觉运动、语言沟通、认知与社会交往等相关技能需要通过评估列入个别化教育计划。这些专项技能很可能是多重障碍学生教育中很重要的应用性技能目标,除了由专业人员提供专门性的干预服务项目外,这些相关技能的教学还应整合嵌入在其他课程内容的教学中,作为整个教育教学活动的重要组成部分,而不应孤立地分开。因此,要保证这些"嵌入技能"[1]的教学,教师应具备最基本的相关评估知识,尤其在功能性的评估方面,需要清楚地了解学生在这些技能领域的能力水平与需要。以下重点介绍学习媒介和认知技能方面的专项评估,其他诸如沟通、社交等技能的评估将在相关章节中具体讨论。

(一)学习媒介评估

感知是认识理解的基础。学习媒介评估又可称为感觉通道评估或感觉媒介评估,其目的是了解哪一种感觉模式(触觉、视觉、听觉、嗅觉和动觉)是最适合多重障碍学生学习的。系统性的学习媒介评估包括学生的视觉功能、感觉学习通道、阅读准备表现、阅读偏好和阅读技能等信息(如语音能力、语音流畅性、语音理解力和听力技能等测试信息)。学习媒介评估的第一步是收集有关学生视觉等功能的信息。观察学生在家庭、学校和社区中的学习和活动表现是很重要的。通过观察,教师可以确定学生使用什么样的学习范式来完成一天的各种任务。一般来讲,教师可以采取列清单的方法对学生的感觉学习渠道进行最基本的评估(见表3-15)。

表3-15 感觉通道评估表

目的:评估学生获取信息的有效方式

说明:在一天中的不同时段(如早晨、下午)安排三次15~20分钟的观察。观察应在不同的环境进行:1. 教室 2. 户外 3. 其他熟悉的地方

记录可观察的行为:主感觉通道旁画○;如果合适的话,在二级感觉通道旁画□。

符号标记[2]:V=视觉(Visual) T=触觉(Tactual) A=听觉(Auditory)

O/G=嗅觉/味觉(Olfactory/ Gustatory) K=动觉(Kinesthetic)

P=提示发生的行为(prompting) S=自发的行为(spontaneously)

教师: 学生:

观察日期: 时间: 地点/活动:

观察到的行为	感官学习渠道		P-S
	学习	其他	
	V T A	O/G K	
	V T A	O/G K	

---

[1] Ford A, Schnorr R, Meyer L, Davern L, Black J, Dempsey P. *The Syracuse community-referenced curriculum guide for students with moderate and severe disabilities*[M]. Baltimore: Paul H. Brookes, 1989

[2] 为了便于国际交流,可采用英文单词的首字母作为标记性符号。

续表

观察到的行为	感官学习渠道		P-S
	学习	其他	
	V T A	O/G K	
	V T A	O/G K	
	V T A	O/G K	
	V T A	O/G K	
	V T A	O/G K	
	V T A	O/G K	

可能的主通道：　　　　　　　　可能的二级通道：

其他感觉通道（O/G 或 K）：

一旦学生的首选学习媒介被确定，教师接着就要确定学生参与读写活动的潜力。表3–16提供了一个清单，可以用来评估学生潜在的学习阅读和书写的能力。

表3-16　学生学习读写能力检核表

阅读准备指标

目的：评估学生的阅读先备技能

说明：如果学生一般能独立达到陈述中的技能水平，标注"Y"，不能独立达到或需要协助才能达到，标注"N"。

当学生没有机会证明自己已掌握某项技能时，标注"NP"。

如果学生的技能似乎是刚萌发的，则在"N"那一栏填写"E"。

如果连续两年，学生在语文考试中的得分达到或超过及格水平，无须填写此表。

老师：　　　　　　　　学生：

阅读的先备技能

认知/语言发展

Y	N	NP	内容指标
			认知评估能力在5岁或5岁以上的年龄水平
			按要求指认物体的顶部、底部、前面、后面和旁边
			知道自己身体的左右
			在不同的情境中理解"相同"和"不同"
			能独立完成一步任务指令
			对书有明显的好奇心（包括盲文书）
			能够自己读书，自发地看图片、翻页等

续表

高级认知/语言发展

Y	N	NP	内容指标
			有数百个词汇量,且能表达(口头的、手势,或者使用辅助沟通设备)
			理解抽象表征或图片所代表的意义
			能按顺序完成两步指令的任务,但是这两个指令并不一定相关(例如:捡起球和穿上外套)
			理解语音的特点,例如押韵和音节等(能根据音节组合或拆分词语)

注意力发展

Y	N	NP	内容指标
			在感兴趣的活动上投入,维持注意力不少于10分钟
			对讲故事、大声朗读和唱歌等表现出兴趣和专注
			坐在座位上能对某一任务保持10分钟的关注

触觉能力发展

Y	N	NP	内容指标
			乐于触摸各种材料,包括页面上的一行盲文等
			手指有足够的力量,能灵活使用书写工具
			表现出熟练的手部动作技巧
			能熟练地做出各种不同的手部动作。请圈出学生能做的动作:推、拉、扭、拔(戳)、挤压、分离、捏合、拾起、放下、持握、掐断、粘贴
			能两手协调地完成动作,如果只能用一只手,请标出: 左手　　右手

评估小结:
认知/语言:
高级认知/语言:
注意力:
触觉能力:
结果分析:
(A) 已经可以/继续进行阅读教学
(B) 需要继续进行前阅读技能训练,主要内容:

学习媒介的评估实际上可以纳入学生的偏好评估范畴。偏好评估是多重障碍学生的一个独特的评估领域。偏好评估与做选择是密切相关的，因此它也是自主决策技能评估的一部分。自主决策的核心是自我认知和偏好。此外，偏好评估可揭示偏好赖以存在的感官系统相关能力（视觉、听觉、味觉、触觉、动觉），这对识别强化是必不可少的。当对多重障碍学生进行偏好评估时，要注意观察学生常常避免什么以及学生何时表现出获取偏好物或活动的意图行为。

（二）认知技能评估

认知是人们获得知识、经验的心理过程，而认知能力的发展则是人们成功完成活动最重要的心理条件。目前，有关认知技能方面的评估工具众多，本章重点介绍一部简便有效、集评估与训练于一体的实操工具指南——《儿童认知发展：评估与训练》。

1. 目的功能

《儿童认知发展：评估与训练》是"一部有关认知技能发展标准参照的教育评估与训练工具用书"。[1]该书是其编著者在借鉴参考国内外有关资料的基础上，通过搜集、整理大量的教育活动案例，遵循认知发展的教育规律，精心设计编写而成。全书聚焦于儿童认知技能的发展，所描述的认知领域中的技能，按简单到复杂的顺序，大致涵盖了从1岁到成年的发展情况。

《儿童认知发展：评估与训练》这本书采取的是非正式评估取向，主要表现为生态的、功能性表现方面的评估，特别适用于那些有障碍的特殊儿童。书中提供的活动内容也不是标准化的，所以其评估也不是正式的测试，不需要为每个学生打分，主要用于对学生的技能掌握程度进行识别、训练和评测。该工具书可以帮助教师进行多重障碍学生认知技能水平的评估，全面了解每个学生的技能水平与发展进步，进而制订相应的教育计划和训练措施。

特别值得提及的是，该工具书将评估与教学紧密连接起来，具有项目干预与教学资源的引导与借鉴功能，帮助教师为每一位学生制订出适宜的个别化技能学习目标，并在课程与教学中有目的地培养和拓展技能。评估中的"活动设计都是基于学生的兴趣，充分发挥游戏活动的教育功能，营造出激励性的情境，鼓励学生去体验、探索和互动，进而收到教育的实效[2]"。强调这种过程为本的学习取向，是该工具书的最大亮点。

---

[1] 盛永进，范里. 儿童认知发展：评估与教学[M]. 南京：南京大学出版社，2017. 1.
[2] 盛永进，范里. 儿童认知发展：评估与教学[M]. 南京：南京大学出版社，2017. 2.

2. 结构内容

该书所指的认知领域包括了 357 种技能，分为注意力、任务完成、出席、阅读、数学、实用数学、书写、出席、拼写和推理 9 个次领域（见表 3-17）。每项技能都编有号码，如：04.08 指的是 04 阅读次领域的 08（第 8 项）"按照逻辑顺序从左向右放置 5 张图片"的技能（见表 3-18）。

表 3-17　认知领域的次领域

次领域项	内容
01 注意力	注意力的持续时间，即对于需要完成的任务的专注力和注意力的保持
02 任务完成	完成所布置的任务和对任务结果的评价
03 出席	日常准时到校上课和参加学习活动
04 阅读	通过视觉识别把书写符号转译成相应的声音和言语
05 数学	运用加、减、乘、除、集合、分数、小数和百分数来解决数学问题
06 实用数学	通过运算来判断钟表和日历上的时间、兑换钱币和测量线段、固体、液体等
07 书写	运用手眼协调能力写出用于信息交流的符号
08 拼写	通过听觉辨别把声音和语言文字转化成书面符号（本书聚焦于汉语拼音的听写）
09 推理	根据刺激物的相似性进行分组并做出相关的判断

3. 编排体例

每项技能的评估与训练，都以游戏为主的活动展开，其内容格式基本一致，包括技能项目的编号与标题、文本内容。文本内容又由能力要求、兴趣水平、材料准备和具体的教学活动四个部分组成（见表 3-18）。

表 3-18　技能的评估与训练案例

04.08 按照逻辑顺序从左向右放置 5 张图片
活动主题：图片阅读排序
能力要求：视力、动手能力
兴趣水平：学前儿童，小学生、中学生，青少年
材料：连环画、纸板、糨糊、水彩笔
1. 从报纸上收集几套不同的连环画。
2. 把每套连环画分别裱在一张纸板上。
3. 在纸板的背面分别标出每张图片的序号，然后把这几张图片分别剪下来。
4. 打乱图片的顺序并把这些图片放在学生面前的桌子上。
5. 让学生看一看每张图片并试着把这些图片按照逻辑顺序摆回原位。
6. 让学生把图片翻面，看一看上面的序号顺序是否正确。
7. 如果学生出了错，同他讨论并帮他把图片摆放好。
8. 打乱图片的顺序并让学生再次把图片摆回原位。

对一名学生进行评估之后，目标技能的文本内容可以被改写为个别化教育计划中的一个目标。

活动主题是对该项活动内容的概括性陈述，能力要求表明了技能的适宜性条件要求，如"视觉、听觉、动手"意指如果学生接受该项技能的评估训练，需要具备视觉、听觉及动手的能力条件。教师需要确定每项技能的水平标准以便衡量学生技能掌握的情况；兴趣水平反映的是学生对该项技能活动表现出的偏好水平，教师应根据具体的情况做出适当的调整；材料是指活动中需要用到的基本的材料或用具等；教学活动是指具体的活动安排，该书中所列出的所有活动项目都采取分步式的教学方法，并按其流程顺序排列。

4. 评估方法

根据平时观察、访谈等收集到的基础信息，确定所要评估的目标技能，找到其所属的发展领域，然后考虑学生在这个领域的发展水平，找出与之近似水平相匹配的技能，这样就可以在该发展领域中选择该项技能进行评估。在具体应用时，需要配套使用该书中所列的教学活动与认知技能的"评估记录表"。评估记录表用来识别学生的需要、确定目标（技能）和记录学生的进步，可以根据需要仿照下面这个案例预先制作个体的评估记录表（见表3-19）。

表3-19　评估记录表

学生姓名　　　　年龄　　　　性别　　　　班级

01.注意力控制

识别的行为：

认知发展迟滞；

在监管下专心于任务的时间不超过10秒钟；

总是转移目光、离开原处或者自我刺激。

01.11 在监管下进行简单或熟悉的任务，持续45秒钟到1分钟。

01.12 在无人监管下进行简单或熟悉的任务，持续45秒钟到1分钟。

01.13 在监管下进行简单或熟悉的任务，持续1到5分钟。

01.14 在无人监管下进行简单或熟悉的任务，持续1到5分钟。

01.15 在监管下进行简单或熟悉的任务，持续5到10分钟。

续表

01.16 在无人监管下进行简单或熟悉的任务，持续 5 到 10 分钟。

01.17 在监管下进行简单或熟悉的任务，持续 10 到 25 分钟。

01.18 在无人监管下进行简单或熟悉的任务，持续 10 到 25 分钟。

01.19 在监管下进行困难或新奇的任务，持续 30 秒钟到 1 分钟。

01.20 在无人监管下进行困难或新奇的任务，持续 30 秒钟到 1 分钟。

01.21 在监管下进行困难或新奇的任务，持续 1 到 5 分钟。

01.22 在无人监管下进行困难或新奇的任务，持续 1 到 5 分钟。

01.23 在监管下进行困难或新奇的任务，持续 5 到 10 分钟。

01.24 在无人监管下进行困难或新奇的任务，持续 5 到 10 分钟。

01.25 在监管下进行困难或新奇的任务，持续 10 到 25 分钟。

01.26 在无人监管下进行困难或新奇的任务，持续 10 到 25 分钟。

01.27 进行小组活动并持续 1 到 5 分钟。

01.28 进行小组活动并持续 5 到 10 分钟。

01.29 在监管下进行一整节课的活动。

01.30 进行小组活动并持续 10 到 25 分钟。

01.31 在无人监管下进行一整节课的活动。

01.32 进行小组活动并持续一整节课的时间或任意指定时长。

01.33 当分散注意力的事物出现时仍然坚持进行任务 1 到 5 分钟。

01.34 当分散注意力的事物出现时仍然坚持进行任务 5 到 10 分钟。

01.35 当分散注意力的事物出现时仍然坚持进行任务 10 到 25 分钟。

01.36 当分散注意力的事物出现时仍然坚持进行任务 25 到 40 分钟。

评估记录表由技能代码、技能描述文本、评估日期和评估结果组成。在上面的评估记录样本中，左列是技能代码和技能的文本内容，其余两列的空格都是用来填写评估日期和评估结果的（见表 3-20）。其中，"01.20"代表了认知领域中"注意力持续时间"这一次领域的第 20 项技能，其文本内容为"在监管下进行困难或新奇的任务，持续 1 到 5 分钟"。"16/02/16"和"16/05/18"是评估日期，"-"和"+"是评估结果，"-"表示学生未表现出该项技能，"+"则表示学生表现出该项技能。该样本示例表明，此技能在 2016 年 2 月 16 日的评估中未表现出来，而在 2016 年 5 月 18 日的评估中已表现出达成。评估记录表在每一项技能后都提供了空白处以便记录评估日期或评估结果。

表 3-20 评估记录表填写

技能代码 ←	01.20 在监管下用 1 到 5 分钟进行困难或新奇的任务。	16/02/16	16/05/18	→ 评估日期
		–	+	→ 评估结果

评估记录表制作完成后，就可执行评估。先在目标领域中选择一项起始技能开始评估，同时分析收集到的资料，然后创设评估活动所需情境，必要时对活动及程序进行调整，以满足被评估者的独特需要。接着，评估者根据具体活动展开评估，观察被评估者的表现情况并依照确定的技能标准，酌情记录被评估者的反应，最后完成评估。

替代性评估的国际经验

替代性评估（Alternative assessment）又被称为备选性评估，主要用于评估不能参加常规评估的特殊需要学生的学业表现。目前，经不断地实践完善，替代性评估已经成为国际上评价多重障碍学生学业进步的重要方式。

对多重、重度障碍学生的学业表现实施替代性评估起源于美国，其产生的重要背景是二十世纪兴起的基于课程标准的教育改革运动。基于课程标准的改革议程不断重塑了联邦特殊教育法规政策，明确了残疾学生与其他所有学生一样，拥有相同的课程标准和学习权利。本书前面已经提到，1997年美国《残疾人教育法》（Individuals with Disabilities Education Act，简称IDEA）明确提出：所有障碍学生应该参加州级统一的学业评估，重度障碍学生也应该有机会参加普通课程的学习，对那些通过适当地调整仍然不能参与一般性评价的重度障碍学生实施替代性评价。此后，《不让一个孩子掉队法》（No Child Left Behind Act，简称NCLB）《每个学生都成功法》（Every Student Succeeds Act，简称ESSA）等相关法规逐步修订完善，进一步驱动基于标准的改革，要求所有学生接受高质量的教育并能展示他们基于州课程标准的学业评价成果。

同样，在本书第三章中也提及，英国于1989年开始制定统一的国家课程，首次明确提出了国家课程是"权利课程"的概念，主张所有的学习者都有权（并且期望）参与国家课程的学习，要求每所学校在校本课程开发时都必须基于国家课程保证校本课程的广延性（Breadth）、均衡性（balance）和关联性（relevance）以满足学生多样化的学习需要。基于课程标准为所有学生提供符合其年龄水平的学业评价理念提出后，经过多年的实践和研究，英国在国家课程的基础上开发了一套系统的针对多重、重度乃至极重度障碍学生的学业评价系统，以保证这些学生参与国家课程学习的权利。

一、美国"AA-AAS"评介

基于学科成就标准的替代评估（Alternative Assessment on Academic Achievement Standards，简称AA-AAS）是美国专门用于认知功能严重受限的障碍学生的学业评价工具。

（一）AA-AAS的内涵

替代性评估针对的是多重、重度障碍学生潜在的学科学习能力及其学习进展情况，主要聚焦语文、数学和科学三个核心学科的知识技能，其核心意涵是指基于学科课程标准层级水平的替代性评估。具体策略就是根据学科课程，将相关学科课程的学段或年级水平标准，替代为学生参与课程学习可达到的成就标准或表现标准。课程标准一般包含内容标准、成就标准（表现标准）与机会标准三个维度的内容。内容标准是预期教给学生有关知识、技能的具体陈述，标示了学生应知、应会的内容；成就标准又称表现标准，是指学生在学科课程内容的学习掌握上必须表现出的精熟程度和水平,通常分为一般、熟练和超越三个层次;机会标准是指帮助学生达到内容标准,所提供的具体的支持条件。因此,如何将替代性的成就标准与相应的层级水平内容标准相对接,或者说如何将替代性评估与课程标准层级(学段或年级)水平内容相联结是替代性评估实施的关键。

美国学者布劳德(Browder)等对课程层级水平成就与替代性成就的对接定义做了具体描述[1]:替代性学业成就目标必须是与学生所在学段或年级一致的学科内容。有些需要优先学习的内容虽然包含在所设定的学习目标中,但这些内容应忠实地对接学科课程的主要领域,如语文中的听、说、读、写。为此,布劳德等提出替代性评估中与层级水平内容相对接的教学、评估准则:第一,内容是学科性的,包括课程内容的主要领域和次领域,反映了国家和州立课程标准,如语文、数学、科学等课程;第二,内容应基于相应的年龄水平,参照学生所在的学段或年级水平;第三,成就期望与层级水平内容对接,但其具体表现水平不同。可以聚焦于优先技能或那些在低年级的学习内容,但要与所在学段层级的相关领域的学习内容相对接。当进行基于标准的替代性评估时,优先技能应是个别化教育计划中确定的内容;第四,在跨学段或年级水平上学业成就的表现可有一定的差异;第五,所聚焦的学业成就促进了相应层级水平的学生的活动参与,但是需要对原有的内容进行适应性地调整和支持,以利于学生取得进步;第六,所聚焦的学业成就保持了原层级标准内容基质的一致性,在可能的情况下,保持相应的学科性知识类别;第七,课程内容标准的多层级水平设计,使不同水平层次的学生可以证明自己的学习进步。

为了便于教师的具体操作,有些国家或地区专门为多重障碍学生开发制定了具体详细的基于层级水平的替代性成就标准及其教学指南。2015年美国国家管理委员会(The National Governors Association,简称 NGA)和州教育管理委员会(the Council of Chief State School Office,简称 CCSSO)等组织合作开发了国家共同核心州立课程标准(Common Core State Standards Initiative,简称 CCSS),美国国家中心和国家合作组织(The National Center and State Collaborative,简称 NCSC)开发了替代评估的替代性成就标准(Alternative assessment on Academic Achievement Standards,简称 AA-AAS,2015),其目的是支持认知障碍最严重的学生参与普通学科课程标准的学习并取得好的学业成绩。

---

[1] Browder, Wakeman, Flowers. Creating access to the general curriculum with hnks to grade-tevel content for students with significant cognitive disabilities:An explication of the concept[J]. *Joumal of Special Education*. 2007(41): 2-16.

（二）AA-AAS 层次水平的构建

多重障碍学生是异质性很大的群体，其能力水平是不同的，需要为他们建立基于课程一般层级水平的差异性替代考核标准，再对其进行替代性评估。因此，多层次水平的标准建构成为替代性评估的重要特征。这种差异性替代考核标准的制定可以依据早期沟通交流发展阶段理论。早期认知发展与沟通交流发展紧密联系，根据沟通水平的发展层次，结合对多重障碍学生沟通水平的评估，就可以确定其相应的替代性评估标准，当然这个标准是必须与学段或年级课程层级水平内容相对接的。

早期沟通交流的发展一般可分为前（动作）表征、实体表征和抽象表征这三大阶段。基于此，布劳德根据学生的认知和沟通能力水平将学生分为三个相对应水平层级[①]：抽象表征水平、具象（实体或早期）表征水平和前（动作）表征水平。抽象表征层级的学生能够识别相对大量的共同符号，例如常用字词和数字，或者使用辅助技术设备来表达一系列的符号等；具象表征层级的学生可以理解少量的具象实体，诸如学习图片与实物配对，使用实物或图片表达要求等；前（动作）表征水平的学生的意图行为有限，其意图沟通表达的能力必须通过仔细地观察才能发现，而对于那些意图沟通能力极其受限的学生，则很难对评估的项目做出回应，对于这些学生，评估只能集中于他们行为的反应性或活动意识（参见下节中表 3-25 的内容）。

（三）AA-AAS 的实施

下面就以具体的替代性标准水平建构的个案实例，来说明替代性评估具体的实施。

个案为一名上四年级的九岁多重障碍学生，患有唐氏综合征和孤独症，认知功能受到严重的限制，同时还兼有视觉障碍，需要通过戴眼镜来改善视力。他的沟通交流处在实体符号水平层次，目前还没有学会使用一致的符号来交流，但是他会喊"不"来表达抗议，说"要"来提出请求，学会了使用一个实物沟通板进行沟通，并发展到可以利用辅具设备来促进交流。据此，根据数学和科学这两门学科的课程标准，教师设计了他的个别化教育计划中目标的替代性表现标准（见表 3-21）。

[①] Browder, Wakeman, Flowers. Creating access to the general curriculum with links to grade-level content for students with significant cognitive disabilities: An explication of the concept[J]. *Journal of Special Education*, 2007(41): 2-16.

表 3-21　IEP 替代性表现标准

科学	课程标准	通过观察和调查，建立对动物行为的理解。
	核心基质	该内容标准的核心基质是要求学生学会区分生物与非生物之间的差异。
	替代标准	1. 提问有关科学词语问题理解时，学生会在沟通辅具上指认正确的实物和单词。 2. 通过指认代表概念的实物展示对三个新的科学概念的理解。 3. 用一个实物清单来执行科学课实验的指导步骤。
数学	课程标准	理解并运用图表、概率和数据进行分析。
	核心基质	学会使用尺子测量物体，并将贴纸贴在尺子上以显示物体的长度。
	替代标准	1. 提问有关科学或数学等词语问题理解时，学生会在沟通辅具上指认正确的实物和单词。 2. 使用贴纸和尺子来测量物体。 3. 通过在数据点上放置贴纸来绘制图表数据。

对于许多极重度障碍的学生，布劳德等建议通过"关键反应"的教学来提高他们的反应能力[①]。关键反应是指在不同的条件下具有效用的"优先反应"，"能够选择图片或实物来概括主要思想的关键反应在语文、数学、科学或社交故事中是有用的"。此外，布劳德等人还建议用其他的方法帮助重度障碍学生在普通课程中展示学习来的知识，即通过部分参与、系统教学和运用不同年级水平的学习材料和活动促进概念技能的泛化。

（四）AA-AAS 评估档案

建立评估档案袋、收集证据材料记录学生在替代性学业标准下的进步是替代性评估中通用的方法。档案袋中所收集的信息旨在展示学生的众多重要学业成果，体现学生所取得的学业成就情况。因此，评估档案是反映一段时间内个体学习和发展的证据资料集合。档案袋评估是评估多重障碍学生学习进步的最有效的方式之一[②]。实施档案袋评估是将各种各样的不同类型的材料存储在统一档案袋中，这便于教师综合地判断学生在质与量上的进步，同时也有助于对学生在下一阶段不同课程领域中的表现持有适当的期待。

当把档案袋评估作为替代性评估的一种工具时，纳入评估的项目内容必须与

---

① Bowder, Wakeman, Flowers. Creating access to the general curriculum with links to grade-level content for students with significant cognitive disabilities: An explication of the concept[J]. *Journal of Special Education*, 2007(41): 2-16.

② Susan M, Bruce. *Severe and Multiple Disabilities in Handbook of Special Education*[M]. New York: Routledge, 2011:2.

课程标准相关联。档案的内容应有选择性地收集，其中包含的项目要有助于做出教学的决策。同样，档案内容应是多维度的，包含着学生不同类型学习的证据和数据。内容应根据教学的领域和时间顺序进行组织，便于使用以及在需要时进行更新。一般来说，档案袋评估内容应包括以下材料：

学生的书写作业样品；学生完成活动的日志；学生完成艺术、手工或其他实操作业的样品或照片；有关学生谈（评）论的观点的书面记录；有关学生在各种活动中的表现的趣闻轶事记录；学生参与特定活动的视频；教师笔记或趣事记录；有关学生特定技能进步的绘制图表等。

一般情况下，一个月内教师至少收集档案信息一到两次，可能的情况下应给予学生参与的机会，帮着收集信息。所有的信息都应该反映学生在学业相关目标上的进步。当然，档案信息也可以反映学生对自己学习的评价。

教师需要对档案中的各种信息材料及时地检查，以便根据需要及时调整教学，一般四周检查一次为宜，最长不超过三个月。

二、英国"P-Scales"评介

"P-Scales"是英国教育部用于评价多重障碍和重度障碍学生学业的评估系统，其把低于国家课程1级水平的学业表现分为八个等级，内容上包含了国家课程中的所有学科科目。"P-Scales"评估系统基于学生早期交流、互动和认知发展水平的研究，采取学科导向的分层设计与表现性的内容描述，呈现出有学习困难的学生可能表现出来的一般情况。

（一）"P-Scales"开发的背景与目的

如前章所讨论的，"P-Scales"是英国教育部为那些达不到国家课程学业标准的5—16岁特殊需要学生所制定的具体表现性学业目标评估系统。"P"代表"Pre Level 1 of the UK National Curriculum"，即"低于英国国家课程标准1级水平"；"Scales"即评价工具。"P-Scales"是在融合背景驱动下所研制的，以国家课程为基础，采用层级性、表现性描述，为那些尚未达到国家课程标准1级水平的残疾学生提供参与国家课程学习的评估阶梯，以此评价学生在统一的国家课程框架中的学习进步情况。

英国教育部规定，无论是普通学校还是特殊教育学校，都要运用"P-Scales"为低于国家课程1年级水平的所有学生（包括重度、极重度障碍学生）实施学业评价。"P-Scales"主要适用于义务教育的前三个学段。在第四个学段，虽然没有硬性要求，但可以用之作为指南，评估特殊需要学生在无法参与国家课程学习的某些特定课程领域的学习情况。根据规定，对于在1、2学段结束时使用"P-Scales"

评价学业的学生，学校必须向教育部报告教师对学生的英语、数学和科学这三门核心科目考核评价的情况。换言之，学校和教师运用"P-Scales"对特殊需要学生的英语、数学和科学三门科目进行评价是相关法规明定的责任。当然，"P-Scales"也可以用于向家长报告学生在其他时间、其他国家的课程科目中的学业评价情况。

（二）"P-Scales"的结构与内容

"P-Scales"对国家课程中的英语、数学、科学等13门科目做了系统的规定和说明，它将学业表现水平分为八个等级，其中P1、P2和P3又分别分成两个次等级，加上P4、P5、P6、P7和P8共11个层级水平（见表3-22）。P4至P8与重度障碍学生相对应，其"学习水平代表着习得新技能的学习能力"[1]，评估内容主要导向国家课程1级水平的相关学科的表现性描述。P1到P3与极重度残疾学生相对应，其学习水平可理解为"技能习得前产生的行为反应，是一种体验式的学习探索"[2]，评价内容也是表现性的描述，但更聚焦于"发展性"而非具体的学科内容。由于"P-Scales"主要针对的是学生早期发展阶段的学习水平，它与学前教育的评估有着相应的关联，因此文件规定：如果一名学生有特殊教育需要，其学前成就在学段结束时未能达到对应的学前教育课程标准，学校可能需要继续实施早期教育课程，以支持学生的学习和发展。在这种情况下，应以学前教育的课程标准来评估，而不是"P-Scales"，因为它可能更适用于1年级的少数学生。

表3-22 "P-Scales"水平层级划分一览表

水平等级		科目
P1	P1（1）	英语　数学　科学　历史　地理　宗教　技术　音乐　艺术　计算机　外语　体育　个人与社会
	P1（2）	
P2	P2（1）	
	P2（2）	
P3	P3（1）	
	P3（2）	
P4		
P5		
P6		
P7		
P8		

[1] White, Haring. *Exceptional Teaching*[M]. Ohio: Merrill Publishing Co. 1980: 68.
[2] Byers. Experience and achievement: initiatives in curriculum development for pupils with severe and profound and multiple learning difficultties[J]. *British Journal of Special Education*, 1999(4): 184-188.

"P-Scales"基于交流、互动和认知发展的研究，概述了多重、重度障碍学生在学习中可能表现出来的一般情况，以表现性的描述方法（Performance Descriptors）来表述系统评估内容，反映了学习者可能表现出的学业成就类型特征。对于处于 P1 至 P3 水平的学生采取跨科目的表现性描述，包括英语、数学与科学三门学科。这些内容反映了学生可能达到的整体表现情况，以学科为导向的实例，展现了在不同科目学习情景下识别学生学习目标达成的一些方法。英语与数学又分别被分为不同的次领域（英语分为读、写、说、听；数学分为数、数学运算、形状、空间与测量），但对于处于早期发展水平的学生，采取读、写、说、听等分项的表现性描述通常是不适合的，因此，对于那些处于 P1 至 P3 水平的学生，"P-Scales"采取了综合性的描述，而没有实施分项。对于科学课，从 P1 到 P8 则都没有进行分项的描述。在"P-Scales"的使用指南中也列出了一些特殊的情况，例如，某学生在英语或数学科目上整体处于 P1（1）-P3（2）水平，但在科目的某些特定的次领域却处在 P4-P8 的水平，那么应根据学生的实际情况对评估进行调整，并记录这些不同的情况（见表 3-23）。

表 3-23　"P-Scales"学科表现性描述差异一览表

科目	可报告的分值层级
英语	P1（1），P1（2），P2（1），P2（2），P3（1），P3（2）
读 写 说 听	P4，P5，P6，P7，P8
数学	P1（1），P1（2），P2（1），P2（2），P3（1），P3（2）
数 数学运算 形状、空间与测量	P4，P5，P6，P7，P8
科学	P1（1），P1（2），P2（1），P2（2），P3（1），P3（2）P4，P5，P6，P7，P8

　　对于处于 P4 到 P8 水平的学生，"P-Scales"描述的则是学生在每门科目的技能、知识及其理解方面的萌发表现。在描述学生可能达到的整体表现情况时，在每一内容标准之后都附有具体的表现标准，且在绝大部分的内容标准后面列举了相应的实例，并用方括号标注，以此帮助教师或家长识别学生在不同学科课程学习情境下达成学习目标的一些方法。其描述语清晰简练，所举的例子形象具体。受篇幅的限制，这里仅展现对语文 p7 中的"阅读"和数学 p7 中的"数"的描述，

就足以体现出"P-Scales"内容描述的特点(见表3-24)。

表3-24 "P-Scales"表现性描述内容一览表

英语：阅读 (English: Reading)	数学：数 (Mathematics: Number)
P7 学生在阅读活动中表现出阅读的兴趣 • 预测阅读内容（例如，当成人停止阅读时，学生补充后续）。 • 区分课本中的文字、符号和图片；了解阅读的习惯（例如，从左到右，从上到下，从当页到下一页）。 • 知道名字是由字母组成的。	P7 学生背出数字 1-10（例如，在计数活动中，说出或写出数字 1-10） • 至少可以准确地数出 5 个物体（例如，蛋糕上的蜡烛、用于搭积木塔的积木块）。 • 识别数字 1-5，并理解每个数字代表一个常量或数量（例如，将数字"1-5"正确放入标有该数字的容器中）。 • 表现出对"少"的理解（例如，指出哪一瓶水少）；在实际情况下，会对"加上 1"的物体数量做出回应（例如，响应要求，往铅笔盒里加一支铅笔，往盘子里加一个糖果等）。

（三）"P-Scales"的特点与取向

基于与国家课程融合对接的理念，以学科为导向的分科设计及内容描述是"P-Scales"最突出的特点。其中 P4-P8 内容标准描述最为直接，都简明描述了"每一学科学生在技能、知识和理解方面可能的萌发表现"[1]。这样，作为国家课程教学评估文件，它能使教师确认学生在每一学科不同的领域方面的学习成果及其巩固和泛化情况，更为重要的是，它搭建起了多重、重度障碍学生参与国家学科课程学习的内容框架。为了进一步帮助教师理解评估的指标，这些描述大都提供了如何判别学生达成学科学习目标的样例。譬如，P6 数学的内容标准是"学生根据指定要求给物品或材料分类"。它包括两项子指标：①当一个物品因有所差异而不属于给定的类型时，开始识别分类；②对简单的图案或序列分类，例如大杯子和小杯子，这些指标非常清晰简明地描述了标准达成的表现性要求。

对于处于早期发展水平阶段的 P1-P3 的学生，由于不适宜采取分科的办法来评价他们的学业，所以"P-Scales"都是采取跨学科通用的指标描述，这里我们分别以英语、数学与科学课程中的 P1（2）内容标准为例来说明（见表 3-25）。

---

[1] QCA. *Planning, Teaching and Assessing the Curriculum for Pupils with Learning*[M]. London: QCA, 2009 (A).

表 3-25 "P-Scales" 学科导向表现性描述一览表

科目	内容指标	实例
英语	学生表现出对活动和经验的意识： ①当把注意力集中在某个特定的人、事件、物体或物体的一部分上时，他们有一段时间显示出警觉和有准备。 ②他们可能做出间歇性的、时断时续的动作反应。	①和一个熟悉的人进行短暂的互动 ②有时在社交活动中变得兴奋起来
数学		①当把物体放在手中时，短时地抓握物体 ②有时对突然出现或消失的事件或物体表现出惊讶
科学		①视线转向闪烁的光或声音大的方向 ②有时随温度的变化缩回手

从表中可以看出，三个科目 P1（2）的共同的指标内容是"学生表现出对活动和经验的意识"，具体有两个表现性评估的指标：①当把注意力集中在某个特定的人、事件、物体或物体的一部分上时，他们有一段时间显示出警觉和有准备；②他们可能做出间歇性的、时断时续的动作反应。虽然三个科目的 P1（2）的内容核心要素都相同，但每个科目有着自身明确的学科取向。英语科目中对应的例子是"和一个熟悉的人进行短暂的互动""有时在社交活动中变得兴奋起来"，主要侧重于沟通回应；数学科目中对应的例子是"当把物体放在手中时，短时地抓握物体""有时对突然出现或消失的事件或物体表现出惊讶"，侧重于对物体存在及其有无的感知；科学科目中对应的例子则为"视线转向闪烁的光或声音大的方向""有时随温度的变化缩回手"，其聚焦于物质的现象和属性问题。"P-Scales"这样的描述旨在传达一种价值取向：即使在这样的水平层面上，教师也需要意识到（并准备记录）反应发生的学科性情境，因为它们可能是学科知识的早期形式[①]。这种以学科为导向的评估设计，为我们更好地对多重、重度障碍学生进行学科教学提供了有益的经验与启示。

（四）"P-Scales"的学理依据

正如前面所说，"P-Scales"是基于早期交流、互动和认知发展水平的研究，概述了有学习困难的学生可能表现出来的一般情况，形成了从 P1 到 P8 这种水平层级不断渐进发展的"连续统一体"[①]。根据设计，"P-Scales"各层级水平的表

[①] Penny Lacey, Rob Ashdown. *The Routledge Companion to Severe, Profound and Multiple Learning Difficulties*[M]. London: Routledge, 2015: 248-249.

[①] Penny Lacey, Rob Ashdown. *The Routledge Companion to Severe, Profound and Multiple Learning Difficulties*[M]. London: Routledge, 2015: 248-249.

现性描述采取了便于运用的"最适合"的方法[1],其学理基础就是"学业识别框架(A Framework for Recognizing Attainment)"[2]。该框架描述了学生在早期知觉经验方面的反应和行为方面可能发生的变化,以及在知识、技能和理解等领域的不断发展进步(见表 3–26),例如思维技能的发展水平可以通过注意、识别学生参与活动时显现出的内部学习加工过程的表现来确定,它有助于教师认识并理解学生低于国家课程 1 级水平的学业成就。

表 3–26 学业识别框架一览表

早期知觉经验	可能的具体表现
遭遇(Encounter)	学习者在体验或活动中没有取得任何明显的学习成果,尽管对一些学习者来说,他们愿意参与一个活动本身可能是更重要的。
意识(Awareness)	学习者表现出对某事发生的意识以及对某物、某事和某人的短暂关注。
注意和反应(Attention and response)	学习者注意到并开始对正在发生的事情做出反应,通常不是持续一致的,对不同的人、物体、事件和地点开始区分。
关注(Engagement)	学习者表现出更加持续一致的关注,并能分辨出周围环境中的特定事件之间的区别。
参与(Participation)	学习者参与分享、轮换并对熟悉事件表现出预期,在这些活动中得到工作人员或其他学生的支持。
投入(Involvement)	学习者以某种方式积极努力地参与活动。
获得技能和理解能力(Gaining skills and understanding)	学习者获得与课程经验相关的技能、知识、概念或理解能力并加以泛化。

从表中可以看出,该框架首先描述了学生学习可能起始于"遭遇"的经验水平。在这个水平上,许多学生可能没有什么回应,也没有取得明显的学习成果。一些多重和重度障碍学生往往不愿意参与团体活动,他们常常退缩,受其残障条件影响较大的学生可能会终身处在"遭遇"的水平上。表中的第二层描述了"意识"的萌发,接下来是以"出席和回应"的出现为水平特征,然后过渡到"关注–参与–投入"的水平,最后达到更为复杂的"获取技能和理解能力"水平。

如果我们把"学业识别框架"与"P–Scales"的层级水平描述相比较,会发

---

[1] QCA. *Planning, Teaching and Assessing the Curriculum for Pupils with Learning*[M]. London: QCA, 2009(A).

[2] Brown. *Religious education for all*[M]. London: David Fulton, 1996: 84.

现它们之间的明显联系①（见表3-27）。

表3-27 "P-Scales"与"学业识别框架"关系一览表

"P-Scales"层级	学业识别框架关键经验水平表现	发展标志
P4-P8	获得技能和理解能力	学会创造（Learning to create）
P3	参与-投入-理解	发起学习（Initiating learning）
P2	回应-关注-参与	学会参与（learning to participate）
P1	遭遇-意识-反应	学会出席（learning to attend）

P1主要涉及"框架"中的"遭遇"经验、"意识"萌发和"回应"，处于一种能"出席"的初始起步阶段；P2则处于从有更多的一致性"回应"，逐步发展为有意向的"关注"，然后再到在支持下能够"学会参与"的阶段；P3的阶段特征主要表现为从在较少支持下的参与、有意向的交流、对持续活动的期待，到有意探索的萌发以及对活动开始有了一些理解，这标志着学生已经处于能够主动"发起学习"的阶段；而P4—P8则进入"扩展理解、知识联结"的"学会创造"阶段。

"P-Scales"之所以采用这样的设计，是为了确保发现包括极重度障碍学生在内的所有学习者的进步，并将其置于一个统一的融合性的评估框架系统内，即与统一的国家课程相联系。"P-Scales"的层级描述表明，学业成就不一定表现为新技能、知识和理解能力的渐进获得。换句话说，学习者无须获得新的具体的学科技能、知识或理解能力，也可能取得进步，即对于重度、多重障碍学生来说，"即使在习得与学科课程相关的学科知识、技能方面没有明确进展，但学习过程中的一系列行动反应、事件参与或经验的发展也体现了学生的进步"②。因此，"P-Scales"有助于教师"从纵向和横向两个维度来认识学生的学习进步：纵向维度的进步表现为学生基于国家课程1级标准（水平）所取得的具体学科的学业成就；横向进步指的是学生在跨学科的课程情境中虽然未取得学业进步，但展示出相关技能的运用能力"。③

---

① http://www.doc88.com/p-6197056746244.html, 2014-08-24.
② Penny Lacey, Rob Ashdown. *The Routledge Companion to Severe, Profound and Multiple Learning Difficulties*[M]. London: Routledge, 2015:248-249.
③ QCA. *Planning, Teaching and Assessing the Curriculum for Pupils with Learning*[M]. London: QCA, 2009(A).

（五）"P-Scales"的启示

"P-Scales"已成为英国融合课程中评估多重、重度和极重度障碍学生学业的重要工具。然而，"P-Scales"也不乏批评者。譬如，以伯明翰大学教授伊姆雷·欣奇克利夫（Imray Hinchcliffe）为代表的一些研究多重、重度障碍的学者就认为，"P-Scales"是一种"线性发展"评估工具，不适合评估多重、重度障碍学生，尤其不适合评估极重度障碍的学生[①]。诚然，"P-Scales"并不是完美的，但作为一种学业评估工具，它提供了一幅展现多重和重度障碍学生的学习进步的阶梯线路图，反映了该群体中大多数学生知识、技能和理解能力的发展规律，为教师观察和评估学生的发展提供了具体明确的指南，也受到了多数教师和教育管理者的欢迎。其开发的理念与实践应用对于我国多重、重度障碍学生的教育也具有启示意义，主要体现在以下三个方面：

第一，"P-Scales"坚持课程融合的理念，力图在统一的国家课程框架之中来满足所有学生的多样化需要，提供了很好的国际实践样本。当代国际特殊教育课程的发展理念之一就是通过课程融合，倡导为所有学生提供与年龄相符的基于普通课程标准的学业评价，进而实现所有特殊需要学生参与普通课程的学习，以此保障特殊需要学生参与普通课程学习的权利。与之相比，目前，我国特殊教育学校的课程设置与刚颁布的课程标准则是采取了与普校平行分离的范式，这与国际特殊教育课程的发展有相当大的差距。如何与国际先进的课程融合理念与实践经验相对接，在统一的国家课程的基础上提供多样而丰富的课程内容，让所有的学生得以参与学习，"P-Scales"的经验值得借鉴。

第二，"P-Scales"深化了我们对多重、重度或极重度障碍学生的学习发展的认识。不少特殊教育工作者，对重度障碍学生的学习发展往往聚焦在与学科相关的知识与技能的学习上，或是认为他们根本就没有学习能力[②]。"P-Scales"的表现性描述表明：对于重度、多重障碍学生来说，即使在习得与课程相关的学科知识、技能方面没有明确进展，但学习过程中的一系列行动反应、事件参与或经验的发展也体现了学生的进步。有些学生甚至在某些时候决定不参与或做出回应，这可能也体现出他们在其他某些方面或某种程度上的进步，例如："当学习者在不止一次的随机活动中和情境变化的情况下展示出相同的成就；在一段时间后和一系列的情境中展示出具有保持、提炼（概括）或技能整合的能力；在执行特定任务的过程中展现出所需支持的减少；抑制学习行为的频次、程度减少……"这种

---

① Imray Peter. *Alternatives assessment and pupil progress indicators to the P scales for pupils and students with SLD or PMLD*[M]. The SLD Experience, 2013(66): 7–16.

② QCA. *Planning, Teaching and Assessing the Curriculum for Pupils with Learning*[M]. London: QCA, 2009(A).

认识有助于从理论层面思考我国培智学校课程与教学改革和培智学校课程标准的完善等诸多问题，以及多重、重度障碍学生的课程设计。

第三，"P-Scales"对多重、重度障碍学生的学业标准采用了表现性的描述方法，且大多列举了相应的例子来进一步说明，这非常有助于教师识别学生在学习过中取得的进步，哪怕是极小的进步。在课程标准方面，不仅要对学生应学什么和能做什么加以规定和要求，也要对有何种表现加以描述。与之相比，我国颁布的培智学校课程标准，比较重视内容标准而忽视表现标准。表现标准指的是对学生在内容标准上所达到的表现水平的期望，同一内容标准，可以有不同的表现水平，且是可测量的、可观察的。表现标准的教学意义在于，基于同一学习内容可为不同水平的学生设定不同的目标和评价依据，教师在具体教学时，应以既定的内容标准为依据，根据学生的能力来实施相应的教学目标调整。从这个角度说，"P-Scales"是非常值得借鉴的。

个别化教育计划

在特殊教育领域，从方法论的角度说，个性化课程设计主要表现为个别化教育计划的制订。个别化教育计划是为某个特殊需要学生制订的旨在满足其独特教育需要的指导性教育文件，它清晰而详细地阐明了一个特殊需要学生所应接受的个别化特殊教育和相关服务。个别化教育计划是个"舶来品"，源自美国的特殊教育改革与实践。这种独特而理想的立意在国际特殊教育领域影响甚大，广为各国的特殊教育工作者借鉴。但是由于在国情、教育资源以及对个别化教育计划的性质及其发展演进方面存在认知差异或误区，各国在实施个别化教育计划时也出现了许多问题与困难。因此，如何准确把握个别化教育计划的内涵与实质并结合本国的特殊教育实际情况，制订有效的、适应特殊学生需要的个别化教育计划，成为特殊教育领域值得探讨的课题之一。

一、个别化教育计划中的课程因素

个别化教育计划的实质在于满足学生的特殊需要、支持障碍学生充分而有效地参与课程学习。从功能的角度讲，个别化教育计划与课程是两个不同的概念，但有关学生个别化课程的特殊需要又是个别化教育计划的重要组成部分，其中包含课程目标、教学策略、学业评价等一系列以特殊需要为基础的调整与支持措施等，因此它又与课程有着紧密的关系，制约着课程的实施，特别是对个体的个性化课程设计、开发起着重要的指导作用。

（一）个别化教育计划的性质

要撰写好个别化教育计划，首先必须准确地把握其内涵及性质，这是有效制订本土化个别化教育计划的基础。美国个别化教育计划的核心在于它的"支持性"，即个别化教育计划是一份满足特殊需要、支持残疾学生充分而有效地参与普通课程学习的个别化教育方案。因此，有的人干脆把它称为个别化教育支持计划，这是不无道理的。美国的《残疾人教育法》对个别化教育计划的制订人员、制订过程、内容和实施等有着严格的法律规定。从法律的层面上看，它的目的在于保障特殊学生个别化教育的权利并提供相应的支持系统和教育资源。它既明确了学校和教师的责任义务，也阐述了家长的责任和权利，同时规定了社会专业人员如何介入和支持等。因此，个别化教育计划涉及的责任主体不仅有教育部门，还有家庭和社会等。从教育的内涵上看，个别化教育计划涉及的不仅仅是课程与教学问题，还包括康复、转衔、教育行政等其他内容。也就是说，个别化教育计划是一种综合性的教育计划，涵盖学科、社会适应、康复训练及应提供的特殊教育服务措施等各领域。我们不能把个别化教育计划简单地理解为一个仅限于课程教学活动的计划，或是一项个别化辅导计划，或是当作个别化的教案，而应把它看作是根据特殊需要学生个体的身心发展特点和实际特殊需要，在融合性的教育环境中采取支持性的策略与方法来满足其独特的教育需要而制订的整体教育方案。

（二）个别化教育计划中的课程调整

在个别化教育计划中，有关学生课程的个别化调整需要遵循三个原则：一是要围绕个人（家庭）中心来计划课程。所谓"个人中心"，即首先了解和征求家长和孩子的意见、愿景。家长最了解孩子，也是孩子生活的主要参与者；同时，家庭的经济文化背景和社会资源对孩子的未来会产生重大的影响。因此，教师必须关注学生及其家长对未来生活质量的愿景，聚焦学生的优势、强项及其优先技能的发展，这是制订个别化教育计划的前提。二是基于生态的评估和设计。在考虑课程的个别化调整时，其前提是应基于环境、学校课程来实施评估和设计课程与教学，通过对学校、家庭、社区以及课程标准的生态评估能够确定与年龄相适应的课程活动和教学。三是课程内容的功能相关性。功能相关性意指学习内容应该具有功能性，与社会适应相关，即应是学生当下和未来情境中需要或期望参与的学习或社会活动。这就要求课程的目标和教学方法具有社会适应的效果，并能真正地对学生的生活产生重要的影响，具体而言就是能提高学生的生活技能、人际关系和自我决策的能力。

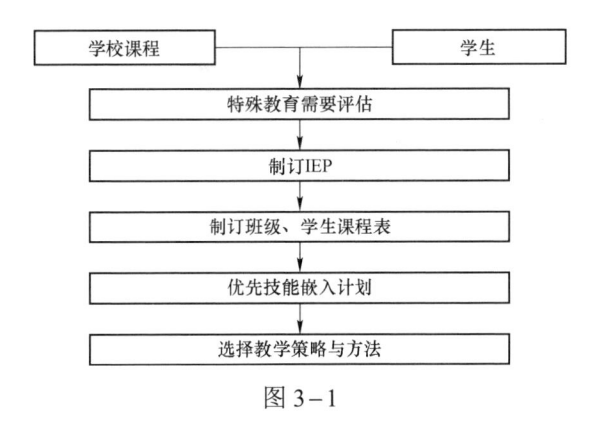

```
┌──────────┐      ┌──────┐
│ 学校课程 │──┬──│ 学生 │
└──────────┘  │   └──────┘
              ▼
      ┌──────────────┐
      │ 特殊教育需要评估 │
      └──────────────┘
              ▼
      ┌──────────────┐
      │   制订IEP    │
      └──────────────┘
              ▼
      ┌──────────────────┐
      │ 制订班级、学生课程表 │
      └──────────────────┘
              ▼
      ┌──────────────┐
      │ 优先技能嵌入计划 │
      └──────────────┘
              ▼
      ┌──────────────┐
      │ 选择教学策略与方法 │
      └──────────────┘
```

图 3-1

二、个别化教育计划的结构与内容

（一）个别化教育计划的结构

个别化教育计划一般规定必须包括五个部分，主要有以下内容：学生现有的学业成就与功能表现水平描述；可测量的年度（学期）[1]目标、短期目标或基准的陈述（包括学业目标与功能性目标）；具体的特殊教育需要及相关支持服务；参加地区学业与功能水平评价的情况；转衔所需要的服务等。这是一个总的概括性要求，在具体撰写时，还会根据学生的情况再增加内容。在上述内容中，教育目标的制订和陈述是实施个别化教育计划最为关键的部分，本章将在后面的目标陈述中具体介绍。

现有的教育表现水平是个别化教育计划的一部分，主要描述评估结果反映出的学生在教育需要领域取得的成绩，包括残疾对课程学习的影响、学习风格、学科强项、科目或领域知识、技能水平、兴趣偏好等。

《残疾人教育改善法案》（Individuals with Disabilities Education Improvement Act，IDEIA）将个别化教育计划中的相关支持服务定义为"交通以及帮助残疾儿童受益于特殊教育所需的发展、矫正和其他支持性服务……"主要指与医学康复和社会支持有关的服务，如医学咨询、物理治疗、作业治疗、听力与语言治疗及其他社会服务，还包括具体教学及辅具、辅助技术服务等。提供的教学服务包括下列信息：接受的服务性质和类型（直接教学或咨询）、接受服务的频率（每周或每天的次数）、接受服务持续的时间、接受服务的地点、接受服务起止的日期、服务者。在撰写个别化教育计划时，每项服务最少需要一个目标陈述。

根据学生的特殊需要，对教学设计进行相应的调整，并提供相应的辅助支持，包括调适和调整两类。对教学设计进行调适旨在减少甚至消除残疾对学生学习的影

---

[1] 在美国个别化教育计划规定的是学年目标，在我国更适合的是学期目标。

响，达到不减少学习期望，也不改变学习内容，但改变学生的学习方式的目的，根据通用设计相关原理在教学目标、内容不变的情况下可以用多样呈现、多样回应和多样参与（时间、情境和安排）三个策略改变学生的学习方式，具体见通用设计教学有关章节内容。对教学设计进行调整是指根据学生的学习能力水平，改变学习内容，对内容加以简化或替代，包括目标、内容、方法和教学安排的调整等。

辅助技术支持和服务是指在课堂和其他教育相关场所，为满足多重障碍学生的特殊需要提供辅具与技术的服务等，支持他们参与课程学习并获得进步。

学生学业评价主要是指根据课程标准要求，实施基于标准的教学，在学期末学生参与学校或班级的学业评价。一般学业评价分三种方式：参与正常课程标准的学业评价；参与课程标准调适的学业评价；参与课程标准替代的学业评价。

转衔是一个特定的概念，主要指的是从学校向社会过渡期间的教育问题。它针对与学生年龄相适宜的可测量的中学后目标，对培训、教育、就业和独立生活等相关技能进行评估从而为学生提供包括课程学习目标等所需要的转衔服务。个别化教育计划团队必须酌情确定是否需要任何其他公共机构参加个别化教育计划会议，因为他们可能要为学生提供转衔服并对此负责。

国内有些团队对个别化教育计划的撰写存在着不少误区。有的个别化教育计划面面俱到，什么都写，把一些不属于特殊教育需要的内容也写进来，就连具体的单元教学、课堂教学教案等也都列入个别化教育计划；有的则只写某一两个与学科教学相关的内容，而其他方面，特别在相关发展领域方面的内容，即使是学生有特殊需要甚至很重要的特殊需要，也被遗漏掉。

（二）个别化教育计划内容的确定

一份个别化教育计划包含一个学生所需的所有支持信息。学科课程如果被纳入个别化教育计划的话，也只是这份综合文件中众多内容领域的一部分。具体落实到某一个学生的个别化教育计划上，其内容信息种类和数量取决于该学生在课程学习方面的特殊需要以及所能提供的特殊教育支持类型。一般而言，如果学生完全能够参与学校课程的学习，不需要因为其残疾而对课程进行任何调整，那么在个别化教育计划中就不必描述或涉及相关内容；如果有必要对课程进行调整，以便使学生能够参与课程学习，所做的调整就必须在个别化教育计划中进行记录和描述。如果学生在某些学业课程或功能性技能领域方面需要支持，就要单独设计分项教育支持计划，这些分项的计划需按照学生当前的表现水平、年度教育目标、特殊需要教育措施与服务、评价等一一列出。这个目标内容的确定是与满足由残疾引发的特殊需要相联系的。年度目标可以涉及诸多领域，既可以是学科领域，也可以是适应行为、生活技能训练或康复性治疗服务等领域。具体目标领域的数量取决于学生的残疾类型、残疾程度及其特殊需要，可能是二三个，也可能是八到十个，甚至以上。

基于以上分析，不难看出，撰写个别化教育计划时应把握两个基本原则：特殊需要与分项撰写。首先要确定多重障碍学生有何特殊需要。这主要依据个别化教育计划制订前对教育需要的评估。教育需要的评估应重点考察两个方面。一是考察在学校课程中，障碍是如何影响学生的学习参与和进步的，如何减少或消除这些消极影响，从而支持这些残疾学生能够参与学校课程学习并取得进步；二是除了参与学校课程学习之外，残疾对于学生学习与发展的影响还会引发哪些其他的特殊教育需要。譬如对于一个视障兼有其他障碍的学生，调整学习信息的呈现方式以及定向运动技能的训练就会成为他的特殊需要。这样，学习盲文或采用大字课本、进行定向行走训练等都是为了满足他参与学校课程学习的需要。因此，他的个别化教育计划的主要内容也就是围绕这些需要所制订出的具体对策方案，支持他有效地参与学校课程的学习。如果是一个智障兼有其他障碍的学生，他除了智力功能受到限制外，还存在感觉运动、语言沟通、情绪行为等问题，那么就不仅要调整他的学科课程的目标内容、教学策略，还要将感觉运动的促进、语言沟通训练、情绪行为的管理等列入其个别化教育计划。

其次是分项撰写。所谓分项原则就是在撰写个别化教育计划时，一旦将某一方面的特殊需要支持分项计划内容列入个别化教育计划，那么每一项目标的内容就要按照学生的现有水平、年度目标、特殊需要、评价方式等一一列出。以上面所举的智力障碍兼有其他障碍的学生为例，应该分别从课程调整（学业学习）、感觉运动、语言沟通、情绪行为等方面分别列项，分步撰写。可见，一份完整的个别化教育计划主要由多个分项的目标计划组成，而不同的分项目标计划一般由不同的相关人员负责撰写，如果牵涉语文或数学的目标内容就由相关的任课教师撰写，如果是感觉运动或行为干预方面的目标就由有关负责训练的人员撰写，最后由个别化教育计划制订总负责人进行最后的统整，形成一份完整的个别化教育计划。

三、个别化教育计划的目标与陈述

在美国，每一份个别化教育计划都需要陈述可测量的年度目标，即学生在一年内在某些特定领域预期达到的目标，有的年度目标还需要包括一系列基准（Benchmarks）或短期目标（Short-Term Objectives）。制订这些目标的目的是既能使学生参与课程学习并取得进步，又能满足学生因残疾产生的其他教育需求。年度目标是描述学生在提供特殊教育服务的 12 个月内能够达到的期望情况。个别化教育计划目标中至少有一个要与确定所需要的领域相对应。换言之，如果学生需要的领域是语文、数学、社会交往或定向行走、生活自理等，那么个别化教育计划所列出的目标中至少有一个与其中的一个领域相对应。

（一）目标陈述要求

个别化教育计划中对于目标的陈述，不能宽泛、模糊，必须是可观察、可测量的。诸如"通过学习，小明将提高阅读速度"，或是"学会 10 以内的加减法"等都是不可测量、不可观察的，都是笼统的表述方式。如果采取这种表述方式，那么这些宽泛的表述之后必须附有可测的、具体的短期目标或表现标准，以此用来评估其年度或学期目标的达成情况。因此，目标陈述应该包含有意义的具体信息，而其可测量、可观察性，往往是衡量一份个别化教育计划撰写质量的关键指标。

年度目标（教育目标）的陈述要做到可测量、可观察，一般需要包括目标时间、目标主体、目标行为、目标条件、目标基准、测量方法这六个要素。通俗简单地概括就是要具备以下六项指标：①谁；②将做什么；③在什么条件下；④达到什么熟练水平；⑤由谁或如何来测量；⑥何时达成。

目标时间指的是目标达成的日期或干预的时间长度。例如："到 2015 年 5 月"或"在 4 周内"。

目标主体就是学习者，即特殊需要学生。一份个别化教育计划是为一个学生单独撰写的，描述了期望这位学生在目标时间内完成什么。

目标行为是指学生要完成的具体任务，即他要做什么。此要素陈述了某个特殊需要领域的技能或行为方式在现有的表现水平上将发生的变化。

目标条件描述的是学生达成目标所需的必要支持条件，即环境安排或学生需要的支持程度（如口头提示或实物演示）。如果没有准确具体地描述条件，很难确定学生是如何完成任务及学生的实际能力是什么样的。

目标标准又称表现标准或通过标准，它反映了学生技能或行为的精熟水平。此要素指的是个别化教育计划小组对学生在一个周期的指导下学习方面的期待。一般来说，确定是否达到熟练水平或通过标准的主要因素包括以下几个方面：学生已有的基准线或当前表现水平，所教授任务或技能的类型，学生练习的频率、周期及教师指导的力度，可提供的支持服务与帮助，针对需求领域有意义的教育环境等。这些因素都会影响到基准的设定。根据具体任务类型，一般目标标准描述的指向有以下几个方面：独立完成的程度（提示、帮助或支持的量），达成的正确性（几次中有几次通过、答对的百分比），达到的熟练度（连续几次通过），完成的分量、质量或速度等。

以下是两个具体的实例：

1. 到 7 月学期结束时，对于所选定的 3 年级语文课本中的 80 个常用词，李明的正确读写率在 90%。

2. 4 周后，王刚在视觉提示下，会拿对 10 个以下数量的任何物品，五次中有四次正确。

（二）短期目标或基准的陈述

短期目标或基准是衡量学生进步和确定学生是否朝着实现年度目标取得足够进展的一种手段。短期目标是实现目标所需的中间步骤，而基准是学生实现目标必须达到的主要里程碑。在制订 IEP 时，一般两者中可选一种，但是无论是短期目标还是基准，都必须与相应的课程标准相对接。因此，从目标具体陈述的角度看，基准或短期目标是年度目标的另一种陈述方式，可看作是对年度目标的细化或分解。基准或短期目标都是可测量的，但在测量学生朝向年度目标取得的进步时，二者对标准、熟练程度的描述会有所不同。

短期目标的功能是将年度目标描述的技能细化分解，并在年度目标的实现过程中逐步提高技能挑战性。例如，一个多重障碍儿童，她的年度目标是能够自己独立地进食，那么短期目标按进程就可能依次包括：抓握匙勺、用匙勺获取食物、用匙勺把食物从盘子送到口中，进而最终达标。短期目标一般既可用于普通学科课程目标的描述，也可以用于其他关键的学习领域的描述，诸如生活自理、情绪行为等。

基准又称基准线，它是课程标准在表现程度要求方面的细化，主要展现学生在预期的某特定时间内所要取得的进步情况，通常涉及与普通课程科目学习相关的内容。它主要描述的是知识或技能泛化、迁移的情况，通常由多个维度的表现标准组成。例如，目标要求是掌握"苹果"这个词语的概念，那么它的基准至少有三个表现标准，即能指认辨识"苹果"词语，能正确读写词语，能将词语与图片或实物正确配对。如果学生仅仅会认读，但不能读写或正确配对，说明学生没有真正理解掌握词语的概念。基准可以被看作短期目标，但所有的短期目标并不一定都被称为基准或能够用基准来概括。

对短期目标或基准的陈述一般分为两步。首先对项目目标给出概括的说明，接着再给出 3—4 个更具体的、可测量的短期目标或相关的基准。当个别化教育计划目标伴有相关短期目标或基准时，年度项目目标就可以概括得笼统一些。它的可测量、可观察性主要体现在后面的几个短期目标或基准的描述中。下面就学科与社会交往领域目标分别各举一个例子。

例一：学科——语文

年度目标：小明一个月内学会辨识 10 个新的常用词语（目标概括陈述）

短期目标：

1. 到 3 月 10 号，当老师读出 10 个不同的常用词时，小明指出相关词语的正确率为 80%。

2. 到 3 月 20 号，当老师指着 10 个不同的常用词时，小明读出相关词语的正确率为 80%。

3. 到 3 月 30 号，当老师报出 10 个不同的常用词时，小明写出相关词语的正确率为 80%。

词语学习的目标是按指认、读认和书写的难度逐渐递进的。

例二：其他领域——社会交往

年度目标：小明提高眼神互动交流的次数（目标概括陈述）

基准：

1. 当班主任看着他叫他名字时，6 次中小明至少 4 次能做出眼神互动的交流。

2. 当任课教师看着他叫他名字时，6 次中小明至少 4 次能做出眼神互动的交流。

3. 当同班同学看着他叫他名字时，6 次中小明至少 4 次能做出眼神互动的交流。

4. 当巡回教师看着他叫他名字时，6 次中小明至少 4 次能做出眼神互动的交流。

在这个基准的陈述中，设定 4 个不同交流对象作为基准，来衡量目标是否真正达成。如果只设一项基准，很难说明学生在其他所处情境中或与其他对象交流时能够真正迁移，如果不能迁移，也就没有真正地习得技能。这就是基准测量的意义。

从上面的两个例子中可以看出，短期目标或基准的撰写与前面提及的一样，一般也要包含 6 个要素，才能做到可测量、可观察。目标或基准的项目数量往往取决于障碍的类型和程度，以及它对学生学习的影响和整个目标的复杂性。年度目标、短期目标和基准必须通过具体的课堂教学来实现，换句话说它们对于指导具体的课堂活动实施很有帮助，但应当注意的是，尽管如此，它们主要是用来确定优先考虑的教育内容及测量学生取得的进步，而不是用作代替每天认真设计的教案。

过去，在美国每个学生的个别化教育计划都需要包括基准或短期目标。2004 修订的《残疾人教育法》不再要求所有残疾学生的个别化教育计划都要具备上述要素，规定只有那些接受州级替代评估的残疾儿童的个别化教育计划才需要基准或短期目标。绝大多数多重障碍学生需要参加州级性的替代性评估，所以他们的个别化教育计划必须包括基准或短期目标。近年来，鉴于对技能本位学习弊端的批判，对重度、极重度障碍学生预设的教育目标是否适合可测量、可观察，人们又有了新的认识，有关具体内容详见教学一章的有关讨论。

（三）其他应注意的问题

撰写个别化教育计划时应注意一些问题。年度目标必须与学生当前的表现水平有关，短期目标和基准必须和个别化教育计划所确定的项目目标关联。当前的表现水平是设定个别化教育计划目标的基础，也是学生受教育的能力基准线，其内容主要展示所有与学生相关的评估和背景信息。如果当前的表现水平判定得不恰当，就可能会影响长期目标及其他指导性计划内容的设定。因此，制订计划时教师必须在经验的基础上进行专业的判断，确定什么是合理的进步预期，这样的目标与基准才能更具意义。

另外，在目标设定的时间跨度上，不要机械地像美国那样一定以年度为单位。以年度为单位，时间太长，也不太好把握。根据我国的国情，一个学年两个学期，以学期为时间跨度来设定目标是比较合适的。一般情况下，最好将目标的达成时间与每学期一次的个别化教育计划回顾或会议的时间保持一致，或者可以和课程学习的指导及其相关行为的干预周期一致。至于格式和内容，倒是可以灵活多样，只要其基本的核心支持计划能够满足学生的特殊教育需要，使其可以有效地参与课程学习，都是可行的。

第 4 章　多重障碍学生教学支持

多重障碍学生一般在多种生活技能和各发展领域中表现出显著的缺失，因而都有一个共同的需要，即在不止一项重要的生活活动中需要持续的、全面的支持。支持不仅是生活所需，也是全纳性学习的核心。全纳性学习是基于平等参与课程学习的理念，通过专业的教学和充分的支持，为所有学生提供满足其教育需求并获得高质量教育机会的学习活动。因此，全纳性学习的关键在于探索学生学习过程中所遇到的障碍，通过全纳性的策略与方法，提供与学生相适应的学习内容、学习方式、学习策略、学习环境、学习材料等克服这些障碍。本章从全纳性学习的视角，重点讨论多重障碍学生教学的相关理论、策略及其支持问题。

多重障碍学生教学基础

对于多重障碍学生，障碍的联合存在或叠加构成了一种独特的"乘积式倍增"综合影响，加剧了学习困难的复杂性和个体之间的差异性。近年来国际研究更多聚焦于多重障碍"复杂性"对学习造成的困难与挑战及其应对方法，形成了一系列的理论与实践研究成果。本节重点围绕多重障碍学生学习的特征，对多重障碍学生教学的一些重要问题进行讨论，主要包括：学习的参与、技能本位与过程本位的学习取向以及通用设计学习支持等。

一、多重障碍学生教学特征

多重障碍学生的教学特征可从两个方面集中探讨，一是障碍影响的复杂性带来的"教学的脆弱性"，二是在教学中特别强调个性化的学习参与。

（一）教学的脆弱性

教学的脆弱性（Pedagogical Vulnerability）这一概念是由英国曼彻斯特大学教授卡彭特提出的，他认为，尽管多重障碍学生是异质性极高的群体，但从教育的角度来看，该群体在不同的发展领域和学习方面都呈现出一种"教学的脆弱性"[1]。以"脆弱性"来概括多重障碍学生的教学，意指该群体的学习极易受到多方面因素的干扰，往往呈现出易损、不稳定的现象。通过对国外相关成果的梳理，这种"教学的脆弱性"可以归结为以下三个主要方面。

一是教育教学干预策略的"兼容性"差。由于个体身上障碍的重叠或共生，已有的教育教学干预策略或方法之间可能存在着潜在的冲突，或者说不能"兼容"，即对于某一种障碍条件，可能已积累了成熟而有效的教育策略与方法，但是面对两种或两种以上的障碍情况，并非直接采用对应的方法就能解决学习中的困难。譬如，对于视障兼孤独症的学生，从视觉障碍的角度来讲，学习中需要尽量通过其他感官渠道进行信息的补偿；而从孤独症的特征角度看，则需要充分发挥其视觉的优势来促进参与学习。这两种方法在视障兼孤独症的学生身上存在明显的矛盾与冲突，难以兼容。面对这种"教学的脆弱性"，教育者不仅要研究寻找适合学生个性化学习的信息通道接口，而且要在已有的策略和方法中考虑哪些是可以优先采纳的，对于这些问题的解决既需要专业的经验判断，又需要强有力的循证实践支持。

二是学习领域发展的不平衡。多重障碍加剧了学生个体不同领域发展的不平衡性，即在不同的学习领域往往表现出突出的不均衡状态，有时可能在某一领域出现极化现象或在某些方面的习得呈现出一种"岛状"获得现象。譬如，有些孤独症学生，虽然整体智力功能低下，但在某些领域，诸如根式计算或细节记忆方面却有着超乎寻常的发展水平。要满足这样一类学生的多样化需要，对教师来说是一项严峻的挑战。即使某个学生在某项学习领域有着明显的优势，但如果缺少其他发展领域的相应支持，这些优势也难以可持续地发展。

三是普遍缺乏学习的专注力。绝大多数多重障碍学生在学习过程中普遍表现出专注力水平低、有效注意时间短的特征。不管是主动的学习，还是被动的学习，他们极易受到教学环境中任何可能出现的不适当因素的影响。缺乏学习的专注力，教学的效率就没有保障，也不会取得有意义的学习成果。因此，在教学过程中"当缺乏学习专注力时，多重障碍学生不仅失去了重要的学习机会，也可能变得心烦意乱，随之出现破坏性的问题行为[2]"。如何根据学生的兴趣、需要、表现，创设适当的教学情境，提高学生学习的参与水平，是教师在教学中所面临的重要挑战。

---

[1] Carpenter B. Disadvantaged, deprived and disabled[J]. *Special Children*, 2010(193): 42-45.

[2] Hume K. Get engaged!Designing instructional activities to help students stay on task. Reporter[J]. 11 2006(2): 6-9.

(二) 个性化的学习参与

个性化学习与学习过程中的有效参与或学习投入的水平密不可分。由于多重障碍学生普遍缺乏学习的专注力，而每一个学生学习的专注力或投入学习的注意水平也极具个性化，因此"积极的参与是成功学习的前提，也是个性化学习的关键"[1]。它要求教育者在教学中必须充分重视学生对学习的个性参与（Engagement for Learning）问题，一次性地克服多重障碍学生教学的"脆弱性"障碍。"参与"的实质是强调学习中的专注度。卡彭特等人把"参与"描述为联结学生主体与学习活动的动力介质，并解释为"是将学生与环境（包括人、思想、材料和概念）相联结，进而促进有效学习并获得成果的旅程"[2]。因此，从教学上来讲，可以把"参与"看作是联结学生和学习目标的"桥梁"（见图4-1）[3]

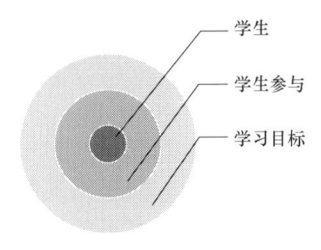

图 4-1

对于多重障碍学生而言，可持续的学习只能依赖于有意义的参与，只有当学生成为学习的有效参与者时，才能启动个性化的学习航程。那么，如何实现学生的有效参与呢？其关键在于教师要了解、识别且能评估学生学习参与的表现和特点。

卡彭特等人在实证的基础上，把学习的参与归结为觉察、好奇、探索、发现、预期、坚持和启动这七个要素，还开发了具体的学习参与图谱和评估工具（The Engagement Profile and Scale），聚焦这些要素并利用相关的评估工具，教师可以思考如何改变活动方式来激发多重障碍学生的好奇心，如何选择学习内容来鼓励学生增强学习的持续性，进而为他们创建个性化的学习路径。

"个性化的学习与参与"是两个相对独立又有着关联的概念。个性化学习意味着必须充分地了解学生的差异与需要，才能设计相应课程并创设有意义的教育情

---

[1] Keen D. Engaging children with autism in learning activities[J]. *Griffith Institute for Educational Research*, 2008(2): 1-3.

[2] Carpenter B, Cockbill B, Egerton J, et al. Children with complex learning difficulties and disabilities: Developing meaningful pathways to personalized learning[J]. *The SLD Experience*, 2010(58): 3-10.

[3] Barry Carpenter, Jo Egerton. *Engaging Learners with Complex Learning Difficulties and Disabilities: A resource book for teachers and teaching assistants*[M]. Oxon: Routledge, 2015.

境，才能促进学生的学习参与。而参与意味着要寻找和开发适应个性化的学习路径、方法和策略。"个性化的学习与参与"的理论与实践研究为教师引导多重障碍学生进行学习参与并提高深度学习的参与水平，促进以学生为中心的教学反思提供了指南。

二、多重障碍学生教学取向

在多重障碍学生教学领域，受行为主义和建构主义的不同影响形成了两种不同的基本教学取向：技能本位学习（Skills-based learning）与过程本位学习（Process-based learning）。这两者是一组相对的概念，代表着两种不同的教学取向，也有着各自的理论依据及其实践价值。了解相关教学取向的不同特点和应用依据对于有效地开展教学具有重要的实践指导意义。

（一）技能本位学习

技能本位学习的潜在假设来源于行为主义理论。行为主义认为，某些技能需要通过大量的实践操练获得。虽然在西方众多的文献中并未有一个对技能本位学习取向的明确纲领性定义，但通过相关研究者的表述，可以将其概括为三大主要特征：刺激性操练、分步练习和目标监控。

1. 刺激性操练

行为主义学习理论认为学习是受刺激影响所致，因此刺激和给予适当的提示对于技能习得尤为重要，而不一定要考虑学习的情境和学习者对学习目的的认知。比如，一个足球运动员会通过反复不断的练习来磨炼自己的运球技能。这种练习不必在一场真实完整的足球比赛中进行，就像学习者不必为了练习拿着勺子吃饭，就一定要在吃饭时练习一样。同样，许多技能可以在学生无须理解获得技能原因的情况下进行学习操练。譬如，教多重障碍学生学习洗手，一般可以使用行为的任务分析方法，将任务切分为多个步骤进行练习，然后"链接"在一起。这样，学生就学会了打开水龙头、用水打湿手、拿肥皂，再在手上擦肥皂等，直到获得完整的链式技能。在这个学习过程中，学生不一定非得知道为什么需要洗手，诸如了解细菌是什么，它们是如何传播的，为什么它们是危险的。他们只需要知道该做什么，什么时候做。也就是说，对于多重障碍学生，技能本位学习可以作为一项有效的教学策略，特别是对于一些新技能，采取任务分析法进行教学，其积极意义不可忽视。

技能本位中反复刺激操练对提高目标技能的精熟程度确实有效。对于普通儿童，一旦技能被习得，甚至被部分习得，就可以将其迁移到相关情境中。但是，对于那些技能泛化迁移能力差的多重障碍学生，技能为本学习将面临技能与实践脱节的风险。因为尽管他们也能熟练地掌握某些技能，却不一定真正理解应何时、何地以及为什么使用这些技能。他们需要花更多的时间学习、巩固和应用。譬如，采取技能分析法教多重障碍学生问候别人，会要求说"你好"并招手。学生的确学会了打招呼和握手，但他并不一定明白什么时候、如何合适地使用这种新的技能。于是经常会出现这样的现象，学生不管什么时候，也不管对同一个人打了多少次招呼，只要看见人，就说"你好"，并反复和每一个人握手。也就是说，学生即使习得了某种技能，也很可能之后只是机械地做出，不能理解这种技能行为背后的意义。

因此，技能本位学习并不意味着提倡无须理解学习目的的教学方法，恰恰相反，根据技能习得的规律，如果学习者理解学习的目的，并在相应的情境中进行学习，任何技能的习得、巩固和运用将会更有质量。故而对于那些极重度障碍的学生，采用技能本位学习的理由则大大减少了。一般认为，"认知困难的程度越高，技能本位学习策略的采用就越要谨慎"[①]。即使是在以技能为基础的学习活动中，也最好让学生有完成这些练习步骤的动机。对于多重障碍学生，为了激发其学习的意向、动机，往往需要采取奖励的方式，且强化的效果很大程度上取决于他们对因果关系的理解。当然，这对于那些极重度障碍学生来说是很难的。基于此，教师要尽可能地在真实情境中进行教学，如进食、喝水、玩耍等自理技能，可以让这些学生参与持握勺子等相关活动，以练习特定的运动技能，而不仅仅做单纯的技能练习。

2. 分步练习

行为主义学习理论认为，技能的学习是渐进地、一步一步地完成的，尤其对复杂行为的学习需要分步进行，通过顺向或逆向的链锁完成。因此，传统的学校教学方法往往是高度结构化的，教师按步骤顺序引导学生活动，使得教和学呈现出线性的发展模式（如图 4-2[②]）。

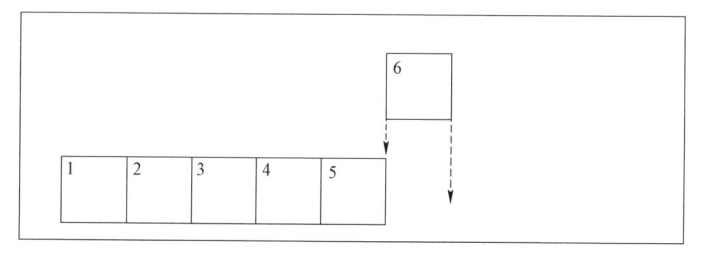

图 4-2　线性的发展模式

---

① Imray, Peter. *Curricula for Teaching Children and Young People with Severe or Profound and Multiple Learning Difficulties*[M]. London: Routledge, 2014..
② Hewett. The most important and complicated learning: That's what play is for!ICAN[J]. *Talking Point*, 2006.

在多重障碍学生的教学中，任务教学法就是这种线性教学最典型的应用，完整链式技能的习得就像是按顺序搭积木。但是，那些认知水平仍处于极早期阶段的多重障碍学生很难通过这种方式来学习，"他们的学习往往来自自身玩耍的所有经验，这些经验更多的是在不经意、非线性和随机性生活情境中获得的"。譬如，对处于前意图沟通水平发展的学生的复杂性沟通的教学应呈现出弥散性的模式（如图4-3[①]）。

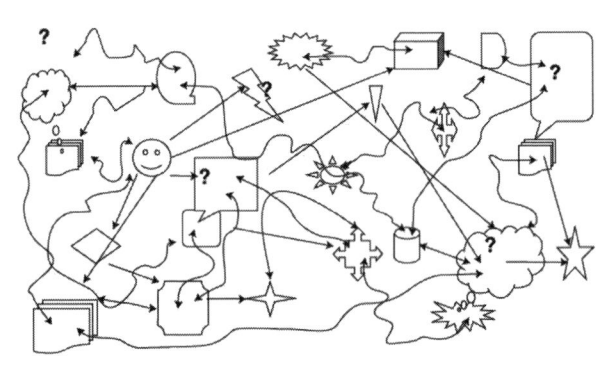

图4-3 弥散性的模式

3. 目标监控

行为主义学习理论强调学习目标可以在一段时间内实现（比如一个学期），因此学习是可测量、可观察的，应通过监控学习目标来检查学生的学习成果。它反映在技能本位的学习中，就是在制订多重障碍学生教育计划时，个别化的教学目标必须是具体、可测、可及、实际的和有时限的（Specific、Measurable、Attainable、Realistic and Timely，简称为"SMART"）。SMART 在用于数数等可观察技能的学习方面非常有效，例如，死记硬背数字 1—10。不过，它很难应用于支持这样的学习：什么时候开始计数，为什么要计数，一旦计数完成，能做什么。SMART 对特殊需要学生的教学做出了巨大贡献，至今仍然成为对包括多重障碍学生在内的特殊需要学生教学的经典"准则"。

然而，SMART 并不完全适用于多重障碍学生，尤其是极重度障碍学生。由于他们的能力水平较低，可能需要很长时间才能掌握下一个可测量的技能，但这并不意味着这些学生没有学习，他们只是很难量化一个微小技能的广度或注意到发生事情的深度[②]。

持 SMART "准则"在多重障碍学生（尤其是极重度障碍学生）的教学实践中会遇到诸多的问题，"教学世界中到处都是被丢弃的、从未实现的'SMART'

---

① Hewett. The most important and complicated learning: That's what play is for!ICAN[J]. *Talking Point*, 2006.
② Lacey P. Smart and scruffy targets[J]. *The SLD Experience*, 2010(57): 16-21.

目标。更糟糕的是，这些目标经常被反复不断地重写和调整降级，直到它们变得毫无意义或转化为学习者已经掌握的技能"[1]。除了实际教学成果并不能达到既定目标外，教师在教学中也面临确定每个学生适合的目标数量的问题；太多的目标在记录时也很难回忆起来，并存在将学习内容分割为若干部分的风险。譬如，在家政课的做饭课堂教学中，目标一般有：学生至少伸手四次；在与教师的互动中学生至少有两秒钟的直接眼神交流等。假设还有 20 或 30 个其他目标需要设定，那么学生在互动过程中的目光接触和烹饪过程中的眼神交流很容易被忽视。另一方面，少量的目标往往给学生的整体进步带来巨大的压力，而且很容易导致所有的发展进步记录都集中在为数不多的目标上。由于发展进步集中在预先设定的少量目标上，所以其他领域中可能会有大量的进步表现没有被记录下来。这样，目标导向的教学会因其课程内容被人为分割，缺少整合教学的优势。

（二）过程本位学习

过程本位的学习是把学习视为一个整体的经验过程，而不是通过教学来达到特定的个性化目标，要求教师以开放的理念开展教学。英国伯明翰大学教授伊姆雷将过程本位学习定义为"以过程为目标的一种整体教学方法"[2]。过程本位的学习是针对技能本位学习的弊端所倡导的教学取向，它更多地来自于那些处于语前水平的极重度障碍学生教学实践的反思，其理据来源于认知主义学习理论，尤其是维果茨基文化建构学习论。从建构主义的观点看，在学习过程中所累积的学习成果可以看作是个体对社会互动方式、关系理解的连续发展。在这个过程中，学生通过与教师的互动反复参与社会活动，逐步构建他们对社会交往等各方面的理解。一旦成功地参与到相互既定的社会交往关系中，学生就可以基于他们当前的社会理解发挥出最佳的水平。在这样一个发展水平上，教学活动应该既有一定水准，又具有可及的挑战性，以便学生能够反复成功地实践他们的社会技能，然后进一步发展他们的理解能力。随着学习互动过程的不断进行，所取得的累积进步将逐渐变得明晰、具体而可观。

1. 过程本位学习的特征

（1）儿童导向性学习

过程本位学习强调以学生为中心的教学范式，注重在教学过程中发挥学生的能动性。学生在从事具体的学习任务时，教师作为活动的伙伴和学生一起合作互

---

[1] McNicholas, Van Walwyk. Measuring progress in children with profound and multiple learning difficulties [J]. *The SLD Experience*, 2011(60): 9−16.

[2] Peter Imray. *Curricula for Teaching Children and Young People with Severe or Profound and Multiple Learning Difficulties*[M]. London: Routledge, 2014: 34.

动或起着促进、引导作用。教学前，教师不会设定具体的教学目标，教学过程中师生互动过程的走向、学习的速度都由学生决定。这并不意味着忽视教师的引导作用，相反，对于有严重障碍的学生来说，教师的引导作用更为重要，但这种引导是以学生的优势、兴趣、爱好和需要为前提的。因此，过程本位教学强调教学前要对学生的优势与需要进行认真分析，教学过程中始终以优势和需求分析结果为导向，并明确学生需要发展的认知和技能，确保教学质量和意义。在以学生为中心的教学过程中，教师的主要任务是根据学生的兴趣、爱好和警觉水平（行为状态），为其创设一个良好的学习环境，然后跟随学生一起活动，在教与学的过程中，对能力足够的学生保持距离并给予自我处理的机会，对有困难的学生提供"梯子"或"脚手架"支持，在帮助解决困难的同时为其提供自己解决问题和思考的机会。

这里，可引用伊姆雷的一段话，来总结以学生为中心的过程本位学习的意义："我们需要通过过程本位学习告诉学生，有时在行动的第一步就会遇到问题，教他们学会试错。我们要让学生意识到——第一个解决方案并不一定是正确的，即使它是正确的，也不一定是最好的。我们要让学生具备犯错意识——这是一个积极而自然的过程——我们都是这样学习的。所有这些都需要时间，困难越大，需要的时间越多，但潜在的回报是巨大的——获得深度而有意义的学习经验，以及运用技能和全面理解的能力。"[1]

（2）生成性的目标回溯

过程本位学习的核心是"无任务原则"，所谓"无任务"是指没有预设的具体可测量的教学目标，只有学习过程中的生成性的结果。"学习的重点在于过程，即每个活动的过程以及活动的重复、累积过程。活动并没有既定具体可测的目标，也不是由预设的学习的成果来驱动。相反，学习成果是随着时间的推移，在活动过程中产生并自然螺旋式地累积。"[2]因此，过程本位教学理论认为，以活动为主的教学在过程中可能会发生各种各样的学习，包括排序、事件记忆、预期、跟踪、物体恒存性、情感体验和理解、应急响应、应急意识、同伴和成人互动、感官探索、感官耐受等。如果将学习进步限制在一到两个具体可测的目标上，就可能限制了学生的拓展学习的机会。过程本位教学的假设为多种类型的学习提供了一个平台，只有在回溯每节课、每周、每月、每学期或学年时，才能认识到个人的进

---

[1] Peter Imray. *Curricula for Teaching Children and Young People with Severe or Profound and Multiple Learning Difficulties*[M]. London: Routledge, 2014: 35.

[2] Penny Lacey, Rob Ashdown. *The Routledge Companion to Severe, Profound and Multiple Learning Difficulties*[M]. London: Routledge, 2015: 273.

步[①]。因此,与技能本位学习相比,过程本位学习的生成性体现的是一种复杂的范式,而非线性发展的教学范式。

(3) 连续进程中的经验建构

认知学习理论主张在实际情景下学习,学习者能够利用自己原有认知结构中的有关经验去同化和顺应当前学习到的新知识,从而赋予新知识以某种意义,促进自己主动积极地构建自己的知识。教师对学生学习的各种可能性要有足够的思考,而这些可能性是与学生已有的经验和期待相关,教师可以为这些可能性的拓展制订计划实施教学。在此过程中,学生通过各种各样的机会学习,来扩展自身的经验,加快认知的速度。总之,学生可以有许多不同的方式来显示他的学习取得了进步。

情境、主题和活动是过程本位教学的必备要素。传统的学科教学是以学科为科目范围进行教学,数学、科学和英语可以整合以到以烹饪(或绘画、旅行培训、玩游戏等)为主题的教学过程中。学习总是具体的,是在具体的情境中进行的。教授技能泛化,是从一个具体的环境到另一个具体的环境,譬如从在客厅沏茶到在厨房烤蛋糕或做比萨,而不是从抽象的非情境化到具体的情境化,如先数数字或木块再去数超市里的香蕉。

2. 过程本位学习的条件

乍一看,过程本位的教学相对容易——没有具体的个别化目标,将过程(购物、旅行培训、戏剧表演或音乐演出等)设定为动态,并观察会发生什么。事实上,这并非易事,因为它需要对以下内容有深刻的理解:重度和极重度障碍学生学习困难的性质,学生的优势和需要,激励每个学生的因素,如何激励所有学生,所涉及的内在风险。这是一种高风险的方法。譬如,在做蛋糕的教学过程中,如果鸡蛋不小心掉到地上破碎了,会发生什么?教师和教学团队需要有一个集体的策略,不责骂学生的笨拙,清理碎鸡蛋,然后再重新开始或放弃教学。这需要整个教学团队长期致力于这种方式的教学,这也意味着这堂课可能后来都在解决如何收拾鸡蛋掉在地板上这个"烂摊子"问题,教师甚至没有时间来教如何烤蛋糕。

技能本位学习与过程本位学习是多重障碍学生教学中两种不同的取向,其背后都有学习理论的支撑,也各有优势和不足。具体采用哪一种方式教学更为有效,取决于学生学习技能的类型、学生障碍的程度及其他相关的教学因素。

[①] Imray P, Gasquez Navarro D, Bond L. A PMLD Curriculum for the 21st Century[J]. *The SLD Experience*, 2010(58): 11–17.

三、通用设计学习支持

通用设计学习指的是让包括那些面临障碍风险或有障碍的学生都能够参与学习并取得实际成果的一种课程设计方式[①]。其理念和系统的技术框架开发者是美国特殊技术应用中心（Center for Applied Special Technology，CAST）。通用设计学习是在融合教育不断发展的背景下，"基于课堂服务于学生群体多样的异质性假设，而进行的整体融合式的课程学习设计策略"，对于如何应对多重障碍学生教学需要的差异性、复杂性同样具有重要的意义。

"通用设计"的概念源于建筑领域的无障碍通用设计理念，其核心意旨是："所有的产品与环境的设计，应使本产品或环境最大可能地便于所有人（包括残障人士）使用，而尽量不在使用过程中再需要调整或再做其他补充。"[②]如果说建筑中的通用设计，主要是为了提高建筑及其内部设施的"通达性"（Accessibility），以尽可能使所有人便捷、有效地进入并使用相关服务。那么，通用设计在课程教学发展中的价值，也在于提升"课程教学的通达性"（Curriculum Accessibility）。

根据通用设计理念，课程教学必须遵循三项基本原则：多样呈现（Multiple Means of Representation）、多样表达（Multiple Means of Action and Expression）和多样参与（Multiple Means of Engagement）。多样呈现主要是指学习信息的多样呈现，即同一学习内容可以调整、替换为不同的学生可以感知的方式，以减少学生学习中的障碍。多样表达主要是指学习反馈的多样表达，即学习表达的运作机制是可以变通选择的，学生可以以自己喜爱的、可操控的方式对学习内容做出反应。多样参与主要是指学习方式的多样参与，即根据学生兴趣匹配相应的互动范式，这样更有助于激发学生学习的动机。因此，运用通用设计的课程教学能使那些有特殊学习需要的学生以适切于他们的课程内容选择、组织和表达方式"进入"课程内部，更通畅地理解学习内容的意义，从而获得自身的发展。在通用设计学习的课程中，一般可以从 9 个维度实施具体的教学调整（参见表 4-1）[③]。

表 4-1 教学调整

输入（Input） 调整教学内容的呈现方式	输出（Output） 调整学生的反应（作答）方式	时间（Time） 调整学习、做作业或测试时间
难度（Difficulty） 调整概念、技能或操作水平	支持程度（Level of Support） 增加对特定学生的个别辅助	数量（Size） 调整学习内容的数量

---

① Westling D & Fox L. *Teaching Students with Severe Disabilities*[M]. NJ: Merrill, 2008: 38-39.
② 王建军. 个别差异与课程发展中的通用设计[J]. 课程·教材·教法，2004（11）：22-27.
③ Deschenes C, Ebeling D, Sprague J. *Instruction in Inclusive Classrooms: A Teacher's Desk Reference* [M]. Bloomington: 1994: 21.

续表

| 参与度（Degree of Participation）调整学生的参与度 | 替换目标（Alternate Goals）调整教学目标和要求 | 替代课程（Substitute Curriculum）调整教学内容和材料以适应个别需求 |

其教学目标、内容、方法和评价都可以根据学生不同的障碍类型、学习水平和能力等进行灵活的调整以适应他们的学习需要。这样，调整后的课程"不仅能使障碍儿童的学习融入普通课程内容，也同样可以融入普通课程标准和评价系统，甚至一些重度障碍儿童也能够参与全部或部分课程"。[①]

通用设计学习解决了多重障碍学生个性化学习的路径问题和参与普通课程学习的问题。运用通用设计学习的三个原则不仅有助于多重障碍学生课程的设计和开发，更重要的是可以支持包括多重障碍学生在内的所有学生有效地学习（CAST，2011），使他们成为专家型学习者（见表4-2）。

表 4-2　专家型学习者与通用设计学习

专家型学习者特征	通用设计原则	教学策略示例
明确的动机：要学习	多样表达	利用日常例程尽量减少学习环境中的不利因素
丰富的知识储备：见多识广，能概括所学的知识	多样呈现	利用适宜的媒介激活学习的知识背景
目标导向的策略：知道如何学习并运用所学知识	多样参与	采用辅助技术、辅助沟通手段和多媒体等，让学生展示自己的学习成果

首先，通用设计学习可为多重障碍学生提供克服或减少障碍的识别支持系统。针对学生的生理和认知特点，选择适当的内容，通过了解学生辨识事物和信息的方式呈现学习内容，消除或减少各种感知觉障碍对学生学习的影响，促进学生对知识的理解与迁移。这种学习信息呈现或表达的灵活性不是被动的，可由学生自主地调整。譬如，利用现代信息技术，学生可以根据自己的需要调整文字的大小、字体类型或声响、色彩的对比度等。

其次，通用设计学习可为多重障碍学生提供克服或减少障碍的策略支持系统。通用设计学习可以通过内嵌支架使教学内容与每个学生的学习优势相匹配。要成功地将信息转换成有用的知识，通常需要运用一定的认知策略来加工信息，诸如概括、分类、排序、情境化和记忆等。多重障碍学生在这些方面明显存在困难，

---

① Rose D. Universal design for learning[J]. *Journal of special education Technology*, 2000, 15(1): 67-70.

最好的方法是明确地传授这些策略并让他们在学习情境中练习如何合理应用。通用设计学习可以提供因人而异的嵌入型示范、辅导以及反馈，来帮助不善于应用这些策略的学生。例如，学习任务序列中对每一步骤辅以明确的提示，通过交互示范引导学习者探究和反思任务活动，由扶到放的渐进式辅导支持信息加工，随机进行教学，灵活选择内容；学习信息被划分成较小的模块有序地呈现，依次强调重点等。

最后，通用设计学习可为多重障碍学生提供克服或减少障碍的情感支持系统。通用设计学习强调教学要与学生的兴趣、偏好、学习水平和动机差异等相匹配。多元的、适宜灵活参与的学习任务或教学方法可以激发学生的学习动机和参与热情。这些都要求教师在设置教学情境、增强学生的学习兴趣方面充分考虑学生的差异性和复杂性，把教学活动尽可能与学生个人、社会生活相联系，适应学生的身心发展特点，有效激发学生的学习参与，提高学习参与的深度。

应用性教学模式

应用性教学（Functional Teaching）又称功能性教学，反映的是应用性课程理论的实施模式，它强调"在持续的、例常的情境下开展具有功能性的教学活动"。[1] 目前，应用性教学已形成了相应的教学原则、结构和具体的教学行为规范。应用性教学更多地吸收了过程本位学习的理念，可以看作是过程本位学习在多重障碍学生教学中的具体应用。如前面章节中所论及的，应用性课程不是用来替代一般课程或扩展的核心课程，它强调的是课程教学的一种取向，涉及教什么、何时教、何处教和如何教的问题。在教学中强调应用性的取向，可以确保教学策略和教学实践为学生提供应用性的技能，帮助和促进多重障碍学生与社会的互动。

将教学与现实生活相联系，学生会将学习内容掌握得更快、更扎实。因此，应用性教学强调在真实、自然的生活环境和有意义的活动中开展。对于多重障碍学生，其生活经历已经受到多重的障碍限制，在有意义的活动和环境中学习，意味着他们有机会更容易地积累知识和发展技能，同时也能更容易地将这些知识和技能迁移到其他环境和活动中。譬如，当一个学生能够去商店买自己想要的东西时，他对钱币的意义的理解就会更清晰。如果学生只是刻板地在教室里数、认硬币或钞票，学习过程与钱的实际意义没有任何联系，他就更不容易掌握钱的使用。

---

[1] Snell, Martha E, Brown, Fredda E. *Instruction of Students with Severe Disabilities: Pearson New International Edition*[M]. New Jersey, prentice-Hall. 1993: 109.

一、应用性教学的原则

应用性教学的价值取向,决定了其必须遵循一定的原则。综合梳理相关的文献,其原则可归结为活动为本、情境导向、适合年龄与部分参与四大原则。

(一)活动为本

对于多重障碍学生来说,积极参与学习活动是很重要的。正如本书前面所述,由于残疾叠加的影响,多重障碍学生缺乏通过观察或其他直接随机学习的机会,严重地影响其对周围世界的理解或体验。为了帮助这些学生认识周围的世界,最好的方法就是以活动为本位,让学生积极通过活动学习概念、获得技能。基于活动的教学可以在日常生活中进行,通过多种活动提供技能练习的机会,最大限度地促进技能的泛化。譬如,假设学生的课间餐是一杯酸奶。一般情况下,学生坐在桌旁,老师把酸奶发放给学生即可,至多再指导一下如何喝,但是,如果以喝酸奶为主题设置拓展活动,为不同年龄段的学生设计与其年龄相适应的学习内容,就可以增加许多让学生参与学习的机会(见表4-3)。

表4-3　与学生年龄相适应的"酸奶活动"拓展内容

学段	可扩展的活动
学龄前	帮助准备(水果和酸奶,杯子和餐巾纸),摆好桌子,餐后参与清理。
小学	参与做酸奶的家政活动,在课间餐时间与同学分享。
中学	购买制作酸奶的原料,制作酸奶,课间餐时发放酸奶。

另外,要提高多重障碍学生教学的有效性,学习活动必须对学生有意义。所谓有意义,主要是指开展的教学活动应具有功能性,即学生理解活动的目的和活动与生活的实际联系。以酸奶活动为例,当学生了解酸奶的存放地点(冰箱)、酸奶的制作方法(烹饪活动)和原料来源(商店)时,这项活动就变得更有意义了,扩展了学生对周围世界的理解。

对于基于活动的教学,还要重视对活动的结构化安排。多重障碍学生需要完整地体验活动过程,以便能够认识、理解更广的活动背景。因此,教学活动应有明晰的开始、中间过程和结尾的内容安排。譬如,如果学生在家政课上准备做酸奶,那么教学活动必须首先从存放原料的地方(冰箱、橱柜)开始(获得所需的原料),然后在工作台上制作酸奶(中间过程),在做好酸奶后,要参与清理和收拾工作(活动的结束)。如果没有拿取过原材料和清理过工作台,学生对酸奶可能限于一种"魔幻"的感知,或认为酸奶是"从天上掉下来的"。随着学生的认知发展，他们对有关开始、中间和结束等时间概念可能变得越来越清晰。

(二)情境导向

以情境为导向，强调教师在自然的生活环境中进行教学，是应用性教学的又一重要特征。对于多重障碍学生，在熟悉的学习、生活环境中他们会感到轻松，可以更容易地预测将要发生的活动，减少不必要的紧张。这种预期对学习是至关重要的，因为它展示了记忆的发展。此外，在真实的环境中传授、应用技能有助于技能的保持和泛化，提高活动的意义和效果。正常学生一般通过模拟游戏或随机性的观察模仿即可习得技能。然而，多重障碍学生往往没有能力也缺少机会参与这种类型的游戏，他们很难通过观察发展这些技能。因此，最好的方法就是在真实的情境中进行技能的教学。比如，对于一个视障兼有其他障碍的学生，学习使用钱币购物最有效的方法是去商店买东西，按任务顺序从钱包里取出钱，把钱交给收银员，接受找零，然后带着买来的东西离开。在不同的商店重复这一活动，学生就会逐步形成这样的概念：钱币可以有不同的使用方式，也可以用来购买不同类型的东西。这种教学通常被称为以社区为本的教学，即利用社区真实、自然的环境教授技能，为学生今后参与社区生活做准备，这也是应用性课程实施极其强调的部分，尤其对于那些中、高学段的学生。

情境导向教学还强调把要学的技能嵌入日常自然发生的活动情境中，以此促进学生的参与、学习和发展，即所谓的嵌入式教学。嵌入式教学的特点是利用学生的兴趣，最大限度地激发学生的学习动机，并提供各种不同的情境来促进技能的保持和泛化。当教师选择一个常规的例程进行嵌入式教学时，学生就能够更有预设感地准备学习这项技能，因为它是在自己所熟悉的情境中进行的，这样学生也更容易识记、理解技能的功能。教师可以很容易地在学生的例程中进行嵌入式教学。例如，在课间餐时间不仅仅可以教授进食技能（独立生活），还可以教授社交技能和沟通技能。

情境导向的教学不是随意地进行，其前提是教师事先必须对相关的环境进行评估，以更好地识别学生需要发展的技能、需要参与的活动和具体情境，以及学生的兴趣和动机，这样才能使嵌入的技能教学与情境匹配得更精准，使教学活动更成功。为了评估这些环境，教师可分两个步骤进行。首先应明确特定环境和活动中的教学内容，即在这个环境和活动中，学生需要什么技能才能成功？学生已有哪些技能？学生需要学习哪些技能？其次，教师要对环境做以下观察和思考：环境是什么？环境中有哪些资源分布？学生如何理解环境？学生又如何在环境中交流、互动？深入了解学生的学习需求和沟通能力，便于教师确定学生重点发展的目标技能。譬如，某个多重障碍学生很享受课间餐进食活动，但需要发展他的沟通和交往能力，那么，教师可以将特定的活动内容渗透到课间餐的活动中，帮助他提高社交技能。这时，教师可以有目的地让他和一个同伴结成一组。这样，他就必须与同伴互动：可以负责发放食物，也可以提出多吃一点的请求或进行其他求助等。

（三）适合年龄

适合年龄是指教学活动与学生的实际年龄相适宜。正如教师试图将教学嵌入自然的日常例程中一样，教学活动也必须与学生的实际生理年龄相适应，而不是其心智发展年龄。在日常的教学中，特别是在面对多重障碍学生时，可能有一种倾向，由于他们的心智发展年龄都处于很低的水平，教师往往下意识地将他们与正常的低龄儿童看齐，即对学生的期望等同于比他年龄小得多的学生。在这种情况下，那些生理年龄比较大的学生常常穿得像小孩子一样，拿着小孩子的玩具，参加幼儿化的学习活动。这似乎是很平常的事，但却不是正确的教学理念。对这些学生的期望，必须尽可能地与其实际生理年龄相匹配。

适合年龄的原则表现在具体的活动中，就是要考虑到教学活动的形式、材料及语言风格等要与学生的生理年龄相一致。当面对年龄较大的学生时，如果他们的技能发展处于非常低的水平，适合年龄的教学就会变得很有挑战性。譬如，一个已满15岁的多重障碍学生，其心智发展年龄可能还停留在正常儿童3岁的发展水平上，如果是游戏活动，与其年龄相适宜的游戏应是青少年游戏，而非幼儿游戏；如果是球类体育活动，与其年龄相一致的球类是篮球或排球，而非皮球；如果是教学语言运用，与其年龄相一致的风格是成年人语气，而非儿童化的语言。以心智发展年龄为依据，在活动形式、教学材料、教学语言方面进行低龄化的教学，无助于学生的社会性发展，也无助于其今后逐步地融入同龄人的社会生活。

要遵循适合年龄的教学原则，教师需要观察同龄的其他学生的行为，以确定哪些活动是合适的。前面提到的喝酸奶活动可以作为一个例子，说明如何设计适合学生年龄的活动。对于学龄前儿童来说，这项活动的中心是摆好桌子吃零食；对于小学生来说，这项活动扩展到制作酸奶的过程；对于中学生来说，通过去杂货店购买制作酸奶所需的物品，以及在日常生活或其他活动中的休息时间来消费酸奶，进一步拓展了这项活动的范围。适合年龄的教学还包括要考虑学生生活的其他方面，如他们的衣着、他们宿舍的装饰等，这些都要谨慎地对待，以保持与适龄文化的一致性。

（四）部分参与

部分参与原则是指包括多重障碍学生在内的所有学生都可以习得技能，即使是残疾程度严重的学生，也可以通过辅助，至少在某种程度上能够参与学习活动，保障学习权利，发挥自己的潜能并发展进步。部分参与原则反映了教育者对重度障碍学生教育权利的充分尊重以及对潜能开发的坚定信念。鲍姆加特（Baumgart）等人认为，"部分参与原则的核心就是一种权利的确认，在教育理念上，部分参与到与其年龄相适应的社会交往和活动，远远好于被排除在外；重度残疾学生，无论其独立程度或功能水平如何，应至少允许其部分地参与广泛的社会交往和活动之中；应通过直接和系统的指导，增加学生部分参与的活动种类和程度；部分参与社会交往和活动的目的应是使学生被他人视为社会中有价值、有贡献、有进取心和有成就的一员；从早期教育阶段开始学生就应持续地努力，以便将来尽可能与其他同龄伙伴一起参与（至少部分地参与）诸多的生活环境和活动"。[1]多重障碍学生确实可能难以学习某些技能，但我们不能因此拒绝他们参加相关活动或教学。部分参与的原则是基于这样一个前提，即通过适应，障碍学生可以至少部分地参与大多数或全部活动。多重障碍对学生来说可能意味着不能独立阅读、不能做饭、不能穿衣服、不能在没有帮助的情况下参加社区活动，但这并不意味着他们就不能参加活动的某一部分，也不意味着他们不能以其他方式参与学习。通过使用简单的、离散的关键反应（Pivotal Responses）行为，如指着、摸着、拿着或看着等，学生可以参加各种各样的活动[2]。譬如，家政课上，三年级的学生做蛋糕，教师让学生通过小组合作学习制作蛋糕。每个学生都有一项特定的任务要完成。如果一名多重障碍学生很难执行其他伙伴正在做的任务，他可以通过握住器皿、倒入某种配料、按下电动搅拌器上的开关或指着菜谱上的一张图片来参与。学生可以独立做任务，也可以视需要在教师或其他伙伴的协助下完成。这样，学生既以一种有意义的方式对小组活动做出了贡献，同时又参与了相关的学习活动。

　　部分参与的原则不能机械理解或是滥用。换言之，部分参与不是为了参与而"参与"，只有当参与的活动对于学生的学习有意义时，部分参与才有其价值。对于多重障碍学生，有意义的部分参与应满足四个条件。第一，学生应该以主动的方式参与，而不是被动的，即使学生的活动水平可能有限。第二，尽管是部分参与，教师也必须以多维的视角确保参与的活动类型能够反映学生的需求。换句话说，部分参与的活动应与学生的日常生活相关。第三，教师应该制订每天的例程时间表，有计划地让学生持续参与，避免零敲碎打式的参与。第四，教师或其他人应该尽可能地参与进来，以确保活动中学生与他人互动的发生。在某些情况下，

---

[1] Baumgart. Principle of Partial Participation and Individualized Adaptations in Educational Programs for Severely Handicapped Students[J]. *TASH Journal*. 1982(7): 17-26.

[2] David L, Westing, Lise Fox. *Teaching Students with Severe Disabilities(4th)*[M]. New jersey: Person Education Ltd. 2009: 163.

教师应适当减少支持力度，但如果影响学生参与的机会，则不适宜。

部分参与的具体方式有多种，包括调整任务或活动，提供个人援助，更改或调整活动规则，调整物理环境，等等（见表 4-4）。

表 4-4 参与方式的调整

参与方式	具体内容举例
适当调整任务或活动	可以使用开关操作设备或装置。 消费时可以用借记卡代替现金，或使用微信等软件支付费用。 可以使用触觉或图片菜单。
提供全程或部分帮助	同学可以帮助推轮椅去递交作业。 可以帮助打开文具盒，然后让学生自己拿取要用的文具。 学生自己穿上外套，但可以帮助其拉拉链。
改变或调整规则以满足需要	允许因为身体残疾而动作慢的学生延长完成任务的时间。 如果等待对学生来说很困难，让学生排在第一位或者提前离开。 如果持续操作任务有困难，允许学生在过程中经常休息。
调整学习的物理环境	减少环境中的杂乱和干扰。 增加额外的照明。 提供特殊的辅具来帮助学生完成任务。

二、应用性教学的方式

为了满足多重障碍学生的学习需要，只要所提供的内容适合他们的年龄和能力，无论是核心的学科课程，还是扩展的核心课程，采取应用性的教学方式都是适宜的。应用性课程实施的主要模式就是开展综合性的主题教学。采取主题设计的教学意味着课程内容包含的每个技能领域都与特定的主题相关联。因此，学生在语文、数学、科学和社会等科目领域的学习和发展，以及独立生活、精细和粗大运动技能领域的发展，都是通过参与与主题相关的、经过整合的活动实现的。这种整合促进了不同课程领域、不同科目的交叉融合，同时也可以发挥教师的积极主动性，创建满足多种需要的学习活动。在主题教学活动中，一般需要使用适合学生年龄的学习材料并将教学内容融入具体情境之中，同时也要解决学生不同的学习风格和能力的问题。

（一）主题与主题教学

主题教学（Theme-based Teaching）是根据学生学习的特殊需要，以主题为中轴，整合不同学习领域的知识与技能展开教学的一种策略，也是应用性教学的主要教学方式。所谓主题反映的是一种认知结构，旨在协助认识各种观念、原理和事物间的关系。对学生而言，运用主题教学可以促进他们有效地处理、存取已学的内容，预测事物可能的发展，以及将技能迁移到其他情境中。对教师而言，主题是建构课程和搜集教材的组织工具，将相关事物串联起来，形成一个有组织的、完整的教学方案。

主题教学的核心在于整合知识与技能。正如前面在有关课程统整的章节中所讨论的，对多重障碍学生施以主题教学能满足其特殊需要的要求。多重障碍学生要习得技能，不仅需要反复练习，还需要把学习和个人的实际生活直接联系起来。当学生参与自己感兴趣或与生活经历相关的活动时，其技能和知识会得到最佳的发展。这种整合方法促进了课程覆盖的广泛性，也有助于鼓励教师创建满足多种目的的学习活动。

（二）主题教学的特征

主题可以基于季节、节日或假期等确定，也可以基于其他性质和范围设置得更为广泛。不管什么样的主题，主题教学都有四个共同的基本特征：主题的中轴性、内容的整合性、目标的功能性和活动的情境性（见图 4-4）。主题的中轴性是指所有展开的教学内容都指向主题的核心意涵，绝不会偏离。主题教学意味着主题课程的每个技能领域都与特定的主题相关联。内容的整合性意指教学中通过主题实现各种不同学科或领域的知识、技能的整合。换言之，无论是语文、数学等学科内容，还是生活自理、感觉运动等发展领域，都可以通过与主题相关的活动进行整合教学。目标的功能性是指整合的内容要与学生的当下和未来生活相联系，目的是学以致用，体现应用性教学的原则。活动的情境性指的是教学活动必须基

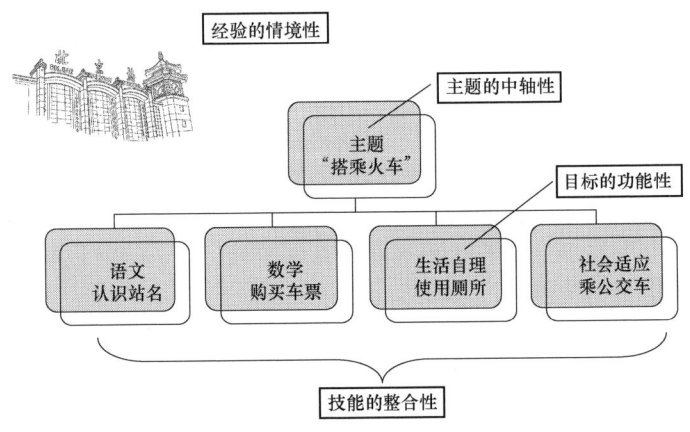

图 4-4 主题教学的基本特征

于学生的生活经验，尽可能融于自然真实的生活情境，促进学生知识、技能的迁移。总之，主题教学要求基于课程标准，把不同学科或发展领域的知识、技能等通过不同的形式自然地融入与主题相关的活动中。因此，灵活地创设结构化的、做好环境预设的、与年龄相适应的、有意义的教学活动，是主题教学的突出特点。

（三）主题教学的设计

1. 主题教学设计的要素

主题教学设计中主题目标、主题内容和主题形式是三个关键的要素。主题目标是指与学生特定学习需要相整合的目标总和。主题目标的确定首先必须评估学生的发展水平和学习特点，尤其是其功能性表现水平及其优先技能。优先技能是指在被评估的众多技能项目中对于学生或其家庭来说相对重要的有优先发展意义的技能。多重障碍学生的功能表现受限，因此需要学习的技能也多。同一时段或同一领域中会存有许多需要学习的技能，这样就必须评估出哪些是需要优先发展的技能，以便制订个别化教育计划和具体的教学计划。

主题内容是指根据学生的水平与需要以及教师本人的经验进行再开发的课程内容。主题内容特别重视各学科或领域知识、技能的整合。主题活动的内容必须建立在学生现有的经验、功能性水平及相应的文化背景之上。

主题形式是指主题教学采取的教学组织形式，可以是班级授课、小组合作或个别教学（辅导）等。

2. 主题教学设计的步骤

主题教学设计一般要分为三个阶段：第一阶段，要确定一个恰当的主题，明确主题统整的起始点；第二阶段，根据教学目标，选择生活事件等内容；第三阶段，明确需要整合嵌入的学科和领域等相关内容，开展具体的主题教学。在这个过程中，主题目标、主题内容及主题形式除了要能表达主题的意涵之外，更要能联结学生以往的经验，吸引学生的兴趣，激发其学习的动机，使学生积极参与到主题教学活动之中。

（四）单元式主题教学设计

单元式主题是指围绕主题内容，设计一项或一组连续又相对独立的教学活动，从而形成一个单元。单元式的主题既可以与学科科目整合，也可以与之平行教学、相互配合。一般情况下，它具有两个或两个以上时空分割的活动，并可以进行重复一周以上的反复教学，每个分割的亚单元又是整体单元活动的一部分。单元式主题教学又可以分为单一性主题单元、综合性主题单元和连续性主题单元三种类型。

1. 单一性主题单元设计

单一性主题单元围绕某一单项的主题进行活动，一般活动所涉及的时空相对固定完整，是常用的主题教学方式之一。例如，上文提及的"搭乘火车"，就可作为单一性主题单元的例子。"搭乘火车"主题教学单元，以乘火车为主题，以车站为具体教学环境，将学科教学与生活技能统整。在语文领域学习认识车站站名；在数学领域学习购买车票；在生活自理领域学习使用车站内厕所；在社会适应领域学习转乘公交车。围绕这个单元主题仅进行一次校外的教学活动，教学活动在时空上基本上是独立的，没有涉及其他的教学活动。

2. 综合性单元主题设计

综合性单元主题是指以某一特定的主题为中心，分别在各领域开展一系列的综合性教学活动，这些活动能够自然地与学生当下的学习与生活经验相联系。譬如，围绕节日或习俗就可以设计相应的综合性单元教学主题（见图4-5）。

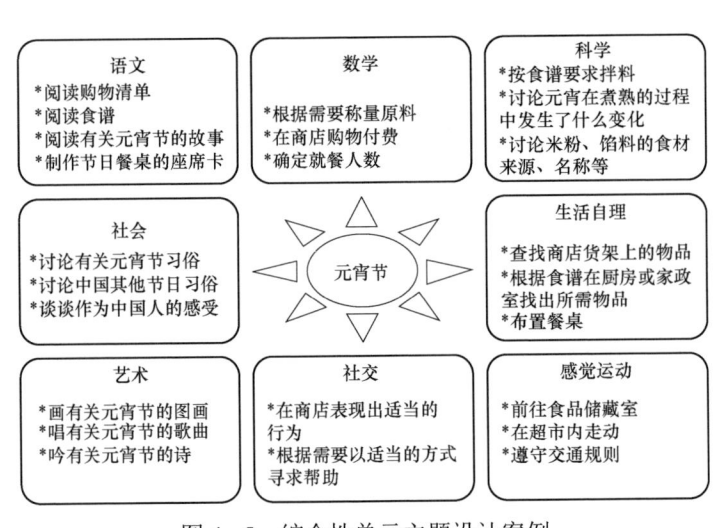

语文
*阅读购物清单
*阅读食谱
*阅读有关元宵节的故事
*制作节日餐桌的座席卡

数学
*根据需要称量原料
*在商店购物付费
*确定就餐人数

科学
*按食谱要求拌料
*讨论元宵在煮熟的过程中发生了什么变化
*讨论米粉、馅料的食材来源、名称等

社会
*讨论有关元宵节习俗
*讨论中国其他节日习俗
*谈谈作为中国人的感受

元宵节

生活自理
*查找商店货架上的物品
*根据食谱在厨房或家政室找出所需物品
*布置餐桌

艺术
*画有关元宵节的图画
*唱有关元宵节的歌曲
*吟有关元宵节的诗

社交
*在商店表现出适当的行为
*根据需要以适当的方式寻求帮助

感觉运动
*前往食品储藏室
*在超市内走动
*遵守交通规则

图4-5 综合性单元主题设计案例

上图是以"元宵节"为主题统整了八个不同的学科或领域的综合性单元主题设计案例。按顺时针方向，可以看出，以"元宵节"为主题，该设计整合了语文、数学、科学、生活自理、感觉运动、社交、艺术和社会等多个学科或领域的具体内容。每一项活动都可基于主题将学科知识与发展领域的技能习得，以及生活实际等相结合，也都可以将"活动为本、情境导向、适合年龄与部分参与"的应用性教学的理念、原则融入教学过程中（见表4-5）。

表 4-5　教学活动整合一览表

具体活动	跨学科或领域涉及的内容	体现的教学理念
元宵节聚餐准备：购物、搓元宵等	语文、数学、科学、生活适应以及精细和粗大的运动技能领域	活动为本 情境导向 适合年龄 部分参与
读有关元宵节的故事	语文、社会等	
说、写、唱有关元宵节的诗歌等	语文、艺术、精细和粗大动作等	

综合性的单元设计既可以围绕主题与具体课程对接，也可以用于学校综合性的实践活动，配合相关课程的教学，展开相应的班级或小组的综合实践活动等。如以夏季到来为例，可以围绕季节的时令需要，结合学习与生活实际，以"魅力夏日"为主题，设计相关的活动（见图 4-6）。

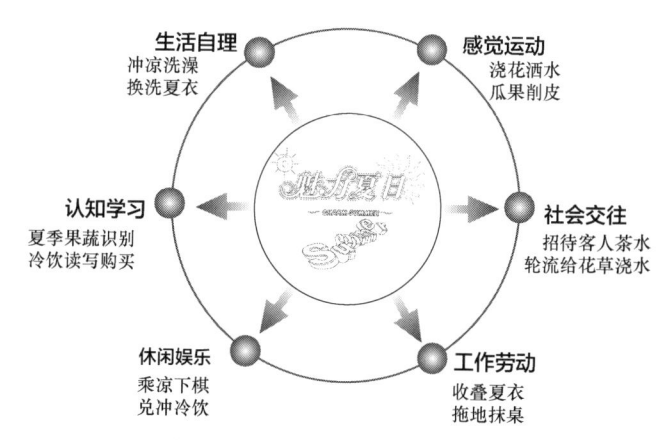

图 4-6　以"魅力夏日"为主题设计相关的活动

3. 连续性主题单元设计

连续性主题单元又可称为链式主题单元。它也是以某一特定的主题为中心，通过连续分解"项目"的形式进行主题教学活动。分解的项目既相互联系，又相对独立，构成一组具有一定时序链式的整体主题单元。以"栽养朱顶红"为例，下面的组图展示的就是时序链式的单元主题教学活动。

朱顶红生长快速，有时一天能长数厘米，其叶茎厚而健壮，不易破裂，适合手指技能较差的学生操作。朱顶红的根生长过程明显，易于解释植物是如何吸收水分和营养，以供生长的。另外，朱顶红对环境要求低、易于栽培、成活率高，非常适宜作为教学的主题资源。本例以种植朱顶红为大主题单元，从栽植球茎开始，形成栽植、浇水、测量、比较、绘图等共 6 个连续性的分步序列单元小主题，每个分（小）主题单元既相对独立，又是整个种养朱顶红大主题的一部分，前面的教学活动是后续活动的基础，随着时间的推移，朱顶红不断生长的过程构成了时序链式主题单元教学活动。每个分（小）主题活动中，都整合了不同学科或发

活动1：栽植朱顶红球

概念
植株结构
空间方位概念
　　顶部、底部
　　上、下
　　上面
　　下面
　　平面
　　周围
量的概念
　　多、少
运动词汇
　　铲、掘

技能
排序
空间定向
遵从指令
动作(运动)
掘、铲
放置
判断

活动2：给朱顶红球浇水

概念
生物需要水
空间方位概念
　　顶部、底部
　　进、出(里、外)
　　通过(穿过)
量的概念
　　足、不足
　　多
　　太多
动作词汇
　　为了(pour)

技能
空间定向
位置和摆放
动作(运动)
区分识别
判断

活动3：测量朱顶红的生长

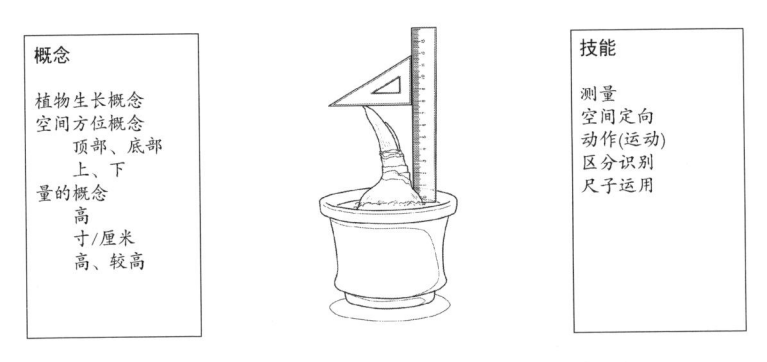

概念
植物生长概念
空间方位概念
　　顶部、底部
　　上、下
量的概念
　　高
　　寸/厘米
　　高、较高

技能
测量
空间定向
动作(运动)
区分识别
尺子运用

图4-7　时序链式的单元主题教学活动

活动4：朱顶红生长比较

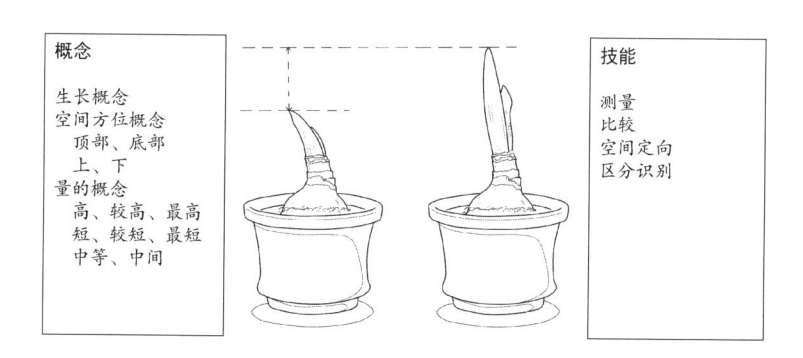

概念

生长概念
空间方位概念
　顶部、底部
　上、下
量的概念
　高、较高、最高
　短、较短、最短
　中等、中间

技能

测量
比较
空间定向
区分识别

活动5：绘制朱顶红的生长图

概念

植物生长概念
空间方位概念
　纵向、纵列
　顶、底
　超过
量的概念
　高度、顶点
　寸/厘米
　小、大、较大
时间概念

技能

测量
空间定向
动作(运动)计划
数据收集
绘图
区分识别

活动6：绘制一周朱顶红生长图

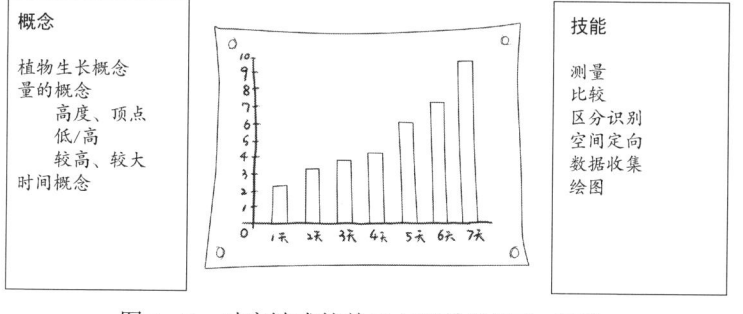

概念

植物生长概念
量的概念
　高度、顶点
　低/高
　较高、较大
时间概念

技能

测量
比较
区分识别
空间定向
数据收集
绘图

图 4-7　时序链式的单元主题教学活动（续）

展领域的概念（知识）和技能，本组图中每一分（小）主题活动涉及的概念和技能都是根据课程标准列出的，从而使教师能在整合性的主题教学中，完成基于课程标准的教学任务。

主题教学是一种整体性、综合性的教学方法。对于多重障碍学生，尤其那些极重度障碍的学生，不一定专门为语文、数学等学科圈定专属的教学时间。教师根据单元计划的活动，如何确定每个活动采用何种功能性方法处理跨学科、跨领域的学习内容。培养多重障碍学生的生活自理能力，提高其生活质量，使之成为社会生活的积极参与者和贡献者，这是一项艰巨的任务。对于许多身心障碍的学生来说，他们需要把所学的知识与自己的生活经验相结合，做到学以致用，而基于主题的课程教学将多学科、多领域整合在一起，促进他们知识技能的迁移。但是，在主题教学中也应注意一些问题，首先在主题的选择上要考虑全面，不能随意而为。其次，要在主题教学中为学生建立起预知的结构环境，这对多重障碍学生尤其重要。最后，切莫为整合而整合，机械刻板的主题教学设计并不能充分发挥主题教学的优势。

教学提示及其运用

作为一种教学策略，教学提示在多重障碍学生习得新技能的过程中发挥着重要作用。在新技能的学习过程中，教师可以提供哪些特定的学习刺激，又该如何运用这些学习刺激，这既关涉教学方法的选择，也影响着教学的效果。本节在简要介绍教学提示策略的相关理论基础上，重点讨论教学提示策略的类型及其在多重障碍学生教育中的运用问题。

一、教学提示的理论基础

教学提示是指任何能够引起学生做出一项正确行为反应的行为[1]，换言之，是教师呈现的能够增强学生做出正确反应的行为。教学提示策略的理论基础来自行为科学。从行为主义学习理论的视角看，"学习就是个体理解环境中出现的特定信号（信号变化）或刺激（辨别刺激）并做出相应反应的过程"[2]。

（一）提示与刺激反应

根据行为主义学习理论，提示本身就是一种信号刺激，"是一项重要的用于持

---

[1] David L, Westing, Lise Fox. *Teaching Students with Severe Disabilities(4th)*[M]. New jersey: Person Education Ltd. 2009: 167.

[2] Snell, Martha E, Brown, Fredda E. *Instruction of Students with Severe Disabilities: Pearson New International Edition*[M]. 2017: 107.

续反应和预防错误的先行（前置）策略"①。一般而言，个体习得行为需要一个学习过程，只有达到一定程度或水平后行为才会发生。教学中，在学生做出行为反应之前，往往需要给予各种不同类型的刺激帮助，以增加学生执行期待行为的可能性或最高程度地达成目标行为。使用提示可以提高教学的效率，因为当目标行为不出现时，教师无须一直等待，可以通过提示促使目标行为发生。如果说学习就是一种刺激反应过程，那么，教学提示的实质就是一种行为刺激。教学提示就是由刺激、提示到学生反应并做出反应结果的过程（见图4-8）。不同的研究方法表明，"重度障碍儿童通过减少提示的方法也能习得新技能"②。这种方法主要通过在行为习得的起始阶段提供提示，然后再逐渐撤除，使学生逐渐习得行为。

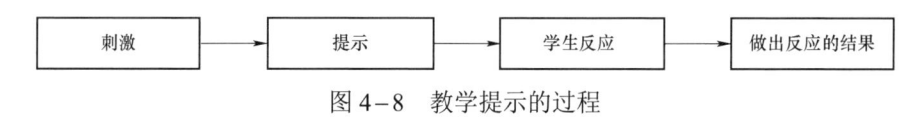

刺激 → 提示 → 学生反应 → 做出反应的结果

图4-8 教学提示的过程

教学提示涉及两种重要的刺激类型：目标刺激和控制刺激。在具体讨论教学提示策略运用之前，先简要介绍这两个重要概念。

1. 目标刺激

目标刺激是一种对预期目标的识别性刺激，即预期在训练活动完成后，最终能控制某个单项或一组行为的发生。它可能是口头指令或任务提醒，如"把你的玩具都收起来"，"把餐具摆好"。目标刺激也可能是一个自然情境条件下的行为发生的自然提示，如正在十字路口过马路时信号灯亮起来或者对着正向自己微笑挥手的人微笑挥手等。

应用于多重障碍学生的许多教学实践表明，口头指令可当作目标刺激。换言之，其主要意图是教会学生以特定的方式，对做什么等指令做出反应。目标刺激适用于许多行为目标。多数情况下，目标刺激最好具有自然情境性，因为这样的刺激会自然地成为情境中的一个识别性的刺激。学会对这样的刺激做出反应，学生就能够在自然的情境中最终获得相应的情境应对能力，这就是人们常常说的——无须告诉做什么，就知道应该做什么！

2. 控制刺激

与目标刺激相对，控制刺激是指根据学生现有的技能和能力水平，控制学生对目标刺激做出反应的刺激。换句话说，在训练的初始阶段，学生可能还没有学会对目标刺激做出反应，这时，将学生能够做出反应的控制刺激连同目标刺激一

---

① Snell, Martha E, Brown, Fredda E. *Instruction of Students with Severe Disabilities*[M]. Boston: Pearson, 2017.
② David L, Westing, Lise Fox. *Teaching Students with Severe Disabilities(4th)*[M]. New jersey: Person Education Ltd. 2009: 167.

起运用，或者在目标刺激之前运用，促进行为的发生。例如，一名重度障碍学生，对着镜子看到自己头发蓬乱（自然的目标刺激），但却不能意识到要洗头发。然而，当学生正看着镜子里蓬乱的头发时，教师指着学生的头发，告诉她需要洗头了，学生随即行动了。那么，口头指令这时就是作为控制刺激，不过，最终目的是让镜子中的影像（目标刺激）成为有效的刺激信息，使学生知道并实施洗头的行为。也就是说，在实际的教学训练中，控制刺激是为目标刺激服务的，控制刺激如同脚手架，待实现目标刺激后，就完成了使命。从技能的习得过程来看，训练过程中应逐步取消控制性的刺激，最终实现有效的目标刺激。

（二）提示的类型与渐褪

提示的最终目标是为了撤除提示，进而使学生真正掌握知识和技能。提示有各种类型，渐褪也有不同的方法。

1. 提示的类型

教学时刺激的方式不同，教学提示的类型也就不同，所发挥的作用也各有其特点。按支持的难易程度教学提示一般可分为身势提示、口语提示、视觉提示、示范提示、动作提示和综合性提示等。

（1）身势提示

身势提示是指通过身体姿势动作，如手部运动、伸指、点头或其他的非口头提示，向学生提供足够的学习线索，以便学生能够做出反应。运用身势提示时要注意两点，一是如果没有足够的刺激，学生就无法做出反应，此时需要更直接的提示；二是如果刺激过多，跟自然的线索相比，学生可能会过度依赖人为线索。

（2）口语提示

口语提示是指通过具体的口语陈述，提示学生做什么和怎样做。提示与建议以及直接的陈述是有区别的。口语提示重在引导学生如何做或分步骤如何做，包含着给予做的规则、暗示或提供一定的选择。因此，口语提示必须清晰，尽可能自然，也就是要让学生能够据此做出正确的反应。一些多重障碍学生的接受语言水平可能还没有得到足够的发展，导致他们无法对提示做出正确的反应，这种情况下教师应该将口语提示配合其他提示形式一起使用。有些多重障碍学生需要不断地口语指导，但持续的口语提示会增加学生的依赖性，导致教学过程花费更多的时间，教师可以用录音设备如录放机、ipod 等录制好口语提示。这种方法主要用于一些任务分析的任务学习。

（3）视觉提示

视觉提示一般是指运用图片或其他二维符号（字词、符号、手语等）的刺激提示。多重障碍学生受认知水平的限制往往无法理解字词和其他抽象符号，所以对其使用视觉提示时往往采用图片的形式。教师会将所有图片制成一个图片簿，图片按照学生任务分析的每一个步骤进行排列。教师首先要教会学生从第一张图片开始自我启动学习任务，接着逐步执行并完成任务，然后以翻页来表示任务完成，进而执行下一个任务。

视觉提示有其优点，即一般不需要别人的干预。一些情况下，它可用于各种无干扰情境下的学习，只要学生理解图片或符号的意义就可以进行。首先，学生必须一开始就学会二维提示的意义并记住它；其次，图片还必须适当地表达出它的提示意义，否则图片提示将难以提供足够的刺激；最后，学生必须能够理解提示，换句话说，图片呈现出的意义不能太复杂、太难理解，以至于学生不能做出相应的反应。

（4）示范提示

示范提示是教师向学生展示可供模仿的目标行为的提示。示范提示也是自然学习的一种形式，有些行为需要通过教师或同伴的示范或行为的演示来习得。如教师试图教会一名多重障碍学生如何穿上外套，可能需要通过亲自示范，让学生观察如何做出动作每一个步骤。示范是事先呈现的，教师要求学生必须注意观察每一个动作。视觉示范、口头示范在言语与语言技能的教学中非常有效。

单一的示范提示对有些还不具备模仿他人行动能力的多重障碍学生来说效果往往比较差。在这种情形下，示范提示必须结合其他形式的提示一起使用，直到学生做出相应的行为。

（5）动作提示

动作提示是指直接作用于学生的身体，通过直接控制其具体的动作（如手把手地教）引导其学习的提示方式。如果学生不能根据自然的刺激做出适当的身体动作（例如，学生渴了，桌子上有一杯水，学生却没有拿杯子喝水），或者在其他的提示（诸如描述等）下也不做出反应，这时就需要运用动作提示教其如何做。动作提示一般分为全部动作提示和部分动作提示两种。以前面提到的用杯子喝水为例，全部动作提示要求教师把自己的手放在学生的手上，然后引导学生的手去端起杯子，喝一小口水，然后再把杯子放回桌上。全部动作提示是非常具有侵入性和控制性的提示，因为教师提供的提示是一种"驯服"式的控制行为，而不是学生自己主动的行为。总之，只有当学生不能对间接的提示做出反应时才运用全部动作提示。

与全部动作提示相比，部分动作提示也要求教师的手或身体触及学生，但这种触及可能只是轻推一下或轻轻拍一下，抑或是触及身体的一部分诸如前臂、腕部等，通过动作进行部分的引导。比起手把手地引导，其操纵和侵入的意味要少得多。当学生完全无法做出正确行为反应时，需运用全部动作提示，直到学生开始形成一些主动性的行为，这时才可以逐渐改为部分动作提示。

使用全部动作提示或部分动作提示时应当尽量搭配些侵入性弱的提示形式，最好是口语和身势的提示。当动作提示逐渐减少或撤除时，需要继续给予非侵入性提示来引导学生，这时，前面搭配使用的诸如口语或身势提示就可以成为控制性的刺激，继续促进学生的技能学习。

（6）综合性提示

综合性提示又被称为混合性提示，是指把两种或两种以上的提示形式组合起来使用，如口语提示加上身势提示、口语提示加上示范提示、视觉提示加上口语提示等。综合性提示使用上往往更自然，也更有效。但是在使用综合性提示时，教师必须要明确记住都用了哪种提示类型，以便有计划地逐渐撤除。

2. 提示渐褪

依靠提示才能做出正确反应，并不意味着技能的习得，只有当所有的提示都撤除之后，学生还能执行某个行为，那才算是真正掌握了该行为技能。因此，在学习初期，给予提示是为了使学生做出期待的行为反应，然后需要慢慢地减少提示，将提示刺激转为自然或相关的刺激。渐褪是指逐渐减少学习过程中控制性的提示，避免其对学生完成任务的干扰，增加刺激的自然性，直到最终转变为自然的任务刺激。譬如，可以在要学习的刺激和控制刺激（辅助）之间插入等待的时间，来实现渐褪。这样做像延时策略一样，在给予学生提示之前，让学生学会对自然的任务刺激做出反应，其最终目标就是在学生不过多地增加错误或影响表现的情况下撤除提示。通常情况下，要做到顺利撤除提示，教师必须仔细观察学生的表现，调整教学方法。

撤除提示有多种方法，一般可遵循下面的步骤。首先，提供的提示数量可以经过几个阶段逐渐减少。如在初始阶段教师提供示范和口语提示，然后逐渐撤除示范，只提供口语提示，最后，撤除所有的提示。大部分的撤除方法都可通过逐步减少提示所提供的信息量进行。如开始时，教师指着材料口头提示需要完成的完整步骤，然后只是手指着材料并说"接下来呢？"最后，不给予任何提示。另外，在连续的教学过程中，教师还可以通过减少对学生身体的控制来达到渐褪的目的。如从手把手地提示到单手提示，再到一只手指的提示，最后不提供提示。

理论上讲，对学生的行为加以控制时，将控制刺激过渡到自然的任务刺激的过程应越快越好。但是，过快地撤除提示，也可能会增加学生犯错的概率，反而会阻碍这一过程的顺利过渡，所以撤除的过程一般不能太快，当然也不能太慢，影响效率。教师只有事先做好计划并系统地实施，才能成功地撤除提示。如果撤除所有的提示，学生仍然能够做出正确的反应，就表明学生已经掌握或者能够独立完成某项任务了。

二、教学提示的运用

如上所述，提示的最终目标是逐渐撤除由教师做出的人为提示，以便学生在需要时能对自然的情境条件做出回应，展现出应有的行为或技能。对于多重障碍学生，有时可以完全撤除人为的提示，有时只可以部分撤除，但不管怎样，减少提示是目标。多重障碍学生教学的实践证明，在具体运用教学提示策略时，什么时候给予提示，如何撤除提示，运用提示时有哪些相应的模式和特点等，这些都有一定规律可循。本节重点讨论教学提示的延宕反应与提示模式的具体应用问题。

（一）延宕反应及其运用

1. 延宕反应

延宕反应是指在没有提供帮助的情况下或提示之前给学生一定的时间做出反应。延宕是为了激发学生学习的主动性和积极性，因为如果不给学生提供自主发起行为的机会，学生有可能会过于依赖他人的提示，从而无法学会目标行为。

延宕反应的时长主要取决于不同的学生个体、学生所处的学习阶段，也部分取决于学生的反应方式或任务步骤。对于那些没有明显运动困难的学生，多数任务在学习的获得阶段，比较适合的延宕时长为 3 至 5 秒。有时，在没有提供任何帮助的情况下，可以给予学生无限的延迟反应时间，让学生自己最终做出反应。如果在延迟反应期内，学生没有做出任何反应，教师可以给学生一个提示，再等一个延迟时长，直到学生做出反应。如果还没有给过任何提示，学生在一个延迟反应时长后，做出错误的反应，教师应该立即提供一个轻微的提示，或者如果已经给过一个提示，但是效果不太好，那么就给出一个带有更多帮助性的提示，从而使得学生停止错误的反应（参见下面的例子）。

当小明站在衣帽架旁边，关老师会观察和等待 5 秒钟，看看小明会不会自己脱下身上的夹克。如果小明没有动手脱夹克或者脱到一半停下来了，关老师就会走近小明，用手指着站在小明旁边的另一名正脱外套的同学，以示范提示小明把夹克脱下来，挂到衣钩上。5 秒钟以后，如果小明仍没有脱夹克，关老师就会使用身势提示（指着他的同伴和衣钩，然后轻轻地指一下他的夹克），然后再等 5 秒钟，看看小明会不会脱下夹克。如果还是没有，教师会使用更多的动作提示。

如果某个学生需要更长的时间才能做出反应，教师可根据学生在执行相似任务活动中的延宕时长，来确定等待该学生的自然反应需延宕的时间。

2. 延宕反应的类型

延宕反应一般可分为恒时延宕、渐进延宕两种类型。

（1）恒时延宕

恒时延宕是指在任务指令与提示之间的延宕时长相对固定、保持不变。研究表明，教授多重障碍学生新技能最有效、最简易的方法之一就是恒时延宕。运用恒时延宕，教师首先要提醒学生注意，如问学生"准备好了吗？"然后，教师要提供任务指令，指明所要发生的行为。这些任务指令主要是目标刺激、口头或非口头的情境性刺激等，如"读这个字！"教师的意图是要学生读出呈现给他的图片上的字。在发出指令"读这个字！"之后，停顿几秒（一般是 4 到 5 秒），然后给予学生一个有效的控制刺激，对其需完成的行为有足够的影响。这个控制刺激可以是一个示范、身势、动作提示，也可以是其他任何适当的提示。这个控制刺激必须能控制学生的行为，以便目标刺激所要求的行为产生。在上述例子中，教师读字是一个控制刺激，接着学生模仿教师读的行为就是目标行为。

教学时，如果目标行为在预定的延宕时间内不能随着目标刺激出现，那么教师就应该提供提示或控制性刺激。在延宕期内，学生一旦理解指令，就会开始执行任务，如读单词、指认物品等。只要出现这些情况，就要抑制控制刺激并随即对学生的行为进行强化和巩固。这种步骤和方法可以让学生学会初始指令所要求的行为，经过多回合的教学之后，学生也知道了初始指令（目标刺激）与行为和强化之间的关系。这时，控制刺激也就不再需要了。

在最初的几次尝试中，也可以采取零时延宕进行初始教学，即延宕时间为零。零时延宕可以看作恒时延宕的一种特殊方法。例如，教师指着"门"字卡片说"读这个字"，紧接着学生就在提示下读出"门"，几乎没有任何延宕时间。这样做便于学生在一开始的学习中就得以做出正确的反应。在这些初始尝试之后，可把延宕时间（通常 4~5 秒）插入指令和控制刺激之间。一般来说，恒时延宕用于教授单一的离散行为，诸如阅读常用词、指认物品名称或指认组别中的某个物品。

恒时延宕也可用于要求学生以语言表达自己对某一特定物品的需要。一开始，教师拿些物品呈现给学生，可以是玩具，也可以是一些吃的食物。假定学生的目标反应是要玩具，在 5~10 次尝试后，教师呈现物品问学生："你要玩具吗？"随即教师提供口头提示"说，玩具！"（或"玩具"），然后等待学生反应。一旦行为发生，即对其进行强化。如果学生做出正确的反应，并且始终是零延宕，教师就应在第一个问题（任务指令）与提示之间插入 4 秒的延宕间隔。这样，在提示之前给予学生一定的时间做出适当的反应，同时给予玩具进行巩固强化。如果学生不知道做出反应，要使时间延宕有效，那么学生必须能够等待提示。在上面提及的例子中，要求学生具有模仿能力。一般而言，口头提示要求学生能够模仿示范的行为。但是，不是所有的情况都是如此，是否需要模仿能力，主要取决于期望做出的反应形式。教授学生跟随指令指认或触及想要的物品，就是另一种形式。如"你想要什么？指给我看"，在这个例子中，期望的反应是身体动作，教师可以运用全部动作提示或部分动作提示或示范提示来引导学生，而不是口头提示。总之，运用零时延宕，正确反应发生后，就应在指令与提示间插入固定的时间间隔，进行恒时延宕教学。另外，只要延宕期内期待的行为发生，就无须提供提示，学生的行为也随之得到巩固强化。只有当行为不能发生时或做出不正确的反应时，才需要运用提示。

（2）渐进延宕

渐进延宕是指在起始任务指令与提示之间逐渐增加延宕时长的教学方法。渐进延宕与恒时延宕非常相似，但它不像恒时延宕那样，在零时延宕后马上延宕4或5秒，而是要求教师在尝试零时延宕后，尝试增加几个1秒延宕，再跟随几个2秒延宕、几个3秒延宕、几个4秒延宕，分次逐渐增加延宕时长。由于渐进延宕的时长是逐渐增加的，学生更容易理解所要求的行为技能，因此它对重度障碍学生更有效。

除了在任务指令与提示之间有各种不同的时间间隔外，对渐进延宕的运用与对恒时延宕的运用基本相同，其中最重要的要素是控制刺激必须能足够有效地影响学生的行为操作，如果学生不能在给予的延宕时长内对起始任务指令做出反应的话，必须逐渐地延长延宕时间。对于渐进延宕每次增加的时长，没有严格的规定，通常增加1到2秒为宜，延宕时长的增加可以在每次教学之后，也可以是在某次尝试之后，或者在某个（特定的）正确反应的训练之后。

延宕的最终时长也是比较灵活的，是增加到4秒、6秒，还是8秒，没有严格的规定。教师必须根据学习任务和学生的个体差异来决定延宕时间的长短。关键是在延宕的最长时间里学生的行为能够在适宜的情景中自然地发生。例如，如果要求学生看着食品的价格，在计算器按键上输入数额，教师就必须思考学生从看到价格到按键输入需要多少时间。如果教师认为学生应在5秒内做出反应，那么最后等待的时长就应该是5秒。在以这个时长为要求进行练习时，教师可以让学生在每个阶段进行10次的尝试练习。那么，应从10次的零时延宕练习开始，到10次的1秒延宕，再到10次的2秒延宕，以此类推，直到将延宕时长增加到5秒为止。一旦到了相应的时长，如果目标行为还没有出现，那么教师就要以各种提示方式辅助学生做出反应。

运用恒时延宕与渐进延宕都是基于这样的一种假设，即行为的发生是以特定的目标刺激和任务指令为依据。运用延宕时，如果目标行为在延宕时长内没有发生，那么就需要提示。

（二）提示模式及其运用

提示模式是指在刺激反应理论指导下系统运用提示所形成的较为稳定的具体

活动程序或运行方式，它突出了教学提示运用的有序性和可操作性。前面我们已经讨论过，运用提示时可以单独使用某一种提示，也可以几种提示结合在一起使用。对于提示刺激的程度和提示渐褪的过程，教学提示的运行方式又呈现出一种由少到多或由多到少的层次结构。提示按照其干扰性由多到少的顺序排列，形成递减式运用模式，亦可称为由最多到最少提示模式，如动作提示——示范提示——口语提示；反之，由最少干扰性到最多干扰性的顺序排列，形成的递增式运用模式，也可称为由最少到最多提示模式，如口语提示——示范提示——动作提示。其他的提示运用模式，如时间延宕、渐进式指导和同时性提示在多重障碍学生的自理技能、游戏、职业教育和日常生活技能的教学中也有较好的效果。这些提示模式有着不同的使用规则，从提示刺激转为相关的任务刺激的方法也有所不同，每一种提示方法都需要教师反复地尝试实践，才能慢慢地灵活掌握。提示运用模式的主要优势在于如果正确使用提示，就会事半功倍，学生就能够犯较少的错误，也就能更为有效地学会或完成一些技能或任务。

1. 递增式提示模式

递增式提示模式，又被称为由最少干扰性到最多干扰性提示模式。与对恒时延宕、渐进延宕的运用类似，也是紧随着初始刺激之后，有一个短暂的等待时间，但提供给学生的刺激是逐级增强的侵入性提示，其作用是通过渐增的方法，把控制刺激的影响由最小增加到最大，目的是对每一次尝试练习，仅提供最低强度需要的提示。这种技能学习方法是多重障碍学生教学中最常见的方法之一。与时间延宕相比，它更多地运用于教授具有序列性的链式任务，而非离散的、单一的（单项的）行为。

当教师在任务分析或功能性常规例程教学中从一个步骤转向下一步骤时，就要呈现任务刺激，如果学生没有反应，就要给予一个又一个刺激，直到最后使用控制刺激。上述各步骤完成后，教师再转向下一个链接的步骤，并重复进行逐级渐进的层级刺激，如此连续进行，直到所有的教学步骤完成。譬如，学习沏茶就是一项相对复杂的链式技能教学。运用递增式提示模式，教师首先需要进行任务分析，写下整个沏茶的步骤。然后，根据这些步骤，采取逐级增强提示的方法，具体过程如下。

1. 无提示（将完成的上一个步骤内容作为下一步的线索）；
2. 口头指令（告诉学生做什么）；
3. 部分动作提示（根据随即发出的动作指令，轻轻牵引学生的手）；
4. 全部动作提示（完全地引导学生去做目标行为）。

教师给出任务指令"给我一杯茶好吗？"然后等待学生行动。教师的口头指令是教学开始的一个自然线索，从这个基点开始，教师进行观察、提示，并根据需要进行适当地强化。如果学生不能在等待的时长（如 4 秒）内从橱柜里拿出茶叶罐，教师就应该在任务分析的第一个步骤给予学生口头指令，如"去拿茶叶"。如果学生不能做出反应，教师就重复口头指令，同时提供部分动作提示，牵引学生的手朝向橱柜移动。如果学生仍然没有反应，教师就需要重复口头指令，完全地引导学生操作这一步骤。其他任务分析中的每一个步骤，教师都以同样的方式教学。是否递增提示的层级，取决于学生在完成步骤过程中有无一定程度的需要。一旦学生成功地完成一个步骤，教师就要提供强化，而不考虑是否需要提示。

在运用递增提示模式时，教师要认真考虑学生的情况，具体地列出可能需要的各个层级的提示。提示每增加一个层级就应该比前面的提示多一点侵入性，而作为最后一级的控制刺激应尽可能是直接的侵入，即往往是全部动作提示。但是，这并不是必需的，如果教师从经验中知道学生会始终一致地对另一种提示形式做出反应，那么这种全肢体侵入性提示就没有必要使用了。

可用于层级性的提示类型有以下几种：身势提示、口语提示、视觉提示、示范提示、部分动作提示、全部动作提示等。具体运用时，可以是不同提示类型的组合，也可以是相同的提示类型搭配（见下表），加上目标刺激，组合搭配中的提示通常一般依序不超过 3 或 4 个。

运用递增提示模式时，每一层级的提示都必须重复目标刺激，以便让学生理解刺激与提示之间的关联。在上面所举的沏茶案例中，前一步任务的完成应起到刺激下一步任务的作用。当然，如果需要的话，也可以跳过这样的刺激，教师只提供口语提示，然后在接下来的每一个提示水平上再增加部分和全部动作提示。这样做的目的是在首次发出任务指令后，学生能够操作所有的步骤。当然，对于某些学生来说，如果没有更多的侵入性提示，对于有些步骤可能还需要继续给予最少的口语提示。

进行链式行为教学时，对每一次整体任务的教学，应首选递增提示模式。任务分析中学习的每一个步骤还涉及前链或后链，前后链之间的学习衔接也很重要。当然，整体任务的教授也很重要，这是一种更为自然的教学方式。对于这些技能，提供的练习机会越多，习得也将越快。在上面沏茶的例子中，最好给予学生一周两次以上的学习机会。此外，在增加侵入性刺激的同时，重复口头提示也是必要的，其目的是为了让学生最终学会对口头提示做出反应，以便逐渐取代侵入性的提示。

2. 递减式提示模式

与递增式提示模式相反，递减式提示模式是由最多干扰性到最少干扰性的提示，也是另一种用于建立新行为的提示策略。递减式提示模式要求教师在开始教授新技能时，在起初一系列的练习中同时提供目标刺激与控制刺激。当学生对刺激做出反应后，控制性刺激运用的水平就要下降，即后续的提示要逐渐减少其控制性或侵入性，并搭配以目标刺激。由于控制刺激的影响在后续的练习中是逐渐减弱的，所以目标刺激的影响也就逐渐增强。这样，递减提示模式初始的提示水平往往就是全部动作提示（控制刺激），并配以口头指令（目标刺激）。这种教学策略的优点在于可以消除在早期练习中易于产生的错误，因此，递减提示模式非常适用于重度或极重度障碍的学生。

像递增提示模式中运用的提示的干扰性要从最多到最少一样，递减提示模式也要求教师建立起序列的提示层级。然而，与递增提示模式不同的是，它要求在每一提示水平上，建立起一个正确操作的表现标准。譬如，一项练习的数次尝试中有80%的正确率。当达到标准时，教师在接下来的教学时段里，就要提供下一个层级的提示，而这个提示的侵入性要少于前一个提示。然后，继续进行，直到仅给予目标刺激时，学生就能够完成任务。

递减提示模式有一个潜在的不利因素，就是学生有可能比层级提示要求的学得更快，在这种情况下，教师可能仍会用更具侵入性的刺激提示，这样既不必要，也无助于提高效率。为了解决这个问题，要定期试探是否可以降低侵入性水平，或者是否只在初始阶段给予提示或直接给予目标刺激，学生就能执行任务。如果学生在试探的条件下足够地展现了相应的行为或技能，满足了既定的教学或行为目标，那就不需要更多的提示引导其获得技能。

要更好地理解递减提示模式的方法步骤，我们可以以教授学生使用勺子进食为例。教师首先进行任务分析，然后决定提供哪些包含在层级中的提示，诸如全部动作提示（全套动作指导）、部分动作提示（根据指令轻轻牵引学生的手）、口头指令（告诉学生做什么）。需要注意的是，这些提示的层级顺序是由多到少。教师要制订出由侵入性强转至侵入性弱的标准。譬如，可能要求学生对任务分析的每一步操作，至少练习两天，每天共练习5次，正确次数不少于4次。

教师制订出相关的目标和计划之后，就开始准备训练。教师向学生提供用勺子进食所需要的工具，以适当的方式告诉学生他将开始进食了。然后，根据任务分析，在学生执行每一步骤的同时提供预定的口头指令（"拿起你的勺子"）和全部动作提示，这是预先定好的起始提示水平。教师运用递减提示模式，在任务分析的每一步都提供这样水平的提示，直到基准达成。如果8次的尝试练习后，任务分析的某个步骤技能的基准达成了，假设提示反应的准确率为80%，就可以在下一个步骤上，对学生施以降低一级侵入性水平的提示（即部分动作提示）。如此一步一步地进行，直到仅用口头指令，学生就能完成任务的每一步骤。

在上面提到的例子中，在转向较少一级提示水平之前，要求在不少于两天8次的训练中，正确表现率为80%。当然，根据需要，也可以定在70%~80%，这主要取决于目标行为。通常成功表现的基准定在80%到100%之间。值得强调的是，基准的确定是比较主观的，为了尽量避免偏差过大，教师需要认真评估学生现有的基础水平。

教学支持策略

教学是一项复杂的活动，多重障碍学生群体呈现出的智力因素与非智力因素特征都会影响到教学的方方面面，加剧了教学过程中的困难性与复杂性。如何采取有效的策略来支持促进多重障碍学生的学习，是教学中需要探讨的重要内容。本节主要针对多重障碍学生的学习特点，从学习参与、感知理解和自我展示三个方面，讨论教学中的支持策略问题。

一、激发学习活动的积极参与

学习参与反映的是学生投入学习的行为状态，积极的参与是成功学习的前提，只有在有意义的参与时，才能进行可持续的学习。换言之，没有学习过程的参与，就没有深度的学习，教学的效率就没有保障，也不会带来有意义的学习成果。多重障碍学生的教学要特别重视激发学生的学习动机，促进学生参与学习。当学习活动充分吸引了学生的注意力并维持时，学生即使感到无聊和沮丧，也会参与进来。针对个体差异，激发学生学习动机的方法、策略也有不同。在激发学生学习动机，促进学生参与时，一般要考虑三个方面：激发学习的兴趣和动机；维持学习的持续参与；鼓励学习的自控与自律。

（一）激发学习的兴趣与动机

像所有儿童一样，多重障碍学生的兴趣有其独特的偏好，这是激发学生学习参与动机的重要因素，也是进行有效教学设计的丰富资源。只要学生的兴趣或动机不太分散其注意力，就可以策略性地将其用于教学，作为课程和学习活动的内容。例如，有些多重障碍学生对皮球异常着迷，教师可以以皮球为主题组织各种活动，吸引学生学习各种概念、技能和知识。皮球在数学教学中可以用来学习计数、购物，以及认识各种形状；在艺术类的科目教学中可以用来学习设计和表现；在语文教学中可以围绕其特点进行写作训练等。

以兴趣激发学习的动机，首先要了解学生的兴趣和强烈的个人偏好。兴趣或动机是具体的，需要通过仔细的观察和了解才能掌握。多重障碍学生的兴趣很可能表现为一种非习惯性的行为，如凝视或拍手等动作，这些需要教师平时留心观察学生的行为表现，熟悉并能辨识学生的一些特定行为及其表达的偏好和兴趣。只要教师熟悉、理解学生的行为方式，就可以利用它们引导学生参与到学习活动中。

其次，要重视影响学习兴趣和动机的各种消极因素。教师既要认识到激发兴趣和动机的积极因素，也要考虑阻碍学生参与学习的消极因素。多重障碍学生教学中，特别要注意那些让学生感觉受到威胁或分心而无法学习的情况。研究表明，对于多重障碍学生，某些特定压力会严重地阻碍他们的学习参与，更无法有效地学习。这些压力主要可归结为五个方面[1]：对周围人的安全感、环境的安全感、位置（体位）的舒适感、刺激物的超载感、生理状态（口渴、饥饿、疲劳等）。

当学生处于这些消极因素的影响下，教师是不能期望他们参与教学活动的，也不要指望他们在感觉功能的临界点上专注地学习。换言之，当环境充满压力或导致他们焦虑时，多重障碍学生是无法参与学习的。因此，教师应重视那些导致学生抗拒或试图逃脱学习的信息或因素，教学中对学生个人的需求，如身体定位、坐姿的舒适度、光线的明暗等都要认真考虑，尽量消除不利因素的影响。

激发学习兴趣和动机的另一种方法是将学习机会嵌入学生的日常经验中，即所谓的"嵌入式教学"策略。教师可以运用生活中的实物、例程和事件等来解释概念，进行嵌入式教学，而不是机械地停留在抽象理论上。例如，如果教师想要嵌入币值的识别训练，可以让学生在商店里购买他们需要的物品。当学生参与他们日常生活中真实发生的任务时，自然环境可以帮助他们理解其正在学习的内容和学习的目的。

（二）维持学习的持续参与

当多重障碍学生对学习感兴趣时，教学设计的下一步是考虑如何维持这种兴趣并鼓励学生坚持下去。研究表明，最能让学生坚持学习的是教师的信念或教学的心态，而不是一般的支持措施。"当学习获得支持时，多重障碍学生可以有目的、积极地学习。"[2] 换句话说，当老师坚信学生可以学习时，学生就可能经常学习。因此，有学者提出多重障碍学生的教师需要具有"危险至微假设"的理念和能力[3]。所谓"危险至微假设"，意指学生的学习失败不是因为学生有任何缺陷，而是与不充分的教学有关。

提供灵活多样的自然支持是鼓励学生坚持学习的另一关键教学策略。灵活多

---

[1] Peter Imray. Curricula for Teaching Children and Young People with Severe or Profound and Multiple Learning Difficulties[M]. London: Routledge, 2014: 79.

[2] Janssen, Riksen Walraven, Van Dijk. Contact: Effects of an intervention program to foster harmonious interactions between deaf-blind children and their educators[J]. Journal of Visual Impairment & Blindness, 2003, 97(4): 215–229.

[3] Jorgensen. The least assumption: A challenge to create a new paradigm[J]. Disability Solutions, 2005, 6(3): 5–11.

样的自然教学支持有助于为学生提供成功学习的阶梯，克服学习中的困难。多重障碍学生的教学适宜在自然环境中进行，自然环境中具有丰富的学科知识、社会交往和沟通技能等学习资源，教师可以充分利用这种自然支持开展丰富多彩的教学活动。提供自然支持时，教师面临的挑战是如何找到学生的"最近发展区"，制订出既具有挑战性，又具有可及性的教学目标，同时采取"支架式"教学搭好学习的"梯子"，以确保学生学习目标的达成。

尽管向多重障碍学生提供自然的教学支持很重要，但要防止低估学生的能力而给予过多帮助的弊端，譬如助教的介入和一对一教学的强化问题。有关研究表明，不适宜的助教参与或不当地实施一对一教学，会阻碍学生学习的自觉性、主动性，减少多重障碍学生社交互动的机会，导致保护过度[1]。为避免滥用一对一的教学支持，教师应谨慎地思考：不提供助教时学生能做什么？学生在同伴帮助或自然支持下能做什么？学生在教师引导或教学支持下能做什么？当教师主动地意识到自身所提供的支持类型时，鼓励坚持学习的决策可以变得更加协调。

（三）鼓励学习的自控与自律

培养学习的自觉、自律意识，是鼓励多重障碍学生坚持学习的又一关键教学策略。对于多重障碍学生，学习的自觉、自律意识主要表现在了解和表达自身的长处、需求，进而进行有效地学习。研究发现，多重障碍学生很少有机会做出选择和表达个人自主权利[2]。所有的学生，不管他们是否有特殊的需要，在他们的一生中都或多或少需要一些连续性的支持，这些支持和他们的动机、兴趣一样都有着个体独特性。问题在于，能够自主学习的学生并不能完全控制他们的生活，因为没有人能够完全控制自己的生活。但是，能够自我调节的学生却知道何时以及如何寻求帮助，来促进自己的学习。因此，培养多重障碍学生学习的自觉、自律意识，除了要促进"自我决策"能力的发展，还要重视"互依互存"（Interdependent）能力的养成，让学生在学习中既不过度依赖，也要学会求助[3]。为了实现这种互依互存，他们需要在教师的指导下学会如何应对问题，如何作为学习者表达自己的意见。

为了促进学生互依互存能力的养成，教师应认真思考以下几个方面的问题：

---

[1] Hartmann. Understanding the everyday practice of individualized education program team members[J]. *Journal of Educational and Psychological Consultation*, 2016, 26(1): 1–24.

[2] Chambers, Wehmeyer, Saito. Self-determination: What do we know? Where do we go?[J]. *Exceptionality*, 2007, 15(1): 3–15.

[3] Belote, Belote. Part 2: Developing and maintaining community connections and friendships[J]. *California Deaf-Blind Services Newsletter*, 2011(42): 1–3.

如何引导学生促进其自我决策能力的发展？如何了解学生的特点、能力及水平并在此基础上开展教学？如何鼓励学生了解自己并逐步承担学习的责任？如何在学习中以及休闲、娱乐等社交活动中进行互依互存的教学渗透？

二、支持学习活动的感知和理解

学习牵涉大量的感知和理解的问题。如果教学主要通过传统性的文本、语音等方式来呈现信息或传递内容，多重障碍学生很可能无法学习。因此，学习信息的呈现，如教学的媒介、符号的选择和概念的处理就显得尤为重要。对于多重障碍学生，实现一致、有意义的信息呈现需要克服诸多障碍。教师不仅需要提供适合学生的感知信息路径，而且要提供帮助学生理解信息内容的支持方式，通过多样呈现的方式实现教学。学生如何理解这些不同形式的信息，在很大程度上取决于他们的感知特点。譬如，他们的障碍类型、障碍程度以及个体已有的经验及背景性知识等[1]。有些学生可能需要特定的视觉呈现，有些学生可能需要听觉呈现，有些学生则可能需要通过触摸理解概念，有些学生可能需要这三种呈现方式的组合（具体相关讨论，请参见第六章）。在教学内容的感知和获取方面，教师需要考虑以下问题：如何确保学生通过多种呈现方式理解所教内容？如何提高学生的表征理解能力？如何鼓励学生应用和泛化他们所学到的知识？

（一）确保教学信息被感知

像所有学生一样，多重障碍学生在理解概念和运用所学知识之前，首先需要获得相关的信息。例如，如果学生没有接触过日历教具、语言信息或代表星期几的符号，让学生理解"星期一"的概念是不现实的。障碍的叠加会严重限制学生感知课堂上使用的主要教学媒介，尤其是对于那些兼有视觉障碍的学生，一般性的文字和图片很难满足他们的学习需要。因此，对于多重障碍学生，教师在设计感知选项的教学时，需要考虑的关键问题是：如何优化教学，尽可能地发挥和利用学生存有的感知功能获得教学信息？下文分别从视觉、听觉和触觉这三个主要感知通道来讨论。

1. 运用视觉呈现

视觉是人类感知世界信息量最多的渠道。对于多重障碍学生的感知理解首先要考虑的是：如何最大限度地利用视觉媒介来呈现和表达。即使是对那些兼有视觉障碍的多重障碍学生，也应考虑在可能和有意义的情况下充分利用他们的功能

---

[1] Hall, Meyer, Rose. Universal design for learning in the classroom: Practical applications[M]. New York: The Guilford Press. 2012.

性视觉。要确保学生真实、有效地感知视觉所呈现的信息，教师需要了解学生的障碍及其障碍的功能影响。譬如，对于兼有视觉障碍的学生，教师可以引导他们利用课外的时间来预习课堂上即将呈现的视觉信息，帮助他们按照自己的方式获取并理解这些信息；还可以为他们安排适宜的座位或提供低视力设备等辅助技术增加课堂上获取视觉信息的机会。

2. 运用听觉呈现

听觉是人类感知世界信息量的第二渠道。听觉表征的运用也可作为视觉替代的重要方式。然而，听觉表征与视觉表征在本质上是不同的，因为听觉表征有其条件的限制性，也较难以不同的方式进行加工处理。首先，与视觉表征相比，听觉的信息呈现时间是短暂的，而视觉表征具有永久性。例如，教师给学生展示一只乌龟的照片，学生可以在整个课程中感知到它。此外，快速浏览图片可以让学生全面了解乌龟的整体概貌及特征。相反，如果教师对兼有视觉障碍的学生口头描述乌龟，这种描述难以持久。因为口头描述一般只有一次，如果不要求某人重复这些信息，就无法轻易地再次获得。此外，教师对乌龟的口头描述，只能分步进行，而不能像呈现图片那样同步展示全部信息。因此，尽管使用听觉和视觉呈现都是有效的，但教师在计划教学时需要考虑这两者的优缺点。

3. 运用触觉呈现

引导学生运用视觉和听觉来感知学习信息是许多教师比较偏爱的方式，因为这两种感觉通道虽然不同，但在教学时最容易使用。但对于多重障碍学生来说，触觉呈现是另一个值得重视的感知方式。触觉呈现不像视觉和听觉那样可从远处获得，但它们能以一种具体的方式提供感知的机会，并且可以重复感知。例如，在上面关于乌龟概念的教学中，对于兼有视觉障碍学生来说，如果教师呈现一只真实的龟壳，学生可以触摸它来了解乌龟的形状。使用真实的物体，一般比其他表征物的效果要好得多，即使它只能表现出概念的一部分，如通过龟壳来了解乌龟。至于一些仿制品，如塑料制作的乌龟或其他微型表征物，对其触觉感知必须要有相关的视觉经验，学生要能注意到真实物体和塑料物体之间的视觉相似性，这才能够理解其表征的意义。人工制作的微型表征物也是如此，如塑料玩具船或火车模型等。触摸这些实物的抽象表征，与视觉感知相比，在本质上是一种不同的体验。

触觉可以提供丰富的教学信息，当在交谈中使用触觉信息时，它可以是高度个性化和社会化的表征[1]。譬如，用手轻拍一下后背或使用触觉手语等，这些触觉

---

[1] Nicholas J. *From active touch to tactile communication: What's tactile cognition got to do with it?* [M]. Aalborg: Danish Resource Centre on Congenital Deaf blindness. 2010.

信息具有丰富的文化情境性。运动觉或前庭感觉等也是触觉呈现的重要组成部分。教学中，运动觉的使用经常被忽视，但在支持多重障碍学生学习方面却很有效。将动作、姿势、振动等与触觉呈现协同起来，可以为多重障碍学生提供所接触的人和事等的重要信息[①]。不过，当使用触觉教学模式时，一定要尊重学生，师生之间的互动宜采用非控制方式，尽量使信息呈现不要妨碍学生的体验。

在促进学生学习的感知和理解方面，视觉、听觉和触觉信息提供了不同的感知选择，也具有各自不同的优势和短板。教师在制订教学计划时，要把这些问题与学生的感知理解特点和需要结合起来通盘考虑。

（二）促进表征理解与运用

提供基本的感官通道获取学习信息是远远不够的。为了促进学生理解的深化，需要运用一些表征系统。如何指导、支持多重障碍学生理解相关的表征，是教师需要考虑的又一项学习支持策略。譬如，语言运用对听觉障碍学生来说存在困难，数学或科学等符号的使用对解码困难的学生或阅读困难和计算困难的学生来说同样具有挑战性。那么，在教学时仅仅提供常规的表征系统和符号标志等是远远不够的，教师需要认真思考适合学生个体的非常规的表征系统，把扩展表征理解及其运用也作为教学的一项重要任务。

学生如果还没有接触或理解常规的表征系统，如印刷文字或盲文，可以采取表征系统替代。例如，在对视障兼有其他障碍的学生的教学中可以使用触觉表征来呈现教学信息，诸如实物参照、凸起的线条图和图片等。教师需要将这些表征系统地嵌入自然的生活情境中进行教学[②]。可以向学生示范这些表征的运用，增强学生的理解能力。例如，如果教师要使用一些物件来表示课堂活动的内容，诸如用图片、压印的符标卡片等指代所要表征的意义，那么教师一定要让学生理解这些物件与所表征的抽象意义之间的联系。对于图片、物件等视觉或触觉信息的表达，只要学生能够以有意义的方式运用这些信息，其表达方式就是有效果的。

教师使用表征系统来进行教学时，通常要注意以下方面：确保学生有多种机会在自然的对话情境中使用表征系统；确保学生能够与教师和同伴互动，并在互动中运用和分享这些表征体验；确保学生有机会使用代表他们兴趣和偏好的表征；确保学生理解参与决策时运用的表征；确保学习环境有利于表征的运用，消除杂

---

① Bruce. The impact of congenital deafblindness on the struggle to symbolism[J]. *International Journal of Disability, Development and Education*, 2005, 52(3): 233−251.

② Hartmann E. Understanding the everyday practice of individualized education program team members[J]. *Journal of Educational and Psychological Consultation*, 2016, 26(1): 1−24.

乱和干扰。

（三）促进学习的应用与泛化

当学生能够以有意义的方式应用他们所学到的知识时，获取信息和学习符号等表征才有意义。学生需要理解并泛化所学习的内容，以便能够记忆和将来运用。教师需要为多重障碍学生提供加工处理信息的方法，并采取一些措施帮助学生深入理解所学的内容。要做到这一点，教学设计的重点就要放在支持学生加工处理信息的方式上。这需要教师给予学生更多的时间，并突出课程教学关键内容。教学的重点必须始终放在学生能够理解和运用并表达的概念上。教师可以通过在教学开始前激活学生的背景知识来帮助理解。对于新概念的教学应始终与学生以前的经验相关或建立在其基础上。多重障碍学生一般没有其他学龄儿童那种典型或常规的认知经验，他们多以自己独特的方式体验世界。例如，一个兼有视觉障碍的学生往往从空气的气味或其他感觉中来体验下雨，而不是雨滴撞击窗户的情景。因此，教学时需要以学生自身的背景经验和知识为基础促进其学习内容的泛化。

充分运用自然的或学生所偏爱的环境，是促进学生理解学习内容的另一个重要的方法。偏爱的或自然的环境是学生熟悉的地方，在那里学习他们会感到轻松，易于他们预测将要开展的活动，也有助于学生理解情境中的信息。因此，在自然情境中进行学习巩固能够更好地实现所学知识的迁移泛化。如前所述，多重障碍学生可以通过去商店实际购物，完成整个付款程序来学习购物、付钱技能。这种基于社区的教学——利用真实、自然的环境来教授技能，增强了学生的理解力，也促进了技能的不断泛化和巩固。

三、鼓励学习活动的自我展示

多重障碍学生要想理解所学内容，就必须有机会去表达自己的感受和理解。教师应重视指导学生通过可选择的不同的路径、方式积极展示自己所学到的内容。换言之，教师的教学应为学生提供灵活多样的行动和表达方式。与通用设计学习原则一样，学生如何展示自己所学到的内容，很大程度上取决于其个人特征、优势和需要发展的领域。当给予一定的支持，指导他们表达对所学内容的理解时，多重障碍学生在学习上就可以变得更加自主自立。因此，如何鼓励学生积极主动地表达自己，如何在教学中给学生表达和交流的机会，如何通过教学使学生自己承担更多的学习责任，这些是在鼓励学生自我展示方面需要探讨的主要问题。

（一）引导积极主动地学习

多重障碍学生在课堂活动中面临着诸多的挑战，他们可能无法像其他健全的学生那样自由地活动，加之障碍的叠加使其获取信息的方式更加复杂。譬如，视觉障碍会限制学生从远处获取信息，他们经常要适当地靠近相关的视觉信息。课堂上的这些走动一般被视为不适宜的，也不会得到鼓励，尤其是在传统的教学环境中，教师往往以安全为由强调学生的服从，而忽视学生的自主表达。但是，不能因为困难就一味限制学生的活动，教学中必须允许学生将所学内容付诸实践。当多重障碍学生有机会积极参与、操作实践和展示他们所学到的内容时，也就意味着他们习得了。

（二）创设良好的学习环境

在计划和实施教学时，教师需要鼓励学生积极地表达他们的学习所得，也要采取措施消除课堂物理环境带来的诸多限制。与相关的专业人员合作考虑教室或教学中的物理障碍因素至关重要。定向行走专家可以提供课堂内学生定向和移动的专业知识；作业治疗和物理治疗专业人员可以分别提供精细运动、粗大运动方面的专业知识，解决与座椅和运动相关的重要问题，并提供将自然技能发展和学习支持纳入教学中的建议；辅助技术专业人员可以提供利用技术减少课堂上物理障碍的策略与方法。总之，与专业人员的合作可以最大限度地提高学生的活动能力，确保课堂上的学习更加主动、有效。

教师也可以通过调整学生身体的适应性，最大限度地减少障碍对学生身体的影响，让学生把精力主要用在学习上，而不是用来应付学习中身体的不适上。在课堂上调整、改善身体活动的适应性包括以下内容：允许学生在较长时间内完成对体能要求较高的课程；如果对学生来说等待是困难的，允许学生坐在前排；如果学生需要额外的时间，允许学生提前离开座位；如果学生长时间坐着很困难，允许学生多次离席休息。

在可能的情况下，教师可以通过为学生提供部分或全部的帮助，将教学重点放在引导学生的身体动作上。譬如，当给植物浇水作为课堂任务时，可以用一个小水罐代替一个大水罐；学生自己穿上鞋子，但帮助其系鞋带等。

（三）遵循部分参与原则

最后，如前面所述，当学生在新环境中学习新技能时，可以贯彻"部分参与"的原则。部分参与的原则在多重障碍学生学习某些技能或概念时尤为重要。部分参与不是指拒绝学生参与相关的活动、环境或教学，而是通过实施一些关键的调整或支持，保证学生至少实现部分地参与学习。在教学过程中，部分参与的方式多种多样。譬如，做冰沙的时候，学生可以告诉老师下一步要把哪个东西放进搅拌机，老师会把这个东西放进罐子里；布置餐桌时，学生可以把盘子和杯子放在桌子上。

（四）鼓励承担学习的责任

对于多重障碍学生，如果他们在教学过程中能积极地开展交流和表达，更加自立，教师可以把执行功能的教学作为下一步努力的方向。执行功能反映的是以责任为基础的任务执行能力，它是一套涉及设定目标、计划、策略、组织和评价的技能。通过教学提高学生的执行功能，培养学习的责任意识，教师需要为学生提供课堂学习的计划和组织方法。

许多学生，无论是有障碍，还是无障碍，都需要予以积极的支持和明确的引导，以促进与策略思维相关的知识积累和技能发展。教师需要仔细思考自己的教学内容和方式，明确他们作为策略性和目标导向型的学习者所需要的知识和技能。

只有当学生在学习环境中感到自信和有能力时，旨在提高学生执行功能的教学才可能进行，为此要确保多重障碍学生能够预测学校、家庭和社区将会发生的事件并积极参与其中。使用日历、日程表和例程等有助于学生积极地参与。

第5章 沟通发展：学习的核心先备技能

沟通是学习的基础，也是参与课程学习的先备技能。没有沟通就没有师生之间、学生之间的对话与互动。成功的沟通也是认知、社会交往和动作技能整合及其表现的结果，尤其在儿童发展的早期，沟通技能的发展水平反映出其认知发展水平，沟通技能的发展是其社会性发展的一部分。多重障碍学生往往在以上某些方面或所有的领域都存在困难，因此"沟通是重度障碍学生教学中最重要也是最难教的技能之一"[1]，被公认是"多重、重度障碍学生群体课程的核心"[2]。鉴于沟通技能教学的研究在我国异常薄弱，本章主要通过梳理相关文献，针对多重障碍学生沟通技能的发展及其教学问题，就国际最新研究动向进行较为系统全面的梳理和介绍。

多重障碍学生与沟通

沟通是多重障碍学生需要学习的核心技能。多重障碍为沟通技能的发展带来了复杂严峻的挑战。多重障碍学生的沟通发展既遵循一般规律，也有其特殊性，意向性沟通的发展是具有里程碑意义的一个关键转折点。正确认识多重障碍对学生沟通技能发展的影响，是开展沟通障碍干预、促进技能发展的前提。

一、沟通的概念及其内涵

沟通可简单地定义为"两个或多个参与者之间的信息交换"[3]。沟通基于与他人的持续互动，在不断的支持和帮助下沟通形式得以扩展、对话内容得以丰富。在成为沟通者的过程中，儿童学习倾听和理解，以及表达自己。当然，在日常互

---

[1] Westling D L, Fox L. *Teaching students with severe disabilities(4th)*[M]. New jersey: Person Education Ltd, 2009: 459.

[2] Peter Imray. *Curricula for Teaching Children and Young People with Severe or Profound and Multiple Learning Difficulties*[M]. London: Routledge, 2014: 88.

[3] Penny Lacey, Rob Ashdown. *The Routledge Companion to Severe, Profound and Multiple Learning Difficulties*[M]. London: Routledge, 2015: 258.

动中，无论是通过姿势、声音，还是通过词语、句子等，倾听者和说话者的角色在互动过程中交互换位，这种话轮转换是沟通的基础。如果把沟通单纯地看作是信息交换，那么这种认识就太狭隘了。沟通本身也可以被看作是社会和认知发展的根源。就社会性发展来说，除了话轮转换，对他人的兴趣或者至少具有对他人的关注意识也是很重要的。倘若以社会关系的角度来审视，沟通就是"两个或多个人一起工作，并不断协调相互行动的过程"[1]，这个过程的本质就是社会性互动。从这个视角看，与他人沟通的能力也是社会情感发展的基石。就认知发展方面而言，发育正常的儿童的认知和沟通能力是平行发展的。美国语言与听力协会的一项研究表明，婴儿能在同段时间内发出不同的声音，因为他们能注意到不同的刺激并对此做出不同的反应，其听、说这些基本的沟通技能都与认知的发展紧密相连（见表5-1）[2]。此外，对沟通现象还可以从信息论的视角进行考察。沟通又可以看作是从特定信息编码（发送者）到解码（接收者）之间的过程[3]。

表5-1 婴儿在一周岁之前听、说技能发展表现一览表

听与理解	说
出生—3个月	出生—3个月
开始对大的声音做出反应	发出愉快的咕咕声音
与其说话时开始安静或发出微笑	因不同的需要，发出不同的声音
哭的可能原因是认出你的声音	看到大人时会笑
通过吮吸行为的增减对声音做出反应	
4—6个月	4—6个月
眼睛朝声音方向转动	咿呀学语，发出许多不同的声音，包括双唇音"b""p""m"
对嗓音、音调的变化做出反应	
注意发声的玩具	咯咯地笑和大声地笑
	发出激动的、厌烦的声音
	独处或和大人一起玩时，发出"汩汩"的声音

---

[1] Bunning K. *Making Sense of Communication in Palwyn and Carrnaby Profound Intellectual Multiple Disabilities: Nursing Complex Needs*[M]. Oxford: Wiley-Blackwell, 2009: 46.

[2] American Speech and Hearing Association. Birth to One Year. Online: www.asha.org/public/speech/development/01/2018-06-24

[3] Grove N, Bunning K. See what I mean: interpreting the meaning of communication by people with severe and profound intellectual disabilities[J]. *Journal of Applied Research in Intellectual Disability*, 1999(12): 190-203.

续表

听与理解	说
6个月—1岁	6个月—1岁
喜欢拍手、蒙脸的躲猫猫等游戏	咿呀学语，发出既有短的，也有长的一组声音，如"baba""bibibi"
能回头看着声音发出的方向	
与其说话时能注意听	使用语言或非哭叫声引起或保持注意
认识"杯子""鞋子""书"等代表物件的词	运用姿势进行交流
	模仿不同的声音
开始对要求做出回应，如"过来""还要"等	周岁前后，能说一到两个词，如爸爸、妈妈等，虽然吐字并不清晰

沟通有其固有的要素，除了沟通主体——沟通者之外，还有沟通的形式、功能、内容和情境。沟通的每一要素都会对多重障碍学生沟通技能的习得产生影响。沟通形式是指所采用的沟通的方式方法，也就是沟通表达和接受的范式。通常言语与语言是沟通最常见的形式，但沟通不等同于语言，语言是有规则的符号系统，是沟通的一种形式，也是沟通发展到抽象阶段的结果。除了语言外，面部表情、身体动作、手势等都可以作为沟通的手段传递不同的信息。因此，从沟通的表现形式来划分，可以分为表征性与非表征性两大类。多重障碍学生沟通形式的选择受限其障碍的类型及其技能的发展水平的影响。

沟通的功能是指为何要交流，即沟通的目的或原因。一般认为沟通最主要的功能表现为四个方面：拒绝不想要的东西、获得想要的东西、参与社会互动、寻求或提供信息。人类一些最早的沟通功能主要包括抗议或拒绝、寻求注意或互动、请求延续并表示偏好，所有这些都可以在不使用符号的情况下表达。像问候、评议、提问等沟通功能的发展则比较晚。这些沟通功能亦可通过手势、直视、身体姿势、面部表情等来表示。然而，在大多数情况下，后者的具体表达往往使用表征。许多多重障碍儿童的早期沟通停留在非表征性的表达上，因此对他们的沟通表达往往需要仔细地观察，才能做出明确的判断。

沟通内容是指沟通者交互传递的具体信息。就语言沟通而言，具体表现为所使用的词汇和短语等。沟通内容可以通过多种形式来表达。为了让多重障碍学生运用表征（如语言、图片、实物、手语等）的方式来表达自己的意图，他们必须首先接触字、词或其他信息。对于多重障碍学生，应优先考虑教授他们喜欢的活动、物件和人物或者是日常作息（如吃饭、回家、穿衣等）以及家庭常见的表达。在教授多重障碍儿童时，那些教给正常儿童的动物、植物等内容通常应该放在后面教授。

沟通情境是指涉及沟通活动的具体情境性因素。它包括五个方面[①]：沟通的物理环境（如光线和噪音水平）、沟通者的个体特征（个体的残疾特征）、沟通活动与例程（确定沟通敏感信息的范围）、沟通伙伴（伙伴的技能与创造沟通的机会）、沟通过程（发起、维持、结束对话），以上因素构成沟通情境的整个组织运行结构。

此外，沟通经验对于个体沟通技能的发展也很重要。它是指个体在沟通过程中所获取的知识、体验等。为何沟通、沟通什么与学生的经验直接相关。沟通经验通过学生与他人、环境互动的具体体验积累，从而促使学生进行更高水平的沟通，如抗议、提要求或继续互动等。同样，到了沟通的高级阶段，学生学习的标记符号、一般词语和短语都基于其经验。总之，学生沟通经验的"集合"提供了一个理解他人表达的框架，也形成了学生沟通表达的基础。对于多重障碍儿童，提供多种沟通机会以积累沟通经验对其技能的发展有着重要的意义。

二、沟通技能的发展

多重障碍学生沟通技能的发展也遵循着沟通发展的一般规律，但其发展的速度以及在不同的阶段有其特殊性。从简单的行为到复杂的语言，个体沟通的方式多种多样，但其发展阶段主要由前意图沟通、意图沟通和表征性沟通三个主要阶段（或非表征性沟通与表征性沟通两个阶段，见表5-2）构成。了解每一阶段的发展特征，对于多重障碍学生沟通水平的评估，采取针对性的教育措施支持其沟通发展至关重要。

表 5-2 沟通发展阶段一览表

非表征性沟通	前意图沟通
	意图沟通
表征性沟通	表征性沟通

1. 前意图沟通

前意图沟通是指出现有意识、有目的的沟通行为之前的阶段，也是个体沟通发展的初始阶段。罗兰（Rowland）认为，儿童最初的交流行为是一种本能的反应，并不存在明确的意图，故称其为前意图沟通[②]。在沟通发展的最早阶段，幼儿

[①] Susan. Holistic Communication Profiles for Children Who are Deaf-Blind[J]. *Research and Practice in Visual Impairment and Blindness*, 2010(3): 106-114.

[②] Rowland C, Stremel-Campbell K. Share and share alike: Conventional gestures to emergent language for learners with sensory impairments. In Goetz, Guess. *Innovative program design for individuals with dual sensory impairments*[M]. Baltimore: Paul H. Brookes Publishing Co, 1987: 49–75.

通过发声、肢体动作和面部表情进行交流。这些不同的行为主要呈现出孩子当下的状态，如舒适、饥饿、快乐等。也就是说，在这个阶段儿童的沟通行为意图不是指向他人或影响某一个人的行为。例如，一个婴儿可能因为饥饿、不舒服或无聊而大吵大闹，这些行为会引起父母或其他人的关注。但是，婴儿自己并没有意识到这会导致父母向他走来，至少起初的一段时间是如此。当然，前意图行为反应经验的积累，会促进意图行为的产生。从本质上说，他的哭闹是出于对饥饿、不舒服或无聊的本能反应，而不是故意这样做以引起父母等人的注意。在这种情况下，往往是父母或其他看护人赋予了其特定行为以意义或意图，"噢，宝宝在闹，他可能饿了，一定是想吃点什么。我去看看"。

比起健全的学生，多重障碍学生的沟通在这个阶段往往发展得比较缓慢。残疾的叠加会妨碍学生意识到自身行为对他人的影响。教师的工作是基于学生的行为，支持学生进行有意的沟通交流。

2. 意图沟通

意图沟通是指表现出有意识、有目的的沟通行为。这是沟通交流发展的一个重要里程碑。依据对特定行为的一致性解释和回应，家长可以帮助孩子知道其所做的事情可以引起别人的反应。当儿童能够以其行为建立这种联系时，说明其沟通发展正处于意图沟通交流的阶段。在这个阶段，孩子的行为中已经包含了与他人交流的意图。判断一个学生的行为是有意沟通，还是无意沟通，一个简单的方法就是老师可以设问：假如我不在这里，并没有影响到他，他会这样做吗？如果答案是"不会"，那么他的行为有可能是有意图的。沟通具有意向性是沟通发展中的一个关键转折点，是"一个巨大的飞跃"[1]。在这个阶段，儿童在回应他人的过程中，与他人持续地互动、交流，儿童的角色在这种关系中发生重大转变：从被动到积极主动[2]。

由于儿童的意图沟通行为往往独具特质，或者说是非常具有"孩子气"，有时他们的意思可能只有家长或与其频繁接触的人才能理解。例如，为了让家人知道她想要停止一个活动，孩子拱起她的背；当她想要吃更多一点东西的时候，她可能会快速地在桌面上来回移动她的手。随着时间的推移，这些被称为非习俗性沟通的行为可以被塑造或简单地演进为易于普遍理解的习俗性沟通行为，譬如用手指点、触摸或注视某物、点头、摇头以及用手势问候等。习俗性沟通行为的广泛使用有助于儿童沟通对象范围的扩展。如前所说，从前意图沟通阶段过渡到意图

---

[1] Rowland C, Schweigert P. *First things first: Early communication for the pre-symbolic child with severe disabilities*[M]. Portland:Oregon Health and Science University. 2004: 153.

[2] Sharon Z. *Keys to Educational Success: Teaching Students with Visual Impairments and Multiple Disabilities*[M]. New York: AFB Press, 2016: 122.

沟通阶段，是沟通发展中的关键转折。教师要采取积极的措施，尽最大努力促进学生实现这一阶段跨越。

可采取以下两个主要措施来促进前意图沟通发展到意图沟通：一是持续、仔细地观察学生。有些意图行为的萌发表现可能瞬间即逝或很微妙，很容易错过，这会导致教师失去支持学生沟通交流发展的机会。因此，教师、家长最好制作一张沟通发展的图表来记录学生的当前行为，列出每个行为及其意义（见表5–3）。教师需要与学生的家长或其他监护人精准地识别、记录学生的行为，并对学生的行为做出持续一致的反应。

表5–3 沟通行为记录表：身体运动、发声和面部表情

学生姓名：王小明

	日期	行为表现	类型	信息解释
1	2015.03.15	上唇颤抖	面部表情	触碰我
2	2015.04.15	头部倾斜向上	身体运动	看我前面的东西
3	2015.05.15	双脚轮换前后来回摆动	身体运动	我感到紧张焦虑
……	……	……	……	……

二是为学生提供即时反馈。例如，如果学生想要喝更多的饮料时，会将手放在桌子上敲，教师就可以帮助学生在敲桌子行为与获得更多的饮料之间建立联系。教师可把手放到学生的手上，带着学生的手掌敲桌子，然后再往学生的杯子里添加饮料，让学生看。之后可以再授以更常用的要求加饮料的方法，如用手指点装饮料器具等。

3. 表征性沟通

除了行为、发声、肢体动作和面部表情等有意的、非表征性的交流之外，沟通发展的另一个重要里程碑就是开始使用表征进行沟通交流。表征性沟通可以包括口语和手语词汇、实物和图片陈述以及书写（包括盲文）的字、词等。表征的使用没有限制，从简单、单一的表征到复杂结构的语言都可以作为沟通的工具。同样，沟通交流的内容也可以从具体的"这里"和"现在"等主题扩展到抽象的"过去"和"未来"的概念、信息与经验。

三、多重障碍对沟通的影响

多重障碍对个体的沟通交流影响非常大。仅单一的障碍就会给有效的沟通带来严峻的挑战。智力障碍对概念的获取、理解和发展带来挑战，这些最终会影响

对词句的理解；视觉障碍剥夺了 70%以上的视觉信息经验，尤其是那些伴随着各种脑部视觉神经损伤的早产儿，尽管他们的视觉器官功能正常，但他们在视觉信息的利用上却很困难；听觉障碍剥夺了 25%以上的听觉信息经验，这不利于言语和语言的发展；包括脑瘫在内的运动障碍限制了个体与周围环境及他人的互动；注意力缺陷障碍则会导致对周围的情况及刺激没有足够的警觉反应。

因此，当两个或多个障碍叠加时，个体在沟通交流方面所面临的挑战更为复杂。叠加的听力损失妨碍学生进行谈话、接收口头信息或识别说话人的语调；叠加的肢体障碍进一步限制学生使用一些方式来表达自己的意思，例如手势、签名或使用辅助沟通器具等；伴随的智力障碍可能会影响整体理解，以及信息处理和加工的速度。而那些神经发育障碍，如孤独症谱系障碍等可能会明显地导致个体对一般性的互动不感兴趣。虽然非言辞形式的沟通，诸如面部表情、身体姿势、手势等都是传递和接收信息的重要组成部分，但是，这种非言辞形式的沟通也会出现"表里不一"的情况。譬如，一个人不想做某事，又不愿直接回答，当他说"好，我去做"时却转着狡黠的眼睛，实际其内心并不愿意做。如果这些"表里不一"的非语言因素被遗漏，对对方口头陈述的理解就会不正确。有些情形下，如果没有非语言的暗示等，简单的交往互动也会受阻。

以上讨论到的这些沟通挑战对多重障碍学生及其教育团队来说都是很难应对的，但这也不是不可以克服的。它需要教师保持坚定的教育信念，拥有扎实的专业能力和持之以恒的精神去支持学生的沟通发展。最重要的是，教师需要把多重障碍学生平等地看作一名沟通者，并按照这种信念开展具体的教育教学。

正如前面我们述及的，无论从何种视角来看待沟通现象，沟通都离不开信息传递者与接受者之间的共同努力。因此，从教育的视角来讨论沟通问题，需要特别强调沟通中共同努力的重要理念，参与沟通的双方共同担负着信息达成理解的责任。这种"共担"也"是早期沟通发展理论中的一个关键问题"[1]，因为它表明，从早期发展阶段开始，沟通就伴随着认知与社会互动，而不仅仅是靠单个人的努力。因此，沟通的成功，需要双方的相互适应、双方相向而行的努力。教师、言语语言治疗师以及其他从业者的主要责任之一就是为沟通交流提供积极的支持。正是基于这种观点，沟通困难或者沟通障碍常常被定义为多重障碍学生的学习特征之一[2]。可以说，沟通是个人与世界之间的桥梁，是身份形成、社会参与和人际关系的基石。在这方面，多重障碍学生与健全人没有什么不同，其"真正的差异在于可用技能的范围和精熟水平以及与重要他人（每天与他们接触的

---

[1] Bremner G. *Theories of Infant Development*[M]. Oxford: Wiley, 2008: 126.
[2] Bellamy G, Croot L. A study to define:profound and multiple learning disabilities[J]. *Journal of Intellectual Disabilities*, 2010(3): 22－235.

人）之间的关系"①。

作为特殊教育教师，应充分认识沟通技能的重要性及其对于障碍学生的发展意义。首先，每个多重障碍学生都具有沟通交流的潜能，即使不是每个学生都会成为口语或手语交际者。沟通牵涉通过各种方式传递表达和接受理解信息，这些方式包括面部表情、身体动作、声音或言语、触觉信号、实物、图片、视觉或触觉符号以及语言（书面、口头或手语）等。

其次，无论沟通交流的方式如何，每个多重障碍学生都应该在支持下拥有接受、表达的双向技能的沟通机制。因为学生只有具备了沟通能力，才能够获得并运用知识，进而通过系统的教育不断促进自身的发展。

最后，对于自身障碍影响沟通交流能力的学生，对其早期的干预方案强调建立功能性的交流机制。所有相关的教师都应参与干预方案的执行和实施。可行有效的沟通干预一定要尽早地实施。

沟通技能的评估

特殊教育学校学生"无语言"的现象越来越多，尤其是那些处在"前语言"沟通阶段的学生，许多教师不知如何采取相应有效的教育措施。无语言不等于无法沟通或不能沟通。如果只是简单地采取一些非符号性沟通的办法，并不一定能精准地匹配学生的沟通水平。因此，对学生沟通技能发展的整体情况及其具体水平进行评估就显得尤为重要。促进学生沟通技能发展、制订相应教学方案的前提是要了解学生的沟通能力，包括沟通表达的方式、沟通功能所需要的条件以及沟通时所表现出的意向性水平等。此外，还需要评估与学生沟通技能相关的其他条件性因素，诸如感觉、运动、认知等功能。本节主要针对多重障碍学生的沟通技能评估，聚焦"前语言"沟通阶段，重点介绍讨论评估工具——"沟通矩阵"的功能与应用。

一、沟通技能评估的基础

在沟通与语言评估方面，传统的评估方法往往是基于正常儿童的语言发展规律，侧重于表达性和接受性沟通的技能，在形式上表现为标准化的语言或沟通评估工具。然而，这些评估工具很少适用于多重或重度障碍学生的沟通技能评估，因为该群体往往处在"前语言"沟通阶段或者因为身体方面的原因没有言语的能

---

① Bunning K. *Making Sense of Communication* In Palwyn and Carrnaby. *Profound Intellectual Multiple Disabilities: Nursing Complex Needs*[M]. Oxford:Wiley-Blackwell, 2009: 46.

力，大多数评估工具很难测出学生的真实沟通水平，无法为多重障碍学生有效沟通干预策略的选择、教学目标的制订以及沟通模式的决策等提供足够的信息[1]。因此，多重障碍学生的沟通技能评估往往需要采取一系列非正式与非标准化的评估方法。

（一）观察与访谈

观察与访谈是沟通评估的最基本方法，也是整个沟通技能评估的基础。观察主要是指通过观察学生沟通行为的表现，来分析判断其沟通行为是否具有意图性，以及具体的沟通行为表现具有哪些功能、采取何种方式进行。这需要评估者亲临现场观察，在自然的情境中用一定的时间获取学生的行为信息。需要注意的是，对于处于早期沟通发展阶段的学生，如果没有足够的时间熟悉他们，评估者很难收集到足够的有价值的信息。在这种情况下，就需要对学生的家长或最熟悉其生活的人等进行访谈。访谈是一种有效的方法，可以获得学生在不同情境中的沟通行为的信息，对了解学生的沟通能力非常有帮助。访谈之前，拟定好访谈提纲是实现有效访谈的基础。访谈提纲应该包括以下的核心内容：学生如何沟通（形式）？学生什么时候最喜欢沟通（动机）？学生沟通表达的是什么（内容）？他人又是如何对学生的沟通做出反应的？对于那些处于前语言沟通阶段的学生，表5-4列出了具体的谈话提纲，供读者参考。它可帮助教师或其他评估者有针对性地、具体地了解所需要的信息。访谈后，将观察和访谈得到的信息综合起来，再选择和运用相关的评估工具，就可以对学生沟通的综合能力进行分析，为制订干预计划、选择教学策略奠定扎实的基础。

表5-4 沟通技能评估访谈提纲[2]

1. 孩子怎样和你交流？他使用字、词吗？什么字、词？他采用姿势和手势吗？什么姿势或手势？你如何知道孩子在表达什么？
2. 当孩子想要东西时，他如何让你知道？
3. 如果孩子不想要某些东西或者不喜欢某些东西，你如何知道？
4. 如果孩子病了或不舒服，他如何让你知道？
5. 如果孩子需要帮助，你如何知道？
6. 如果孩子要你注意某些事情（如感兴趣的、漂亮的或不同寻常的），他如何让你知道？
7. 孩子是如何做选择的？
8. 什么时候孩子和你或他人互动最多？

---

[1] Westling, Fox L. *Teaching students with severe disabilities*（4th）[M]. New jersey：Person Education Ltd，2009：181-285.

[2] Westling, Fox L. *Teaching students with severe disabilities(4th)*[M]. New jersey: Person Education Ltd, 2009: 181-285.

续表

9. 孩子对谁的反应比较好？那些人知道如何理解孩子想要的吗？你是如何知道孩子对那些人反应好的？
10. 哪些人能帮助孩子理解你所说的话？
11. 孩子能与其他人发起（或开始）互动吗？如果能，孩子会做什么？
12. 当孩子想结束沟通或结束一次谈话时，孩子会做什么？
13. 孩子最感兴趣的话题是什么？孩子喜欢你谈些什么或想和你谈些什么？和其他孩子呢？和其他大人呢？

（二）评估工具的选择

关于多重障碍学生沟通技能方面的评估，我国目前的研究相对薄弱。大部分相关的评估量表往往是综合性的、标准化的商用工具，主要聚焦于障碍性质的诊断，而非用于具体的教育计划决策和进步监测。在综合性的评估工具中，有关沟通或交往技能仅是整体评估的一部分，量少而不具体，如发育评估中的《韦氏幼儿智力量表》、适应行为评估中的《文莱量表》以及《婴儿—初中生社会生活能力量表》等，而且评测项目的内容主要强调的是言语、语言能力，而非语用功能。在专项的沟通技能领域中，本土化的评估工具开发几乎是空白。

与国内比较，欧美国家在这个领域有着众多的成果。譬如，美国的"沟通方案清单（Communication Programming Inventory）[1]""沟通矩阵（Communication Matrix）[2]""沟通访谈（Communication Interview）[3]"等。英国也有许多关于重度或多重障碍学生沟通技能的评估工具，如"学习之路（Routes for Learning）[4]""学生进步描绘与评估（Mapping and Assessing Personal Progress，MAPP）"[5]等。英国有关多重障碍学生的沟通评估虽然多半作为一个分领域，被包含在整体评估工具之中，但其针对性很强。如 MAPP 由沟通（Communication）、思维技能（Thinking skills）与个人和社会发展（Personal and social development）三大分领域构成。MAPP 虽然是综合性的评估工具，但也是专为教育计划决策与学习进步

---

[1] Sternberg, Nerncy. *Educating students with severe or profound handicaps(2nd)*[M]. Austin: ProED, 1988: 311-341.

[2] Rowland. *Communication matrix*[M]. Portland: Oregon Health and Science University, 2004.

[3] Schuler. Assessment of communicative means and functions through interview: Assessing communicative capabilities of individuals with limited language[J]. *Seminars in speech and language*, 1989(10): 51-62.

[4] WAG. *Routes for learning: Assessment materials for learners with profound learning difficulties and additional disabilities*[M]. Cardiff: Welsh Assembly Government, 2006.

[5] Sissons M. *MAPP: Mapping and Assessing Personal Progress*[M]. North Allerton: The Dales School, 2010.

监测而开发设计的。在以上的工具中,美国的"沟通矩阵"影响最大,也是广受国际特殊教育工作者欢迎的专项沟通评估工具,目前在我国还鲜有介绍。

不管选择什么评估工具,评估者都应注意:有些多重障碍学生由于受身体障碍的影响,会表现出波动的警觉水平,并且对刺激的反应是不一致的。因此,在评估时需要用更多的时间,也需要那些了解学生的人积极的共同参与以及环境的支持,使学生能够展示出他们所具有的潜力和更典型的表现水平。如果不了解被评估者的情况,评估绝不可能一次就能完成,也不可能产生有用的评估信息。

二、沟通矩阵评介

(一)沟通矩阵设计的取向与目的

沟通矩阵(Communication Matrix)是专门用于描述儿童早期沟通技能表现情况的一种评估工具,由美国俄勒冈医科大学(Oregon Medical University)著名沟通研究专家罗兰教授领导的团队主持研发,于1990年首次出版,并于1996年和2004年进行两次修订,截至2011年6月,仅网上在线评估就完成了23000个案例。通过长期的、大样本数据与实例的纵向研究,沟通矩阵已成为国际特殊教育、言语治疗领域广泛应用并得到肯定的评估工具。

沟通矩阵针对儿童早期沟通发展,从"社会语用的视角聚焦日常生活中交往的实际运用"[1],突出沟通行为的功能,聚焦个体能做什么,突破了传统唯标准化的语言沟通评估取向,更准确地反映了早期沟通交往的方式与发展特点。

作为一种评估工具,沟通矩阵主要用于精准地识别个体沟通的整体表现情况,为制订沟通干预目标提供全面的基线框架。该工具覆盖了正常儿童从出生到24个月之间典型的沟通发展技能,适用于处于最初沟通阶段的所有个体,也适用于所有障碍类型和残疾程度的学生,特别适合多重障碍学生的沟通技能评估[2]。但是,对于那些已经可以流利、有意义地使用正式语言的孩子,沟通矩阵并不适用。

(二)沟通矩阵的内容与结构

沟通矩阵包括沟通水平、沟通功能和沟通行为三部分的核心内容。该工具将沟通发展的水平与沟通的功能相对应,形成一种矩阵关系,根据沟通行为的表现,全面考察个体的沟通能力状况。

---

[1] https://www.communicationmatrix.org/Uploads/Pdfs/CommunicationMatrixDataandResearchBasis.pdf 2017-08-23
[2] http:// www.communicationmatrix.org/uploads/pdfs/handbook.pdf 2014-06-24

1. 沟通的层次

沟通矩阵依据沟通技能的渐进发展，将沟通行为划分为七个层次：前意图行为（Pre-Intentional Behavior）、意图行为（Intentional Behavior）、非习俗沟通（Unconventional Communication）[前表征化（pre-symbolic）、有意图的沟通从这里开始]、习俗沟通（Conventional Communication）（又称前表征化、主动沟通）、具象表征（Concrete Symbols）（并不总是一个明确的等级）、抽象表征（Abstract Symbols）和语言（Language）（见表5-5）。

表 5-5 沟通矩阵水平层次[①]

层次	行为表现
1. 前意图行为	沟通行为不是在个体的控制下，但它反映了个体大致的状态（如舒适、不舒适、饥饿或困倦）。照顾者可从个体的肢体动作、面部表情和声音等来了解个体的状态。在正常儿童发展过程中，这个阶段发生在0至3个月龄之间。
2. 意图行为	沟通行为是在个体的控制之下，但它还没有明确的意图。个体还没有意识到可以用自己的行为来影响他人的行为。照顾者从身体动作、面部表情、发声和眼睛注视等来解释个体的需求和期望。在正常儿童发展过程中，这个阶段发生在3到8个月龄之间。
3. 非习俗沟通（有意图的沟通从这里开始）	非习俗的前表征行为用于有意图的沟通。沟通行为是"前表征性"的，因为它们不涉及任何一种表征。"非习俗"意指该沟通行为会随着年龄的增长而不被社会接受。沟通行为包括身体动作、发声、面部表情和简单姿势（如拖拽人）。在正常儿童的发展过程中，这个阶段发生在6至12个月龄之间。
4. 习俗沟通	习俗的前表征行为用于有意图的沟通。"前表征性"意指沟通行为不涉及任何符号。习俗沟通意指沟通行为为社会所接受，随着个体的成长，可以继续伴随着语言一起使用。使用某些姿势可能是基于其独特的文化背景。沟通行为包括指点、点头或摇头、挥手、拥抱以及看着一个期望沟通的对象。请注意，这些身势（尤其是指点）大多需要良好的视觉技能，并不适用于视力受损严重的个体。一些声调、语调也可以在这个阶段使用。在正常儿童的发展过程中，这个阶段发生在12到18个月龄之间。
5. 具象表征（表征性沟通从这里开始）	用与实物具有物理相似性的具象表征来沟通。具象表征往往看起来、听起来、移动起来或感觉起来像其所代表的对象，包括图片、物体（如鞋带代表鞋子）、"符标"性的手势（如拍椅子说"坐下"）和声音（如发出嗡嗡的声音来表示蜜蜂）。大多数儿童可跳过这个阶段，直接进入等级6。对于有些个体来说，具象表征可能是他们唯一能理解的符号形式。对其他人来说，具象表征可以作为使用抽象表征的桥梁。通常，正常发展儿童使用具象表征时会结合姿势和单词，这个阶段一般出现在12至24个月龄之间，但不会是一个孤立单独的阶段。

[①] http://www.communicationmatrix.org/uploads/pdfs/handbook.pdf 2014-06-24

续表

层次	行为表现
6. 抽象表征	以抽象的表征，如言语、手势、盲文或印刷文字等进行沟通。这些表征是"抽象的"，因为它们与其所代表的对象在物理意义上没有相似之处，一次使用一个。在正常儿童的发展过程中，这个阶段发生在 12 到 24 个月龄之间。
7. 语言	根据语法规则，组合两个或三个符号（具体的或抽象的），如"喝果汁""我要出去"等。个体理解符号组合的含义取决于符号的排序。在正常儿童的发展过程中，这个阶段大约从第 24 个月龄开始。

与一般性的沟通水平划分相比，沟通矩阵的划分更为详细，也为精准地制订干预目标提供了明晰的参照。在七个阶段中，"意图行为"阶段在整个沟通发展过程中是一个关键的过渡转折点。它前承"前意图行为"，后启"意图沟通"，介于两者之间。对于一些读者来说，要区分它们相对比较难。前意图行为是反射性、反应性的，不是目的性的，它是对儿童行为状态的反应。与前意图行为相比，意图行为更加具有意志力，是在儿童的控制之下的，儿童的行为是和别人交流，但其表达不是有目的的，也不是故意为了吸引他人的注意力或影响他人的行为。换句话说，儿童虽然做了某事，但并不知道"如果我这样做，爸爸或妈妈将为我那样做！"

2. 沟通的功能

沟通矩阵聚焦四个基本的沟通功能（原因）：拒绝（不要的东西）；获得（想要的东西）；社交（社会互动交往）；信息（寻找或提供信息）。该评估工具将纵向的沟通水平层次和横向的沟通功能相对应，形成一种矩阵关系，通过被评估者回答如何表达上面的四个功能的 24 个问题来完成评估，从而获得 7 个层次、4 个功能方面的 80 项沟通技能的表现状况（见表 5-6）。

表 5-6 沟通水平与功能矩阵关系[①]

层次	目的（功能）			
	拒绝	获得	社交	信息
1	表达不舒适	表达舒适	表达对他人的兴趣	
2	抗议	继续某个行动 获得更多的东西	吸引注意	

---

① http://www.communicationmatrix.org/uploads/pdfs/handbook.pdf 2014-06-24

续表

层次	目的（功能）			
	拒绝	获得	社交	信息
3	拒绝某事	要求一项新的行动 要求更多的行动	要求注意 有情感表现	
4		要求更多的东西 做选择 要求一个新的物件	打招呼问候 提供东西或共享	回答"是"和"否"的问题提问
5			引导某人注意某事 使用礼貌的社交方式	说出事物或人的名字 评议或点评
6		要求不在场的东西		
7				

（三）沟通矩阵的结果分析

完成评估后，可以根据矩阵的对应关系绘制出被评估者的沟通技能发展图谱，该图谱也可通过网站的在线评估自动生成，简易方便（见图 5-1）[①]。矩阵图谱中 80 个方块的颜色的深浅代表每项技能现状的不同精熟水平：未出现、出现、精熟和超越，它清晰而具体地反映了个案的沟通现状与问题，不仅包含了整体的、层次性的表现，也包含每个层次的不同功能项的技能表现。这个图谱可以帮助教师、家长根据学生现有的沟通表现水平制订适当的沟通目标。通过图谱的数据分析，既可以确定总体的干预目标（沟通水平层次目标），又可以制订一个具体的教学目标（具体的沟通功能和行为、信息目标）；既可以制订个别化的长期目标，也可以制订个别化的短期目标。在制订新的目标后，图谱还可以用于对同一个学生进步的监测，形成沟通技能评估的连续机制。

沟通矩阵和其他早期表达性、接受性评估工具的评估结果可以反映学生沟通行为的综合情况。这些信息将有助于专业人员、教师、家长和其他团队成员确定最合适的沟通干预目标与策略，以支持学生的沟通技能的发展进步，使其发展意向性和符号性沟通。无论是使用沟通矩阵，还是采用其他的沟通评估工具，对于多重障碍学生来说，重要的是要仔细分析评估的结果及其相关的影响因素，特别是要考虑感觉、认知和肢体等障碍的叠加对其沟通的影响。叠加的视觉障碍可能会影响学生对沟通行为的选择，尤其影响视觉注视和传统手势的模仿；叠加的听

---

① https://www.communicationmatrix.org/Content/samplecustomreportjune272016.pdf

												未使用
障碍1 意测前周行为	A1 表达不舒服	A1 表达舒服			A3 表达对其他人的关趣			出现				
障碍2 有意图之行为	B1 压封	B2 继策动作	B3 获得更多的东西		B4 唤引注意			精熟 超越的				
障碍3 非传统沟通	C1 谢绝、拒绝	C2 要求更多的动作	C3 要求新的动作	C4 要求更多的物件	C5 做选择	C6 要求新的物件	C8 要求注意力	C9 表示喜爱				
障碍4 传统沟通	C1 谢绝、拒绝	C2 要求更多的动作	C3 要求新的动作	C4 要求更多的物件	C5 做选择	C6 要求新的物件	C8 要求注意力	C9 表示喜爱	C10 问候	C11 提供、分享	C12 引导你的注意力到某个东西上	C13 礼貌性的社交常规	C14 回答"是"和"不是"的问题	C15 提问
障碍5 具体符号	C1 谢绝、拒绝	C2 要求更多的动作	C3 要求新的动作	C4 要求更多的物件	C5 做选择	C7 要求不在场的物件	C8 要求注意力	C9 表示喜爱	C10 问候	C11 提供、分享	C12 引导你的注意力到某个东西上	C13 礼貌性的社交常规	C14 回答"是"和"不是"的问题	C15 提问	C16 人或事物的命名	C17 做评论
障碍6 抽象符号	C1 谢绝、拒绝	C2 要求更多的动作	C3 要求新的动作	C4 要求更多的物件	C5 做选择	C7 要求不在场的物件	C8 要求注意力	C9 表示喜爱	C10 问候	C11 提供、分享	C12 引导你的注意力到某个东西上	C13 礼貌性的社交常规	C14 回答"是"和"不是"的问题	C15 提问	C16 人或事物的命名	C17 做评论
障碍7 语言	C1 谢绝、拒绝	C2 要求更多的动作	C3 要求新的动作	C4 要求更多的物件	C5 做选择	C7 要求不在场的物件	C8 要求注意力	C9 表示喜爱	C10 问候	C11 提供、分享	C12 引导你的注意力到某个东西上	C13 礼貌性的社交常规	C14 回答"是"和"不是"的问题	C15 提问	C16 人或事物的命名	C17 做评论
	拒绝	获得					社交				通讯					

力损失可能影响言语和口头语言能力，也可能影响言语信息的接收能力；叠加的肢体障碍可能会限制学生发展多个沟通模式的能力，包括发声和身体运动等。也就是说，评估的结果分析一定要充分考虑学生的沟通模式与其所表现出的沟通水平。譬如，一名脑瘫兼有严重视觉障碍的学生可能只有极少的沟通模式，但与一名具有更多沟通模式但沟通水平低的学生相比，实际上他可能具有更高的沟通意图和符号理解水平。那么，对这两名学生来说在教学目标与策略的制订选择上将有很大区别。

沟通形式的选择与运用

沟通形式是指人们在沟通过程中具体采用的方式。日常的互动中，人们既可以用符号性的语言，也可以用非符号性的身势、表情乃至眼神等各种形式进行交流。然而，沟通形式的选择与运用并不是任意的，它还受制于个体、沟通伙伴和环境等若干因素，运用适当的沟通形式对于促进多重障碍学生沟通技能的发展具有重要的意义。

一、沟通形式的选择

（一）影响沟通形式选择的因素

多重障碍学生沟通形式的选择主要受制于个体、沟通伙伴和沟通环境这三个因素。就个体因素来说，沟通形式的选择受个体的障碍类型、能力和兴趣影响，包括身体、认知能力、沟通水平和技巧等。例如，从障碍类型的角度考虑，兼有视觉障碍的学生需要增强视觉、触觉信号或听觉反馈系统；兼有肢体运动障碍的学生则不适合使用手语、身体动作等形式。从能力水平的角度考察，处于前意图沟通阶段的儿童，无法在接受性或表达性的沟通任务中使用图片或其他类型的图标，因为不理解实物符号表征的儿童很难应用更复杂的符号。

沟通伙伴是沟通过程中不可或缺的主体。沟通伙伴的能力和技能也直接影响沟通形式的选择。沟通伙伴如果不熟悉多重障碍学生的沟通形式，那么也就难以理解对方表达的信息，沟通也就不可能完成。对于多重障碍学生，除了家庭成员外，教师是最重要、最频繁的沟通伙伴之一。教师除了要熟悉多种沟通形式外，还要具备一定的沟通技能来确保他们与学生的交流是成功和愉快的。在沟通过程中，教师应重点关注学生的行为和信息呈现方式。师生互动时，教师应该充分关注学生，随时回应学生有意义的沟通行为。教师的敏锐反应往往能引起学生更多的交流意愿和行为回应。如果互动中不充分关注学生，教师就有可能忽略学生一些细微的沟通行为，而这些行为很可能就是有意图的沟通的早期表现，或是学生试图引起注意的行为。这样，学生不仅失去了提升沟通技能的机会，而且刚刚萌发的意图行为也会因为被忽视而随之消逝。

沟通需要一定的环境条件支持。沟通的环境因素包括物理环境因素和社会环境因素两个方面。物理环境如光线、声音和辅助设备及设施等。譬如，在昏暗的灯光下采取手势沟通，效果将会大打折扣。社会环境中的支持主要是指沟通交流形式的文化适宜性和特定活动形式的适当性。譬如，同一个手势在不同的地域或国家很可能代表的意思相反。许多多重障碍学生可以且能做到使用言语作为他们接收信息和表达交流的主要形式，这样对环境条件支持的需要会相对少些。总之，考虑到多种因素对沟通的制约，教师需要熟悉多种交流形式，才能更好地促进学生沟通技能的发展。

（二）沟通形式的选择

如上所述，沟通形式的选择取决于学生的需要、沟通形式的属性、沟通的对象及环境等因素。教师需要认真地考虑这些因素，为每个多重障碍学生选择适合的沟通形式。通常，个体在交谈或交流中会使用多种沟通形式。例如，一个人可以结合语言、各种姿势、触摸，甚至是一些实物、照片或其他的物件等进行沟通。因此，教师应尽可能地教给学生所有适合他沟通交流的形式，以尽量消除或减少其沟通的障碍。当然，在不同的环境和不同的认知发展阶段所要求的沟通形式也应有所不同。

组合形式的沟通的实质是发挥"脚手架"的功能，即在学生理解某一沟通形式的基础上进行教学，进而使其建立新的沟通交流形式。例如，教盲—聋学生手语，如果学生已经学会使用具体形象的符号进行交流，那么教师可以将相应的手语（抽象）与具象的符号配对教学。通过这种组合方式，教师在学生理解的水平（具象符号）上呈现信息，同时又向学生呈现了新的沟通形式（手语）。如果教师在学生还没有建立相关已知联系的情况下，开始直接教学手语，那么学生很可能会因为太难理解而感到沮丧。在组合形式的沟通教学中，随着时间的推移教师可以逐步取消具象的符号，只呈现手语。

多重障碍学生在接受性沟通中采用的形式可以不同于其表达性沟通的形式。例如，如果学生的多重残疾包括严重的运动障碍或兼有孤独症，她可能主要通过语言来获取信息，但不能使用语言表达。那么，学生可以使用简单的手势、电子语音输出设备、具象表征或这三种形式的组合进行表达性沟通。因此，教师必须慎重地考虑学生使用的接受性沟通和表达性沟通的所有方式，既不能期望学生用一种难以塑造或难以经常使用的形式来表达，也不应该消除特定的沟通形式。对某些个体来说，一种沟通形式不能同时用于其接收信息和表达交流。

二、沟通形式的运用

不同的沟通形式有着不同的属性特点，其运用也必须适合学生的特点。本节聚焦非抽象符号沟通形式的运用问题，重点讨论感觉信号，身体动作、发声和面部表情，具象表征和手势这四组沟通形式的运用。

（一）感觉信号

感觉信号是利用感觉沟通形式辅助学生做某事或提示学生即将发生某事的一种信号，其目的是提醒学生即将到来的任务、事件或其他活动，从而丰富沟通经验、增加沟通的机会。比如，拍打孩子的臀部意味着换尿布；轻柔地托起学生的手臂意味着站起来。对于一些多重障碍学生来说，这些提示信号恰好在下一次活动之前由教师提供。因此，感觉信号可以支持学生理解教师的语言以及日程安排和预期，将目标动作与表达的意义联结起来，同时也易于沟通中的过渡和转换。当感觉信号被用来支持学生理解下一步将发生的活动、事件时，它就成为结构化日常例程中接受性沟通技能的一部分。

感觉信号是学生进行接受性沟通的一种形式，也是最常见的用于早期接受性沟通水平训练的方式，尤其是那些面临严峻沟通挑战的多重或重度障碍学生。这些学生没有任何的言语、语言沟通能力。遇到这种情况，许多教师往往感觉手足无措，不知如何与其沟通交流。感觉信号主要有三个方面的作用：提供信息（例如，谁和学生在一起，哪些活动即将开始，即将发生怎样的环境变化）；提供期待学生做什么的指令（如"张开嘴"）；提供有关学生正在进行的行为反馈（如"做得不错"）。感觉信号根据不同的感觉功能可以划分为触觉信号和听觉、嗅觉等感觉信号。

1. 触觉信号

触觉信号是由教师向学生提供的作用于身体上的触摸信息，以表示特定的信号，特别适用于视觉障碍兼有其他障碍的多重障碍学生。触觉信号包括直接触摸身体和提供触摸实物两种方式。前面提及的轻拍臀部换尿布、轻柔托起手臂下方以示站立等都是直接的触摸信号。提供触摸实物信号时，实物或部分实物应来自学生的日常生活，这些可以作为告知学生即将发生什么的信号。例如，在体育馆准备运动时，教师可以把运动鞋放在学生的手上或引导学生的手触摸自己的运动鞋，作为运动前换鞋的信号。如果是准备做跳绳运动，教师可以让学生触摸一截绳子，以示跳绳运动。

触觉信号可以与语音相结合，以强化口语信息。它更多地用于学生的接受性沟通的训练。罗兰概括了触觉信号的基本特征并描述了其使用的方式与要求。其基本特征包括以下方面：信号直接作用于个体的身体；用来满足个体的接受性沟通需要，其使用的方式需保持一致；信号发生在即将行动或活动之前，提醒学生某事将会在信号出现后随之而来，使其注意力集中在即将开始的互动或事件上，帮助其预期接下来将会发生什么，开始在信号与事件或行动之间建立联系；伴随着对个体反应的期待，其效果不一定立竿见影，一般可能在重复的信号提示之后表现出来[1]。触觉信号的选择对于每个学生都应该是个别化的，没有通用的触摸区域和触摸方法。由于多重障碍学生大多面临着医学健康等问题，在为某个学生选择触摸信号时，教师必须考虑以下几个因素：学生身上感觉的最佳作用点在哪里，触摸特定区域是否会触发干扰活动或常规的反射，触摸特定区域是否会引起学生的消极或痛苦的体验，以及触摸学生身体某一特定区域的社会文化适宜性。

2. 其他感觉信号

除了触觉外，还可以提供视觉、嗅觉等感觉信号。对于视觉障碍兼有其他障碍的多重障碍学生，可提供实物触摸。但有时嗅觉或听觉信息可能会比触觉信息提供的信号更明确。譬如，饭菜的气味可以提醒学生午餐时间即将开始，放学的铃声（音乐）预示着学校上课日的结束。国外许多特殊教育学校都利用音乐作为

---

[1] Rowland. *Hand in hand: Essentials of communication and orientation and mobility for your students who are deaf-blind*[M]. New York: AFB Press, 1995: 219–260.

听觉提示信号，如英国斯蒂芬·霍金学校（Stephen Hawking school）无论是在课堂还是在整个校园，都会在特定的活动之前播放相应的片段性音乐信号。这些音乐信号主要包括三种：晚餐前的音乐（寄宿制学校）、放学回家前的音乐、某些特定活动或集会前的音乐。

基于听觉信号的沟通意义，学校和教师应设计安排好诸如此类的感觉信号，逐步让学生意识到并理解这些日常的环境信号，并根据每个学生的感觉能力向他们解释这些信号的具体含义。就像触觉辅助一样，持续一致地应用这些沟通形式是关键。当然，触觉、视觉和听觉等信号可以是学生接受性沟通经验的一部分，也可以用作其表达选择的沟通工具。

感觉信号的提供也意味着一种教育的理念，即教师需要与学生积极地交流互动，而不仅仅是满足学生的身体需求。如果学生在事前没有任何预知的情况下，就被动地移动、进食、穿衣或以其他方式被对待，这是极不妥当的。通常，教师应尽可能将感觉信号与其他沟通形式同时呈现，不要仅使用一种感觉模式，还要给予学生一定的处理时间。

（二）身体动作、发声和面部表情

身体动作、发声和面部表情是儿童早期表达性沟通的首要方式，促进儿童逐步由前意图沟通发展到意图沟通。对于一些多重障碍学生来说，这些最早的表达形式是他们表达性沟通的唯一方式。教师必须认识到这种基本沟通形式的重要性，并与家庭成员密切合作，以确保每个人都能准确、一致地回应学生。

身体运动、发声和面部表情不仅是学生交流的表现形式，也是接受性沟通的手段。换言之，多重障碍学生也可以"阅读"教师和家长的身体动作、声音和面部表情。教师触摸、移动学生的方式以及教师的语调、面部表情等都展现了其对待学生的态度是积极的还是消极的或一般的。这种看似简单的互动，为师生关系的建立提供了基础，教师应在平时的互动中注意观察学生的这些行为，一般可用图表的形式进行记录描述（见表5-7）。

表5-7　身体运动、发声和面部表情沟通行为记录表

行为项	日期	行为描述	类型	信息解读
1	3.20	上唇颤抖	面部表情	想活动
2	4.12	头部向上微倾	身体姿势	想看前面的东西
3	5.18	双脚前后摆动	身体姿势	感到紧张和焦虑
……	……	……	……	……

在身体动作、发声和面部表情三种沟通形式中，运用最多、最常见的是身体动作。作为一种表达性意图沟通的方式，学生可以使用各种各样的身体姿势来交流。如果学生想从事一项特定的活动，他可以通过模仿或模拟与该活动相关的动作来让别人知晓。例如，一名学生要骑自行车，可能就会模仿抓住车头手柄、来回踩踏的动作。在此沟通水平上的学生可以使用类似的姿势将信息或经验传递给其他人。学生所运用的姿势来源于自身的活动经验，这也为发展更正式的沟通姿势打下了良好的基础。

另一种姿势包括移动他人的手或推着他人走向想要的物品，以得到他人的帮助，如寻求帮助打开一个容器或一起发起一项活动等。在这种情况下，教师要积极引导学生使用一些更加典型的或习惯性的姿势。例如，一名学生试图抓取他想要的物品，教师可将表达抓取想要的物品的行为塑造为用手指点的方式。教师可以把这些物品随机地布置在学生伸手可及的范围内来强化这种行为，然后再把这些物品放在学生够不着的地方，通过示范或手把手地帮助学生用手指点的方式教学生表达其诉求。这样，通过不断的引导强化后，学生就会从直接抓取行为过渡为更正式的指点沟通。如果学生对不想要的或不喜欢的玩具、物品、食物等采取转过脸的方式表示不感兴趣，那么同样可以采取上面的方法，把转脸塑造为摇头的行为。

需要注意的是，当学生使用姿势表达请求时，教师一般应通过模仿来认可他的姿势并逐步塑造一种更常规的表达信息的方式。例如，一个学生可能会通过模仿拍球的动作，然后轻推老师表示她想玩球。老师可以模仿学生的姿势并说"是的，你想玩球"，或者简单地说"玩球！"这对于促进学生沟通水平的提高是很有帮助的。

（三）具象表征

具象符号是以具体形象的符号表征来支持学生沟通的一种方式，又可简称为形符。作为一种沟通交流或提供支持的方式，具象表征包括三维表征（如物件或物件的某个部分等）和二维表征（如照片、图片或线条图等）。具象表征与抽象符号相对，因为"具象表征与其所代表的对象有更直接、更明显的物理关系"[1]。一般而言，三维表征比二维表征更具象。一些不能使用抽象符号（如语言、手语、书面语或盲文）的学生可以使用形符作为表达性沟通的主要手段，而对另一些学生来说，具象表征可以作为使用抽象符号的桥梁。这里，我们重点讨论物件表征、照片表征和图片表征三种形式。

---

[1] Rowland, Schweigert. *Tangible symbol systems: Making the right to communicate a reality for individuals with severe disabilities*[M]. Portland: Oregon Health and Science University, 2000.

1. 物件表征

物件符号又被称为"物件参照"(Objects of Reference)[①]。它是具有表征意义的代表性物件，用于表示活动或事件。例如，一个真实的杯子可用来表示喝水，一个微缩碗模型可以表示吃饭。在使用物件表征之前，应该对学生的符号理解水平进行评估。帕克（Park）把物件参照的抽象水平分为标记（Index）、图表（Icon）和符号（Symbol）三个层次（见表 5–8）[②]，理解这些层次有助于教师根据学生的水平选择物件表征。

表 5–8　物件参照的抽象水平一览表

层次	内容	举例
标记	使用的物件是所涉及活动或事件的一个直接组成部分。	如学生用餐时实际用的勺子。当学生已经知道勺子的用途时，可以使用一些不同类型的勺子来促进学生的理解，然后进入下一阶段。
图表	使用的物件与目标对象有具体的关系或在视觉、触觉方面类似，但不是物件的直接组成部分。	例如，一个微缩杯子模型用来表示"喝水"；贴在一张卡片上的一个盘子照片表示晚餐。
符号	物件与目标对象或事件有着任意的联结，学生必须理解它们之间的关联。	例如，马的模型对于全盲学生来说，是一个更抽象的"符号"，两者的联结需通过学习来建立。

在具体运用时，物件是它所代表的活动的关键元素，一般在活动开始时被引入，贯穿整个活动过程，直到活动结束才被收回。物件的呈现一定要伴随着口头提示。教师应该确保每个学生都使用同一个物件一致地表征某个活动。需要注意的是，物件符号也可能是抽象的，正如上表提及的马的塑料模型，对于视力良好的学生来说可作为骑马的图标，但对于全盲学生来说，它可能就是一个更抽象的"表征"，因为马的塑料模型和真正的马之间没有触觉联系，而附在卡片上的一块皮革缰绳与之相比可能更适合作为盲生的物件表征。

2. 照片表征

与三维的物件表征相比，照片在实物和符号之间提供了重要的概念中介。同

[①] Jones F, Pring T, Grove N. Developing communication in adults with profound and multiple learning difficulties using objects of reference[J]. *International Journal of Language and Communication Disorders*, 2002(37): 173–184.

[②] Park. How do objects become objects of reference?A review of the literature on objects of reference and a proposed model for the use of objects in communication[J]. *British Journal of Special Education*, 1997, 24(3): 109–114.

样，在使用时应该与口语一起使用。使用的照片一定要与学生现有的经验相联系，一般应具备下列要素：能激发动机，如最喜欢的玩具照片等；是熟悉的物件，如学生饮水所用的茶杯照片等；是经历过的活动，如学生操场打球的照片等；是熟悉的地点，如学校食堂的照片等；是经历过的事件，如校车的照片表示该回家了。当学生熟悉了大量的照片且他们的表征性理解在逐步发展时，可以引入一个基于表征的系统来支持学生习得更丰富的沟通词汇。

3. 图片表征

图片表征一般为彩色线条画，比照片更抽象一点，但比手势或手语等更为具象。如果系统运用图片表征，就形成了图片沟通系统（Picture Communication Symbols，PCS）。在特殊教育领域，人们为应用图片表征沟通策略开发了许多图片沟通软件，全球最知名的图片沟通系统之一就是美国的 The Mayer-Johnson Picture Communication Symbols。该系统是由 Mayer–Johnson 公司开发的应用软件。图片的抽象程度也有高有低，一般意义上彩色的图片比单纯的黑白图片更为具象。

4. 具象表征运用注意事项

从三维表征到二维表征，从照片到图片、线条图，表征的程度也由具象逐步上升到抽象。但在运用形符表征时，应重视以下问题。

在运用形符沟通系统之前，首先要考虑学生的经验、认知技能和视觉水平，然后决定是否以三维或二维表征开始。同时，还要考虑表征的类型并遵从具体到抽象的发展进程。例如，先从整个物件开始，然后过渡到物件的一部分，接着再到照片、图片或图标等。

三维有形表征的运用一定要基于学生特定的个别化经验。以纸板或其他硬板表面作为背衬来安装物件有助于建立物件的代表性功能。例如，对于盲—聋学生，可在一个纸板上安装牙刷用作刷牙的表征；一段链条或绳子可以用来代表荡秋千的活动，具体三维表征的选择取决于该学生所在学校的秋千类型。

使用微型模具的前提是学生能理解它们所代表的意义。在大多数情况下，用微缩模型作为表征是不可取的。当然，对一些能理解更多抽象信息的学生来说，将微缩模型配以实物进行直接教学是可行的，关键是在学生使用微缩模型等形符之前，有证据表明学生已具备理解大小、规模、尺寸等概念的能力。

最初使用三维表征的学生可以逐步过渡到使用二维表征。教师可以通过各种方法进行系统地转换。例如，临摹实物、着色轮廓和使用线条等作为新表征，还可以将实物与照片、白描图或其他图片配对，同时逐渐减少实物的使用。当然，也可以混合使用三维表征和二维表征。

对于多重障碍学生来说，用文字或盲文标注具象表征是比较合适的方法。标记可以作为学生接触更抽象的标志的过渡，也是教师或其他专业人员确认表征含义的一种手段。当使用二维表征时，要考虑对学生来说最佳的视觉特征，包括大小、对比度、颜色和细节等。

（四）手势

手势是通过手部的运动传递信息的一种方式，它包括通常所说的手语，手语与其他手势共同构成了手势沟通系统。根据感知的形式手势可分为视觉手势和触觉手势。

1. 视觉手势

视觉手势是主要以手的形状、位置和动作传达信息的视觉沟通形式。当作为一种主要的沟通交流形式时，手势沟通可以通过肢体语言和面部表情以及其他形式的交流得到强化。具有足够视觉能力的多重障碍学生适于使用视觉手势或手语。通常，这些学生可能仍然需要基于他们的特定能力进行一些适应。视力低下的学生可能需要其沟通伙伴减少手和手臂动作的幅度，改变位置或者调整与该学生的距离，以适应其视野感知。同样，面对兼有视力低下和肢体障碍的学生，由于其运动受限，可能需要改变手势结构和形式。

2. 触觉手势

对于有明显听力损失和视力水平不允许使用视觉手势的学生，可以使用触觉手势作为接受性沟通的主要手段。为了接收触觉手势信息，学生要把一只手或双手放在给他打手势或手语的人手上，即所谓的"手上手"原则。当学生用手势表达的时候，对方一般以视觉接收信息，无须触觉，除非与学生交流的人也是盲聋人士。

比起听觉信息、口语等，手势有一些明显的优势。许多手势在应用中，手的位置可以暂停，但仍然保持完整，能允许学生有较多的时间去感知处理信息。相反，口语单词很快会"消失"，如果延长时间说出词语，往往扭曲了其语音表达的意义。通过手把手地操作，教会学生一个手势符号，比帮助学生认识一个口语的字、词要更容易。当学生学会使用手势表达时，教师可以引导学生的手部运动形成手势，特别是当学生失明或视力很低时，尤其适用。这就是所谓的协同手势（Coactive Signing）[1]，当然教师一般希望尽快减少这种支持援助。

---

[1] Sharon Z. *Keys to Educational Success: Teaching Students with Visual Impairments and Multiple Disabilities*[M]. New York: AFB Press, 2016: 118.

沟通技能教学

在日常学习生活中提供沟通交流的机会，是沟通技能教学的核心原则。多重障碍学生只有通过系统的、密集的沟通教学干预，才能实现沟通技能的进步。在多重障碍学生沟通教学的实践中，一些有效的教学策略得到了研究证据的充分支持。本节从多重障碍学生沟通技能教学目标的建立谈起，重点讨论相关沟通技能教学的方法以及需要注意的问题。

一、沟通教学目标的建立

（一）教学目标建立的基础

沟通是一个动态过程。沟通时，信息接收和表达的形式、功能、内容、经验以及对象等因素都交织在互动的过程中。有意义的教学目标可以涉及以上一个或多个因素，既可以是表达性的技能，也可以是接受性的技能；既可以是沟通形式、功能和经验的拓展，也可以是沟通内容或对象的变化。无论什么方面的内容，沟通技能教学目标的制订，都应基于学生的需要及其当前的技能水平，其前提是要进行相应的评估。

通常，教师都希望有一个正式的、综合的评估工具，完成对学生的所有关键沟通要素的评估。遗憾的是，这种工具目前并不存在。因为在面对多重障碍学生的不同障碍类型、不同年龄范围等参数时，评估工具就会在标准化方面出现问题，也就不可能通过一个工具解决所有的问题。在这种情况下，教师往往要使用各种评估工具中的一部分来适应个体的差异需求。因此，除了利用相关的评估工具外，教师应特别注意收集学生在日常环境中的典型表现。教师观察、家长反映、学生日常的表现和评估结果等都是收集数据的来源。理想情况下，教学目标应在综合分析多种来源的信息的基础上得以确立。

（二）教学目标建立的原则

多重障碍学生沟通教学目标的建立应遵循支持性、优先性、衔接性和有效性的原则。

支持性是指在制订学生的沟通目标时，一定要尽可能地提供其所需要的各种支持。这些支持可能包括身位、材料、环境条件、沟通对象的特点以及练习机会等。譬如，就身位而言，对于一名低视力兼有听觉障碍的学生，建立视觉手势沟通目标必须以正面的身位支持为前提，同样，如果建立言语语言沟通目标，那么就应提供必要的助听器材或设备。

优先性是指学生在多个沟通要素中都有需要解决的发展问题，但又不可能一下子同时解决，那么就应通过简化相关沟通要素的需求，保证重要目标技能先行。在多重障碍学生沟通技能教学中，教师可以挑选出一些特定的要素作为学生学习目标中的优先事项。在这种情况下，应保持其他要素不变，允许学生在熟悉情境中学习新技能。例如，如果学习目标是手势，而这对学生来说是一种新的沟通形式，那么教师在教手势这种新沟通形式的同时，应保证原有的沟通功能（如请求和评议）、沟通对象（如教师和家庭成员），以及沟通活动（如吃饭时间和游戏）等保持不变。一般而言，沟通的内容也要保持不变，但要将它们以手势的形式加以展现。

衔接性是指确立的沟通目标必须建立在已有的沟通技能基础之上，不可超越学生的技能发展阶段。譬如，如果把使用抽象的沟通形式确立为学生的沟通发展目标，那么要确保其已经达到了意图沟通水平，表现出了各种各样的沟通技能，并且可以理解更多的具象符号。教师切不可操之过急，一味追求教学的速度。沟通技能的教学不是一场比赛，非要让每个学生都能使用最抽象的沟通形式。无论是使用口语、手语还是其他的抽象符号，都应该保证学生能够理解其含义。如果学生不理解自己在用什么，那就毫无意义了。

有效性是指教学活动的效果应尽可能达到教学目标所确定的质量水平。因此，在沟通技能教学中首先应把教学活动与学生沟通能力的进步看作一个质量问题，而不仅仅是增加学生的新技能。沟通技能进步的质量指标包括六个方面："回应的一致性增加；回应的频率增加；回应的清晰度提高；独立性增加或支持需要的减少（如提示信号等）；注意力更持久；回应的时间更快。[①]"

二、表达性沟通技能教学

表达性沟通是沟通中的核心技能，也是多重障碍学生沟通技能教学的重点。当然，进行表达性沟通技能的教学，并不意味着排斥接受性沟通技能教学，两者应相互交织渗透。在已有的沟通研究证据中，自然教学法、链锁中断法和图片交换法是促进学生主动沟通表达的有效教学方法。

（一）自然教学法

自然教学法（Naturalistic Teaching Procedures）又叫情境教学法（Milieu

---

① Rowland. *Assessing communication and learning in young children who are deafblind or who have multiple disabilities*[M]. Portland: Oregon Health and Science University, 2009: 23.

Teaching Procedures）[1]，是专门为促进沟通和语言技能发展开发的一种教学方法。自然教学法强调通过日常活动情境的创设，保证学生有足够的交流机会，确保沟通目标处于正确的轨道，并对学生的沟通交流行为给予积极的表扬和鼓励。在具体应用中，自然教学法又可细分为时间延宕、指令教学（Mand-Model Procedure）[2]和随机教学三类，其共同的特征表现在以下四个方面：基于儿童的兴趣；在自然的情境中嵌入教学；有明晰的技能目标；提供自然的因果关系[3]。

1. 时间延宕

时间延宕是指在沟通教学中利用时间的延宕激发学生的表达动机，促进表达技能发展的方法。运用时间延宕法，教师必须弄清学生所期望的回应。例如，教师教学生通过说"要""还要"提出更多的请求，那么教师应明确学生可能需要使用这一目标话语的具体活动、时机与场合。当教学机会来临时，教师首先要和学生建立起共同注意，然后引入时间延宕。譬如，课间餐时向学生发放点心前，教师要让学生看着点心盒里的点心（建立共同注意），同时不要发出更多的指令，而是等待学生提出请求（时间延宕）。如果学生产生了预期行为，教师随之予以奖励、拓展口语练习并给予所要求的物品。如果学生没有出现预期行为，教师可以通过示范提供正确的回应（如"要""还要"等）或指导学生的行为（如"告诉我，你要什么？"）。一般情况下，如果学生不清楚期望的反应，教师提供示范是比较合适的，而提供提示性的指导更适用于那些知道答案的学生。

2. 指令教学

指令教学是指在一定的沟通情境中，通过口头指令引导学生表达的一种教学方法。指令教学主要用于帮助那些能够用语言回应的学生，对他们在新情境中的技能运用进行泛化。采取这种方法教学，教师也需要确定学生的期望，然后通过材料的安排增强学生的兴趣。当学生表现出对材料的兴趣时，教师就口头指令学生表达需求。例如，如果教师希望学生用配以实物的标记提出"要"的请求，教师可指导学生："告诉我，你想要什么？"如果学生没有用期望的话语做出回应，教师就向学生示范期待的回应（如"想……要……球"）。如果学生做出了适当的回答，教师就及时表扬，同时用拓展词语回应学生（如"小明想要大的球"），然后再给学生想要的球或其他材料。

---

[1] Westling D L, Fox L. *Teaching students with severe disabilities(4th)*[M]. New jersey: Person Education Ltd. 2009: 300-302.

[2] Warren S, et al. The effects of mands and models on the speech of unresponsive socially isolated children[J]. *Journal of speech and hearing disorders*, 1984(47): 42-52.

[3] Kaiser A, Yoder P, Keetz A. *Cause and effects in communication and language intervention*[M]. Baltimore: Paul H. Brookes, 1992: 47.

3. 随机教学

随机教学是指借由自然发生的沟通对话情境，采取介入式的教学来发展学生沟通技能的方法。沟通情境可以是正在进行的活动或是日常生活中的例行事件等。在随机教学中，教师一般通过环境创设，把学生想要的材料放在其够不着的地方或透明的容器里，从而为学生建立提出请求的情境。当学生口头或非口头地表达对材料的需要时，教师要与学生建立起共同的注意，然后使用指令教学或时间延宕方法，进行更精细的语言提示。例如，一个学生靠近一张桌子，看着教师指向一个皮球。教师就使用指令"告诉我你想要什么？"来回应学生。如果学生继续指着玩具，教师就示范期待的反应，做个拍皮球的手势并对学生说"拍给我看，拍皮球"。学生做出拍球的手势，教师就把皮球递给学生，说"这是皮球，你想拍皮球"。随机教学中最重要的是提供强化物，并以学生为中心，借由询问、互动将学生的需求与沟通技能相融合。

（二）链锁中断法

链锁中断法是运用行为链锁中断的策略，将沟通教学嵌入学生进行的常规活动（即行为链）中，以鼓励学生要求继续活动的一种教学方法。该策略在指导学生使用姿势、手语、需求卡以及沟通簿等方面很有效。比起在学生熟悉一项行为链之前，就置入有关的行为教学，链锁中断法更有效。运用链锁中断策略，教师必须首先明确教学目标。例如，教师让学生参加一项他喜爱的活动，然后出乎意料地停止活动，等待学生的反应，看学生是否给出他想要继续活动的任何信号。学生的反应可能是身体动作或发声等任何类型的信号。教师将以上这些行为解释为继续的信号，用招呼、姿势、手势或者其他的方式回应"是"，再重启活动。一些学生可能需要提示和指导，以产生一致的、可观察的反应。

为了中断行为链锁，教师可以采取随机教学的方法，延迟呈现所需的物品或将需要的物品放置在学生够不到的地方。另外，也可采取阻碍行为的方式，如学生想出门到户外的话，教师可故意把门关上。行为链中断后，教师一般用上5秒的时间等待学生的回应，比如打出"要"的手势、指向需要的物品或示意"开门"。如果学生没有回应，教师就做示范，让学生模仿着做，但不要让学生完成全部例程行为。这样，教师就可等待学生试图完成例程，然后再次中断。如果学生的反应正确，教师就提供强化，给学生所要的物品或移除阻碍，并让学生完成例程。如果学生没有正确地回应，教师就移除所需的物品或将学生从情境中带离，不让学生完成例程。

运用类似的方法可以鼓励学生表达他想要更多的东西或想获得帮助，为学生创造一个表达自己愿望的机会和情境。例如，在用餐或吃点心时只提供一点零食；当他们在玩耍以及进行某项活动时，一次只提供几个他们喜欢的材料。运用这种方法的目的是要让学生意识到自己可以通过表达需求获得想要的东西。

(三) 图片交换法

图片交换法即图片交换沟通系统（Picture Exchange Communication System，PECS），这是一种让学生学会用图片提请求的教学方法[①]。PECS 的开发主要是为了教孤独症儿童用递给别人一张图卡的方式与他人发起沟通，然后在更复杂的语句链中，培养其运用图片沟通的能力。学生拿起某个高度期待的物件代表图片，交给沟通的对象，然后再由沟通对象提供这个物品（如食物、玩具等）。这种方法一般需要一个助教提供身体和姿势的提示，帮助学生拿起图卡递给另一个人。只有当学生能独立地发起图片交换，才撤除相关的提示。一旦学生学会独立地使用一张图片，就要增加图片的数量。接着教学生使用两张图片来回答"你想要什么？"两张图片中的一张是表示"要"的图片，另一张是物品或活动的图片。一旦学生能流利地提出请求，扩展的图片中就需包括有表示请求属性的图片。该方法在教孤独症谱系障碍学生发起沟通、发展功能性的语言方面效果显著。

三、会话性沟通技能教学

会话性沟通技能教学比单纯的表达性和接受性沟通技能教学要进一步，它涉及接收与表达的轮换承继。因此，会话性沟通技能教学既可被看作是一项沟通教学的内容，也可被认为是用来训练多重障碍学生与同伴发起并维持会话的一种教学方法。在对多重障碍学生进行会话性沟通技能教学时，一般会运用实物图片、地点图片和活动中的人员图片等组成一组"会话沟通薄"，所用图片应是学生喜爱的、有可能引导学生打开话匣子的图片，如表现去动物园的图片等。"会话沟通薄"一般要求做得比较精致小巧，最好可以装入口袋。通常会话性沟通技能教学主要根据环境来组织，在具体教学中，会话的主题应每周一换。

进行会话性沟通教学时，沟通对象可以是教师，也可以是学生同伴。让学生充当会话同伴进行教学前，应对其进行简短培训，使其清楚自身在会话中的角色，同时告知他们会话的几个要点，即要对会话薄中的图片做出评议；要用提问的方式，提示对方轮换对话；等待对方的回应。在教学开始前，会话同伴应该有机会与教师使用会话簿进行角色扮演。会话技能教学中的轮换应遵循一定顺序（见图 5-2）。

---

① Westling D L, Fox L. *Teaching students with severe disabilities(4th)*[M]. New jersey: Person Education Ltd, 2009. 300-302.

多重障碍学生的会话教学中要给予学生必要的教学提示，应根据学生的个别化能力水平，执行由最多到最少的提示顺序。教师在开始时，可以口头提示学生发起会话（如请学生谈谈有关动物园的事），然后将直接的口头提示转换为间接的口头提示（如"你有什么事要告诉小明吗？"）。一些学生最初可能需要直接的口头提示加上身势提示（如用手指点），然后逐步过渡到间接的口头提示。如果学生没有正确的反应，应该提供更多的帮助直到学生成功为止。

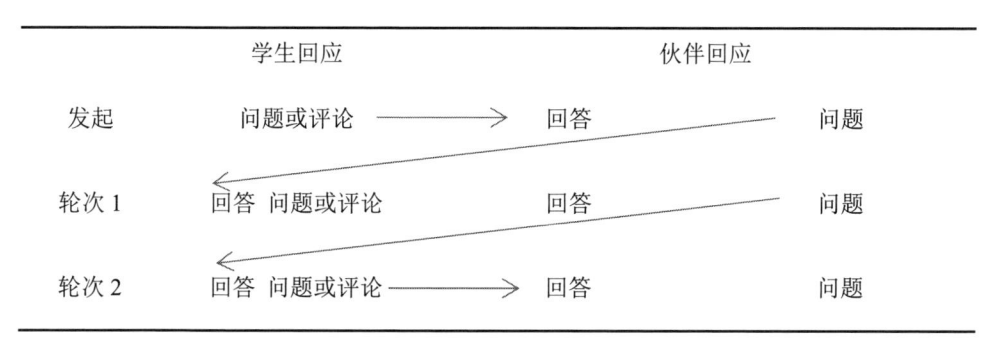

	学生回应		伙伴回应
发起	问题或评论 →	回答	问题
轮次 1	← 回答 问题或评论 →	回答	问题
轮次 2	← 回答 问题或评论 →	回答	问题

图 5-2　轮换会话教学结构示意图[1]

四、接受性沟通技能教学

接受性沟通也是沟通技能教学的重要组成部分，沟通者首先必须接触相应的实物、图表或字词等信息，也就是进行接受性的沟通学习。接受性沟通的关键在于理解沟通的具体信息。对于接受性沟通训练，视障兼有其他障碍学生是较为困难和特殊的群体。因此，本节重点讨论针对视障兼有其他障碍学生的接受性沟通"经验簿"教学。

经验簿（Experience Books）是一种其内容与学生的具体经历直接相关的触觉书本[2]。利用经验簿进行教学，尤其适用于视障兼有其他障碍（特别是盲聋叠加）的学生，是促进多重障碍学生沟通技能发展的一种有效方法。经验簿的内容和形式是基于学生最容易理解的表征水平确定的，如三维物品、符号或二维符号。因此，经验簿在其表征形式、教学功能上具有很大的灵活性（见表 5-9）。经验簿的"书页"标题可以采用印刷体、盲文（或两者一起），同时附有必要的注释。图 5-3 展示了教师运用经验簿进行教学的一个实例，可以帮助读者进一步了解其教学功能和使用方法。

---

[1] Hunt P, et al. Generalized Effects of Conversation Skill Training[J]. *Journal of the association for persons with severe handicaps*, 1990(15A): 250-260.

[2] Lewis S, Tolla J. Creating and using tactile experience books for young children with visual impairments[J]. *Teaching Exceptional Children*, 2003(3): 22-28.

表 5-9　经验簿教学特征、功能等一览表[1]

特征	基于学生的具体经验（如商店购物、拜访亲友、制作蛋糕等）
	易于学生理解的设计（内容的表征形式适合学生的认知水平）
使用功能	用于安慰（如唤起一段熟悉的回忆）
	提供信息
	指导（一步步地引导教学）
	反复练习沟通技能
	作为一项独立的休闲活动
	代表即将到来的某项活动或事件
	作为与他人互动、社交的工具
	作为他人了解学生个性、信息的一种方法
	作为存储记忆的三维选项，特别是对于无法用视觉看照片或视频的学生
教学内容	接受性与表达性沟通
	概念表征
	活动的顺序
	时间概念：过去、现在和未来
	精细动作
	早期读写技能
	社交技能
	自理技能
使用建议	承载着快乐体验的书簿
	尽可能地包括学生多方面体验的书簿
	具有操作的交互性的书簿（例如，可以打开、换页和标记页码等）
	给予更多的机会重复这些经验，书中所表征的概念会变得更易于理解

该经验簿由六幅三维触摸物件构成，首幅是学生零食袋的复制品，代表吃点心时间开始。其后依次代表不同的沟通信息。其具体代表内容如下。

① 洗手的毛巾代表在吃零食之前要洗手。毛巾用尼龙搭扣固定在后面的布料上，可以根据需要移除。

---

[1] Sharon Z. *Keys to Educational Success: Teaching Students with Visual Impairments and Multiple Disabilities* [M]. New York: AFB Press, 2016: 135.

零食袋复制品　①　②
③　④　⑤

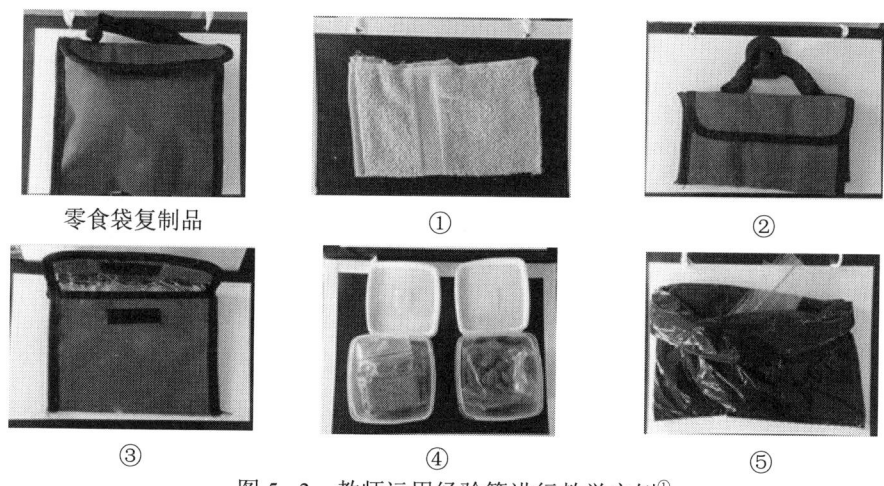

图 5-3　教师运用经验簿进行教学实例①

② 挂在挂钩上的零食袋复制品表示袋子可从挂钩上取下，从挂钩上取下袋子可用于技能的示范模仿、练习或活动讨论。

③ 零食袋复制品的顶部处于打开状态，代表可以打开和合上袋子。打开和合上袋子可以用来进行技能的示范、模仿、练习或活动讨论。

④ 两个与学生吃点心时所用食盒相同的塑料盒，每个盒内有不同的食物，代表可选择的零食。塑料盒用尼龙搭扣固定在背板上。一旦移除盖子，可以看到或触摸到两种小食，师生可讨论选项并做出选择。

⑤ 一个垃圾袋，里面有一个空的零食袋，代表扔掉的餐袋。这是沟通的最后一步。

运用"经验簿"可以完成多重障碍学生早期读写目标教学，同时它还为对话沟通和词汇等练习提供了机会。

五、沟通教学中应注意的问题

（一）谨防"语用被占"

语言运用被占（Preempting Language Use）②是指教师或家长限制了学生获得沟通机会的一种现象。这种现象普遍出现在与处于非符号性沟通水平的学生的互

---

① Sharon Z. *Keys to Educational Success: Teaching Students with Visual Impairments and Multiple Disabilities* [M]. New York: AFB Press, 2016: 135.

② Halle. Arrange the natural environment to occasion language: Giving severely language-delayed children reason to communicate[J]. *Seminars in speech and language*, 1984(5): 185-196.

动中。"语用被占"一般可分为环境被占、非语言抢占和口语抢占三种情况。环境被占是指教学物理环境的安排使学生轻易就能得到想要的玩具、材料和活动等，从而消除了提出请求的需要，导致沟通机会被剥夺或减少。非语言抢占则是指给予学生材料、玩具和活动时，对学生没有沟通期待，丧失了激发其表达需求的机会。口语抢占是给予太多的具体提示，消除了学生发起沟通的机会或需要。

要防止和纠正"语用被占"现象，教师应采取相应的策略和方法，为学生练习和强化所习得的沟通技能提供更多的机会，通常可采取延宕、保留、受阻、缺省、选择或援助等策略（见表5-10），一些策略已在前文中提及。

表5-10　防止、纠正"语用被占"的策略

1. 延宕	采取时间延宕，用期待的眼神默默地等待学生提出请求或表达需要。例如，老师先把饼干分发给学生的同伴，并利用时间延宕，拿着饼干期待地看着学生，以此激发学生提出请求。
2. 保留	老师手头留有一个完成活动必不可少的工具或材料，学生要完成活动就必须向老师提出索要请求，这样就能创造一个交流表达的机会。例如，老师给学生一盒冰激凌，但不提供勺子。
3. 受阻	刻意制造阻碍的条件，让学生不得不提出请求，如把学生想要的玩具或材料放置在能看到却拿不到的地方，激发他提出请求。
4. 缺省	只提供少量的材料或食物，以便学生提出更多的要求。
5. 选择	将可选择的材料、食物和活动呈现给学生，其中既有学生喜欢或感兴趣的，也有学生不喜欢或不感兴趣的，让学生有提出选择、请求的机会。
6. 援助	提供需要帮助才能激活的玩具，如上发条才能启动的玩具，激发学生请求帮助。

（二）处理好师生的身位

多重障碍学生通常存在着身体健康等问题，需要保持或转换特定的身位以便教学顺利有效地进行。教学时如何处理学生身位，如何处理教师的身位，以及学生沟通时所需的材料、设备或辅具如何定位等问题，将对学生的沟通起到促进或阻碍的作用。教师必须确保学生处于舒适和稳定的身位，其感官和身体易于接近沟通合作伙伴、材料或相关装置、设备。如果一个学生的身位安排得不恰当，学生就会试图努力稳定自己、接近伙伴、获得信息和材料，这些努力很可能会取代其他为沟通而做的努力，削弱沟通的效果。因此，熟悉和理解学生的身位需求很重要，必要时需要相关医疗专业人员介入，进行必要的评估以此确定最佳的身体定位。

（三）考虑学生的精力水平

从接收信息到表达信息，要经过接触信息、获取信息、准确地解释信息、设计回应动作、执行回应计划等一系列信息的处理和回应过程。这个过程对多重障碍学生是一项艰巨的挑战。考虑叠加障碍对这一过程的影响，一个熟练的、反应灵敏的沟通伙伴应该具有耐心和细心。因此，教师在这个过程中一定要给予学生充分的信息加工时间，并且能抵抗住过快介入的冲动。

当多重障碍学生把大量的精力投入互动中时，如试图集中注意力，保持最佳的身位以获得信息或进行沟通活动等，学生付出的努力应得到肯定，同时要理解学生的精力水平是有限的。沟通活动过程中，当学生出现不愿交流或参加活动的情况，要弄清楚原因。很多时候这种情况可能是由疲劳导致的精力消退引发的。对于这种情况，教师可以有计划地通过学习日的合理安排，降低要求或提供必要的休息来支持学生参与这种高需求、高注意力的活动。

（四）重视语境中的沟通学习

多重障碍学生是一个异质群体，不同的学生适合的沟通形式是不同的。所以，教师需要掌握各种各样的沟通形式和策略。学生的需要是首要的，它应该是教师理解和实施沟通教学的指导性因素。沟通技能的学习需要一定的语境支持，在学生的"真实生活"情境中进行各种沟通形式的教学可以帮助学生获得并运用这些技能，提高沟通技能教学的实效性。实际语境中的元素还可以加强学生操作与材料使用之间的联系，也可以加强接受性、表达性沟通与相关表征之间的联系。因此，教师一定要重视在语境中教授沟通技能。

沟通发展支持

对多重障碍学生来说，支持其沟通技能发展的重要性怎么说都不为过，因为沟通与学生的生活质量息息相关。制订干预计划、实施沟通教学不仅要着眼于学生的技能发展，而且要致力于创造一个激励和支持学生沟通发展的契机和环境。这样，采取有效的方法和策略来支持沟通技能的教学就显得尤为重要。本节主要从环境创设、例程安排、主体学习、辅助沟通系统运用和挑战性行为干预五个方面来讨论多重障碍学生沟通发展的支持策略问题。

一、沟通发展与环境创设

沟通离不开具体的情境，为促进多重障碍学生沟通技能的发展，教师首先需要为其创造良好的沟通环境和氛围。在日常的教学活动中，包括多重障碍学生在内的所有学生需要且受益于一个既有利于沟通，又有社会情感发展基础的学习和生活环境。从这个意义上说，教师应为与多重障碍学生的每一次互动都设计一场有意义的场景，在自然、良好的情境中与学生进行"对话"。

创造场景、增加"对话"机会的策略之一就是要关注和回应多重障碍学生的意图沟通行为。特别是对于在沟通矩阵中处于1级和2级沟通行为水平的学生，从前意图行为或意图行为向意图沟通水平发展的过程中，他们的一些表达需求的行为的发展，如关注、照顾等，往往需要依赖于他人的解释和一致性地回应。当家长或教师解释这些行为并不断地回应学生的状态和需要时（诸如饥饿、口渴、冷热、不舒服、警觉等），学生就会渐渐地知道自身的发声、身体动作可以吸引他人。反过来，这又强化了学生的发声和身体动作的意向性。

策略之二，要充分运用多重障碍学生的感觉偏好等信息营造师生之间游戏互动的场景，增加互动的机会，从而建立起一种互动关系。在这些互动过程中，教师可以通过动作、声音或视觉形象的控制等让学生有愉悦的享受并制造沟通动机。例如，有的学生可能喜欢荡秋千或玩跷跷板，也可能偏爱在弹垫上蹦蹦跳跳的感觉，或者对发条玩具的声音或动作着迷。荡秋千、玩跷跷板、弹跳活动或玩具动作暂停时，教师就可以等待学生想要继续活动的反应，这种延宕等待就创造了一个自然的沟通场景和机会。这种情境下，沟通开始时学生可能会出现微笑、大惊小怪、发声或者移动身体等行为。这些类型的反应可以被认为是想要继续活动的信号，随着时间的推移，学生的反应目标可能就直接指向沟通行为，进而对教师或家长表达真正的沟通意图，即"我以这种方式告诉你，我希望这项活动继续下去"。这样久而久之学生就可以从注视感兴趣的对象转向沟通的伙伴，即通常所说的"视觉共同注意"。他们可能会伸手触摸教师或家长的身体，或者以其他方式表明想要继续活动。如此，意图沟通也就实现了！

二、沟通发展与例程安排

在促进多重障碍学生沟通技能发展的过程中，为其建立起结构化的日常生活例程，是另一种重要的支持策略。结构化的日常生活例程主要包括物理环境的布置和相应的活动安排。物理环境中的桌椅摆放、音乐或铃声的播放等都应该形成持续一致的相关提示，以帮助学生预知每天的学习安排。例如，椅子在教室里的位置表示一项学习活动或一节课的起始，上、下课的音乐（铃声）表示一天（一节课）的开始和结束。

日常活动安排是结构化例程的重中之重，它是鼓励多重障碍学生沟通交流的重要手段。因为例程有明确的开端、系列的步骤顺序和清晰的结束提示，它们为沟通的示范、教学和强化提供了良好的情境，尤其是对于更为正式的沟通和符号性交流。日常活动例程包括简单的问候仪式或更复杂的日常活动，如做手工等。

教师应该认真分析学生的日程表，并利用例程活动安排编写一个例程的任务分析（步骤序列）来确定相关的接受性和表达性沟通目标，包括适当的词语和各种用于表示学习任务中涉及的动作和概念的具体形符。然后，教师需草拟一份与团队人员共享的沟通日程安排表，表中应详细列出教学活动的顺序、参与的人员、具体参与沟通互动的策略方法等，以确保有意义的沟通交流活动嵌入所有的日常教学例程中。

有个非常实用的支持沟通技能教学的策略，即运用"日历系统（Calendar Systems）"进行教学。"日历系统"是按照日历的序列逻辑结构组成的一系列供学生学习沟通的符号系统[①]，最初来源于美国盲—聋学生的沟通教学实践。通常的日课表或个人课表属于该系统的一种类型，只不过一般的日课表是印刷文字，而多重障碍学生的日历系统可以根据学生的符号性水平，采取不同抽象层次的表征形式。这些符号可按顺序、规则或逻辑排列，代表着学生一天的活动。因此，日历系统作为一种日程的安排，是将多重障碍学生的沟通教学定向到他们日常活动中的一种工具，也可以看作是一种支持策略。根据最适合学生的沟通形式，表示活动的标识可以是三维物品、符号（包括全部或部分物品）或二维符号（包括照片、图片和线条图），在某些情况下，也可以是三维标识和二维标识的组合。例如，对于理解二维标识的学生，最初可能需要更具体的形式来表示新的活动，直到他们熟悉为止。利用日历系统可以建立一个例程。譬如，对于孤独症学生，可以按作息时间的活动顺序，给予相应的视觉图片提示，制成视觉提示表。对于视障兼有其他障碍的学生，可以将实物配以照片、文字（活动名称）并按顺序排列（见图5-4）。

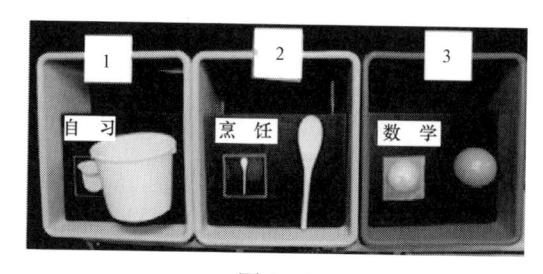

图5-4

我们这里描述一个运用日历系统支持对视障兼有其他障碍的学生进行沟通教学的典型案例。

---

① Sharon Z. Keys to *Educational Success: Teaching Students with Visual Impairments and Multiple Disabilities*[M]. New York: AFB Press, 2016: 173.

①学生和老师一起安排日程表中的活动项目。

②老师鼓励学生触摸、观察每一个活动项目标识。老师和学生就相关的活动进行交谈，包括活动的名称或其他问题。例如，学生在每项活动中要做的事情、每个活动的参与者、活动的地点、活动的喜好等。

③学生按顺序把相关的活动项目标识和它所代表的特定活动联系起来，确认自己将要做什么。进行需要携带物品的简单行动时，学生所携带的物品也可以提醒学生要去哪里。活动发生的区域或地点可以用相同的项目标识标记。学生可以将携带的物品与地点或区域中的同一个物品相匹配来确认自己的位置是否正确。

④当一个活动项目完成时，学生带着项目标识返回到设置有日历系统的课桌旁，并将标识放置在日历系统规定的"完成"容器中。老师和学生也可能会谈论哪些活动已经完成（触摸或查看已空的地方），哪些还没有完成（触摸或查看剩余的项目标识）。

⑤学生在日历系统中选择下一个项目，并按步骤③再次开始例程性的活动。

三、沟通发展与主体学习

学生是学习的主体，尽管多重障碍对学生学习的主体意识和积极主动性带来挑战，教师在沟通技能教学中也应重视发挥学生的主体作用。提供选择的机会和以学生为导向的教学是促进沟通发展的两个重要支持策略。

让学生在互动的沟通情境中学会选择既是一项重要的技能，也是激发学生沟通意识、拓展沟通功能的重要手段。提供选择可以鼓励学生提出请求、增加眼神接触、用手指点或使用词语等，同时也可以激励他们做出自我决定、表达自己的需要和兴趣。提供有意义的选择应贯穿于整个学习日，可以安排在晨会、课间餐和课堂活动等任何活动中。在为学生提供选择时，要把评议或问答的机会有机地嵌入活动中。比如，在组织学生一起开展阅读活动时，应要求每名学生回答自己想选哪本故事书。可以通过实物、有形符号、带有文字卡的图片和语音输出设备等在活动中给予学生沟通支持。

一般而言，通过提问来做选择是常见的方法，提问内容主要包括三个方面：想要做什么？更想做什么？想与谁一起做？问出这些问题后，至少需要为学生提供两个以上的选择。请看下面的具体例子。

①想做什么？比如，向学生展示两个玩具说："你是想和小狗玩，还是想和小熊玩？"

②更想做什么？比如，给学生看两包点心，然后说："饼干和面包，你更想吃哪个？"

③想和谁一起做？比如，给学生看两张不同人物的照片，说："你想和小明一

起玩,还是和小琴一起玩?"

通常在开始提供选项时,可以向学生呈现一个他高度期望的东西,同时连带一个他不想要的或兴趣一般的物件(活动)。对于处于意图沟通行为水平的学生,他可以通过触摸、注视或身体朝向某物等行为表示自己的选择。即便教师可能知道学生喜欢其中的哪一项,但学生最初的反应很有可能只是随机的,并不能反映其真实的爱好。如果学生恰恰选择了较不感兴趣的物件,应允许他们拿着一段时间,然后再次进行选择。对于一些学生来说,从两个首选项目中做出选择是比较困难的。因此,有必要让学生在一个优选的和非优选的项目,或一个优选项目和一个代表"没有"的空白卡片之间做出选择。这可以帮助学生理解做出选择的重要性。

另一个促进沟通发展的基本策略是遵从学生的意向或顺应学生对某个物体、某个人或某个活动的兴趣,进行以学生为导向的沟通支持。学生的某项兴趣可以用作沟通话题来激发其参与话题轮换的动机。

有些学生的兴趣领域会比较明显,有些障碍程度较重的学生则不那么明显。因此,要想发起一次共同兴趣的交流或谈话,教师可以顺应学生的兴趣、爱好及其行为状态并加入学生正在进行的活动中。当学生探索某些物件时,教师以非侵入的方式介入,即不是用教师的手控制或引导学生的手,而是在学生旁边一起"玩"或使用"手下手"的方式(教师把自己的手放在学生的手下面)进行活动。例如,如果学生对瓦楞纸感兴趣,并把手指放在瓦楞纸的边缘上摸索,教师也可以做同样的动作。在和学生一起"玩"的过程中,教师也可以就物件的"把玩"发起新的动作,并邀请学生轮流做新动作。这一轮换可以通过对有关物件功能、特点的口头评议来强化。特别需要注意的是,不要用口头评议来"轰炸"学生,过分的唠叨可能适得其反,使学生远离探索的对象。一般情况下,教师应在学生完成自己的轮次后再发表评议,这样学生就可以把注意力集中在教师说的话上,而不是某个物件上。

当学生表现出真正的沟通意图时,教学的重点应放在帮助学生掌握更具表征性和形式化的沟通理解与运用上,最终达到使用语言的目的。在学生与他人之间,建立一个多维度的沟通活动情境,同时将鼓励、期待和强化等措施贯穿其中。

四、沟通发展与辅助沟通系统

辅助沟通系统是除了言语与语言以外所有辅助性沟通支持的总称。这与美国的"扩大和替代沟通(Augmentative and Alternative Communication,AAC)"概念基本一致。在美国,AAC 的定义有广义与狭义之分。狭义的 AAC 仅指那些复杂的具有高科技含量的沟通辅具设备。美国言语语言听力协会（American Speech-Language-Hearing Association）认为 AAC 是"除了口头语言外，用于表达思想、需求、愿望和想法的所有的沟通形式"①，也就是"为有效满足言语语言不能满足的沟通需要而开发的所有工具"①。从广义的角度看，除了言语语言外，实物、照片、图片、线条画和触觉符号等都属于 AAC 的运用范围。有关沟通形式选择与运用的讨论，也可以看作是广义辅助沟通系统中的问题。

辅助沟通系统有两种划分方式。一种是从功能发挥的性质上分为扩大与替代两大类。扩大沟通系统是指因言语沟通不足，通过使用辅具装置等补充或加强现有的言语沟通技能。替代性沟通系统是用于无语言能力个体的一种替代性沟通方法②。另一种是根据使用者的情况，分为内源性的辅助与外源性的辅助。内源性辅助沟通依赖于个体自身的身体传递信息，如手势、肢体语言或手语等。外源性辅助是指除了个体的身体之外，还需要使用的工具或设备。外源性的沟通辅助既包括纸、笔、沟通簿或沟通板，也包括产生语音输出的设备等。现代电子通信辅助装置可以帮助使用者用图片符号、字母、单词和短语传达信息。有关辅助沟通系统的研究成果已被广泛地用于学习障碍，孤独症谱系障碍和感觉、身体损伤儿童以及成人的沟通中。通过一项或多个系统的组合支持，可以帮助多重障碍学生发展全面的沟通方式，有效地促进学生沟通技能的提高。当然，与沟通形式的选择一样，辅助沟通系统的选择、使用并不是随意的，也不是适用于所有障碍类型的学生。辅助沟通系统的运用关键取决于学生的运动能力、认知能力和感觉能力，这是一切的前提和基础。

多重障碍学生使用最多的是用于表达性沟通的声音输出辅具（Voice Output Communication Aids，VOCAs）。这类辅具众多，包括从简单的信息设备到复杂的平板电脑或基于计算机的智能系统。这些装置设备有多种改装方式，如将三维的形符附加到简单设备的信息按钮上，或者在复杂的装置上调整图标、字母或文字的大小及色彩的对比度等。

在选择使用沟通辅具前，需要对多重障碍学生进行认真的评估，以确定使用什么辅具设备是最合适的。当学生有多重障碍时，评估需要以团队合作的方式进行，不能简单地靠某一个人或某一方面的专业人员实施。评估团队成员的组成应根据个别学生的具体需要而定，除了辅助技术专家之外，还应邀请言语语言病理学家参与进行辅助信息的选择和组织，作业治疗师或物理治疗师一般负责确定学

---

① www.asha.org/public/speech/disorders/AAC/

① Burkhart. Key concepts for using augmentative communication with children who have complex communication needs. http://www.lburkhart com/hand_AAC_OSU_6_08.pdf

② Westling, Fox L. *Teaching students with severe disabilities(4th)*[M]. New jersey: Person Education Ltd, 2009: 183.

生使用设备装置的最佳方式，教师则帮助识别学生的相关信息。例如，学生的多重障碍中兼有视力受损时，视障专业的教师可以向团队提供关于学生视觉、触觉和听觉能力的信息以及相关需求的建议。

五、沟通发展与挑战性行为干预

沟通是获得对环境的控制并影响他人的有力手段。通常，多重和重度障碍学生的沟通能力非常有限，他们甚至没有正式的沟通方式可以选择。因此，这类学生经常会用一些挑战性行为来影响他人，以图达到某种期望的结果，如引起注意或中断正在进行的学习任务等。一些学生即使有正式的沟通技能，也会把挑战性行为作为自己想要达到目的的最有效手段。因此，如何在沟通过程中实施挑战性行为干预也是在支持策略方面需要探讨的话题。

目前，进行功能性行为评估，在此基础上制订行为干预计划是当今特殊教育领域公认的理解和解决挑战性行为比较有效的方法。功能性行为评估背后的理论基础是认识到行为体现了学生的目的，即试图获得某种东西、回避某些事情或进行自我调节等。从本质上讲，行为带有信息，可以作为沟通的手段。不同的实践者和研究者都强调，所有的挑战性行为都是一种沟通。基于这样的认识，教师在平时的教育教学中，一方面要注意向学生提供更常规的表达相同信息的方式，另一方面应努力减少并最终争取消除学生挑战性行为的影响，以实现建立期望的沟通方式。例如，如果确认一名学生在做作业时感到受挫就会通过扔笔、撕纸的行为得到帮助，那么教师可以设计一个带有"我需要帮助"的信息沟通装置，教会学生在需要帮助时使用它。当学生发出这样的信息时，教师就去帮助学生。此外，教师平时应注意观察学生的行为反应，当意识到学生因学习任务困难而感到沮丧，并通过肢体语言有所表现时，教师可以在具体的挑战性行为发生之前进行及时干预。

从沟通的角度来看，挑战性行为可能是无意的，也可能是有意的。前意图的沟通行为仅仅是学生对当前情况的反应或对当前状态的表达，不是针对他人的。意图沟通则是指向他人的，目的在于影响那个人的行为。无论学生的沟通行为是有意的还是无意的，我们进行干预的目标都是改变学生的行为。

多重障碍学生的沟通需求是多样的，而且常常是复杂的。教师在解决这些需求方面起着重要作用。为了有效地与学生沟通，支持学生沟通技能的发展，教师一定要树立"全纳性交谈（Inclusive Talking）"[①]理念。"全纳性交谈"意指不管实际使用的沟通媒介是什么，都要把所有的学习者纳入"交谈"。它超越传统意义上

---

① Penny Lacey, Rob Ashdown. *The Routledge Companion to Severe, Profound and Multiple Learning Difficulties*[M]. London: Routledge, 2015: 281.

对"交谈"的标准定义,即把仅限于言语活动的交谈扩展到各种形式的沟通上。尽管有不少的多重障碍学生不使用言语,他们可能会用手势、图片或语言之外的符号来"交谈"并理解别人所说的话,也可能使用辅助技术来替代他们"说话",但这并不妨碍该群体与他人进行沟通交流。因此,"全纳性交谈"的概念反映了人们越来越多地采用辅助技术和替代沟通系统,以及更具有"全纳性"的教育观念:所有学生的沟通权利都应得到保障和尊重,即使是在沟通上面临严峻挑战的多重障碍学生也有沟通的潜能与适合其身心发展特点的沟通方式,促进学生沟通能力发展的关键因素之一是教师的态度与观念。秉承这种沟通教育理念,教师应积极为学生创造一个"全纳"的沟通交流环境,使师生都成为沟通环境中沟通主体的一部分,让每个学生都能预知接下来发生的事情,鼓励学生提出要求、做出决定,进而创造出更多的沟通学习机会,促进学生的沟通技能发展。

第6章　行为干预：走向课程的文化实践

多重障碍学生教育面临的重要挑战之一就是如何应对学生在学习中的挑战性行为。挑战性行为如果不能得到有效解决，不仅会严重影响到学生的课程学习，还"可能使学生面临被社会孤立、医学并发症出现概率增加以及被迫接受高度侵入性行为干预的风险[1]"。面对学生的挑战性行为，教育者有时会试图通过强制性的限制或取消权利的方式进行处理，或者采取其他惩罚干预措施来暂时中断这些行为。这样做往往会强化教师的惩罚手段并会对其产生依赖，而且使用训斥和取消权利的方式并不能教会学生将挑战性行为替换为可被社会接受的行为。如果挑战性行为可以取得别人的关注，那么学生可能会再次做出这样的行为，教师可能就会重复应用上一次成功的策略，从而形成挑战性行为与无效干预的恶性循环。因此，如何认识挑战性行为，如何应对多重障碍学生的挑战性行为，不仅需要从理论上了解有关行为干预取向的演进，还要从教育学的视角来看待行为干预的问题，树立正确的行为干预理念，确立行为干预的课程地位，掌握科学、有效的干预方法与策略。本章讨论的前提假设是读者已经掌握最基本的行为干预知识，重点聚焦当代行为干预理论与实践对特殊教育的影响和针对多重障碍学生挑战性行为的有效干预策略。

多重障碍学生与挑战性行为

从刺激反应到操作性条件反射，再到应用行为分析，行为理论的发展为学习理论的发展奠定了坚实的理论基础。当代应用行为分析理论从文化的视角看待学生学习中的行为问题，为理解挑战性行为和实施有效的行为干预起到了功不可没的作用。

---

[1] David L, Westing, Lise Fox. *Teaching Students with Severe Disabilities(4th)*[M]. New jersey: Person Education Ltd. 2009: 314.

一、应用行为分析的发展

1968年,《应用行为分析杂志》在美国创刊,研究者将学习行为如何发生的研究由特殊教育机构转向普通学校。从那时起,众多的研究表明,环境的变化会改变人的社会行为方式。20世纪60年代至70年代,行为矫正(behavior modification)[1]成为描述这种现象最流行的术语。相关研究和应用着眼于"矫正"挑战性行为,大多数研究者主张通过后果干预(即行为发生之后的反应,包括强化和惩罚)影响行为。随着时间的推移,研究者逐渐意识到先行干预的重要性,干预方法由单纯的后果干预转变为既包括后果干预,又包括先行干预,即在目标行为发生之前改变环境,从而消除挑战性行为。这种更为主动和更具预防性的方法也就是通常所称的行为管理(Behavior Management)[2]。1982年,岩田、多尔西、斯里弗和包马(Iwata, Dorsey, Slifer& Bauma)等进行的有关自伤行为的开创性研究标志着行为管理方法论的研究和应用取得了重大的突破。研究者认为,每个个体都有独特的学习经历,不同的个体所表现出的挑战性行为可能看起来相同,但它们可能是由不同的环境变量所导致的[3]。例如,一名学生做出自我伤害行为可能是为了引起教师的注意,而另一名学生做出自伤行为则可能是为了避免不太喜欢的活动。

因此,研究者认为,为了设计最有效的干预措施,人们必须评估每个行为的功能,然后根据其具体的行为功能制订相应的干预措施。行为干预从只关注控制先行与后果,转变为注重评估与行为相关的整个环境。这种基于行为分析原则的行为管理方法就是众所周知的应用行为分析(Applied Behavior Analysis, ABA)。以 ABA 为理论基础的经典行为干预方法由三个部分组成:积极的行为干预和支持、干预前的功能性行为评估和以数据为本的决策。

二、挑战性行为的文化解读

传统的行为研究中,往往是以"问题"或"麻烦"来定性挑战性行为,将其称为问题行为(Problem Behavior)或麻烦行为(Troublesome Behavior),做出这些行为的人不能遵守公认的行为规范和道德标准,不能正常地与人交往和参与学习。

"挑战性行为"一词最初是由北美重度残疾人协会(The Association for People with Severe Handicaps)提出,目的是为了取代异常、错乱、功能失调、适应不良

---

[1] Sharon Z. Sacks, Mary C. *Keys to Educational Success*[M]. New York:AFB Press, 2016.

[2] Sharon Z. Sacks, Mary C. *Keys to Educational Success*[M]. New Yoek:AFB Press, 2016.

[3] Iwata B, Dorsey M, Slifer K, Bauman KE. Toward a functional analysis of self-injury[J]. *Analysis and Intervention in Developmental Disabilities*, 1982(2), 3–20.

或问题、麻烦行为等一些相关术语，后者曾被用来描述重度障碍学生学习中所表现出的广泛的行为类别。这些行为包括攻击行为、破坏性行为、自伤行为、陈规陋习和一系列其他可能对个人有害的行为（例如，吃不可食的东西）、挑战看护者或教师等行为（如不服从、持续尖叫、睡眠模式紊乱、过度活动）。埃默森（Emerson）将挑战性行为一词定义为"文化上的异常行为（Culturally Abnormal Behaviors），其强度、频率或持续时间可能对其自身或他人的人身安全产生严重威胁，或严重限制其功能，导致被普通社区生活排斥"[1]。

以"挑战性"定义文化上的异常行为，把行为中的"问题"看作一种"挑战"，明确"挑战性行为是一种社会建构"[2]，同时也强调了社会、文化期望和规范在定义行为中的重要性。这实际上是将行为看作一种文化表征。在特定的环境下，行为是否被定义为具有挑战性，将取决于以下因素：行为是否符合个体的年龄、性别和发展程度；行为发生的时间、地点是否适当；周围他人对行为的看法；行为对个体来说是否过频。换言之，判断行为是否有"挑战性"必须基于行为的情景条件。一种行为在某种情境中可能不会被视为挑战性行为，但在另一种情境中可能就会是挑战性行为。例如，尖叫和踩脚在围观球赛时是正常行为，但如果是在教室发生，这样的行为就存在很大的问题，会被视为挑战性行为。

从"问题行为"到"挑战性行为"，术语的变化演进反映了行为理论研究的不断深入，也反映了二十世纪以来以布鲁纳为代表的教育研究从心理学本位的"认知结构"逻辑向教育学本位的"文化实践"范式的转变[3]。比起传统的问题行为、麻烦行为等术语，埃默森等人认为，使用挑战性行为这一概念至少有三个方面的理由：消除了隐含假设的行为特征；聚焦于行为文化的非典型性；有助于社会问题得到关注和解决[4]。

首先，它没有关于行为特征的隐含假设。传统的以异常、无序、问题或麻烦等术语来描述行为，都无助于弄清行为的形成以及行为与正在发生事件之间的关系和性质。因为大量的证据表明，对一些人来说，挑战性行为可能既有序，又有适应性。事实上，许多挑战性行为可以被解释为（至少在短期内）是对"挑战性环境"的一种适应反应。

其次，在社会文化环境下，这一术语专门用于形容显著异常或奇怪的行为。

---

[1] Emerson E, Bromley J. The form and function of challenging behaviours[J]. *Journal of Intellectual Disability Research*, 1995(39): 388–398.

[2] Emerson, Einfeld. *Challenging Behaviour*[M]. Cambridge University Press, London: 2011.

[3] Lutkehaus N, Greenfield P. *From the process of education to the culture of education: an intellectual biography of Jerome Bruner's contributions to education*[M]. New Jersey: Lawrence Erlbaum Associates Inc, 2003: 417-418.

[4] Emerson, Einfeld. *Challenging Behavior*[M]. Cambridge University Press, London, 2011: 4.

跳出社会文化环境，挑战性行为仅指对人们的身体健康造成重大风险的行为或为阻碍参与社会生活而采取的行动。因此它排除了在统计学或文化学中不常见的但对身体或社会影响较少的行为。对此，埃默森强调，挑战性行为与精神障碍存在着联系，挑战性行为和某些类型的精神障碍表现（如儿童的品行障碍）之间确实存在很大的重叠，但二者并不是同一概念。并非所有精神疾病患者的行为（如焦虑、轻度抑郁）都会使该人或其他人处于危险之中或导致该人难以被社会环境所接纳。

最后，"挑战"这一术语的使用可能有助于关注社会问题产生和解决的过程。也就是说，它可能有助于将个人"病理学"的相关问题放在社会和人际环境中进行分析，从而找到教育、医疗等社会服务体系中存在的问题与不足之处。行为的"挑战性"意味着此类行为会对教育服务产生挑战，而不是行为主体自身的问题[1]。也就是说，当用"挑战"代替"麻烦、不正常"等术语时，其用意是强调问题往往是由一个人得到支持的方式和他自己的特点共同造成的。

埃默森对挑战性行为术语哲学取向的阐述代表着当今主流的行为学理论观点，即把一种情况理解为一种挑战，而不是一种问题，可以促使人们采取更具建设性的对策来应对学生的挑战性行为。当然，如果认为术语上的微小变化能够在实践中带来重大变化，那当然是错误的。当我们实施具体的行为干预时，并不会忽略挑战性行为本身给学生学习带来的各种消极影响和问题。

三、多重障碍学生的挑战性行为

学习中的挑战性行为是所有教育者都必须应对的问题。挑战性行为不仅出现在多重障碍学生身上，也出现在没有障碍的学生身上。许多挑战性行为往往集中地表现在课堂上，如随意离开座位、干扰他人、情绪波动、自我伤害等（具体见表6-1）。这些挑战性行为严重地影响到了学生的学习和教师的教学。课堂上常见的这些行为问题往往出现在那些有身体残疾，特别是有感觉缺陷，不能通过看、听来学习的学生身上，由于感官或认知功能的限制，他们难以得到明晰的指导。

表 6-1　课堂中的挑战性行为一览表

1	随意离开座位
2	不合时宜地讲话
3	对他人做出粗鲁的评论
4	咒骂

---

[1] Blunden R, Allen D. *Facing the Challenge: An Ordinary Life for People with Learning Difficulties and Challenging Behaviours*[M]. London: King's Fund, 1987.

续表

5	不听别人说话
6	拒绝
7	扔东西
8	对同学和教师或轻、或重的侵犯
9	自我刺激行为
10	自伤行为

比起那些身心没有障碍的学生或有轻度障碍的学生，多重障碍学生的挑战性行为更为严重。我国目前还未见相关的研究内容。国际上，有关挑战性行为的严重程度和出现频率的研究结果各不相同，但研究者普遍认为，重度、多重障碍学生出现挑战性行为的可能性大大高于平均水平。梅尔（Male）的一项研究显示，有近 25%的重度障碍学生会出现挑战性行为[1]。一些英国特殊教育学校的报告显示，50%的重度障碍学生会在学校生活中的不同时期表现出某种形式的挑战性行为[2]。艾因菲尔德和埃默森（Einfeld & Emerson）在 2005 年至 2011 年在英国和澳大利亚进行了一系列研究，研究表明 29%的智力障碍儿童会有严重的情感表达、社会交往困难[3]。

目前，行为学界使用分类的方式具体描述多重障碍学生的挑战性行为，即把问题行为归为四个主要类型：刻板行为、自伤行为、攻击行为和社交不适行为。这种分类定义完全是为了便于对这类行为进行理解，也是讨论挑战性行为的通用术语。

刻板行为指以固定节奏反复运动身体或身体部位的行为。当这些刻板行为超过一定限度引起了他人的负面反应或者影响了个体对其他活动的参与，那么这些行为就成为挑战性行为。刻板行为一般表现为摇头、搓手指、含手、摇晃等。刻板行为的功能又可分为自我刺激、例行习惯、抽动行为、强迫行为等。

自伤行为指个体自己伤害自己的行为。研究者认定的自伤行为包括撞头、打耳光、抓眼睛、咬手等。在挑战性行为中，自伤行为是最恐怖的一类行为，因此行为

---

[1] Male, Male D. Who goes to SLD schools?[J]. *Journal of Applied Research in Intellectual Disabilities*, 1996(4): 307－323.

[2] Porter J, Lacey P. What provision for pupils with challenging behaviour? A report of a survey of provision and curriculum provided for pupils with learning difficulties and challenging behaviour[J]. *British Journal of Special Education*, 199926(1): 23－28.

[3] Einfeld S, Emerson E. *Challenging Behaviour: Developing knowledge-based approaches to the prevention of challenging behaviours*[M]. Sydney: University of Sydney, 2013.

治疗师可能会采用一些极端的具有侵入性的干预措施。一般来讲，自伤行为与残疾程度、神经系统损伤程度和刻板行为出现的频率都有关系。

攻击行为是指那些具有破坏性的伤害或毁坏他人或财物的行为。攻击行为通常作为普通发怒行为的一部分，并随着一连串的其他行为（如尖叫、哭泣、破坏财物和攻击他人）一同发生。另外，一些人还存在被动攻击行为，如在被要求时拒绝、逃跑，反抗控制时出现其他攻击行为。

社交不适行为是指各种反社会性的行为，包括公开自慰、不适当的亲昵行为、狂笑、尖叫、咒骂、藏匿物品或食物，以及不适当或不切题的交谈。这些行为似乎是没有学习适当的社交技能的结果。

从符号学的观点看，仅仅将行为分类或简单地命名一个行为，这无助于干预措施的选择。学生的各种行为问题，只是问题的表象，不是问题的原因和目的。每一种行为的背后都有其功能，在确定行为干预的措施之前，先要理解行为的功能或目的。例如，一个学生有攻击行为，是因为他有视觉障碍，看不清；而另一个学生有攻击行为，他却是想表达挫败感。从功能性的角度看，应具体考查个体行为的独特原因，这样才能对症下药，解决问题。正是基于对行为文化建构的理解，才奠定了当代积极行为支持干预的理论基础。

行为干预的课程地位

行为分析学理念与方法的不断发展，使得系统性行为干预技术广泛应用于教育领域，对促进学生的学习起到了不可低估的积极作用。关于挑战性行为的研究涉及教育学、心理学、医学等不同领域。在特殊教育领域，由于学生自身障碍的影响，尤其是在多重障碍学生身上，学习中的挑战性行为表现得更为突出。从学习的视角看，行为干预是教育的重要内容，但从"治疗"角度看，改变行为可视为一种医学临床手段。如何看待行为干预在教育领域中的运用，如何确立行为干预的课程地位，这些都是当代特殊教育领域比较关注的话题。

一、教育行为学概念的提出

多重障碍学生教育面临的主要困难之一就是挑战性行为。虽然行为问题一直困扰着教师的教学和学生的学习，但是长期以来，由于传统行为干预范式的影响，行为问题的解决往往被视为医学的问题，而非教育的问题。譬如，即使挑战性行为发生在学校，有关行为干预的问题往往也会交由具有行为心理、精神医学专业背景的行为治疗师为主组成的团队进行处理。"这种在教育体系中采用治疗思想的行为干预范式逐渐成为主流，并使教育的核心偏离了传统的教学知识角色"[1]。不少特殊教育研究者认为，"治疗式教育"需要被纠正，他们担心过多地依赖医疗为主的团队干预范式，可能会模糊教师的责任，阻碍教师发展行为干预的专业能力[2]。这种担心并不是针对批评医疗专业支持团队提供的行为干预服务本身，因为当出现一些极具危险、破坏性的挑战性行为时，教师必须得到医疗人员的专业支持，以应对危机。他们试图强调的是，在以医疗为主的团队干预范式中，教师往往是被动的，大多数情况下是在挑战性行为出现时，医疗专业人员才介入并提供必要的建议和培训等。从教育的视角来讲，学校对待挑战性行为需要防患于未然，要结合课程与教学为挑战性行为的干预朝着积极的、系统化的方向发展创造条件。因此，教育人员必须充分认识到这些条件的创造是学校课程的一个关注点[3]。

从实际的行为管理主体的角度来探讨，具体负责教育教学的教师应是学生行为的实际管理者。在"医疗"范式下，教师往往会形成等待或依赖的心理，即要么消极地等待行为发生，然后再尝试解决问题；要么借以非专业的理由，把应尽的责任和义务转交给医疗背景的专业人员。这就将行为管理进一步推向了被动的境地。这种被动态度的产生往往是由于教师把行为支持看作非教育属性的内容。譬如，在课程设计的层面上，教师没有将行为干预看作向学习者传授技能或解决问题的课程，没有像语文、数学等科目那样给予行为干预相应的课程地位。基于此，英国伯明翰大学教授，著名的重度、多重障碍学生研究学者伊姆雷提出了"行为教育学"（The Pedagogy of Behavior）[4]的命题，主张将行为问题与课程建设联系起来。

无独有偶，有着同样思想倾向的并不只有西方国家的学者，我国学者也有类似的观点。虽然我国学者没有提出较为完整的论述，但也试图强调行为矫正是教育领域的重要内容，提出了"教育行为矫正"的概念。陕西师范大学兰继军教授就在其主编的《教育行为矫正》一书中提出："教育行为矫正是指在家庭教育、学校教育、社会教育中，对个体行为进行有目的的干预，使其行为向符合社会要求的方向发展的综合方法。"[5]之所以提出"教育行为矫正"的概念，是因为兰继军

---

[1] Ecclestone, Hayes. *The Dangerous Rise of Therapeutic Education*[M]. Abingdon: Routledge. 2009: 28.
[2] Taylor, Francis. *The Routledge Companion to Severe, Profound and Multiple Learning Difficulties*[M]. New York: Routledge, 2015: 193.
[3] Taylor, Francis. *The Routledge Companion to Severe, Profound and Multiple Learning Difficulties*[M]. New York: Routledge, 2015: 193.
[4] Imray, Hewett. *The Routledge Companion to Severe, Profound and Multiple Learning Difficulties*[M]. New York: Taylor and Francis, 2015: 192.
[5] 兰继军. 教育行为矫正[M]. 徐州：中国矿业大学出版社，2017. 2-4.

主张强调或突出行为矫正在教育中的应用。教育行为矫正"涉及社会教育、学校教育、家庭教育等领域，包括对教育者、学习者行为的干预与训练，特别是更加关注两者的互动关系，即教育者的行为对学习者行为发展的影响，以及学习者行为特点所引起的教育者教育教学行为的改变等"。兰继军强调行为矫正关注的行为是通过学习获得的，"是依据学习原理来处理行为问题，从而引起行为改变的客观、系统的方法"。基于此，他将行为矫正与心理治疗的概念做区分，排除了仅因生理成熟与衰退疲劳、疾病药物和手术等因素导致的行为改变，也就是说，虽然心理治疗中包括行为疗法，但不能与行为矫正完全画等号。

尽管"教育行为矫正"中的"矫正"仍带有医学色彩，但其概念的内涵赋予了行为干预崭新的意义，实现了行为干预服务的教育转向。"与传统的行为矫正或行为改变技术相比，教育行为矫正更关注行为矫正在教育领域的应用，注重在自然状态下对个体行为提供支持，在实施过程中也充分发挥认知因素和情感关怀的作用，以教育对象为本，贯穿尊重、包容理念，着眼于良好行为的建立与对问题行为的预防，以促进教育对象身心健康、和谐发展。"可见，无论是"教育行为矫正"，还是"行为教育学"，这两个概念在教育取向上都有异曲同工之妙。

二、伊姆雷行为课程的意涵

伊姆雷认为，确立挑战性行为干预的课程地位，首先应把多重障碍学生的挑战性行为视为一种可以理解的正常现象，即由残疾障碍、学习困难等导致的后果。"学习中的行为问题意味着学校必须把与行为相关的情感活动视为一项重要的课程内容。"[1]对某些多重障碍学生来说，这项课程内容在所有课程中甚至是最重要的。因为对该群体来说，在帮助他们调整、改变挑战性行为产生的情境之前，教师很难期望他们取得学业上的进步。由于行为背后的原因往往是多种多样的，可能涉及复杂的心理和神经性的生物学因素，因此其处理、解决的方案也应是复杂的。

伊姆雷通过梳理和总结重度、多重障碍教育研究中有关行为教育的观点、经验，试图提供一个关于行为与课程建设的价值体系，并通过逐条列举相关课程教学的基本原则，为行为课程的建设实践提出指导方向，其概括起来可以表述为两个概念性的内涵：应对与帮助。

（一）应对

伊姆雷的"应对"观点包括心理准备和行动定向两个方面。这两个方面都可

---

[1] Taylor, Francis. *The Routledge Companion to Severe, Profound and Multiple Learning Difficulties*[M]. New York: Routledge, 2015: 198.

概括为需要有"应对"的课程意识。心理准备强调的是教师要对多重障碍学生出现的挑战性行为有正确的认识。从个体的生活方式来看,教师要意识到对于多重障碍学生来说,出现"挑战性行为是正常的"[1]。当然,这并不意味着每一个多重障碍学生都会经常表现出挑战性行为。提出挑战性行为的出现属于"正常"现象,旨在强调教师要有行为教学的课程意识,行为干预像其他教育内容一样,都是"正常"教学内容的一部分,是需要应对的学习问题,教师要具备相应的基本教育干预技能。有了这样的课程意识,教师才能在团队合作中对学生的具体行为表现给予足够的关注,在日常的教学活动中脚踏实地地工作,以应对多重障碍学生的学习感受及其行为表现。

行动定向强调的是教师在正确认识的基础上,具有课程应对的相关知识和能力,即在日常的教学活动中要向学生提供一个适宜、有序的社交环境。对于在沟通、认知、心理和情感等发展领域仍处于早期阶段的学生,这种环境的创设应具有促进理解、包容和支持的功能。因此,这种应对意味着一种积极的态度和积极的文化氛围。它摒弃了任何惩罚和消极态度,体现为与学生的合作,而不是抗衡。这甚至可能意味着把诸如"不"和"不要这样做"之类的负面语言抛在我们身后[2],因为这些语言不能告诉学生他应该做什么。如果只是因为学生有过错而责备他,这样不仅解决不了问题,还会使学生继续犯错。除了在心理准备和行动定向上要有"应对"的课程意识,伊姆雷认为应对还包含着一系列的具体内涵。

应对意味着要仔细观察学生行为的触发因素,学生出现挑战性行为的背后原因可能是复杂的,但其触发的因素则可能更清晰些。只有从学生的角度考虑,才能发现这些触发的因素。有时,教师可能会认为自己要求学生做的事情是合理的,但在学生看来并不是这样。

应对意味着要学会抓主要矛盾。对于多重障碍学生来说,挑战性行为有时只表现出一种,或只在某种情况、某个活动、某个环境中出现。大多数时候,在各种不同的情况和环境中,学生会有不同的行为表现。面对着这种情况,如果教师试图全面处理这些行为,那么会让自己的工作变得非常困难,对于学生来说,改变所有挑战性行为几乎是不可能的。因此,应对意味着团队成员要优先考虑干预的实效,必须抓住多种挑战性行为中影响最大、最重要的问题作为首要解决的目标,然后再逐渐地处理其他行为。

应对还包括帮助学生在行为再次发生之前解决问题,而不是提心吊胆地等待行为发生。把行为作为课程对待,意味着展现积极的行为是一项需要学习的课程

---

[1] Hewett. Challenging behavior is normal. People with Profound and Multiple Learning Difficulties[M]. London: David Fulton, 1998.
[2] Imray. Saying "NO" to "no"[J]. The SLD Experience, 2012(64): 17−2.

内容，因此教师必须从积极的角度来对待它，而不是消极等待。对待多重障碍学生的挑战性行为，不应该只是要求"不打"或"不咬"或"听从我的指令"。教师要思考：学生可以做什么来替代这种"打""咬"或拒绝指令的行为？如果学生因为没有其他方式来表达自己的感受和需要，而采取打人、咬人或拒绝指令的行为，又该如何帮助他们表达。如果学生采取其他表达方式后，仍会出现挑战性行为，教师在帮助学生时就不仅要倾听，还要找到挑战性行为产生的真正原因并将其消除。从逻辑上讲，一旦消除了让学生产生压力的因素，行为就会停止或大幅减少[1]。

最后，应对还包括明智的、实用的行为危机应急事件管理方法。所有教师都要了解基本的危机干预技术，并能相互合作努力把控学生的极端感受和行为。休伊特（Hewett）提出了在面对挑战性情况时教师应遵循的实践原则（见表6-2）[2]。

表6-2 面对挑战性情况时教师应遵循的实践原则

1. 尽量避免因自身的行为方式加剧事件的严重性。
2. 保持冷静和理性，然后再采取行动。
3. 不要拥在学生的周围，一次以一名教师作为主要沟通者为宜。
4. 努力寻求有效积极的结果，摒弃赢家和输家的思想，避免与学生发生不必要的冲突，掌握并运用避免和消除冲突的技巧，特别是要为学生提供结束事件的选项。
5. 执行优先原则，第一要务是成功地管理事件并取得成效。
6. 不要期望过高，把学生的挑战性行为当作一次学习体验，或者在应对危机事件中思考自己做些什么能使之以后不再发生。
7. 要从事件中吸取经验教训，尤其是在事后应认真反思。
8. 应从学生的角度看待问题，这样可能会更好地应对处理这种情况。
9. 保持与学生的沟通，并对其不同水平的唤醒保持关注。
10. 运用熟练的技巧来平息情绪的唤起，注意自己肢体语言、动作及空间的运用。
11. 通过反思、交流做好评估，最好是书面记下来。尤其是评估和记录富有成效的事件处理方法，总结出成功的经验，应对以后的危机事件。
12. 不要期望能成功地应对所有事件。犯错没关系，失败是成功之母，关键要思考和反思。

在英、美等西方国家，从事多重障碍学生教学工作的教师都要学习相关危机

---

[1] Imray, Hinchcliffe. *Curricula for teaching children and young people with severe or profound and multiple learning difficulties*[M]. New York: Routledge. 2014: 98.

[2] Hewett. *Challenging Behavior: Principles and practices*[M]. London: David Fulton. 1998: 99.

行为干预课程，掌握最基本的干预策略和行动方案。这些课程不仅包括一般的挑战性行为干预理论与方法，还包括面临不同的行为危机情境时，如何采取具体的行动措施实施干预的相关内容，教师既要尊重学生，又要保护自己，还要解决危机行为带来的危害问题。国内在这方面的研究与实践都是比较欠缺的。

（二）帮助

帮助意指面对挑战性行为，教师需要以团队合作的方式积极、主动地开展相关的工作。无论是心理疏导，还是积极可行的心理治疗，其目的都是为了促进学生的发展、进步和成长，帮助他们采取更积极的、建设性的方式与世界互动。这一切都需要写成行动计划，而行动计划的制订必须建立在对学生精神状态和所处的文化环境深刻的认识基础之上，其本身就应是课程实施的一部分。因此，帮助意味着行动的首要任务就是能明确行为的原因，然后"对症下药"，尽可能消除行为或减少行为的负面影响。

依据应用行为分析理论，如果说挑战性行为是对挑战性情境的适应性回应[1]，那么，人们的行为方式，无论是表现积极的还是消极的，都是由各种各样的因素聚集而产生的。行为干预的关键在于能找到行为产生的原因。休伊特认为，这些因素可从两个维度分析，一是学习者内部状态的所有"个人因素"，二是学习者周围的影响因素（"环境因素"）[2]。两个维度中各种因素的交互作用就会导致挑战性行为的产生。以学习者为导向的积极行为支持的核心是要敏锐地观察、分析每个学习者的各种行为及其影响因素，并将之作为帮助学习者的基础。他认为，在多重障碍学生的学习发展过程中，一些个人因素的影响显得特别重要。该群体中大多数人的心智领域都处于早期发展水平，但身体发育往往是正常的，心智与身体发展的极不平衡成为许多个体内在因素的导源。因此，对于多重障碍学生来说，许多"挑战性行为"可以视为其个人生活方式的某种体现。从这个意义上说，多重障碍学生表现出这些行为是因为有严重的障碍和学习困难，应该通过理解并采取有效应对措施来满足他们的需要。

此外，对于任何人来说，尤其是对于多重障碍学生来说，产生消极情感和挑战性行为的最重要的原因可能是沟通困难这一个人因素。在个体具有正常的心理和情感发展水平的情况下，沟通困难必然带来消极的发展失衡，而个人因素所引起的极端感觉的挑战已让其变得消极沮丧，如果再与环境因素相结合，这种情况

---

[1] Emerson. *Challenging Behaviour: Analysis and intervention in people with severe intellectual disabilities* [M]. Cambridge: Cambridge University Press, 2001: 3.

[2] Hewett. *Commentary: helping the person learn how to behave'*, in D. Hewett(ed.) Challenging Behaviour: Principles and practices[M]. London: David Fulton, 1998.

则更严重了。休伊特的二维因素分析法为教师理解挑战性行为并采取课程行动提供了分析框架模型。

应对与帮助是相辅相成的关系。应对是帮助的前提，帮助是应对的具体行动，如果无法应对，也就无法解决挑战性行为，因此这是必不可少的第一步。同样，如果坚持让学生做教师所指令的事情，可能也是无效的。只有从学生的角度看待世界，理解行为的实质，这样才能有所帮助，才能有针对性地展开具体的行动。

三、行为课程的"文化实践"

伊姆雷对行为课程概念框架的展望，既建立在对传统的以医学取向的行为治疗在教育领域运用的反思上，也建立在已有的行为干预实践中。如上所述，随着教育研究从心理学本位的"认知结构"逻辑向教育学本位的"文化实践"范式转变，定义为文化的"挑战性行为"，其课程的文化实践已经在西方国家得到很好的开展，并积累了丰富的经验，这就是目前公认的积极而有效的干预手段与方法——积极行为干预和支持（又称为正向行为干预与支持）。

积极行为干预和支持（Positive Behavior Interventions and Supports，PBIS）是一种积极的行为教育管理方法，旨在通过行为支持系统的建立和运行，使所有学生取得社交、情感和学业上的成功。其最大的特征就在于它的文化属性，即为学生营造一个支持、改善和增加积极行为的文化环境。20世纪90年代以来，研究者在积极行为干预和支持领域已经开展了大量研究。研究证明正向行为干预和支持（PBIS）可以有效地改善学生的学习和社交行为[1]。2004年美国《残疾人教育改善法案》（Individuals with Disabilities Education Improvement Act，IDEIA）在有关的条例中特别提到了PBIS，其中规定个别化教育计划团队可以"考虑使用正向行为干预和支持或者其他策略处理儿童做出的可能会阻碍学习或妨碍其他儿童的行为"。目前，PBIS在美国已经发展成一个在全校范围应用的行为干预机制。PBIS主要包括四个方面的内容：品学兼优的行为目标定向；强化积极行为的学校机制；数据为本的决策方法和基于行为科学研究成果的方法运用。

通过运用行为干预增强学生品学兼优的行为，不只针对表现出挑战性行为的学生，也包括所有学生，以促进他们的学习和亲社会行为。通常情况下，该机制会列出三到四个面向全校学生的期望行为目标，类似于我国的校风、校训等。这些"期望"用积极正面的语言拟写而成，例如："学生任何时候都要尊

---

[1] Lewis, Sugai, Colvin. Reducing problem behavior through a school-wide system of effective behavioral support: Investigation of a school-wide social skills training program and contextual interventions[J]. School Psychology Review, 1998, 27(3), 446−459.

重老师、同学和其他教职工""学生应尽全力面对学习的挑战"。

学校期望的行为内涵有具体的定义,例如"尊重意味着学生将使用积极正面的语言与他人交往,不戏弄、欺负别人或做出对别人有害的评论,不采取粗俗的语言、诅咒或身体对抗来解决冲突"。学校会明确指导所有学生去做期望的行为,这些指导被纳入课程实施的一部分,并通过角色扮演、示范或其他直接的教育方式开展相关的实践活动。

全校性的干预需要建立起全校性的积极行为强化机制以实现目标。通常强化的形式是实施代币制予以表扬,给那些做到了期望行为的学生发放代币或卡片,以此用来换取物品或参与抽奖,奖品有电影票、小型电子产品等。对于继续表现出具有挑战性行为的学生群体或个体,给予更多的行为支持和更高频率的激励、反馈和强化,即通常所说的三级支持系统。

PBIS 的另一个组成部分是以数据为本的决策(Data-Based Decision),本章稍后将对此进行更详细的讨论。教师和教育行政部门可以通过实施 PBIS 的学校所收集的关于行为方面的数据,了解到学生积极行为的增加情况。不同的学校可以选择不同的目标行为评估。有些学校以减少被滞留和停学的学生数量来表明成功。其他学校则可以通过评估出勤率、学业进步率以及参与 PBIS 项目的学生总人数来反映情况。教育行政部门、学校和教师可以根据这些信息数据制订系统改进的计划。

虽然 PBIS 有一些具体的方法内容,但每个使用此系统的学校或学区都可以自由地设计和实施。大多数学校认为此干预系统在改善学生的行为方面很有帮助。一般来说,在全校范围内实施该项目后,学校会为仍然表现出挑战性行为的学生设置专门的课程教授其替代性行为。

积极行为支持的应用

实施积极的行为干预和支持的前提是进行功能性行为评估、以数据为本的决策和干预计划的制订。本节主要具体讨论这三个方面的问题。

一、功能性行为评估

对挑战性行为进行细致地功能性行为评估(Functional Behavior Assessment,FBA)是所有行为干预的基础。进行功能性行为评估是为了了解学生表现出挑战性行为的原因,形成关于环境中的哪些变量使得学生继续表现该行为的假设。评估有助于教师识别可能导致和保持挑战性行为的环境变量。评估也将提供更具个性化和针对性的干预方法。特殊教育学校或随班就读资源中心需要有具备评估技能的教育团队成员，通常主导评估的应是具有行为干预技能背景的教师，例如学校心理学专业人员或经过认证授予资质的行为分析师。目前，我国在这方面所做的工作相对较少，相关的专业人员尤其是经过一定认证的专业人员很缺乏。如今，随着多重障碍学生不断地增多，特殊学校和资源中心应重视评估团队的建设工作，每所学校至少应有一名经过专业认证的行为评估人员，这是特殊教育学校或融合教育资源中心教育团队必须具备的。

（一）功能性行为评估理据假设

进行功能行为评估是制订有效行为干预措施、减少学生问题行为的基础。功能行为评估的本质是试图知道学生为何表现出该行为，以及学生在执行该行为后能获得或避免什么。在功能性行为评估中，行为产生的原因被称为功能。所有行为都有功能且与环境中的其他变量相关，即根据情境可以预测行为功能并将其与其他环境事件相关联。为了进行审慎地评估，必须考虑所有环境因素，包括行为之前发生的事情、行为之后发生的事情，以及环境中其他因素可能对该行为促成的影响。对于多重障碍学生，在实施功能性行为评估前，应首先考虑以下因素的影响：健康问题（可能存在身体上的不适）、睡眠、药效、表达基本生活需求的能力（如口渴和饥饿感）、沟通能力和沟通行为、病因（如和某些综合征相关的焦虑情况），因为以上这些因素也会直接影响学生的情绪和行为。如果挑战性行为非以上因素导致，就需要开展相应的评估。

从广义上讲，大多数行为的功能可以划分为两大类：获得物品或关注（正强化）；避免或逃避不愉快的事件（负强化）。如果具体分析，又可细分为以下四个主要的功能：一是获得社会性关注，如赞美、眼神接触、点头、训斥和击掌等。二是获取实在的物品或活动，如玩具、游戏、贴纸等。三是获得自动强化，"自动强化是指不受他人故意行为影响的强化"[1]。当一个人的行为在没有另一个人参与的情况下产生有利结果时，就是自动强化。自动强化通常是感觉反馈，是学生给予自己的自我强化，包括轻微凝视、手指轻弹、轻敲、摇摆和自我伤害行为。有时这些行为也与疼痛或疼痛减轻有关。特别是如果这些行为突然出现在学生的日常表现中，医学评估的跟进很重要。自动强化在视障兼有其他障碍的学生中很常见。四是逃避或避免事件，如不太喜欢的课程或教师、作业、噪音等。

行为分析中有两种主要的评估类型。第一种是描述性评估，包括直接评估和间接评估。描述性评估在教育环境中最常用到。描述性评估首先要以简洁明了的术语定义关注的目标行为。定义必须足够清晰，以便与学生互动的所有人都能辨

---

[1] Vaughan, Michael. Automatic reinforcement: An important but ignored concept[J]. *Behaviorism*. 1982 (10) 217−227.

别行为是否已经发生。教育团队成员必须就定义达成一致。其次，必须收集有关行为的频率、持续时间和强度的数据。

另一种是功能分析。功能分析从所定义的目标行为开始。然后，评估者应用系统的方法针对目标行为评估其前因和后果，衡量目标行为的出现频率由哪些因素决定。这种分析有时被称为实验分析。当描述性分析未识别目标行为的功能时，可采取实验分析。实验分析最常用于临床的诊疗环境，但如果学校有经过培训的专业评估人员，也可以运用这种方法。

（二）直接评估

进行直接评估，首先要定义关注的目标行为，了解行为产生的情境，并根据对学生行为的直接观察收集数据。直接收集数据既可以全天进行，也可以在一天中的部分时间进行。教师或教育团队的其他成员都应参与数据收集。一般来说，如果目标行为发生的频率低，可以使用简单计数来记录其频率。有时，记下开始时间和结束时间，有助于记录目标行为持续的时间。

在行为观察中，散点图数据表是非常实用的行为记录工具。散点图数据表可以用表格形式记录学生一周内在班级课堂或其他时段的行为表现情况。当目标行为发生时，教师就在相应的格子中对特定课程或时间做出标记。散点图数据表可以一目了然地显示一天时间内或班级课堂中的挑战性行为模式，或一段时间内的事件动态变化。如果目标行为出现频率相对较低且具有明确的开始和结束时间，散点图最有使用价值。

然而，观察记录并不像听起来那么容易，并且可能很麻烦且耗时。不是每个人每天或每个时刻都能做客观的观察者和细致的记录者。因此，我们可以采取行为分析中众所周知的"ABC（Antecedent—Behavior—Consequence）"方式（即前提–行为–后果）进行更完整的记录。前提是指在行为之前发生的事件，行为是指所关注的目标行为，而后果是指在行为之后直接发生的事件，但不包括惩罚。后果可能包括零回应、看着学生、与学生交谈、离开学生、嘲笑学生以及各种各样其他的回应方式。在 ABC 记录系统中，前提常常被忽略，因为往往直到挑战性行为发生后，教师等工作人员才开始观察学生。ABC 记录通常需要由专门的观察者或教师以外的其他人进行，以便获取准确的信息。

（三）间接评估

间接评估不像直接评估那样，通过直接观察获得数据信息，而是通过访谈或使用一些商用的评估工具来实施评估。间接评估同样需要定义目标行为，无论是访谈还是使用标准化评估工具，信息收集需要从最熟悉学生及其行为的人那里着手。在通常的行为访谈中，可以通过询问被访者以下问题来了解学生行为发生的基本情况（见表 6-3）[①]。

表 6-3 间接评估的问题

挑战性行为是什么？

哪些挑战性行为最严重？

出现挑战性行为之前最可能发生什么情况？

挑战性行为发生之后最可能发生什么情况？

你认为个体为什么会出现这种行为？

个体在服用什么药物？

个体常规的饮食、睡眠和活动习惯是什么？

什么时候挑战性行为最不可能发生？

个体最喜欢的活动或对象是什么？

个体用什么方法来表达抗议、请求，以及引起注意？

过去曾使用过哪些干预策略？

间接评估中收集行为的信息的另一种方法是使用一些商用的行为评定表或检核表。国际上许多国家，尤其是美国已经开发了多种评估工具，用来收集有关挑战性行为及其发生背景的信息。收集这些信息通常是进行功能评估的第一步，可以用于识别和描述挑战性行为以及围绕行为发生的生态事件和连续事件，并以此提出关于挑战性行为功能的初步假设。间接评估工具一般以纸笔测试的形式呈现，只要是熟悉学生的人都可以填写。我国自主研制的相关工具很少，实际评估中一般会采用国外的评估工具或对其改进后加以使用。这里重点介绍杜兰德的动机评估量表（The Motivational Assessment Scale，MAS），详见表 6-4、表 6-5[①]。

[①] David L, Westing, Lise Fox. *Teaching Students with Severe Disabilities(4th)*[M]. New jersey: Person Education Ltd. 2009: 319.

[①] Durand, Crimmins. *The Motivational Assessment Scale(MAS)*[M]. KS: Monaco & Associates. 1992.

表 6-4　杜兰德动机测评量表

姓名：_____　测评者：_____　日期：_____

对于行为的描述（详细准确描述）：_____

_____

说明：此动机测评量表是专门为辨识行为特别的个体而设计的。这些信息可以对行为进行更恰当地分类。要选择某一兴趣领域的某一种行为来完成此量表，且该行为要精确具体。比如，"具有攻击性"的描述就不够确切，应该使用"攻击其他人"这样的语句进行描述。一旦你明确了需要测评的行为，仔细阅读每一个问题，然后在最能贴切描绘你观察到的行为情况的数字下面画圈。

问题	从来没有 0	几乎没有 1	很少有 2	时常有 3	经常有 4	几乎总是 5	总是有 6
1. 如果长时间将他/她一个人留在某地，该行为是否会持续发生。							
2. 在要求完成一个较困难的任务时，该行为是否会发生。							
3. 当你在房间或某个地方和他人交谈的时候，该行为是否会发生。							
4. 当你告诉他/她不能获得玩具、食物或进行某种活动时，该行为是否会发生。							
5. 如果长时间独处的话，该行为是否会以同样的方式重复发生（比如前后摇晃持续一小时以上）。							
6. 在他/她提出需求时，该行为是否会发生。							
7. 无论何时你停止关注他/她的时候，该行为是否会发生。							
8. 当你拿走他/她最喜欢的食物、玩具或终止某项活动时，该行为是否会发生。							
9. 你觉得他/她会喜欢某种行为吗？（他/她会感觉、品尝、看、闻、听悦耳的声音吗？）							
10. 当你让他/她去做你要求的事情时，他/她是不是会显得很沮丧或者纠缠你。							
11. 当你不注意他/她时，他/她是不是会显得很沮丧或者纠缠你（比如，你在另一个房间或和另一个人在交谈时）。							

续表

问题	从来没有 0	几乎没有 1	很少有 2	时常有 3	经常有 4	几乎总是 5	总是有 6
12. 在你给他/她食物、玩具或者他/她希望的某种活动时，他/她的行为是否会短暂终止。							
13. 当该行为发生时，他/她是不是看上去较冷静，并且想独处。							
14. 在你对他/她提出要求或和他/她互动时，该行为是否会短暂（一分钟到五分钟）终止。							
15. 他/她会做出一些行为举动来留住你一段时间吗？							
16. 当他/她被告知不能做他/她想做的事情的时候，该行为是否会发生。							

表 6-5　杜兰德动机测评量表分值

感官	逃避	注意力	现实行为
1.	2.	3.	4.
5.	6.	7.	8.
9.	10.	11.	12.
13.	14.	15.	16.

总分

平均分

相对排名 =

杜兰德动机测评量表旨在提供信息，并分析与自伤行为相关的变量。该量表列出了 16 个关于行为性质的问题，借此可以确定可能的行为动机。一旦这些问题得到回答，评分系统就会判断行为的功能是逃避、获得感觉输入、获得实质性自动强化，还是获得社会性关注。尽管动机评定量表是一种容易实施的可靠工具，但它所能识别的行为功能也受到一定的限制。当用它来判断行为功能的初步假设时，最好将之与观察、访谈和系统的操作结合起来，进行全面地评估，这样效果会更好。

在间接评估的过程中会获得许多行为问题的重要信息，但需要注意的是访谈和检核表往往需要依赖被访者对行为人的行为印象，很可能会受到他们个人立场或观点的影响。一般而言，通过面谈也可以获得足够的信息来制订干预计划，但最好在访谈之后能再进行一次直接的观察。直接观察自然情境中发生的行为，可以获得其他关于前提、行为和后果的重要附加信息。完成功能行为评估后，就可以确定学生行为的功能假设，即学生出现挑战性行为的原因。这是一个基于信息收集的、有根据的推测。有时行为很可能有多个功能，这会使行为干预的设计更为复杂化，但并不妨碍有效干预的实施。

二、以数据为本的干预决策

在应用行为分析原理的指导下，做出关于持续或改变行为干预的决定要以所测量的数据为基础。这些数据包括目标行为的频率、强度或持续时间。在评估干预措施的有效性时，教师需要将基线期（干预措施实施之前）的数据与干预措施实施后的数据进行比较。尽管教师可能认为干预过程可以清晰反映结果成功与否，但主观印象不足以做出成功或失败的真实判断。数据可以反映干预效果的真实情况。这种以数据为基础的方法是对个别化教育计划的补充。教师可以使用各种数据收集方法跟踪可测量的教育目标，包括学生完成的作业样本、测试和作业的正确率或错误率，以及各种各样的其他方法。

在关注行为干预时，数据会告诉我们学生的目标行为是否在增加、减少或保持不变。没有具体数据，就不可能判断干预方法是否适合学生。如果学生的行为没有改变，那么就必须重新评估干预措施并进行必要的调整。

目前，采取课堂录像的方法记录行为干预情况，被广泛运用在课堂教学中，尤其是小组教学。录像记录可以便于教师在课后回看，观察并记录学生的干扰行为、注意力情况、完成任务时间、回应率和正确反应的频率。录像记录还有助于教师寻找挑战性行为发生的前提。除此之外，利用行为录像还可以创建完整的行为和学习影像记录，有助于教师观察自己在专注教学时可能遗漏的学生的许多行为。在进行时间采样时，视频录制也很有用。时间样本是指将较长的时间段（如10分钟）划分为较短的时间间隔（如30秒）进行记录。观察者需要记录目标行为在较短的时间间隔内是否出现。根据目标行为的出现频率，选择不同的时间间隔。如果使用录像记录，教师可以在记录时间样本后回放，并对行为的频率、持续时间和其他特征进行评分。通常，行为分析专业人员更倾向于直接的数据收集方法。它可以为评估者提供更准确、客观的信息，从而带来更好的评估结果和更有效的干预措施。

三、干预计划的制订与实施

评估越具体全面，对行为功能的假设就越清晰明确，干预环节中的失误也就越少，越有利于积极行为的形成。根据行为功能评估的结果和积极行为支持原理，行为干预需要制订相应可行的干预计划（Behavioral Intervention Plan，简称 BIP）并付诸实施。行为干预计划应是个别化教育计划的重要组成部分。

（一）建立行为支持团队

积极行为支持是一项系统的团队支持，涉及诸多成员。因此，学校在制订干预计划的同时就应建立行为支持团队。行为支持团队旨在帮助教师员工识别、处理和改变影响到学生学习的行为。作为系统干预中的一分子，行为支持团队中的每一个人，以及每一个与行为支持团队一起工作的人，都需要协同工作，来帮助学生在课堂上成为一个更积极的学习者。

团队成员因不同的教学人员和学生的独特需求而有所不同。一般来说，团队成员应包括任课教师、其他相关服务提供者、行为分析人员或学校的心理咨询师，他们都需要接受并完成行为功能的评估与行为干预计划方面的培训。如果条件允许，在可能的情况下团队成员还可以包括住校的生活教师（生活管理员）以及家长。一个团队通常有三到五个人。

团队成员可以支持学生、老师、学生的父母，帮助他们改变课堂环境，甚至家庭环境。指责老师没有相关的技能来帮助某个学生无助于问题的解决，相反帮助老师获得相关的干预技能是团队的责任。同样，将孩子的挑战性行为归咎于缺乏父母的参与、沟通或跟进也是消极的做法。父母不会希望他们的孩子在学校掉队，大多数父母都会用他们所拥有的资源尽力而为。与父母合作也是团队成员的责任，但在家庭环境中实施干预以改变行为应是家长的义务。

（二）制订计划

一个完整的行为支持计划，除了需要简述目标行为（挑战性行为）的定义，以及陈述行为功能的假设外，还应包括替代行为技能、预防策略、后果策略、长期支持措施以及对支持计划的持续监控。替代行为技能是指用新的具体合适的功能性技能替代原有的挑战性行为。预防性策略是指为减少学生出现挑战性行为所需要的策略，主要目的是解决引发挑战性行为发生的前因及其情境性条件，具体可包括教学环境和教学方法的调整、改变等。后果策略是指针对行为本身，采取减少或消除挑战性行为，强化适当行为的策略。计划也可能包括长期支持措施，诸如根据学生的生活方式及其未来生活质量的目标，增加学生与同伴的互动、培养新的休闲活动技能等。对支持计划的持续监控是指行为支持过程应被视为一项持续努力的活动，为具有挑战性行为的学生提供支持。

另外，在某些情况下，挑战性行为可能是由内在的生物属性所驱动，特别是疾病和外伤等原因，即使实施了良好的积极行为支持计划，学生的挑战性行为可能还会继续。这种情况下，在行为干预过程中必须得到医学人员的介入支持，医生需要看相关的数据，必要的话需要进行药物治疗。当然，对于行为干预，需要注意的是药物治疗不能取代积极行为支持计划。

制订行为干预计划包括以下步骤。

第一步，定义行为。明确目标行为的定义，以便此种行为发生时，所有目击该行为的团队成员能够识别该行为。对目标行为进行定义可能需要经过几次小组会议才能最终决定。任课教师在会议中的作用很重要。因为只有任课教师最清楚学生在课堂上的表现、其行为是如何影响学习的，以及在课堂上什么是可以做的、什么是不能做的。教师应该准备好如何描述这种带来干扰的行为，讨论他们已经尝试过的干预措施，并记录干预的结果。行为分析专业人员也可能会花一些时间观察学生，并更仔细地界定这种行为。

第二步，观察、收集数据。团队成员通过直接观察或使用间接评估工具收集数据。任课教师应注意提供平时观察和记录到的关于挑战性行为的频率和持续时间的数据。由于课堂环境可能发生变化，因此团队成员需要不断收集数据，并对计划适时做出调整。

第三步，形成行为功能假设。在观察、收集数据之后，团队成员应开会一起讨论他们的意见，对信息和数据进行回顾，形成关于此行为功能的假设。这个假设需要以较为专业的术语具体地描述（例如："尖叫行为的功能似乎是为了逃避数学课和言语个训。"），并就挑战性行为的功能达成共识。

第四步，拟订干预方案。在以上基础上，讨论制订一系列干预措施，设计一种基于行为功能的干预方案。方案应具体包含干预要点和步骤，形成计划纲要，以便团队成员能够持续一致地执行。结合前面所提及的计划主要内容，行为干预计划的大纲应该能回答以下所有问题（见表6-6）。

表6-6 行为干预计划纲要主要内容一览表

	问题内容
1	学生所表现的挑战性行为是什么？对其进行具体仔细地定义和说明。有时是指需要"减少的行为"。
2	这种行为发生在何时、何地？与谁在一起时这种行为更容易发生？如果可能的话，还需要记录该行为发生的频率和持续时间方面的数据。一般我们把这些数据称作基准线，即干预前的行为水平。
3	该行为的功能是什么？是获得注意、物品、感觉刺激，还是逃避什么等？
4	想让学生做什么？这有时被称为需要"增加的行为"，可以用来替代挑战性行为。
5	希望新的替代性行为应当在什么时候、哪里，以及与谁一起时发生？
6	为什么需要学生做出新的行为？鼓励学生学习新行为的动机和强化措施是什么？

续表

	问题内容
7	对挑战性行为的直接反应是什么？这些回应可以包括计划性的忽略、提示、阻断、成本回应（失去先前获得的东西）或暂停等方法。
8	危机是由什么组成的？应该采取什么措施？这个部分是可选项，仅当学生表现出高度危险或破坏性行为时才需要此部分。

在具体实施行为干预时，还应注意以下几个方面。第一，应按照书面计划实施干预。第二，注意实施困难的瓶颈和方法。第三，一旦实施了干预措施，往往需要根据实际情况做出调整，不必担心做出改变。当然，具体实施时，需要给干预措施一些时间来发挥作用。如果频繁地改变干预措施，学生很难有效学习突如其来的新行为。特别需要注意的是，这些挑战性行为不是在一天内出现的，要代之以新的行为也不是一蹴而就的。对于高频行为，变化可能很快会发生，但对于低频行为，可能需要更多的时间去改变。第四，要收集一些关于挑战性行为的频率或持续时间的数据，并将其与基准线进行比较。如果几周后没有什么变化，那么就需要重新评估干预措施或检查行为评估了，抑或两者都需要。

如果所关注的挑战性行为带有危险或极具破坏性，则可能还需要一个危机应对计划。这些危险和破坏性行为包括需要采取医疗措施的严重自伤行为、对教职工或学生造成伤害或财产破坏的攻击行为。危机应对计划不是一种教学工具，它的作用是在行为支持计划到位之前针对可能出现的危机采取一定的解决措施，从而确保每个人的安全。长时间或高频率运用危机应对计划是不可取的。危机应对计划的具体措施将取决于学生、具体的行为和可用的资源。一些常见的危机干预措施包括：在教室中增加额外的工作人员，将学生隔离在教室之外一段时间，让学生暂时在单独的房间里学习，送学生回家，或者采取停课措施。

（三）执行"计划"

任课教师实施干预前，一般需要接受一些培训。至关重要的是，行为分析师或学校心理咨询专业人员要与教师一同仔细认真地讨论干预措施，并在教师开始实施计划时跟进指导。在某些情况下，行为分析师或学校心理咨询专业人员应参与干预措施的起步实施，为教师做好示范，并解决与干预措施相关的任何问题。在实施干预措施之前，教师、助教和相关服务提供者可能也需要接受培训。

对于实施行为干预计划的所有团队成员，后续的支持保障应该及时、稳定。最好是安排一个回访时间表，以便教师和其他人员根据需要获得支持。此外，行为支持小组应定期开会，检查计划进展情况，并对干预措施做出必要的调整。过程监控中同样要以间隔期间收集的实际数据为基础对计划做出调整和进行决策，而不是凭借个人的感觉和猜测。当然,这是一个耗时并充满挑战的过程,但这些努力能够帮助学生,也能让教师获得更丰富的教学经验,这无疑又是值得的。

行为干预策略设计

一旦完成功能性行为评估,确定了学生行为的功能,教师就可以开始考虑干预策略。在设计行为干预策略时,对于不同的行为功能,有着不同的干预侧重点。基于已有的研究成果,在参考大量的有关行为干预文献的基础上,本节梳理总结了不同的行为功能及其干预策略的设计问题(见表6-7)。根据挑战性行为发生时的干预和发生前的预防,其策略设计也有所不同,前者可称为后果策略,后者则称为预防策略。下面分别具体地对其进行介绍。

表6-7 行为功能干预策略设计一览表

	具体行为功能	干预策略
后果策略	引起注意的行为	加强对其他行为的关注 计划性地忽略 罚时出局(time out)
	获得物品的行为	提供物品作为强化 教会学生提出请求 功能性沟通训练
	获得感官输入的行为	增加整体感觉刺激 选择喜爱的感觉刺激强化 塑造可接受的行为 功能性沟通训练
	逃避的行为	更改活动要求 活动时提供选择 完成任务后给予高度强化 教会学生请求"休息"或"结束任务"
	减轻疼痛的行为	综合考虑医疗状况和身体不适
	多种行为功能	大拇指原则,重点突破 功能性沟通训练
预防策略	确定行为功能	无条件强化 功能性沟通训练
	其他	积极行为干预和支持 运用社会反馈强化 自我管理与监控 创设良好的学习环境

一、行为发生时的策略设计

对正在发生的挑战性行为进行干预，所采取的干预方法主要指向行为的后果，所以一般称为后果策略。

（一）引起注意的行为

获得他人注意是挑战性行为的常见功能。许多学生乐于享受教师和同学对自己的关注。在紧张的课堂上，教师很难平均分配自己对每一个学生的关注，经常把注意力集中在从事挑战性行为的学生身上，而很少关注在课桌旁安静学习的学生。这就造成一种常见的情形，即由于给予挑战性行为者高频率的关注，反而可能引起其更高频率的不适当或破坏性的行为。教师对挑战行为者的注意一般表现为口头提示、口头训斥、眼神接触、与其对话等形式。所有这些反应都有潜在的强化引起关注行为的作用。对于这种获得注意的挑战性行为，干预起来并不太难，有一些常见的干预措施可以运用，且效果良好。

1. 加强对其他行为的关注

首先，教师要加强对做出挑战性行为的学生和其他学生的积极行为的整体关注。一般情况下，即使教师没有采取干预措施，挑战性行为也是有可能减少的。如果教师的注意真的强化了挑战性行为，那么教师应更关注学生其他更积极的行为，从而降低对挑战性行为的关注。换言之，关注学生的积极行为的频率要比关注挑战性行为的高，这样做可能会提高学生表现积极行为的频率，减少挑战性行为。此外，加强对其他学生积极行为的关注，积极关注和表扬其他学生良好的行为表现，有助于促进挑战性行为者的进步。这是仅使用强化进行积极行为支持最有力的措施之一。

2. 计划性地忽略

除了增加对积极行为的关注之外，教师可以故意（计划性地）忽视一些不适当的行为，除非存在危险或极端破坏性的情况。这是"消退"本位的行为干预。这里的"消退"是指前事获得强化的行为不再得到强化，导致行为频率随着时间的推移不断降低直至消除。对于学生那些非期待的行为，要让教师"视而不见"不做出反应，是比较困难也很不自然的，这需要时间和实践来练就。在运用计划性忽略策略的同时，需要增加对其他相应行为的关注，否则很难取得好的效果。如果教师以往通过注意强化了挑战性行为，当不再关注该行为时，行为的频率和持续时间会降低。但要注意，在挑战性行为消退之前，行为可能会变得更糟，这是运用消退方法常见的问题。

3. 罚时出局

对课堂上为了获得注意的挑战性行为进行干预,还可以实施罚时出局的策略。从强化中分离出来的罚时出局策略是一种更具侵入性的干预措施。如果行为过于具有破坏性而无法被忽视,实施这种策略可能会有所帮助。罚时出局是指剥夺学生在特定时间段内获得强化（通常是注意）的机会。一种行为的暂时停止总是与另一种行为的强化一起使用。行为暂停的目的通常在于增强另一种行为,所以教师应经常强化可接受的行为。罚时出局的时间应该较短,幼儿一般 30-60 秒,其他儿童 2-5 分钟。罚时出局是一个条件,而不是一个地点。因此,学生可以坐在自己的课桌上、离开学习小组或到教室以外的其他地方。罚时出局是一种限制性方法,包括剥夺强化和使用惩罚的方式来减少目标行为,它是一种惩罚性的干预措施。使用罚时出局策略一定要慎重,一般情况下不宜使用,除非教师对罚时出局策略把握得当才能实施。总之,罚时出局干预策略在使用时需要积极强化和消极惩罚相结合。

（二）获得物品的行为

为了获取一些物品而发生的挑战性行为也很常见,特别是在年龄较小的儿童和沟通能力有限的学生中。许多多重障碍学生可能因为感觉缺陷没有分享和请求的意识,进而出现挑战性行为,比如哭泣和自我伤害等。这些行为功能通常是要获得某个东西。出于"息事宁人",教师经常试图通过提供他们所喜欢的物品来改变状态,但这样处理实际上是强化学生以此行为方式来获得物品。例如,一个学生在哭,老师不知道为什么,就给学生一个振动玩具,于是学生停止了哭泣。从行为的角度来看,由于学生停止了哭泣,老师的行为得到了强化。据此经验,老师很可能会提供学生喜欢的物品,以防止学生继续哭泣。而学生则通过获得喜欢的物品来强化他的哭泣行为,以便将来得到喜欢的东西。正确处理获得物品的行为,可以采取以下策略。

1. 提供物品作为强化

首先,在学生表现出适当行为时,给予学生喜欢的物品作为强化,以此增加教师期望的其他行为。提供物品作为强化是以积极的方式发挥物品的激励价值。对于年龄较小的孩子,在经过短暂的学习间隔后予以一个喜欢的物品,可以增强其学习动机,并提高其注意力。对于其他学生,可以在完成课程、晨会等例程后奖励物品。给予强化物的时间取决于学生、环境和学习情况。仅仅提供物品作为积极行为的强化,可以减少学生为获得物品而表现的挑战性行为。然而,对于学生和教师来说,学生从表现出挑战性行为转变为表现出适当行为以获得强化物品可能是一个艰难的过程。教师需要决定如何应对具有挑战性的行为,因为在挑战性行为发生后该强化物品将不会呈现。正如前面所说，计划性忽略是最好的策略之一。但有一点还需要强调，行为在变好之前可能会变得更糟！

另一个策略是按照一天的时间安排提供物品。由于所提供的物品是按固定的时间安排好的，与学生的行为发生时间无关，这也会减少学生挑战性行为的出现频率。

2. 教会学生提出请求

另一个可以考虑的干预措施是，当一个学生因为想要一个物品而出现某种挑战性行为时，教师应当教学生通过提出请求来获得这个物品。如果学生可以提出请求，他就可能会这样做。当然这需要开展一些目标明确的教学，以帮助学生学习这项技能。对于多重障碍学生来说，尤其是以非言语方式交流的学生，提出获得物品的请求会比较困难。采取这种策略的前提是需要评估学生的沟通能力。学生如何得到他要的物品？他的主要沟通方式是什么？学生是否使用词语、声音、符号、指点、手势、图片、实物或其他沟通模式？（有关沟通方式的更多信息，请参见第 5 章）。一旦完成评估并确定了相应的沟通交流模式，教师和学生就可以进行互动练习。一般教师会提示学生询问他想要的物品，学生做出回应或按提示询问，该物品就会交给学生保留一段时间，然后被拿走。接着教师要启动沟通练习，一般情况下这种练习要一天进行一到两次，每次四到五个回合，这样的练习时间和频率足以在相对较短的时间内教给学生正确的沟通反应。在此过程中，建议使用偏好评估的方式来识别具有高度激励作用的强化物品。虽然这看上去是一个乏味的过程，但学生一旦学会了使用合适的沟通模式，他们就会用这种方式来获得想要的东西，而不是采取某种挑战性行为。学生也会在交流时花费更少的精力，达到更好的效果，因此传授合适的交流方式是取代挑战性行为的有效途径。

3. 功能性沟通训练

另一种类似的且经过实证有效的方法叫作功能性沟通训练（Functional Communication Training，简称 FCT）。功能性沟通训练是指以建立起与挑战性行为具有相同功能的沟通方式来替代挑战性行为。例如，如果通过行为功能评估，可以确定学生是为了得到零食而尖叫，老师就应当教学生以正确的方式得到零食。当学生开始尖叫时，老师走到学生跟前打断学生的尖叫，让学生打手势表示"吃"，然后立即给学生零食。多次重复之后，学生就可能会用手势表示"吃"，并以此获得零食。这样，尖叫就被手势沟通方式取代了。（有关功能性沟通训练的具体方法，在本节后面的预防策略中有详细介绍。）

（三）获得感官输入的行为

获得感官输入的挑战性行为一般常见于视觉障碍兼有其他障碍的学生。这些感官自我刺激行为或自伤行为通常发生在缺乏社交、关注或他人在场的情况下。他们之所以出现干扰学习的行为，是因为他们想要获得立即增强的感觉刺激。学生宁愿在眼前翻转手指进行即刻的感官刺激强化，也不愿听从老师的教导延迟强化感觉刺激。

1. 增加整体感官刺激

对于这种情况，一般可通过增加环境中的整体刺激来消解这些行为。学生在大多数时间都应参与课程学习。对于有些学生，可以允许其在空闲时间里做一些自我刺激的行为，只要不干扰他人，就不对其行为进行干预。

2. 选择喜爱的感觉刺激强化

另一种方法是老师给予学生感觉输入，作为完成学习任务的强化。感觉强化可以包括提供闪光、柔和光、噪音、微风、嘀嗒声、深压感或允许其摇手等。这种类型的强化具有高度个性化的色彩，也非常有效。例如，如果一个学生不断地轻拍和揉搓自己的脸，以至于他不能进行正常的学习，那么老师可以嵌入一部分特别任务，让学生捏按肩膀（如果对学生有强化作用），看看这是否会降低他触摸脸部的行为，增加其学习的注意力。

3. 塑造可接受的行为

还有一种方法是，将由感觉刺激维持的挑战性行为塑造为不那么具有挑战性、破坏性程度较轻的行为。例如，一位患有视觉障碍兼有孤独症的学生，经常将手臂举过头顶疯狂地挥动手臂。他的行为影响了学习，也很难让他人接受。于是，当学生在肩膀下挥手 30 秒时，老师就会奖励他喜爱的零食。当这种行为塑造得以实现时，他将手臂举过头顶疯狂挥动的行为就会变成在腰部以下挥手，然后把手放在两侧。他仍然挥动着双手，但这种行为已经不那么具有破坏性，也更容易被他人接受。

4. 功能性沟通训练

对于获得感觉输入的一些行为，有时也可以采取功能性沟通训练的方式进行干预。教师可以打断学生进行中的高频自伤行为，指导学生感受时间的变化、感受一种特定类型的刺激或一个他自己能够操纵的物体，从而达到获得感官刺激的目的。如前所述，选择的沟通方式应是高度个性化的，要建立在学生的特殊需要基础上。

（四）逃避的行为

在平常的学习中，根据课程安排教师会要求学生努力克服困难参加学习活动。虽然教师能够根据课程内容进行教学，最大限度地发挥学生的潜能，但多重障碍学生往往意识不到课程学习的价值，更容易出现逃避的行为。此外，多重障碍学生的注意力水平较低，如果没有中间的教学步骤过渡就跳到后面太难的内容，或者教学枯燥无味，那么学生在课程学习过程中就极易失去兴趣，出现逃避行为。学生逃避其不喜欢的教师和学习活动有很多原因。一般来说，如果存在厌恶性刺激，如学生不喜欢的学习活动或某些活动成员，那么，学生就会以挑战性行为终止该刺激，即迫使活动停止或不喜欢的人员离开。活动停止或人员离开的结果就强化了学生的挑战性行为。这样，挑战性行为在以后就更有可能发生。这就是一个典型的负强化的例子。

对于逃避行为，评估行为的前提非常重要。前提是指直接发生在行为之前的事件。为什么学生想要逃避或避免这种情况？问题的答案是确定有效干预措施的关键。教师可以通过问以下问题，获得进一步的深入了解：哪些任务或活动导致了挑战性行为？这项活动是太长了还是太困难？学生是否具备参加活动或任务的所有先备技能？关于任务的说明解释得清楚吗？学生是否熟悉任务或活动的形式？

1. 更改活动要求

对于上面所列问题的回答会有利于教师考虑以下一系列的安排：适当时长的学习任务、更具吸引力的学习材料、完成任务时的及时强化、更接近其能力的起点水平、更有效的沟通等。有时进行简短、易懂的课堂教学并伴随着及时的强化，可以克服具有挑战性的行为。学生完成起点水平的学习任务之后，可以逐步增加学习难度。这种情形下，应继续给予相应的强化，以防逃避功能的挑战性行为重新出现。

2. 活动时提供选择

有时候可以让学生选择学习活动和材料，而不是教师坚持自己的预设，这会减少甚至消除具有逃避功能的挑战性行为。通常在完成自己比较喜爱的活动后，学生还是愿意去完成那些不太喜爱的任务活动，尤其在得到强化时。

3. 完成任务后给予高度强化

如果学生知道在不喜爱的任务之后，还有一个更感兴趣的活动，他们还是比较愿意先完成前面的那项任务，这就是所谓的"皮墨克原则（Premack principle）[①]"，即"你得先吃完青豆，然后才能吃上甜点"。完成任务后给予高度强化这一方法和其他策略一样，就其本质而言都会影响行为的前因或后果，关键是对于不同的学生，哪一种方法最有效。

[①] Premack. Toward empirical behavioral laws: Positive reinforcement[J]. *Psychological Review*, 1959, 66(4), 219−233.

4. 教会学生请求"休息"或"结束任务"

减少因逃避而出现的挑战性行为的另一种有效策略是教给学生功能相等的较为适宜的行为反应，即教学生请求休息、请求帮助或请求结束活动，可以运用前面提及的功能性沟通训练。当老师看到学生在座位上烦躁坐立不安、东张西望、与其他学生讲话或做其他的事时，可以问学生："你是否需要休息一下呢？"并让学生自己重复说"休息一下"。如果必要的话，可以进行示范，让学生自己提出要求，然后以休息的方式给予强化，这对于增加他们在学习活动中的特定行为很重要。需要强调的是，对于出现挑战性行为的学生来说，逃避活动是对挑战性行为的一种强化，要求休息会起到同样的功能，所以也会同样得到强化。老师应该允许学生短暂休息，然后重新启动学习活动。中断挑战性行为和结束行为链也可以减少挑战性行为的发生。然而，在发生挑战性行为之前的早期干预更有效，并且可以防止挑战性行为升级为更具有破坏力的行为。

有的教师觉得学生就应该学习、做作业，如果允许学生休息一会儿或者不完成作业，学生很可能会滥用这些逃避或回避方式并避免完成所有的学习任务。起初情况可能是如此，但是实际上，如果仔细审视前提变量，强化完成任务行为，学生通常能够并有动机去完成学习任务。允许学生休息或暂停某个任务，有助于他在一天的课程学习中完成更多的任务。学生没有从事破坏性行为去逃避学习活动，这可以提高他的学习效率，其他同学的学习效率也可能一并得到提高。

（五）减轻疼痛的行为

如前所述，一些获得感觉反馈的行为可能与减轻疼痛的尝试有关。许多研究表明，在一些不明病因的患病儿童中发生挑战性行为的概率更高，而这些孩子常常无法有效地与旁人沟通他们的病情。行为分析师将这种挑战性行为归类于与疼痛或不适"抗争"的行为，起到自动负强化的功能，以逃避或避免疼痛。相关研究认为慢性耳部感染与自伤行为之间存在相关性[1]。其他行为，如尖叫、咬人、撞头或攻击他人往往与尿道感染、腿部骨折、肠嵌塞、疝气、未检测到的组织损伤，以及月经有关[2]。

基于以上原因，在面对多重障碍学生的挑战性行为时，应该把医疗状况和身体不适连在一起考虑，特别是这个挑战性行为是突发的、以前没有见过的。教师一般不太可能深入了解学生所有的健康问题或经常与相关的医务人员保持接触，

---

[1] Reilly M F. Functional analysis of episodic self-injury correlated with recurrent otitis media[J]. *Journal of Applied Behavior Analysis*, 1997, 30(1): 165-167.

[2] Bosch J, Van Dyke D C, Smith S, Poulton S. Role of medical conditions in the exacerbation of self-injurious behavior: An exploratory study[J]. *Mental Retardation*, 1997, 35(2): 124-130.

但了解学生身体情况的变化非常重要。一旦出现不寻常的情况，教师应及时与家长联系，与家长及校医一起讨论，这样对于解决学生的行为问题会有很大的帮助。在此期间，要注意观察、记录学生行为的变化，包括日期、时间、频率等。对于多重障碍学生，虽然并未有研究表明所有挑战性行为都是病情的作用，但应把学生的身体和医疗状况作为一项重要的考量因素，在进行功能行为评估时予以足够的重视。

（六）多种行为功能

许多学生表现出复杂的和具有挑战性的行为，这些行为很可能包含着多重功能。对于没有受过专门训练的行为分析者来说，评估就显得很棘手。如果某个教师认为一些行为既能引起注意，又能获得逃避，他或许无法以同样的方式对这两种行为功能做出反应。按常识，可能需要为注意功能设计一种干预，为逃避功能设计另一种干预，而这在干预操作上很难实施。那么，面对这样的情况，应遵循"抓牛鼻子"的原则，即在多个行为功能中，选择影响最大、干扰最重的那个下手。有时候，当一种情形得到改善时，其效果就会泛化到其他方面。

另一种策略是通过引入功能性沟通训练来同时应对引起注意、获得逃避的行为。例如，在与无语言学生互动时，可以提供"和我说""休息一下"的沟通卡片。也许学生在短期内可以沉浸在一个功能性的沟通训练环境中，以这种方式满足他的所有需求。基于这样的方案，在课堂教室环境的布置方面，教师可以策略性地放置一些沟通画板、卡片或平板电脑等，教师和所有学生都可以使用这些沟通系统进行互动。当然，面对棘手的含有多种功能的行为时，有必要听取专家的指导。专业人员的帮助会对行为干预结果有锦上添花的效果。

二、行为发生前的策略设计

以上所讨论的行为干预方法基本上都是试图通过改变行为结果来改变行为。还有几种比较普遍的干预措施，与前者的干预逻辑相反，即先行干预措施或预防挑战性行为的策略，这些策略也可以应用于各种不同功能的挑战性行为。先行干预不是通过改变结果来改变行为，而是通过降低维持挑战性行为的强化效果（积极或消极的）预防挑战性行为的发生。其运用依赖于评估所确定的行为的功能。如果行为功能已经确定，可以考虑两种干预措施：无条件强化[①]和功能性沟通训练。与前面讨论的干预措施相比，这两种措施稍微复杂一些，需要更多的筹划、资源和技能来实施。然而，它们非常有效，教师掌握好这些策略对教学具有积极

---

① Sharon Z. Sacks, Mary C. *Keys to Educational Success*[M]. New York: AFB Press, 2016.

地促进作用。如果不是针对确定的行为功能，预防策略还可包括积极行为干预和支持、运用社会反馈强化、自我管理与监控以及创设良好的学习环境等。

（一）无条件强化

无条件强化（Noncontingent Reinforcement）是识别了的强化或维持挑战性行为的因素后，不以行为的出现为标准提供强化。这意味着强化是在学生的挑战性行为没有发生的情况下给予的。例如，一个学生随意说话的行为被确定为由老师的注意力（正强化）所维持，如眼神接触、接近学生、批评训斥等，因此不管学生表现出什么行为，老师每隔一到两分钟就要过来和学生交谈一次。又如，学生的自伤行为是通过感觉输入（自动强化）来维持的，因此，不管发生什么，老师每隔一到两分钟就要给学生按压一次肩膀。再如，已经确定学生投掷物品的行为是为了逃避不太喜欢的活动（负强化），所以，老师应每隔五分钟就让学生休息一下。大多数无条件强化是根据固定时间表来给予的，间隔的时间取决于挑战性行为的出现频率。通常，无条件强化的时间间隔要短于发生挑战性行为的平均时间间隔。大多数无条件强化也通过使用计划性忽略策略来应对挑战性行为。无条件强化的实施过程需要不断监控，以确保其有效性。无条件强化易于运用，并营造了一个充满强化的积极环境，它使得提供无条件强化的教师成为条件强化物。教师本身不是强化刺激，但是当配以相应的行为刺激时，就具备了相同的强化属性。对出现的其他积极行为加以强化，就会增加这些行为的出现频率。但无条件强化也有其缺点，频繁地获得强化可能会影响其他行为增加的效果。同时，强化与挑战性行为可能会配对出现，这可能会增加挑战性行为，在运用无条件强化过程中需要仔细谨慎。

（二）功能性沟通训练

如前所述，功能性沟通训练是指通过控制挑战性行为的功能，建立起代替挑战性行为的沟通行为。两者在行为的功能上是相同的。一旦功能性行为评估确定了行为的功能，下一步就是教学生以一种更能被社会接受的方式去行动。例如，一个学生随意说话的行为被确定是由老师的注意力（正强化）所维持，如眼神接触、走到学生面前、批评等。因此，老师教学生用举起手的方式获取老师的注意力，那么当学生举手时，老师就走过来强化这种行为。又如，学生的自伤行为是通过感觉输入（自动强化）来维持的，因此，老师通过教学生使用手势、符号或其他的沟通辅具来获得感觉输入，当学生有感觉输入的需求时，就进行这些活动。再如，根据评估，学生投掷物品的行为是为了逃避不太喜欢的活动（负强化），老师就要教学生在从事不喜欢的活动时请求休息，举一张"休息"词卡，然后老师允许学生休息一会儿。针对挑战性行为,功能性沟通训练经常会运用诸如提示、计划性忽略和暂停活动等方法。功能性沟通训练提供了一个密集的强化安排,教师可以随着学生技能的进步逐步撤除提示。此外,教师可以在这个过程中增加"等待时间",这样学生就可以提出请求。

功能性沟通训练对行为的泛化和保持能起到很好的作用,也有助于学生社会交往技能的提高。它相对容易实施,而且不需要使用其他更严格的干预措施。功能性沟通训练通常包括计划性的忽略,这在某些情境下可能比较难以实施。此外,如果学生的要求频繁和具有破坏性,那么功能性沟通训练可能会干扰他人的学习。

(三)积极行为干预和支持

正如本章前面所讨论的,预防挑战性行为的主要方法是积极行为干预和支持(PBIS)。这是一个适用于整个班级课堂或整个学校的预警和强化机制,可以很好地预防挑战性的行为。在积极行为干预和支持中,强化给予积极行为以支持力量。正如前面所讨论的,伴随着注意和积极的社会反馈,各种强化机制在课堂中是易于实施的。教师和同学之间的监督都可以提供强化。比起训斥或因违纪而获得的消极反馈,对遵守纪律进行强化会更积极、更成功!

许多教师运用一些具体的提示机制激励学生的积极行为。研究表明,"无错误学习(Errorless learning)"可以非常有效地教授新技能[1]。该方法主要是运用由最多到最少提示机制:从最具侵入性的提示开始,然后逐渐撤除提示来指导学生进行正确的反应。由于是在学生犯错之前提示正确的答案,所以这种方法被称为无错误学习。老师开始教学时,要准确告知学生目标行为,一旦学生做出所期待的行为,随即强化学生的进步。然后,老师在提示学生之前给予一定的延宕时间,使学生有机会独立回应。指导积极行为的提示层次通常包括以下几个方面:完整的口语提示(说出你想让学生做的);部分的口语提示(说出你希望学生做的事情的一部分);一个期待性停顿;身势提示(通常最初与口语提示一起出现)。有时第一个提示可以是动作提示(老师帮助学生做动作)。如果遵以口头指令对学生来说有困难,或者学生还不具备相关技能,老师可以使用动作提示。

(四)运用社会反馈强化

强化在预防挑战性行为方面有积极的作用,但是不能夸大。社会反馈强化旨在通过社会关系或氛围的影响来强化积极行为。在紧张的课堂上,教师很容易忽

---

[1] Green G. Behavior analytic instruction for learners with autism: Advances in stimulus control technology[J]. *Focus on Autism and Other Developmental Disabilities*, 2001, 16(2): 72−85.

视那些在课桌前安静学习的学生，而偏重关注随意说话或下座位走动的学生。把注意力集中到这些学生身上很容易，但很可能会强化他们的引起注意行为。由于这些行为在课堂上具有破坏性，在这种情况下很难使用有计划性的忽视策略。解决这一难题较好的方法是强化那些安静学习的学生。例如，如果某个学生不在座位上，教师应故意忽视他，转而夸奖表现好的学生："××，表现真好，安静地在座位上学习；××也特别好，认真看书，不做小动作，不吵闹！"教师应通过这种方式去提醒那些不守纪律的学生，而不是直接关注他们做出的不适当行为。

（五）自我管理与监控

教会学生实施自我管理的干预策略，也可以帮助预防挑战性行为的发生。自我管理可以用来监控学生遵守课堂规则，帮助学生实现个人目标，通过设定增量目标分解大的学习任务，改变不良习惯或干扰行为。学会自我管理技能的学生可以将其应用于各种行为和情形，可以不依赖教师或他人的监管自主学习。教师教授自我管理技能时，一般可以给学生一张"良好行为检核清单"，列出相应的行为要求，让学生对照检查自己的行为。下表列出了 4 个自我管理的样例。

表 6-8 自我管理的样例

样例	内容
例 1	在午餐前给一名学生一张检查个人"良好行为"的检核表，下午离开学校前对照检查一下自己是否尊重同学、尊重老师，是否完成所有作业。
例 2	一名数学很差的学生和老师约好每天做 10 道数学题。学生做完数学题，然后根据老师的批改表检查答案。10 道题全对就可以获得 10 分钟额外的休息奖励。
例 3	一名学生经常在老师叫他之前大声地回答问题，每次他等着老师叫他的时候，他就在图表上给自己打上一颗星。他带着一整张星星回家，与父母分享。父母对他的进步进行积极的反馈，带他去喜欢的餐厅吃一顿。
例 4	学生（在老师的帮助下）识别要改变的行为并记录行为数据，进行自我监控。

有时候，自我监控会在没有给予进一步强化的情况下改变行为（数据收集本身也会改变行为）。另一种类型的自我监控是利用步骤清单展现所期望的行为，如结交新朋友的行为步骤，以此鼓励学生表现出预期行为。

（六）创设良好的学习环境

预防挑战性行为最重要的变量之一是课堂环境，这也是教师可以控制的一个变量。创设良好的课堂环境可以避免许多行为问题，为此可以运用一些课堂管理工具，譬如：认真规划一天的学习活动，制订计划并严格执行；确保课间或活动之间没有太多的空闲时间；如果有休息时间或空闲时间，确保学生可以做一些有趣的事情，为学生提供各种各样的业余活动；即使学生的空闲时间多，教师也应监督学生遵守规则，对积极的行为给予积极的反馈。

安排好常规活动很有帮助。它能够使学生能预测下一个活动，减少担忧和困惑，且能大大增加学生对指令的遵从性。比如，进入教室、离开教室、去餐厅吃饭、经过走廊等，这些常规活动都有助于培养学生良好的行为。学生在无事可做时很可能会做出一些挑战性的行为，因此明确学生应该做什么可以减少行为问题。有时，这种常规可以包括具体的规则和社会反馈，如在走廊的右边行走、双手放正位置、不大声喧哗等。在要求学生做出这些行为之前应对学生进行直接地指导。当学生能够遵守规则后，教师要及时给予积极的反馈。

课堂活动应该以一定的逻辑结构来组织。提前写好教案、准备好教具，并将材料放置在预定的地方，这样在教师找各种用品时，可以减少学生的等待时间。如果教室的面积允许，可以建立结构化的教学区域。很多教师认为在教室中划定一个学习中心很有帮助。学习中心是教室中固定的一块开展各种学习活动的区域。在此区域，可以进行计算、阅读或其他的教学活动。划分出学习中心，有利于方便放置或拿取教学材料、书籍和学具等。教学时，教师应根据预设，以循序渐进的方式教授技能。切记，只有在掌握了先备技能之后才能引入新任务的学习。否则，学生很可能产生习得性无助，进而出现试图逃避任务的挑战性行为。

主动和被动的课堂活动交替进行对一些学生是有帮助的。此外，有感官缺陷的学生可能在课堂上出现刺激过度或刺激不足现象。刺激过度的学生可能会表现出注意力不集中和烦躁不安。让学生进行放松练习或深呼吸有助于其恢复平静。实践表明，一些简单的瑜伽动作有助于缓解刺激过度。刺激不足的学生可能会感到困倦、疲倦和昏昏欲睡。因此，课堂上可以让这些学生站起来、伸展身体、给自己一些深压按摩、四处走动或原地踏步等，这些举措都可能让刺激不足的学生在下一次活动前提高警觉。

针对预防课堂上的挑战性行为，以上所讨论的策略虽然并不详尽，但都有助于形成有序、良好的课堂教学氛围。

针对多重障碍学生的挑战性行为，我们有多种预防和解决的方案。精准的功能性行为评估是制订适宜的支持计划和选择干预措施的基础。课堂上，针对每个学生表现出的挑战性行为，教师都必须制订一个个别化的干预计划。其中，行为的功能是最重要的影响变量，它决定着何种类型的支持能最有效地改变行为。当然，要制订出最合适的行为干预计划极富挑战性，也很耗时，并且需要一定的专业知识，这超出了教师的一般专业技能范围。如果教师具有坚实的行为干预基础，那么就可以实施许多行为干预措施。

第 7 章　艺术学习：独特的文化教育载体

　　无论是在普通教育中，还是在特殊教育中，艺术都扮演着重要的文化角色。一般而言，艺术教育的主要目的是提高人们对美的感受和理解能力，培养艺术的表现力和创造力。我国义务教育艺术课程标准明确指出："艺术课程作为义务教育阶段学生的必修课程，对学生的人格成长、情感陶冶，以及智能的提高等都具有重要价值。[1]"为了建立健全学生艺术素质评价制度，了解掌握学生艺术素养发展状况，改进美育教学，提高学生的审美和人文素养，教育部专门发文规定"学生艺术素质测评应覆盖到全体学生[2]"。概言之，作为美育的核心，艺术教育的根本目的是培养全面发展的人，其重要意义不言自明。在培智学校，作为国家课程的重要组成部分，"唱游与律动""绘画与手工"这两门艺术科目一直是学校的必修课程。多重、重度障碍学生不仅有参与艺术教育活动的权利，也有能力在一定程度上参与艺术课程的学习。然而，艺术教育活动的地位、艺术教育内容的选择与组织等在不同的学校却有很大的不同。这在很大程度上取决于学校的教育理念、资源及对艺术教育重要性的认识。尤其是在特殊教育学校，对于多重障碍学生的艺术教育仍存有诸多值得探讨的问题。艺术教育对于多重障碍学生的意义何在？艺术教育与艺术治疗之间的关系是什么？如何通过艺术整合的方式来实施艺术教育，进而促进学生的全面发展？这些关于多重障碍学生艺术教育的基本问题，需要认真地加以讨论。

多重障碍学生与艺术

　　艺术活动是人类特有的活动形式，它是形象认识与理性把握、情感体验与逻辑认知的统一。艺术的这种独特性使其成为学生学习并建构独特文化体系的载体，对于多重障碍学生的学习和发展具有重要的作用。

---

[1] 教育部. 义务教育艺术课程标准. 2011.
[2] 教育部. 关于印发中小学生艺术素质测评等三个办法（教体艺〔2015〕5号）. 2015.

一、超越传统的艺术教育内涵

(一)对艺术教育的一般理解

对艺术教育的理解涉及艺术教育的概念界定,也涉及艺术教育的内涵。什么是艺术教育?我国艺术教育课程标准中并没有对艺术教育进行明确的定义。在我国有关的艺术教育论著中,对艺术教育的理解也不尽一致。一般认为,"艺术教育是以艺术媒介培养人的艺术能力与艺术境界的自由有序的系统活动[1]"。这一界定规定了艺术教育的特性,即艺术教育是以艺术媒介开展的教育活动,其目的是为了培养艺术能力和艺术境界,在拥有艺术创造自由的同时又受教育规律的制约。根据这个定义,学校的艺术教育又可分为专业艺术教育和非专业艺术教育两种形式。专业艺术教育是把艺术作为一个专业来学习,主要是为了培养各类的专业艺术人才;非专业的艺术教育并不追求培养目标的专业性,更多的是以艺术为媒介,开展相关的教育活动,以实现学生的全面发展,也可以将之视为美育的主要形式。

显然,无论是在普通教育学校,还是在特殊教育学校,主要开展的都是非专业艺术教育。学校开展艺术教育的一个重要途径是开设相关的艺术类课程。我国"艺术课程采用综合性艺术教育理念,使学生在丰富的艺术和人文情境中快乐地学习,在艺术沟通中增长艺术能力,在活动中不断地创造和发现艺术,在艺术与人类生活、情感、文化、科技的联系中感受、理解和创造艺术。学生通过综合性的艺术学习,学会欣赏艺术,培养健康的审美观念和审美情趣,为学生人格的完善奠定基础[2]"。概言之,艺术课程的总目标就是"艺术能力和人文综合素养的发展"。因此,尽管非专业的艺术教育不是为了培养专业的艺术人才,但人们普遍认为其任务主要指向艺术能力的学习。换言之,人们主要以艺术教育的目的和内容来理解艺术教育的内涵,主要强调培养学生的艺术能力,着眼于艺术知识和艺术技能的学习。虽然人们也肯定艺术教育带来的审美体验和人文素养的发展,但在传统的认识中,多半会把艺术能力的培养放在首位。然而,对于多重障碍学生,艺术教育的内涵不仅限于艺术教育的目的与内容,还应从艺术教育的方法层面来认识。多重障碍学生的艺术教育不一定要聚焦艺术知识和技能的学习,它更多的是充分利用艺术的愉悦性和其独特文化建构功能,在促进感觉运动、认知发展、沟通交往和情绪行为等方面发挥独特的作用。因而,多重障碍学生除了接受艺术技能教育之外,更多的是以艺术的方式来学习其他领域或科目的内容,以及接受艺术治疗服务等。也就是说,以艺术作为重要的文化载体促进学生的全面发展,

---

[1] 贺志朴、姜敏. 艺术教育学[m]. 北京:人民出版社,2001. 36
[2] 教育部. 义务教育艺术课程标准. 2011

是多重障碍学生艺术教育超越传统的内涵所在，这一点在国际特殊教育领域已经有了明确的共识与实践。

（二）艺术教育的国际理解

国际上对艺术教育有多种理解，主要是从艺术教育所采取的方法来解释艺术教育这一术语的内涵。一是指以艺术为内容的教育（Education in the Arts），即把艺术作为教育内容的组成部分。以美国国家核心艺术标准联盟（National Coalition for Core Arts Standards）为代表的多个机构持有这一观点。以艺术内容为主的教育旨在"使学生具有艺术素养和创造性实践，从而促进他们艺术能力的发展。具有创造性实践意味着他们能够通过参与舞蹈、戏剧、音乐以及视觉和媒体艺术来创造、表演、呈现、制作、回应和与他人联系"[1]。二是指以艺术的形式进行的教育（Education Through the Arts），或称为艺术与教育的整合（Arts Integration and Education），即将艺术形式与其他课程领域相联系，通过创造性的参与活动，学生获得加深理解的机会，并在艺术和其他科目方面都达到相应的学习目标[2]。三是指将各种艺术内容的学习整合在治疗项目中，通过艺术治疗增强学生的身心健康[3]。

可见，艺术教育的三个维度之间存在着重叠交叉、相互渗透的关系，前二者主要是指在教育框架中教艺术的方法，后者则是在医疗中处理艺术，当然这并不妨碍三者之间的相互渗透，关键是如何理解它们之间的关系以及把握相关的度。因此，多重障碍学生艺术教育的内涵超越了传统意义上的理解，其范围和重心有所变化。这是由多重障碍学生的身心特点及艺术教育本身的独特文化建构特征所决定的。

二、独特的文化建构载体

通过艺术创造和分享意义是人类独特的体验，也是文化生活的重要组成部分。众所周知，艺术教育具有多重价值：创造性、情感性、愉悦性和智能性。通过艺术教育，学生不仅可以深化审美体验，还可以"激发好奇心和想象，提高解决问题能力，加强抽象概念和具体概念之间的联系，促进自我认识的形成和娱乐方式

---

[1] National Coalition for Core Arts Standards. (n. d.) National Core Arts Standards:A conceptual framework for arts learning. www. nationalartsstandards. org/content/conceptual-framework

[2] Anderson, Berry. *Arts integration and special education. In Crockett,Malley. Handbook of arts education and special education*[M]. New York: Routledge, 2018; 196−215.

[3] Adamek, Darrow. *Arts in the therapeutic process: Art therapy, dance/movement therapy, and music therapy in schools. In Crockett,Malley. Handbook of arts education and special education*[M]. New York: Routledge, 2018: 216−231.

的多样化发展"[1]。这些已经成为世界性的共识,也是当代儿童教育所强调的基本技能。对于残疾儿童的艺术教育,人们往往首先想到的是其对文化价值的贡献。因为艺术教育还提供了一个社会融合的舞台,使该群体学习者能够参与文化生活,展示和运用他们的"创造性、艺术性和智力潜能","这不仅是为了他们自身的利益,而且也能丰富社会文化"[2]。譬如,当我们观看聋哑演员表演的舞蹈"千手观音"或某个孤独症儿童的画展,我们在感受这些艺术作品所带来的震撼的同时,也由衷地感谢这些残疾创作者为人类文化做出的努力。但是,不是所有的残疾人都能创作出震撼人心的作品,艺术教育的目的也并非要把残疾孩子培养为艺术家。对于多重障碍学生来说,艺术教育让他们能够有更多的机会参与社会活动,并在艺术学习的过程中促进自身的发展[3]。有鉴于此,比起其他课程的学习,多重障碍学生艺术教育有着重要的独特作用。从某种意义上说,艺术相关领域的课程学习可以让多重障碍学生以表征和抽象的方式去思考[4]。从文化的视角来审视,艺术感知、艺术表现及艺术创作具有特殊的文化心理过程,因此艺术教育在某种意义上是一种独特的文化建构,在促进障碍学生发展中具有独特作用。一般来说,发展中的儿童通过与他人的互动和参与想象建构来了解世界[5]。譬如,情境游戏、角色扮演等,这些都需要对情境的想象虚构能力。由于障碍程度的严重和发展的诸多困难影响,多重障碍学生一般不会自发地这样做。但是,借助于艺术他们可以实现这种抽象文化互动。在这里,我们可以通过重温维果茨基有关社会文化互动的理论,来理解艺术教育对于多重障碍儿童学习的独特而又重要的意义。众所周知,维果茨基特别强调"最近发展区"的互动学习及其支持对促进儿童发展的重要性,即"在互动的学习过程中,个体今天在别人支持下能做些什么,他们明天就可以独立完成什么"[6]。也就是说,在一个社交游戏情境中,角色参与、想象建构及其提供的特殊发展机会十分重要。首先,它可以帮助个体学会独立于直接感知而行动,并将事物蕴含的意义从具体的事物和活动行为中分离出来。这有助于学生理解表现形式的象征意义和象征的原理。其次,它可以提高自我意识和自我控制,即一个人会意识到自己的行为,并意识到每一个事物和行为都有意义。最后,它可以鼓励个人建立自己的最近发展区,在最近发展区内其行为水平会比一般情况

---

[1] Ho. Mural painting as inclusive art learning experience[J]. *Teaching Artist Journal.* 2010(8): 67−76.

[2] United Nations. Convention on the Rights of Persons with Disabilities: UN General Assembly. 2006.

[3] Ware. *The Education of Children with Profound and Multiple Learning Difficulties*[M]. London: David Fulton, 1994: 343.

[4] Penny Lacey, Rob Ashdown. *Profound and Multiple Learning Difficulties*[M]. New York: The Routledge Companion, 2015: 335.

[5] Trevarthen. *The child's need to learn a culture*[J]. Children & Society, 1995(9): 5−19.

[6] Vygotsky. *Interaction between learning and development*[M]. MA: Harvard University Press, 1978: 86.

下更好。这是因为在想象建构中,一个人可以模仿文化习俗、探究它们并推进自身的发展[1]。艺术教育支持多重障碍学生参与互动和想象建构情境,并能提供与典型发展学习者相同的价值。许多教育实践也证明,角色扮演等可以在社会互动、灵活思考和自发参与方面支持障碍学生,尤其在戏剧活动中[2]。此外,神经科学的研究发现也可以解释该群体学习者在戏剧活动中的积极反应,即艺术活动中的情感参与可以刺激杏仁核,而杏仁核正是大脑负责处理和评估意义的重要部位,许多患有孤独症的学习者大脑的这部分功能存在不足[3]。

三、独特的教育发展功能

艺术是一种独特的文化建构载体,艺术教育对于多重障碍学生更具有重要的教育地位。这要首先得益于它的愉悦性。"艺术课程所涉及的感知体验、创造与表现、反思与评价等活动,具有游戏性和愉悦性。艺术课程通过提供新奇的感性材料和丰富信息,使学生能够尽情、自由地参与多种艺术活动,体验艺术学习的快乐和满足,获得身心的和谐发展。"[4]通常,在普通学校,一般不会把更多的时间分配给艺术教育,特别是诸如音乐、戏剧、美术和舞蹈等类别。然而,在培智学校,或者说对于多重障碍学生,这些领域的教育有其自身的位置,发挥着独特的教育发展功能。虽然学校不一定要将戏剧、舞蹈或影视表演等类别都单独设置一门科目,但是作为语文、体育或者音乐教育的一部分,学校应给予这些艺术教育领域充分的重视。因为对于多重障碍学生来说,以上领域的学习可以让他们以表征和抽象的方式进行思考。

(一)具象认知的桥梁

从认知理论的视角看,艺术作为独特的文化构建载体,能将倾向于具象学习的多重障碍学生的学习方式与抽象的教学方法连接起来,成为独具特色的学习工具和沟通具象与抽象之间的桥梁。无论是美术还是音乐、戏剧和舞蹈等,各种艺术媒介都具有跨越沟通鸿沟的独特能力。以艺术的方式表现,可以为自我表达、沟通交流提供真正的机会,并为每一个多重障碍学生的学习提供支持与强化。

作为具象学习者,由于残疾程度严重以及障碍的叠加,绝大多数多重障碍学生的抽象概括能力非常薄弱。因此,具体形象的教学成为最佳的教学原则。遵循

---

[1] Vygotsky. *Play and its role in the mental development of the child*[M]. New York: Penguin, 1976: 238.
[2] Peter. Drama: narrative pedagogy and socially challenged children[J]. *British Journal of Special Education*, 2009(36): 9–17.
[3] Damasio. *Looking for Spinoza: Joy, sorrow and the feeling brain*[M]. New York: Harcourt. 2003.
[4] 教育部. 义务教育艺术课程标准. 2011.

这个原则，艺术教育强调真实情境的教学，通过诸如演唱、涂鸦、舞动来整合认知的目标并进行学习。这些知识、技能绝非通过认识卡片、黑板的认读就能学会。对于这些技能的学习，教师可以通过建立常规活动，然后有意采取设置障碍的方法来进行问题解决和思考的教学，以问题来引导学生思考、认识和处理。

艺术领域中美术、音乐、戏剧和舞蹈具有跨越沟通鸿沟的独特能力，是所有人都能参与其中的，其内在的本质具有激发的功能，可以成为融合性教学（inclusive teaching）的优秀载体和工具，为学生在学习中自我实现和提升自尊提供了宝贵的机会。

（二）培养自信和激发思考

艺术教育对多重障碍学生的学习发展来说，除了具有一般的教育功能之外，其最具独特的作用表现在两个方面：培养自信和激发思考。

1. 培养自信

艺术的本质在于创造和分享意义，艺术可以成为培养儿童自信的极好工具。"艺术是赋予了内在驱动的一种外化表达形式。"[1]因为"所有艺术形式都能鼓励自尊的形成，培养想象力、好奇心并激励儿童探索思考[2]"。人们都有一些内在的沟通与表达需要，而艺术就是一种能被社会认同的表达方式。因此，通过艺术教育，教育者需要努力使不同能力的学生都能拥有自信。

2. 激发思考

艺术能够促进思维的流畅性、灵活性、独创性和缜密性。艺术具有内在的激励作用，艺术往往赋予人们一种强烈的愿望，即在学习过程中掌控自己和承担责任。艺术教育为学生提供了整合他们的知识、技能和认知的机会，使他们能在有意义和充满活力的环境中学习。

基于以上的讨论，我们可以认为，对于多重障碍学生来说，艺术教育的重点不在于艺术知识、技能本身的学习掌握，而是充分利用艺术作为特殊的文化建构载体来培养他们的自信和发展思考能力，使其尽可能地全面发展。

普通学校也应该形成以上这种认识。义务教育艺术课程标准明确指出："教师的教学行为要符合艺术课程理念，由偏重知识技能传授和训练的呈示行为，转向以'双主体'互动为主导的对话行为，以及关注学生的体验、探究、合作和反思过程的指导行为。要引导学生选择自己喜爱的方式进行自我表现，通过创造、表

---

[1] Peter. 'Good for them, or what?' The arts and pupils with SEN[J]. *British Journal of Special Education*, 1998(4): 168-172.

[2] Carpenter, Hills. Rescuing the Arts: The Sunmoves project[J]. *The SLD Experience*, 2002(32): 22-24.

演、欣赏、交流、评价等活动，走出'必须教给孩子什么他们才会获得艺术能力'的误区。[①]"但是受到传统观念的影响，人们很难一下子改变对艺术教育的看法。对于多重障碍学生，艺术教育的目的应体现在三个层面：培养学生的艺术能力、学科学习和个人成长。但是这三个层面的轻重，应根据学生的残疾程度有所调整。尤其在培智学校，教师不仅要关注相关课程学习，也要关注各种课程艺术形式的渗透及工具性价值，这就牵涉另一重要命题：艺术在特殊教育课程中的整合问题。

艺术课程与艺术整合

如前节所讨论的，从实施层面来说，多重障碍学生的艺术教育包含三个方面的内涵：一是以艺术科目为主的艺术教育活动，主要表现为各种艺术类型的课堂教学活动，其目的重在培养学生的艺术能力；二是以艺术整合为主的艺术教育活动，旨在把艺术作为一种教育手段，与其他学科科目整合，以此来促进学生各门课程领域的学习，同时兼具艺术内容的学习；三是以艺术治疗为主的艺术教育活动，其目的主要在治疗，主要表现为利用艺术教育活动中独特的感知体验，对相应的情绪、行为等问题进行干预，同时也融进相应艺术内容的学习。本节主要讨论前两者，关于艺术治疗及其与艺术教育和相关门类的关系，将在下节内容中详细讨论。

一、课程设计与科目设置

从全纳性学习的观点看，对于多重障碍学生，艺术课程设计中的目标确定、科目设置和内容选择等同样应遵循普遍性与特殊性统一的原则。根据本书第二章"基于核心课程的板块建构"的观点，艺术科目从课程总体目标、设计理念与课程类别上看属于"核心课程"，在培智学校中其设置基本应与普通学校一致，但在实施时应根据学生的身心特点及其个别化差异有所调整。但是由于历史和现实的多种原因，目前在培智学校的艺术课程设计中还存在许多值得探讨的问题。基于此，我们通过与普通学校艺术课程的比较分析，来进一步认识培智学校艺术课程的设计及其实施问题。

（一）普通学校的艺术课程设计

不同的艺术分类标准决定了不同的课程类型。一般来讲，艺术可以划分为视觉艺术、听觉艺术两大类，视觉艺术包括美术、舞蹈等，听觉艺术包括音乐、戏

---

① 教育部. 义务教育艺术课程标准. 2011.

曲等。当然也有视听综合的艺术，如影视艺术等。我国普通学校义务教育艺术课程"采用综合性艺术教育理念"，是"一门综合音乐、美术、戏剧、舞蹈、影视等艺术门类为一体的课程"，"艺术课程通过这种综合建立艺术与生活、艺术与情感、艺术与文化，以及艺术与科技的广泛联系，强调视觉、听觉、动觉、嗅觉、触觉等多种感官的相互沟通和转移"[1]。简言之，普通学校义务教育艺术课程可归结为：一个总目标，艺术能力和人文素养综合发展；五个分领域，音乐、美术、戏剧、舞蹈和影视；三种艺术能力，感知与体验、创造与表现、反思与评价；四个人文素养联结，艺术与生活、艺术与情感、艺术与文化、艺术与科技。可以说，以上艺术课程设计目标的思路，同样适用多重障碍学生的艺术教育及其课程设计。但是，由于时代的认识和传统文化意识的影响，人们在考虑以智力障碍为主的学生教育时，往往强调其残疾带来的消极影响，潜意识中会过度降低相关期望，裁剪一些能够学习的内容或无意中给学生贴上"标签"。这多少反映在培智学校的艺术课程设置中。

（二）培智学校的艺术课程设计

我国现行的《义务教育培智学校实验课程方案》（以下简称实验方案）于2007年发布，至今已15年了，有关人员一直没有进行相关的修订或改革，实事求是地反思，它与当代国际特殊教育课程发展以及我国培智学校教育的实践已经产生脱节，尽管2016年我国颁布了相应课程标准，但由于其对应的是原有的课程方案，一些根本性的问题并没有得到解决，这些问题同样反映在培智学校的艺术课程设计上。

无论是课程方案，还是课程标准，培智学校都没有开宗明义地以综合性的理念，从总体思路上来设计艺术课程。目前培智学校的艺术课程主要包含"唱游与律动""绘画与手工"两个科目。在课程的规划设计上，这两门课程的设置，既有其值得肯定的特色，但也有其值得讨论的地方。培智学校的教育对象是智力与发展性障碍学生，两门科目的特色主要表现在两个方面：一是突出了易于参与学习的艺术形式和内容。考虑到智力功能限制对学生学习的影响，把"唱游""律动"作为音乐教育的主要形式；把"绘画"与"手工"作为美术教育的主要形式。二是都强调了艺术课程实施的整合性，特别是康复功能的整合渗透。如唱游与律动强调要"重视学生潜能的开发和功能限制的改善，在各教学内容中渗透康复理念，促进学生听觉、语言、动作能力等方面的改善，培养学生的表现能力、沟通能力和合作意识，为学生更好地参与社会、融入社会提供帮助"[1]；绘画与手工则强调

---

[1] 教育部. 义务教育艺术课程标准. 2011.
[1] 教育部. 培智学校义务教育《唱游与律动》课程标准. 2016.

"激发潜能、改善功能"的作用,注重课程要"促进学生手眼协调、精细动作能力的发展,调整情绪、表达情感,提升社会适应能力[①]"。

（三）培智学校艺术课程设计的反思

从全纳性学习观和特殊教育课程融合发展的潮流来审视,培智学校艺术课程的不足之处也是明显的。多重障碍学生不仅拥有艺术学习的权利,也有相应的能力参与艺术学习活动。但是,由于障碍叠加的影响,多重障碍学生参与学习的内容及方式必须依据其身心特点,以确保得到合适的艺术教育。就艺术教育目标来说,既不能无视障碍的影响将其毫无理性地拔高,也不能因为障碍的存在将其肆意地降得太低;就艺术教育的内容和方式而言,必须对艺术教育的内容和形式进行选择和组织,以适应每个学生的独特教育需要。目前,我国培智学校艺术课程设计存在着如下值得反思的问题。

首先,课程方案和课程标准弱化了艺术课程的综合性教育理念。课程设计并没有从总体上思考艺术教育的问题,只是在具体地设置课程时,把艺术教育聚焦在音乐和美术这两门科目上,无形中弱化了师生对其他艺术类别的重视,如舞蹈（尽管在唱游与律动中含有舞蹈的成分）、戏剧、影视等。即使是在这两门科目内部,课程名称的具体化同样削弱了音乐和美术自身多样的艺术表现形式。之所以如此设计,其潜在的原因之一,与传统教育的"危险假设"不无关系,即认为丰富的艺术形式,如舞蹈、戏剧、影视等对于有智力障碍的学生来说很难学习,甚至不能够学习。这种未经实践验证的认识明显存在着低期望的危险。国际特殊教育的循证实践证明,即使是重度智力障碍学生也能够参与音乐、美术、舞蹈、戏剧和影视等领域的学习。譬如,戏剧在多重障碍学生的艺术教育中有着独特而重要的地位,从某种意义上说,戏剧是艺术这个独特文化载体的经典代表,是最能反映艺术教育发展性功能的领域。所以,即使对于残疾程度严重的多重障碍学生,丰富的艺术形式也是能够学习且应该学习的,问题在于如何学习,或者说如何认识他们所学的戏剧、影视的内容和形式问题。

其次是课程设计缺乏概念逻辑意识。这主要反映在科目的名称上。课程方案中用"唱游与律动""绘画与手工"代替音乐和美术,显得不够严谨。科目名称既要有其传统的共识也要遵循一定的概念逻辑。"唱游与律动""绘画与手工"分别是音乐与美术这两个领域的具体活动形式和内容,它不能概括或揭示课程的定位及其性质。这就如同用"计算""数数"代替数学科目、用"说话""写字"代替语文。正因为如此,在2016年颁布的课程标准中,"唱游与律动"尽管沿用了课程方案中的名称,但开篇首句就以音乐进行课程定位:"音乐是传承人类文化的重

[①] 教育部. 培智学校义务教育《唱游与律动》课程标准. 2016.

要载体，是人类宝贵的文化遗产和智慧结晶。唱游与律动则是培智学校进行音乐教育的重要形式。"可见，为了扭转课程名称的概念逻辑问题，在标准中做了重要的补救措施，给课程重新做了清晰的定位。

把科目名称落在具体的活动形式或内容上，这样可以突出智力发展性障碍学生学习的特殊性，这个出发点固然可以理解，但从课程设计角度看，这样的命名会使课程在自我限定上陷入逻辑的尴尬，还会产生"标签化"的问题。以"唱游与律动"为例，按照概念逻辑，只能限于游戏式的演唱、有韵律的运动，至于其他的舞蹈、表演、器乐演奏等要素就应限制。这一点，在后续颁布的课程标准中已被纠正，将之划分为感受和欣赏、演唱、音乐游戏和律动。另外，在课程的具体内容上，在课程标准中缺乏对诸如音乐、美术等艺术学习早期发展任务的剖析和指导，对于培智学校不断增多的多重障碍学生，显然削弱了标准的时代指导价值。

二、艺术要素与早期形式

（一）艺术要素学习及其发展功能

多重障碍学生艺术内容学习的基础与各艺术门类的相关艺术要素有关，对这些相关要素的学习，同样构成了艺术学习的主要内容和形式（见表7-1）。学习这些艺术要素，不仅仅是为了掌握艺术知识与能力，它还和学习语言与交流、运动与身体、数学与思考以及地理、历史、科学与技术等内容有关。因为这些要素本身就整合了其他学科内容，带来多方面的学习意义。以美术为例，其每个要素本身又包含多重的属性意义。譬如，质地要素包含了粗糙、光滑、柔软等，色调包含明暗、深浅、柔和等，形状则包含大与小、胖与瘦、高与矮等。这些要素既可以作为艺术的属性，又可以作为各种相关的认知、情感体验。另一方面，可以将学习这些艺术要素与生活、文化、科技等方方面面联系起来，譬如，观察环境中有哪些事物以线条形式呈现，那么铁路、公路、河流、运河、树篱、电线、头发，甚至顺着窗户流下来的雨水的痕迹都可以视为线条。再如，作为舞蹈的基本要素的身体和空间，身体要素包含了身体的各部位及其运动的走向，空间则包含了舞者与他人、物体、舞伴及自身的关系。艺术教学中这些要素既承载着相关概念的认知，也自然地渗透着社会关系。因此，从整合的角度看，艺术课程必须作为一种整体体验来实施，发挥艺术要素内容学习的发展功能。正是在这个意义上，义务教育艺术课程标准特别强调："艺术课程所培养的艺术能力，不仅包括音乐、美术、戏剧、舞蹈、影视等不同类别艺术的基本知识和技能，还包括适应当今社会发展和学生终身发展需要的，但又被传统艺术教学所忽视的感知与体验、创造与表现及反思与评价等基本能力。①"

表 7-1　艺术学习的主要内容和形式

艺术类别	基本要素
美术	图案、质地、颜色、线条、色调、形状、空间……
音乐	音色、质感、节奏、力度、音高、结构……
舞蹈	身体（体位）、动作、空间、动力、关系……
戏剧	专注、紧张、空间、心境、对照、表征和角色……

基于艺术要素学习的发展功能，艺术要素的学习对于多重障碍学生往往具有非同寻常的意义。与普通学生相比，这些要素学习应成为多重障碍学生艺术教育的核心内容，其意义应超越传统的认识，艺术教育不要仅仅停留在对艺术技能教学的追求上，更要重视在教学时，如何促进学生整体能力的发展，尤其是帮助他们尽可能地在不同的层级水平上掌控自己、学会"创造"，获得对成功的自信，这也应是所有艺术教育的终极目标。当然，这并不是要降低艺术知识和技能的重要性，而是因为多重障碍学生的学习方式和发展水平不同，需要对他们进行不同的教学。有一种倾向，特别是在特殊教育学校，一些教师往往抱守着传统的艺术课程的教育理念和教学习惯，把艺术课程的内容仅仅聚焦在单调刻板的技能上，如：看线条画得如何好，色彩搭配得如何逼真，或者在美术课上只教学生区分颜色、如何调色或把画贴在纸上用彩色笔做标记等；而在戏剧表演课上往往只根据脚本描述的动作，要求学生在提示下走上舞台、离开舞台，并对相关的动作做出适当的行为反应等。这些都是对艺术教育内涵的狭隘理解。下面就聚焦戏剧要素，具体讨论通过戏剧教育促进学生发展的问题。

（二）戏剧要素及其发展功能

戏剧教育的发展性价值不仅在国外多重障碍学生教育中受到重视，现在也越来越多地被国内一些研究者和基层特殊教育学校所认识。的确，戏剧作为一种独特的艺术类别，具有艺术文化载体的代表性，在众多的艺术类别教育中也扮演着重要的角色。鉴于国内整体上对多重障碍学生戏剧课程及其教育的研究薄弱，本节重点聚焦其要素学习的发展功能，以期国内的教育研究者和实践者予以足够的重视。

如果把戏剧的关键要素归纳为关注、紧张、空间、情绪、对比、表征和角

---

① 教育部. 义务教育艺术课程标准. 2011.

色，那么这些要素对多重障碍学生来说不仅仅意味着知识和技能，更意味着感知与体验、创造与表现及反思与评价等一系列能力发展所需要的工具和载体。

关注：关注的本质是要有动机。也就是说，孩子们最初学习专注的动力来自他们所关注的对象，比如一个人的脸、一部有来电显示的手机，或者一个能发声的玩具。戏剧的内在固有的激励因素提供了一个理想的文化学习载体，由此可以不断地吸引学生、延长其集中注意力的时间和扩展其活动的范围。

紧张：所有的戏剧都以紧张要素的渗透形成特有的戏剧张力，即戏剧元素来源于矛盾冲突、困惑的期待、情感表达。在这种紧张关系中产生了问题，由此把学生带入特有的情境，促使他们去探究、思考。

空间：戏剧不是静态的艺术，舞台上的空间，演员周围的空间，多半是以数学应用的维度呈现出来，譬如，站在离主角两米的前方等，这些空间要求与相应的概念学习可以很好地紧密联系起来。

情绪：戏剧是情商教学的一个重要载体，因为在角色扮演过程中角色会呈现出懒惰、嫉妒、愤怒或焦虑等情绪。我们不能指望有学习困难的人能像普通学生一样，自发地理解这些代表"精神状态"的抽象概念，最好的方法就是通过角色扮演，让多重障碍学生形象地理解这些抽象概念的基本意思。当然，有学习困难的人也很难学会玩合作性游戏。但是，戏剧中的许多媒介诸如故事情节、主人公遭遇等，可以帮助学生了解自己和他人的心理状态和感受。

对比：对于那些有严重学习障碍的学生来说，这是一个关键的需求领域。如果不通过戏剧形式的教学，一般情况下，教师会不断地重复提供常规和结构化的活动，确保教学的连续性和一致性。这些方法是很自然的，甚至也是必要的，但对比的元素往往会丢失。而戏剧形式的教学可以让师生一起探索安全与恐惧（老鹰捉小鸡）、爱与嫉妒（狐狸吃葡萄）、贪婪与利他主义（猴子掰苞米）等对立意涵。

表征：表征是戏剧最突出的特征，正所谓"三五步走遍天下，七八人百万雄兵；咫尺地五湖四海，几更时万古千秋"。维果茨基清楚地阐述了游戏是表征思维和内在理解之间关系的核心。随着儿童年龄的增长，他们对支持性的物件和玩具等表征的依赖逐渐减少，可以通过想象和抽象概念的内化来理解世界："'儿童的游戏就是活动中的想象'，这个古老的格言反过来说就是'青少年和小学生的想象无须通过游戏活动'。"[1]

角色：角色扮演为具体理解情绪状态和精神状态等概念、词汇提供了理想的学习机会。关键是要让有严重学习困难的障碍学生有机会接触到这些字词、短语或概念。在戏剧学习中学生可以有机会去体验不同的角色，以及理解其他人看待

---

[1] Vygotsky. *Interaction between learning and development*[M]. MA: Harvard University Press, 1978: 86.

世界的方式。

以上是以戏剧要素为例讨论了艺术要素的发展功能在艺术课程教学中的重要意义，同时也希望戏剧教学能够受到越来越多的重视。

（三）艺术课程内容的早期形式

根据本书有关前学科的观点，艺术课程内容是指艺术知识、技能的萌发及其早期表现形式。鉴于艺术的性质与特征，在学生发展早期阶段，许多玩耍和游戏诸如搭积木、捏泥巴、涂色、画线条等都可以看作艺术的早期表现形式。像躲猫猫、老鹰捉小鸡等游戏，完全可以认为是虚构的戏剧。这些游戏几乎具备了戏剧的所有元素：有角色扮演，有表征性道具或人物，有从开始到逐渐紧张再到高潮的结构化过程，在整个游戏活动中充满了创造、互动和共享的意义体验。

有关艺术知识与技能的学习，不一定表现为传统的艺术学科知识与技能形态，它可以是一系列与艺术学科相关的早期知识或技能相联系的行动反应、事件或经验。下面以英国 P-Scales 中的美术、音乐课程标准为例，同时对照我国的艺术课程标准，来展示对于"学生表现出对活动和经验的意识"，不同的艺术类别在知识、技能方面的早期形态（见表 7-2）。

表 7-2

科目	内容指标		实例
	英国课程标准	中国课程标准	
美术	学生表现出对活动和经验的意识： ①当把注意力集中在某个特定的人、事件、物体或物体的一部分时，他们在一段时间内显示出警觉和有准备。 ②他们可能做出间歇性的时断时续的动作反应。	在感知和体验艺术作品时，能够自然流露出相应表情或做出肢体反应…… （《义务教育艺术课程标准》"艺术与情感"领域，第一学段有关"创造与表现"能力的要求。）	①短暂地看着色彩鲜艳的物品。 ②有时把手放在油彩里。
音乐			①在音乐教室开始变得安静起来。 ②有时对重复的某种声音形式感到兴奋。

对艺术课程内容早期形式的理解，有助于教师更好地认识艺术教育对多重障碍学生的意义，即使是重度乃至极重度的障碍学生，也能够参与艺术课程的学习，能够在其自身的发展水平上学习相应的艺术内容。基于以上认识，多重障碍学生的艺术教育应秉持以下原则：首先应怀有积极的教育期望，坚信他们能够通过艺术学习获得应有的发展；其次，重视艺术的发展功能，特别是那些处在早期发展

阶段的学生，他们能够通过艺术的学习提高沟通能力；再次，重视运用通用学习设计策略，实现课堂教学的最优化，为每一个学生提供多样的接受艺术教育、表达艺术感知和参与艺术学习的机会；最后，要重视每个学生独特的学习需求，评估他们不同的学习能力，采取差异化教学。当然，从事艺术教育的教师，也应致力于合作实践和专业学习，坚持循证实践、勇于探索，不断提高艺术教学的质量。

三、艺术整合与发展性艺术

（一）艺术整合及其形式

寓教于乐，无论中外，也无论是普通教育还是特殊教育。在教育活动中利用艺术的愉悦功能，将艺术教育与其他课程学习联系在一起，这有着悠久的历史。尽管在范围和重点上存在差异，但艺术整合和特殊教育全纳性学习享有共同的信念：通过艺术的手段或形式来进行相关学科内容的学习，可以将认知、语言、动机、情感和社交等技能的学习有机地联系起来，提高教与学的质量[1]。对于多重障碍学生，学习与艺术整合的课程还可以解决他们的多样性学习需要。

那么，什么是教育中的艺术整合？我国在这方面的理论及实证研究不够充分，相关的成果也不多。美国肯尼迪中心给艺术整合下了一个操作性的定义，艺术整合是指通过某种艺术形式（如戏剧）来促进学生建构和理解的一种"教学方法"，它是将某种艺术形式与另一个学科领域相联结，使学生在参与创作的过程中，实现这两个目标的共同发展[2]。艺术整合可以是艺术与学科内容的整合，如戏剧、音乐、舞蹈、视觉艺术与语文、数学的整合，也可以是艺术与发展领域诸如感觉、运动、沟通、认知及情绪行为的整合。艺术整合在特殊教育领域有着悠久而丰富的历史，众多的循证实践证明，艺术整合可以增加包括残疾学生在内的所有学生参与全纳性学习的机会，提高教学的质量[3]。

艺术整合的形式可以多种多样。一般可以归结为以下几类：一是根据艺术相关类别的特征，将某些艺术内容进行科目整合，如把戏剧内容学习归入语文课程，把舞蹈内容学习归入体育课程；二是以艺术的形式开展其他科目的教学活动，如将语文课文改编为话剧，以表演形式开展语文教学，或者以唱游的形式开展数数、

---

[1] Loughlin S M, Anderson A. *Arts integration research and practice yesterday and today: Lessons learned*./In A. Anderson(Ed.), *Arts integration and special education:An inclusive theory of action for student engagement*[M]. New York: Routledge, 2015.

[2] http://education.kennedy-center.org//education/partners/defning_arts_integration.pdf.

[3] Jean B. Crockett, Sharon M. Malley. *Aandbook of Arts Education and Special Education*[M]. New York: Routledge. 2018: 197.

计数的教学；三是以艺术形式开展综合性的实践活动，将语文、历史、地理等课程教育整合为艺术性的主题活动；四是把艺术内容整合进一日例程，如用音乐代替铃声作为作息时间信号，使学生不仅能够感受到音乐带来的美好体验，还能通过持续的音乐信号，理解时间、学习以及与他人、环境的关系；五是通过专门设计的课堂艺术活动，培养学生的发展性知识和先备技能。如通过一项美术或音乐活动，完成有关发展性知识技能的教学。后者在西方国家中颇受重视，并形成了一定稳定的活动样态范式，由于它是以艺术活动的方式实现学生诸多早期技能的发展，因此这种整合可称为发展性艺术。

尽管整合的形式不同，但以上的艺术整合都是将艺术作为一种灵活的教学工具、学习媒介或载体要素，运用在课程教学中，多重障碍学生能够在艺术的氛围中感受、学习和探索与人类经验有关的体验、知识和技能。这些都是艺术整合在非艺术的科目框架内的教学运用。

（二）发展性艺术及运用

艺术与发展性技能的整合以其特有的发展性艺术教学模式应用于多重障碍学生的艺术教育中。发展性艺术的教学并不聚焦于艺术知识和技能，而是重在发展学生的各方面基础性的概念和技能，如语言沟通、定向定位、轮换排序和听从指令等。一般情况下，普通学生可以通过学校学习或在生活情境中自然随机地习得这些先备技能，但对于多重障碍学生则需要进行有针对性的指导教学，艺术整合成为这些发展性技能教学的最佳策略。发展性艺术概念的依据是发展性课程理论。其概念的提出可追溯到"发展性音乐"这一术语。从目前收集的文献资料看，发展性音乐这一概念由美国帕金斯盲校语言病理师德布拉·赫勒·迈博（Debra Heller Maibor）提出[①]。多重障碍学生的艺术教育，其发展性功能和艺术性功能与残疾程度成反比关系：程度越严重，发展性功能越强，反之则越弱。在艺术课程中也是如此，教学目标侧重于认知、感觉运动和创造体验的发展。

发展性艺术意味着在艺术整合的课堂上，整节课的教学活动设计和艺术科目的教学一样，但是它与艺术课程在课堂目标和内容上有着明显的区别。在艺术整合的课堂上，先备的发展性技能是教学目标。教学虽然兼有艺术知识与技能培养的功能，但它们只是作为衍生的副产品而存在。从早期的发展阶段来看，艺术课程内容主要是相关艺术要素的学习。每一艺术门类的基本要素几乎都与学生早期的发展能力相关，既有前学科的，又有发展领域的，而这些艺术要素恰好与学生所要学习的学科或领域的内容重叠交叉。这样，艺术的形式也就成了课程之间相

---

① 帕金斯盲人学校. 帕金斯教学活动指南：视觉多重障碍学生家长与教师指导手册[M]. 张元良等译. 北京：中国盲文出版社，2015.

互整合的黏合剂，也成为适合多重障碍学生学习的最佳方式之一。下面就以音乐为例，讨论发展性音乐的运用。

（三）发展性音乐的运用

发展性音乐是发展性艺术运用的一种重要形式。根据上面的阐述，发展性音乐是指以音乐媒介作为载体或工具，用来教学和强化其他领域的重要技能或概念。虽然发展性音乐与音乐科目的学习一样，都是以音乐为媒介展开的教学活动，但发展性音乐不以音乐知识和技能的教学为目标，而是重在教授非音乐的知识和技能，即音乐活动的设计开发是配合其他学科或领域的非音乐技能、知识、概念的教学。许多多重障碍学生具有较好的音乐感知基础，如节奏感、音调、音色等，即使一开始没有表现出来，这些音乐感知也可能在短时间内被激发出来。对于绝大多数学生来说，他们对音乐比较感兴趣，所以可以充分利用音乐的趣味性来吸引学生的注意力、激发学习的动机，进而提升学习效果。音乐可以让学生在一种没有对和错的情境中表达自己。无论是唱歌、演奏乐器，还是开展律动等活动都可以嵌入语言的具体经验，为学生提供许多发展语言和沟通的机会。同时，一段音乐、一首歌曲本身就具备基本的结构，有开始、过渡和结尾，其中节奏作为基础，旋律和字词的重复可以帮助学生不断地辨认所熟悉的元素。

以《拍手歌》为例，在这个简单的唱游活动中，老师先示范唱，然后要求学生跟着唱，在这个过程中至少强化了八项重要的技能：倾听、集中注意力、遵从指令、感受相同和不同、辨认音高、歌唱（不同于说话、低语或大叫）、运动和辨认身体部位等。音乐活动可以把每个目标技能不断地重复并相互强化，达到让学生认识、理解和掌握的目的。在发展性音乐课上，学生大多会沉浸于音乐活动本身，很少注意到自己是在学习技能。这样一来，教师便可以在放松和愉快的情境中，自然地嵌入一些教学内容。俗话说，幽默和愉快是最好的教学配方，它能有效地提高注意力和化解枯燥。

在发展性音乐活动中既可以进行综合性的目标技能教学，也可以进行专项的技能训练，活动的设计主要取决于学生的需要和课程的安排。以下按主题列出一些多重障碍学生常见的发展技能项目或领域供读者参考：课堂常规、身体部位辨认、粗大动作、语言技能、听觉处理、声音辨认、依序排队等。

考虑到多重障碍学生的身体需要，活动的设计和实施要考虑学生的身体能力，由于活动不是以音乐技能的教学为主要目标，所以比起一般性的音乐课堂，活动显得更加灵活与轻快。一般情况下，可让学生坐在地板上或者椅子上，教师最好和学生围坐，以师生距离靠近为优先考虑，而不是教师单独坐在钢琴边。乐器最好是吉他或手风琴等，当然也不排除钢琴，要视具体情况确定。发展性音乐活动

社交技能

*9500	社交故事新编（十五周年增订纪念版）	[美]Carol Gray	59.00
*0151	相处的艺术：写给孤独症孩子的家长、老师和医生的社交故事集	[美]Carol Gray	28.00
*9941	我交友我做主套装：给青少年和成人的5套书		36.00
*9943	不懂！不懂！不要烦恼！5!：青少年社交行为训练		28.00
*9942	争抢的5级量表：提高孩子的社交序理能力（第2版）	[美]Kari Dunn Buron 等	48.00
*9944	生气，变小，变小！（第2版）		36.00
*9537	用火车学社交：孤独症对话和社交技能家庭教程		36.00
*9538	用照相身份沟通：探视社交问题的孤独症家庭教程	[美]Joel Shaul	42.00
*9539	用电影学社交：揭密社交技能的孤独症家庭教程		39.00
*0176	图说社交故事集（儿童版）		88.00
*0175	图说社交故事集（青少年及成人版）	[美]Jed E.Baker	88.00
*0204	孤独症社交技能训练手册：70书沟通和情绪管理训练课		68.00
*0080	社交潜规则（第2版）：以孤独症视角解读社交奥秘	[美]Temple Grandin	68.00
*0150	看图学社交：帮助有社交问题的儿童青春期及成年	等著	88.00
*0380	了解情绪，理解情感：同龄的伙伴在学校、人社会中活动实际指南	[美]Nancy J. Patrick	59.00

与自闭片

*0109	红灯小绿灯：孤独症孩子管理情绪精装书		36.00
*0108	愤怒巨龙：孤独症孩子管理愤怒精装书	[美]K.I.AI-Ghani 等	42.00
*0110	不要惊慌！：孤独症孩子管理焦虑精装书		48.00
*9481	有个人朋友他们带给你亲密告白		38.00
*9478	有个人朋友让你发愁	[德]Kathy Hoopmann	38.00
*9479	有个人朋友让你惊奇		38.00
*9002	我的孤独症朋友	[美]Beverly Bishop 等	30.00
*9000	多多的海豚	[美]Paula Kluth 等	30.00
*9001	不一样也没关系	[美]Clay Morton 等	30.00
*9003	水色王子	[德]Silke Schnee 等	32.00
*9060	我心里的蛋（最新修订版）	[美]Temple Grandin	49.00
*7741	用图像思考：与孤独症共生		39.00
*8573	孤独症天赋：对孤独症潜能的探索	[美]Temple Grandin 等	39.00
*8514	穿越孤独：走出孤独症	[美]Judy Barron 等	45.00
*8297	难以穿越的孤独：孤独症男人自述	[美]Douglas Biklen	49.00
*7227	让我听见你的声音：一个家庭战胜孤独症的故事	[美]Catherine Maurice	39.00
*8762	养育自闭儿卡卡	[美]紫张爱珍、紫凌菲	36.00
*8512	喻而不玩，孤行：中国孤独症摆渡者父母纪事		28.00
*9762	穿越孤独拥抱你	张雁	49.00
*0428	我花样的阿，这其实很难！	[美]Luke Jackson	39.00
*0302	孤独的奥秘集：PUA、区综合、孤独症和我	[美]Jennifer O'Toole	49.90

系列丛书

书号	书名	作者	定价
	教导与管理		
*9228	孤独症学校行为训练手册		30.00
*9318	孤独症教室行为训练手册	[美]Beth Aune	36.00
*9319	日常生活问题行为训练手册		39.00
9210	资源教室方案与课程指导		59.00
9211	教学相长：特殊教育需要学生与教师的故事	王红霞	39.00
*9212	巡回指导的理论与实践		49.00
9201	"你爱爱上这个孩子的"（第2版）	[美]Paula Kluth	98.00
*0013	孤独症学校教学与管理	邓猛光、杨希洁、冯雅静	49.00
9329	孤独症教材教法	吴淑美	59.00
9330	孤独症教育护理与家庭		69.00
9497	孤独症学生学校课程趣导（第2版）	[美]Gary Mesibov	59.00
8338	培养引发学生：关系驱动型课堂策略	[美]Michael Marlow等	36.00
*7809	特殊儿童课程规划教师实用书	韦国栋	49.00
*8957	他们喜爱什么：巧用孤独症学生的兴趣和特长	[美]Paula Kluth	30.00
*0348	学校和学生教师实用手册	[新加坡]赛进文等	39.00
*8548	融合教育背景下特殊教师教师专业化发展	邓猛	88.00
*0078	遇见特殊重要学生：有效的教师能应对知深的事		49.00
0433	残障学校康复教育评估与教学	邓猛、陈永、王雅梅	88.00
	教学与训练		
*0130	孤独症和相关障碍儿童训练测试书	[美]Maria Wheeler	49.00
*9463	实用性课程设计儿童教育教学方案/配套练习册	[美]Glenn S. Quint 等	71.00
*9464	与年龄相适应儿童教育教学方案/配套练习册		103.00
*9215	孤独症课堂教学儿童睡眠相关问题实用教案	[美]Terry Katz	39.00
*8987	特殊儿童安全技能与预防教案	[美]Freda Briggs	42.00
*8748	青春期儿童性教育教案		68.00
*0206	我接受你的青春期！实用教师教育家长手册	[美]Terri Couwenhoven	29.00
*0205	我接受我的青春期！实用教师教育成长手册		29.00
*0363	孤独症谱系障碍儿童独立生活方法与实践（第2版）	[美]Lynn E.McClannahan 等	49.00
	**转衔	职场**		
*0296	长大成人：孤独症学生人士转术衔指南	[加]Katharina Manassis	59.00
0301	我可以工作！青少年我有自信沟通手册	[美]Kirt Manecke	39.00
*0299	家长与成人孤独症相关及职场沟通及求职指南	[美]Brenda Smith Myles 等	49.00

配套推荐

书号	书名	作者	定价
孤独症入门			
*0137	孤独症谱系障碍：家长及专业人员指南	[美]Lorna Wing	59.00
*6879	阿斯伯格综合征完全指南	[美]Tony Attwood	78.00
*8061	孤独症和相关沟通障碍儿童的行为干预与教育	[美]Gary B. Mesibov	49.00
*0157	做个聪明的家长	[日]青柳直算美	49.00
*0014	幼儿孤独症训练家庭图解	[日]藤原充世等	49.00
*6116	走进孤独症儿童 ABA 家庭训练	[日]井上雅彦	49.00
*6119	孤独症育儿百科：1001 个教养养育的秘诀（第 2 版）		88.00
*0107	孤独症经过十年都能够取得的十件事（第 3 版）	[美]Ellen Notbohm	49.00
*9026	实用行为分析和儿童行为入门手册（第 2 版）	[美]Albert J. Kearney	39.00
*0356	实用行为分析和儿童行为矫正（第 2 版）	郭延庆	88.00
教学实践			
*0149	孤独症儿童关键反应教学法（CRPT）	[美]Aubryn C. Stahmer 等	59.80
1669	地板时间・走・说（第 2 版）	[美]Kathleen Ann Quill	98.00
8298	孤独症谱系障碍儿童关键反应训练（PRT）集中实	[美]Robert Koegel 等	39.00
8769	解答问题行为的教养策略	[美]Linda A. Hodgdon	68.00
1689	使沟通顺畅的视觉支援策略		59.00
*9496	现在开始：如何给孤独症谱系及相关障碍儿童沟通与创造	[美]Stanley I. Greenspan 等	68.00
*9348	体验差异：儿童的内心世界：如何促进孤独症儿童的努力情感发展		69.00
*9964	该往行为分析：如何教我孤独症及相关障碍儿童	[美]Mary Barbera 等	49.00
*0419	说风起舞，牵手孩子共享有趣味	[美]Mary Barbera	78.00
9852	孤独症儿童行为干预最有效的八个行为科学课程	[美]Ron Leaf 等	68.00
*8607	孤独症儿童早期丹佛丹模式（ESDM）	[美]Sally J.Rogers 等	78.00
*9489	孤独症儿童的行为矫正	刘昱	49.00
*8958	孤独症儿童游戏与想象力（第 2 版）		59.00
*0293	孤独症儿童同伴关系十周训练：以艺术书法或图体媒介方式促进	[美]Pamela Wolfberg	88.00
9324	功能性行为分析及干预家庭手册（第 3 版）	[美]Robert E. O'Neill 等	49.00
*0170	孤独症谱系障碍儿童视频示范家用指南	[美]Sarah Murray 等	49.00
*0177	孤独症谱系障碍儿童单车骑骑骑家用指南	[美]Christopher Lynch	49.00
8936	发育障碍儿童诊断与训练指导	[日]榊原洋一，白矶聪司	78.00
*0005	养动化教学等应用	于丹	69.00
*0402	孤独症及发展障碍儿童执行功能训练手册	[美]Adel Najdowski	48.00
9026	孤独症谱系障碍诊断和关爱障碍人士行为的教练术	[美]Amy Buie 等	28.00

经典教材 | 工具书 | 报告

时间	书名	作者	书价
*8202	特殊教育概论（第 3 版）	朴永馨	59.00
*9215	中国特殊教育年度报告（2014-2016）	杨希洁、冯雅静、赵丽霞	59.00
0127	教育研究中的单一被试设计	[美]Craig Kennedy	88.00
*8736	扩大和替代沟通（第 4 版）	[美]David R. Beukelman 等	168.0
7076	行为障碍（第 7 版）	[美]Richard W. Malott 等	168.0
9426	行为分析师从业伦理与规范（第 3 版）	[美]Jon S. Bailey 等	85.00
*8745	特殊儿童心理评估（第 2 版）	韦小满、蔡雅娟	58.00
8222	教育和社区环境中的单一被试设计	[美]Robert E.O'Neill 等	39.00
*0167	功能分析应用指南：从 ABA 识别到训练手册	[美]James T. Chok 等	68.00

新书预告

时间	书名	作者	书价
2023.03	应用行为分析（第 3 版）	[美]John O. Cooper 等	398.00
2023.04	多重障碍学生教育	盛永进	69.00
2023.05	课程本位测量家庭指南（第 2 版）	[美]Michelle K. Hosp 等	78.00
2023.06	特殊教育和融合教育中的教育与教学	[美]John Salvia 等	148.00
2023.06	孤独症及相关障碍儿童社会情感课程（初阶）	韩卜冰、王晓玉、陈丹	88.00
2023.06	家庭干预家庭教养	[日]上手科樹	65.00
2023.06	应用行为分析与社交训练课程	[美]Mitchell Taubman 等	88.00
2023.06	难题上与挑衅！在学校环境中帮助孩子最难基于 ABA 的项目	[美]Ron Leaf 等	88.00
2023.06	老婆呼救：同伴伙伴人士来照顾和实际培训	[美]Gail Hawkins	49.00
2023.10	行为分析师从业伦理与规范（第 4 版）	[美]Jon S. Bailey 等	88.00
2023.10	趣乐游戏实践指南：校长手册		85.00
2023.10	趣乐游戏实践指南：教师手册	[美]Julie Causton	68.00
2023.10	趣乐游戏实践指南：助理教师手册（第 2 版）		60.00
2023.11	特殊教育和行为科学中的单一被试设计	[美]David Gast	68.00

*标号书籍教师免费赠书

微信公众平台：HX_SEED（华夏特教）

微店客服：13121907126

天猫商店：hxcbs.tmall.com

联系、投稿：hx_seed@hxph.com.cn

关注我，看新书！

联系地址：北京市东直门外香河园北里 4 号（100028）

并不一定要求教师具备专业的音乐教学素养,通过播放音频资料将音乐带入相应的活动也可以开展相应的教学。当然,如果具备一定的音乐素养则更好。在培智学校,特别是对于包班教学的老师,无论是由谁主教,相关老师最好能够共同参与,形成互动合作的氛围。

从全纳性学习的观点看,利用艺术媒介的独特文化建构特征,可以为障碍学生创造一种不同于传统的全新的教学方法。虽然艺术整合的优越性越来越被人们所认识,但也一直存在着相关的争论,主要聚焦在术语、定义和应用方面。艺术整合的方法包括艺术渗透、艺术融合等。但艺术整合在多重障碍学生教育中,还需要进一步地探索和实践。从艺术与特殊教育整合的维度来看,一系列问题有待深化。如谁来整合——是艺术专业人员还是艺术教师,或是任课教师?整合什么——是内容标准、基本概念、思维方法,还是个别化目标?何时整合——是在学科课堂、艺术治疗时间、个训期间,还是放学之后?何种情境整合——什么样的课堂地点,是个训课堂,还是康复训练室?如何整合——是合作教学、单一教学,还是聘请艺术专业人员?在跨领域或跨科目的艺术整合中存在着许多变数,教育工作者需要不断地实践探索,才能逐步提高艺术整合的质量。

艺术治疗与艺术教育

艺术不仅是人类精神文化生活的一个重要方面,在历史上也是用作治疗、改善个体功能的重要媒介。20世纪初以来,国际上已经将艺术治疗广泛地运用于医院临床、社区心理健康和学校教育。由于身体、情感、社交或智力差异问题,多重障碍学生可能是艺术治疗的潜在对象。特别是对那些受到严重情感创伤的学生,艺术治疗可以提供良好的心理支持。无意识物质可以通过艺术创作表现出来,使艺术治疗师可以了解影响学生学习的内心问题,进而制订个性化的治疗计划帮助学生克服、消除或减少学习障碍,在取得学业进步的同时提高自我意识,促进自身成长[1]。本节主要讨论艺术治疗的内涵及其与艺术教育的关系。

一、艺术治疗的本质及其内涵

有关艺术治疗的定义,不同的国家因不同的文化与实践有着不同的解释。无论是在艺术治疗发源地的西方国家,还是在我国,对艺术治疗概念的认识还存在诸多误区。尤其是在我国,一些误解和滥用艺术治疗概念的现象严重地误导了大

---

[1] Albert R. Being both: An integrated model of art therapy and alternative art education[J]. *Art Therapy: Journal of the American Art Therapy Association*, 2010, 27(2): 90−95.

众。在西方国家的相关文献中,将艺术治疗作为一个整体来定义解释的文献很少,大部分文献是按艺术治疗的类别分别定义,如美术治疗、音乐治疗、舞蹈治疗和戏剧治疗等[①]。而国内一些研究者误把美国美术治疗协会对美术治疗(Art Therapy)的概念定义视为艺术治疗的概念定义,没有分清"Arts"和"Art"。在西方国家,艺术治疗作为一个整体性概念,写作"Arts Therapy",而美术治疗作为一个亚领域概念,写作"Art Therapy"。在特殊教育领域,不少人把艺术治疗视作先进理念和时髦的概念,只要与艺术挂上钩,哪怕一般性的艺术教育活动也称为艺术治疗。这种现象的出现一方面与艺术治疗本身的复杂性及其发展演进有关,另一方面与一些研究者或实践者不求甚解、跟风式的赶时髦有着相当大的关系。"毫无疑问,这样的误解表明艺术治疗并不为社会公众所熟悉和理解。尽管艺术治疗或创造性艺术治疗在卫生服务、学校教育和社会机构中越来越受到人们的认可,但我们相信即使是在这些相关领域工作的同事,也不一定真正理解艺术治疗意味着什么。[②]"

(一)艺术治疗的本质

要想弄清艺术治疗的概念,关键先要厘清艺术治疗的本质。关于艺术治疗的本质有很多争论,分歧的焦点在于艺术治疗是应归入心理治疗领域还是应归入艺术应用领域。主张归入心理治疗领域的研究者,从心理分析出发,认为艺术治疗是一种以艺术介入治疗的心理治疗类型,属于心理治疗范畴。在这种治疗范式中,艺术成为非语言的沟通媒介,配合当事人将其想法和感受以创作的形式呈现,以此来抒发负面情绪、解开心结等。因此,艺术治疗又可称为艺术心理治疗。而主张归属艺术应用领域的研究者则强调艺术治疗中艺术媒介和艺术方法的运用,认为艺术治疗虽然遵循心理治疗原则,但却是一种艺术应用类型,即艺术创作便是治疗,通过艺术创作缓和心理、情绪上的冲突,提高当事人对事物的洞察力或达到净化心境的效果。

尽管艺术治疗与心理治疗密切相关,但与主要以语言为媒介的心理治疗又有不同。艺术治疗以艺术和创造力为中心,强调"做"和"说话"之外的非语言,其在专业上的要求也有所不同,在某些情况下其培养目标也不同。目前,国际上绝大多数研究者认为艺术治疗有其独特的专业性,同意避免简单地将之归入心理治疗或艺术应用领域。其中比较有权威代表性的是英国学者维基·卡库(Vicky Karkou)和帕特里夏·桑德森(Patricia Sanderson)对艺术治疗的定义。他们认为艺术治疗

[①] Vicky Karkou, Patricia Sanderson. *Arts therapies a research based map of the field*[M]. London: Elsevier, 2006: 39.

[②] Vicky Karkou, Patricia Sanderson. *Arts therapies a research based map of the field*[M]. London: Elsevier, 2006: 1.

包含了艺术应用类型与心理治疗类型两方面的共同要素，而这些重叠的内容则构成了艺术治疗这一独特的专业领域（见图7-1），它既不完全脱离艺术，也不完全脱离心理治疗。

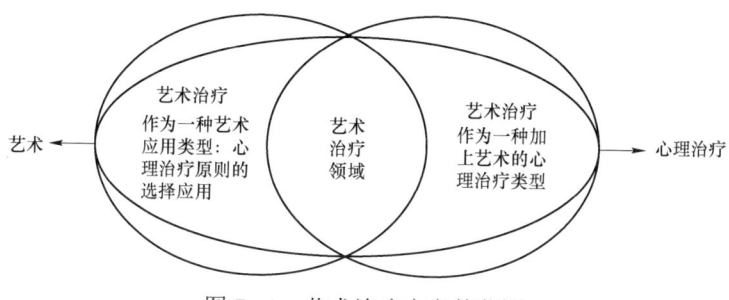

图 7-1　艺术治疗定义的范围

因此，艺术治疗可定义为："以艺术媒介的创造性运用，作为非语言、表征性沟通交流的载体，通过患者和治疗师的互动，实现适合个体自身或社会性的治疗目标。[1]"由于艺术治疗横跨艺术和心理两大领域，所以从专业的医疗活动的视角看，我们可以将其简要地定义为：艺术治疗是由专业的艺术治疗师指导，以艺术为媒介，通过治疗师与当事人的互动，旨在有效改善或促进个体发展所需技能的治疗性活动。在艺术治疗中，治疗师和患者之间的关系至关重要。艺术治疗属于卫生健康专业，是与作业治疗、物理治疗和言语语言治疗等具有相同地位的专业发展领域。艺术治疗根据不同的艺术类别又可分为美术治疗（Art Therapy，AT）、音乐治疗（Music Therapy，MT）、戏剧治疗（Drama Therapy，DT）和舞蹈/动作治疗（Dance/Movement Therapy，DMT）等，具体内容及其与艺术教育的关系，将在下面详细讨论。

（二）艺术治疗与艺术所具有的治疗作用

在讨论艺术治疗与艺术教育的关系之前，首先需要把艺术治疗与艺术所具有的治疗作用区分开来。在西方历史上，"全民艺术"和"艺术促进健康"作为宣导的口号与实践运动的主旨，促进了艺术治疗的出现[2]。社区和医院的艺术工作者倡导通过艺术活动促进全民健康，这样也就创造了"健康的艺术"和"治疗的艺术"等概念，实际上也就是强调艺术在促进人类健康方面所具有的独特作用。也正是

---

[1] Vicky Karkou, Patricia Sanderson. *Arts therapies a research based map of the field*[M]. London: Elsevier, 2006: 45-46.

[2] Vicky Karkou, Patricia Sanderson. *Arts therapies a research based map of the field*[M]. London: Elsevier, 2006: 30.

在这些理念和运动指导下，产生了许多从事艺术治疗工作的先驱，其职业的前身就源于这些工作活动，但那时还没有发展为专业的课程培养及资格认证体系。

就艺术所具有的治疗功能来说，任何艺术活动及其创作过程，都有可能发挥其潜在的治疗作用。但是，治疗作用既有发挥的可能，也有不发挥的可能。即使治疗作用发生了，也只能是作为一种潜在的副产品存在。它不是艺术活动或包括艺术教育在内的艺术学习的目标。换言之，一般性的艺术活动的直接目标是艺术学习、艺术创作和艺术作品，即使在艺术创作或艺术学习的活动过程中，艺术活动在带来艺术能力提高和审美体验的同时，也发挥了潜在的治疗作用，这种治疗作用也不是原来艺术活动所直接追求的目标。因此，尽管发生了治疗的效用，但不能把这种艺术活动称作艺术治疗。这种一般性的艺术活动从事者也不需要进行专业的治疗培训。这就如同中医中的药材药性与治疗的关系。以生姜为例，生姜具有暖胃的药性，人们每天使用生姜作为调料，改善饮食。尽管生姜作为调料使用，会使菜肴具有暖胃的作用，但不能说用生姜做治疗。因为此时使用生姜的目的主要是为了调味，而非暖胃。如果生姜发挥了暖胃效果，只能说明这是派生出来的效用。同样，只有当医生将生姜作为单味或一味配药，用以治疗胃阴时，我们才能说，这是治疗！普通大众不是医生，也会使用生姜来专门暖胃，那么，这种情况是否可以说是专业的治疗呢？仍然不能，我们只能说这是发挥了生姜的治疗效用，因为普通大众对生姜的用量、配比等一般没有清晰的概念，也没有经过中医专业的系统培养和从医认证，只能根据生姜可以暖胃的常识尝试使用，其结果或有效用，或无效用，抑或作用不大。

同样，作为一种治疗性专业活动，艺术治疗有着明确的目的意向，即将艺术创作过程中的心理改变作为治疗活动的首要目标，而不是追求艺术学习和艺术创作。作为一种治疗活动，艺术治疗的过程最为关键，也极为复杂。艺术治疗过程中杂糅着艺术制作、患者和治疗师的互动，以及专业的治疗干预设计和措施等。正是由于艺术可以对个人产生强烈的影响，如果使用不当，很可能产生非常负面的有害结果。因此，在艺术治疗的所有因素中，艺术治疗师始终是"首要的治疗大夫"，其专业训练也显得尤为重要。这也成为艺术治疗领域的一个重要特征，即艺术治疗必须由艺术治疗师来实施。对于一名艺术治疗师来说，他不仅需要具备心理治疗的专业素养，还需具备相关的艺术技能，且能将二者与患者的特殊需要相结合。只有经过专业的训练，才有可能防止潜在的伤害或无意的滥用[1]。另外，为做到对患者负责并保证服务质量，艺术治疗师执业应遵循严格的专业规范，致力于临床监督和专业的可持续发展。在开展艺术治疗之前，从业者需在艺术治疗

---

[1] Vicky Karkou, Patricia Sanderson. *Arts therapies a research based map of the field*[M]. London: Elsevier, 2006: 31.

专业机构注册并接受卫生专业委员会的管理和监管。相比之下，如果让那些没有经过专业培养和认证的一般人员从事艺术治疗，其与患者的合作关系会很脆弱，艺术的能力和经验的发展往往会成为活动中的唯一要求，相关活动也主要强调艺术因素，并受实施者的艺术兴趣影响。因此，即使他们从事着具有治疗作用的艺术活动，也不能将这种活动归类为一种治疗活动，更不能够称之为艺术治疗，只能说是具有治疗潜力的艺术活动。实际上，艺术治疗既强调治疗，又重视艺术要素，而治疗师的艺术兴趣却微不足道。在国内，有些研究者把具有治疗作用的艺术活动纳入艺术治疗的广义范围，这既缺乏严肃性，也缺少对艺术治疗及其发展历史的了解，更是对艺术治疗专业性的极不尊重！

表 7-3

非音乐治疗（治疗性的音乐）	音乐治疗师所做的工作
患有老年痴呆症的人用 iPod 听最喜欢的歌曲。 在病人床前演奏音乐。 在医院或学校演出。 医院大厅里的钢琴演奏。 护士为病人演奏音乐等。	为头部枪伤患者演奏以帮助其恢复演讲能力。 与老年人合奏以减轻痴呆症的影响。 成人与患儿一起参与音乐活动以减少患儿哮喘发作。 与住院病人一起开展音乐活动以减轻其疼痛。 与孤独症儿童合作进行音乐创作，提高其沟通能力。 与早产儿进行音乐互动，以改善其睡眠模式，增加其体重。 与帕金森综合征患者合作开展音乐活动，以改善其运动功能。

（三）艺术治疗与艺术教育

当我们分清了艺术治疗和艺术所具有的治疗作用之间的关系，再来理解艺术治疗与艺术教育的关系就不难了。艺术治疗与艺术教育同样是既相互联系又相互区别的概念。无论从历史的角度来看，还是以现实为依据，混淆艺术治疗和艺术教育的现象普遍存在。这并不奇怪，正如前面所讨论的，在西方，艺术教育为艺术治疗的出现做出了积极的贡献，而早期的艺术治疗通常被认为是"一种敏感的艺术教学形式（A Sensitive Form of Arts Teaching）[1]"。到了当代，包括艺术教育在内的各种教育，都强调以儿童为中心的教育理念，重视教育活动中学生的情感体验和社会适应，如关怀、友善、合作、分享等品质。因此，以我国义务教育艺术课程标准为依据，对两者进行比较，更能看出艺术治疗与艺术教育的差异。

---

[1] Waller D. Different things to different people: art therapy in Britain-a brief survey of its history and current development[J]. *The Arts in Psychotherapy*, 1992(19): 87-92.

首先，艺术教育的目的不同于艺术治疗的目的。艺术教育涉及艺术的创造发展和审美体验，以及对艺术品的评价。艺术课程标准中明确指出"学生通过综合性的艺术学习，学会欣赏艺术，培养健康的审美观念和审美情趣，为学生人格的完善奠定基础"，除了提升艺术能力之外，艺术教育的目的"还包括适应当今社会发展和学生终身发展所需要，但又被传统艺术教育所忽视的基本能力……""其核心是感知预体验能力、创造与表现能力、反思与评价能力。任何教学目标的设定，必须以此为核心。"这些表述都超越传统的艺术知识、技能的界定。相反，艺术治疗是以治疗为目的，是将艺术作为手段，通过艺术媒介来改变治疗对象存在的障碍问题。尽管艺术教师和艺术治疗师会有相似的艺术训练经验和艺术信仰，但后者有一个"治疗"的议程，以患者的需求、偏好，以及从业者需遵循的规范和整体治疗方案构成其逻辑框架。而教师的"审美与艺术"的教学设计或教案，则不同于治疗师的治疗方案。

其次，艺术教育的主要任务是艺术教学，而非艺术治疗。当然，优秀的艺术教学具有很强的交互性，在这方面它可以类似于艺术治疗的实践。但是，艺术教学仍然是艺术教师的主要任务。因此，艺术教学的存在与否是区别于艺术治疗的另一标志。学生的艺术能力发展在艺术教育中扮演着重要的角色，对学业水平的评价也是教学过程的一个组成部分。

最后，两者最重要的也是最明显的标志就是艺术教育的从业者是教师，而艺术治疗的从业者是治疗师。如果没有经过艺术治疗的专业培养和专业认证，即使从事了具有治疗性的艺术活动，也不能称为艺术治疗师。艺术治疗在专业属性及其从业要求上有明确的限定。

二、艺术治疗的分类与相关教育

根据艺术的类别，目前艺术治疗领域主要包括四个专业：美术治疗（Art Therapy，AT）、舞蹈/动作治疗（Dance /Movement Therapy，DMT），音乐治疗（Music Therapy，MT）和戏剧治疗（Drama Therapy，DT）。尽管这四种专业有着共同的发展脉络，但每个专业都有各自的历史和独特的内容，也有着各自的专业机构以及不同的理论和方法取向。相对来说戏剧治疗比较复杂，国际上对其的研究也比较薄弱，因此本节重点讨论前三者。

（一）美术治疗

1. 美术治疗的概念

有关美术治疗的定义，国际上比较权威的定义来自美国美术治疗协会（The American Art Therapy Association，AATA）。AATA 是美国美术治疗师的专业组织，该组织致力于倡导和促进有关美术治疗领域的专业发展和研究进步，其核心理念是以美术中的创造性参与及其过程来增进人类的福祉。美国作为美术治疗发源地，也在对美术治疗的定义进行不断地修订。2017年美国美术治疗协会对原有的描述性定义进行重新修订，提出"美术治疗是一项综合性的专业心理健康服务，旨在通过积极的艺术创造及其过程，运用心理学理论及心理治疗方法，丰富个人及其在家庭和社区中的生活[①]"。该定义特别强调美术治疗的专业性及其多方面的改善功能，指出"美术治疗由专业的美术治疗师指导，有效地支持个人，包括社区关注的相关治疗目标。美术治疗可用于提高认知和感觉运动功能，培养自尊、自我意识，提升洞察力和社交技能，减少和解决冲突、困扰，改善社会生态关系"。美术治疗中，用来创作和表现的材料，如油漆、黏土、绘画的工具以及环境中的物体等都是重要的美术媒介。

开展美术治疗的前提是治疗师需要经过专业培养并通过资格认证。从专业的素养要求看，美术治疗师需要具有视觉艺术方面的知识和技能，如素描、绘画和雕塑；理解创作过程、人类发展的背景因素；具备心理咨询理论和技巧等。在美国，美术治疗专业的硕士研究生需要具备初级实习经验才能准予毕业。因此，美术治疗的专业认证有三个层级：毕业后获得证书的注册美术治疗师；通过国家主管部门考试和继续教育培训被专业认证的美术治疗师；具有监管资格认证的美术治疗师。国际上已有四十多个国家和地区建立了美术治疗专业协会。我国美术治疗领域的发展与国际上有相当大的差距，现只有中国艺术医学协会、中国音乐治疗学会等组织，并未建立专门的美术治疗专业协会。

美国也存在美术治疗概念的误用和滥用现象。譬如，一些非美术治疗师的从业者会将其服务宣传为"艺术治疗"。AATA对此特别做了强调和澄清，认为真正合法的美术治疗超出了非艺术治疗师的执业范围，这是对术语的误用。艺术治疗只能由经过专业培养、具备专业认证和执业资格的治疗师来实施。另外，美国也存在类似国内的一些现象，譬如一些专业机构举办的培训班或研讨会为参与者发放培训或参与证书，这会使参与培训者误以为自己可以进行美术治疗。AATA指出，仅仅经过简单的培训就可以进行美术治疗，这是把美术治疗理解为一种形式而不是一种职业，这是太看轻其专业性了。为防止这一现象发生，AATA强调培训的主办者要严格遵循专业道德规范，在"向非美术治疗师提供培训和指导时，主办者须采取预防措施，以确保受训人员了解培训的性质、目标、期望、限制，以及由此产生的资质与正式的美术治疗资质的不同[②]"，必要时应使用免责声明提醒参与者。可见，AATA对美术治疗的专业严肃性是非常强调的。

---

① https://www.arttherapy.org/upload/2017_DefinitionofProfession.pdf
② https://arttherapy.org/about-art-therapy/

2. 美术治疗与美术教育

美术治疗与美术教育既有区别又有联系，我们可以通过教师与治疗师的工作关系来分析二者的关系。美术教师和美术治疗师可以在学校里合作，但两者因其关注点不同，为学生设定的目标也不同。美术教师通常与学生合作，帮助他们理解美术要素并利用各种媒介进行美术学习，通过这些学习使学生理解艺术要素，创造性地表达自己的体验和思考，并学会展示自己的美术作品。

美术治疗师与学生个人或小组合作，主要解决学生与他人相关的社会和情感功能等问题。在美国，作为一种相关服务，学校教育中的美术治疗应根据学生的特殊需要，列入学生的个别化教育计划，主要针对学生经历的危机或创伤等引起的一系列具体需要。美术治疗师要配合学校的教育计划，评估学生的需求，制订治疗目标和干预措施，解读学生的美术作品的创作过程和作品的表现及审美价值。在这个过程中，学生的语言和非语言行为及其意图的表现有助于其提高自我意识和认知能力。因此，美术治疗师会在这其中扮演不同的角色，这取决于具体计划和任务的需要。

（二）舞蹈/动作治疗

1. 舞蹈/动作治疗概念

舞蹈/动作治疗的主要理论依据是个体的身体、心理和精神需要协同发挥作用，以此建立起自身能力以及与他人的健康关系。这是一种以动作为导向的创造性的和非语言的治疗方法，可以促进个体领悟新的行为和认识，帮助其表达情感、释放焦虑，以及协调身心。美国舞蹈治疗协会（American Dance Therapy Association，ADTA）认为，"舞蹈/动作治疗是运用动作来促进个体情绪、社会、认知和身体整合的心理治疗"[1]。舞蹈/动作治疗的重点是治疗关系中出现的运动行为，身体运动是舞蹈的核心组成部分，其中表达性、沟通性以及适应性行为等都可以采取个别化和小组的形式进行治疗。舞蹈/动作治疗还包括评估的方法和干预的方式。所有年龄段的人员均可用舞蹈/动作治疗解决医疗、心理、社会、身体等发展问题。舞蹈/动作治疗之所以能成功运用于多重障碍学生的教育支持，是因为它使用非语言干预和身体运动作为治疗干预的基础。身体运动是孩子成长过程中的一个自然因素，治疗师可以利用这一先天因素创造体内有机的互动、对话和关系的建立。"孩子可以通过运动处理创伤体验，同时也可以建立起安全、信任和预设的关系以支持自身的发展。"[1]

---

[1] https://adta.org/faqs/

[1] Loman S. *Dance/movement therapy*. In C. Malchiodi. *Expressive therapies*[M]. New York: Guilford, 2005: 68–89.

舞蹈/动作治疗同样是专业性很强的职业。舞蹈/动作治疗师必须具有舞蹈、运动和心理学的专业背景，理解运动促进身体反应的基本原理。在美国，舞蹈/动作治疗师也实行专业资质分级、分类认证，不同级别反映了治疗师不同的培养背景和所具有的专业水平能力。

2. 舞蹈/动作治疗与舞蹈教育

舞蹈/动作治疗与作为艺术课程的舞蹈教育既有区别也有联系。在学校提供舞蹈/动作治疗服务，其主要目的是给学生在教育参与所需要技能的习得、发展和泛化等方面提供支持，除了关注和促进学生的情绪表达之外，还包括学习中的其他许多重要技能，如注意力的集中和维持，冲动的控制，以及对自我和他人的认识。因此，舞蹈教师和舞蹈/动作治疗师的合作显得尤为重要。舞蹈/动作治疗采用的技术方法包括镜像、即兴动作、结构化舞蹈、表现性动作和角色扮演体验。通过观察学生运动和实施运动干预，舞蹈/动作治疗师可以帮助学生实现沟通方式由非口语到口语的转变，从而扩展沟通技巧和对话方式。这种方法可以支持学生自我意识的发展，促进学生对人际交往技巧的掌握，以及在自我表达方面的发展。

（三）音乐治疗

音乐体验对所有年龄段的学生来说，都是既具有愉悦性和灵活性，又富有挑战性的。参与音乐活动可以帮助学生提高注意力，还可以激发学生的学习动机。音乐在我们的社会中无处不在，我们可以与他人一起进行音乐演奏、创作音乐、聆听音乐，以及伴随音乐而动。为有需要的多重障碍学生提供音乐治疗的支持服务，可以促进他们的学习进步，提高教育质量。

1. 音乐治疗的概念

音乐治疗是利用音乐来达到治疗的目的。根据美国音乐治疗协会（American Music Therapy Association，AMTA）的定义，"音乐治疗是一种临床、循证的音乐干预运用，它由经过专业培养并具有专业资质认证的治疗师实施，旨在实现个性化的治疗干预目标[①]"。音乐治疗是一种公认的卫生健康专业，在治疗中，运用音乐处理个体情感、认知和社会性需要。音乐治疗干预方法可包括唱歌、演奏各种乐器、听音乐、作曲和即兴音乐、随乐而动等。治疗师几乎可以使用所有类型的音乐，这取决于所服务对象的需求和偏好。音乐治疗可以提高患者的能力，而且患者可以将其应用到生活中的其他领域。音乐治疗也为那些难以用语言表达的人提供了交流的途径。音乐治疗干预目标的设计可以是多面向的，包括减少压力、减轻痛苦、增强记忆、提高沟通技巧、表达情感、提高社交能力和学习能力、改

---

① https://www.musictherapy.org/about/quotes/

善行为和身体功能等。音乐治疗的对象主要是所有年龄段的有医学问题、精神疾病、身体残疾和神经损伤之人。音乐治疗可广泛应用于医院、学校、社区、疗养院以及相应的临终关怀、心理卫生项目等，其宗旨在于改善所服务人群的生活质量。

AMTA 特别强调音乐治疗的临床性，指出音乐治疗是一门循证医学，具有很强的研究基础。要想成为一名音乐治疗师，必须有很强的音乐专业背景，有良好的心理、发展、健康等相关的专业理论和知识。同美术治疗、舞蹈/动作治疗一样，音乐治疗师在美国也实施专业资质分级分类认证。不同级别反映了治疗师不同的培养背景和所具有的专业水平能力。音乐治疗的入门级从业者目前需具备学士学位，但绝大多数从业者现在持有硕士及硕士以上学位。

2. 音乐治疗和音乐教育

音乐教育和音乐治疗是两个截然不同的领域，当然，这两个领域的从业者之间的合作对帮助学生提高学业成绩有着巨大的推动作用。音乐教育者主要关注与发展音乐技能和学习有关的音乐知识。音乐教育强调对音乐概念的理解，培养学生的音乐表现、创作能力和评价反思能力。音乐治疗师也运用音乐，但他们并不主要关注音乐学习。同舞蹈/动作治疗一样，在学校教育中，音乐治疗也可以用来解决学生在认知、社交、沟通、行为、情感和身体领域的问题。通过观察学生在音乐课堂和音乐治疗场景中的活动，可以比较音乐教育与音乐治疗的异同。一名有行为障碍的学生每周既上音乐课，又要进行相应的音乐治疗。在音乐课上，她可以通过学敲非洲鼓来学习非洲音乐的知识。在音乐课上她学习基本的击鼓范式，学习如何保持稳定的节奏、创作韵律。在这个音乐教育情境中，教学重点是音乐知识和音乐技能。在音乐治疗方面，这个学生参加了打击乐小组的活动，然而，活动的目的可能与音乐课的非常不同。如果学生很难与同伴积极互动并遵循指令，音乐治疗师就可制订相应的干预措施，利用击鼓体验促进学生与同伴进行积极的互动，学会与他人分享和倾听，并能遵循指令和控制冲动。从表面上看，音乐教育与音乐治疗的呈现可能具有相似性，然而，音乐治疗师关注的是非音乐结果，而音乐教育者则关注音乐成果和音乐学习。要注意的是音乐治疗必须是由经过专业资质认证的治疗师来实施。

第 8 章　休闲参与：闲暇时的自我价值确认

对于障碍学生，尤其是那些多重障碍学生，休闲意味着什么？他们是如何休闲的？又如何为他们开展休闲教育以满足个别化的需求？这关系到劳动中的休闲教育理论和特殊教育领域休闲教育实践中的诸多问题，同时也关系到艺术、体育等相关课程的实施问题。在我国早期的培智学校课程方案中并没有为休闲教育专门设置科目，2007 年教育部发布《培智学校义务教育课程设置方案》（以下简称《方案》），将"艺术休闲"正式列为选择性课程，作为"一门全新的课程"[①]。尽管 2016 年颁布的相关课程标准对该门课程的性质、目标和内容等做了较为具体的规定和说明，然而，对于休闲教育的性质、功能及其理解与实施，特别是对于多重障碍学生休闲技能的教育还需进一步地探讨，这不仅有助于对这门"新课程"进行全面、深刻地把握，更有助于提高对该群体进行休闲教育的价值的认识。

休闲教育本质及意义

休闲是人类比较高级的基本需要，也是现代人的一项重要技能。对障碍学生进行休闲教育并提供适宜的娱乐服务是当代特殊教育的重要内容。理解休闲教育首先需要认识休闲教育的本质及其意义。

一、休闲教育的本质

休闲在汉语中是个合成词。"休"有吉庆、欢乐之意；"闲"可通"娴"，有娴静、思想的纯洁与安宁之意。可见，从词意的组合上，"休闲"具有文化内涵：既表达了人类生存过程中劳作休憩的辩证关系，又喻示着物质生命活动之外的精神生命活动。休闲课程的名称在英文中往往表述为"Leisure and Recreation"，即"休闲与娱乐"。休闲（Leisure）意指闲暇，一般解释为在工作或学习之外，花时间做自己喜欢的事情，它侧重于从占据时间的其他活动中解脱出来；娱乐（Recreation）

---

① 董欣.《培智学校义务教育艺术休闲课程标准》解读[J]. 现代特殊教育，2017（8）：19-21.

也是指空闲时的愉悦活动，本意指从疲乏中解脱出来，得到恢复和重振，更强调休闲活动的方式。

无论中外，休闲的一般意义均是指两个方面：一是消除体力的疲劳；二是获得精神上的慰藉。可见，休闲蕴含在人类的劳作过程中，而休闲教育的本质就是劳动教育。从这个意义上看，当代劳动教育的内涵呈现出新的特点，就是"在内容上，体现一种发展的教育观，重视闲暇教育和消费教育"[①]。由此，我们可以把休闲教育和自我服务、社会服务一起归入劳动教育中。自我服务包括自我照料、居家生活；社会服务包括社区参与、职业准备；休闲娱乐包括休闲、娱乐两个层面。

二、休闲教育的意义

休闲技能的教育对于障碍学生尤其是多重障碍学生更为重要，被认为"是除了社会交往、职业和家务技能之外的一项重要课程内容"[②]。我国《培智学校义务教育艺术休闲课程标准》（以下简称课程标准）中明确指出，艺术休闲课程"旨在通过文艺、体育、游戏、旅游等多种休闲方式，帮助培智学校学生养成各种休闲能力，陶冶生活情趣和生活品位，提高学生的生活质量，对学生终身发展具有重大意义"[③]。

首先，对多重障碍学生进行休闲技能教学与对他人一样重要。休闲是愉快的，它为增进身体健康、参与社会提供了一种令人满意的手段。从一般意义上讲，休闲以各种"玩"的方式求得身心的调节与放松，达到生命保健、体能恢复、身心愉悦的目的，这是人类的共同需要。如果提高到文化精神层面，它与马斯洛的人的需求"五层次理论"中最高级的自我实现需求的理念相一致，旨在体现人的意志与愿望，巡查精神世界中人的创造力和鉴赏力，促使人对生活（生命）进行体验、思索，有助于人的全面发展和个性成熟，使人真正地走向自由。多重障碍学生对休闲技能的把握是其自我实现的重要表征之一。

其次，休闲技能教育对多重障碍学生又具有特殊的作用，需要通过系统的课程安排与实施来保障。普通学生通常不会在体育、音乐、美术等课程之外专门学习这些技能，因为所设的课程以及日常的社会文化和家庭生活参与等足够满足他们的学习需要。但是，多重障碍学生的能力在多方面受限，严重制约了他们融入环境和参与同伴活动，他们通常有大量的时间没有"事情"可做，或需要花费大量的时间等待他人来帮助他们。因此，休闲技能可以帮助他们度过无序的或情

---

① 肖绍明，扈中平. 新时代劳动教育何以必要和可能[J]. 教育研究，2019（8）：42-50.
② Westling, Fox. *Teaching Students with Severe Disabilities(4th)*[M]. New Jersey: Person Education Ltd, 2009: 419.
③ 教育部. 培智学校义务教育艺术休闲课程标准. 2016.

绪低落的时间，培养积极地利用闲暇时光享受生活的能力，减少被动地接受他人管理的需要，进而提高个体的自主、独立意识。与此同时，重度障碍学生休闲技能的增加还可以减少他们那些消极的和不恰当的社会行为。另一方面，学习休闲技能、参加娱乐活动还可以促进他们其他领域技能的发展。许多休闲娱乐活动不但为多重障碍学生创造了与无障碍同伴互动、互助发展友谊的社会交往机会，而且为知识的掌握、技能的练习提供了富有活力的学习背景。因此，在 2007 年颁布的课程方案中专门设置了相关的课程内容。

休闲教育的国际间比较

一、休闲教育的本土认识

在我国，休闲技能培养是特殊教育的一项重要内容，其地位的逐步提高是通过课程设置来体现的。2007 年颁布的《培智学校义务教育课程设置实验方案》中设置了艺术休闲这门"最新课程"。人们对休闲教育的认识也由此开始，且不断深化。

首先是关于课程名称。2007 年颁布的《方案》中首次提出"艺术休闲"的概念，以"艺术"来修饰或限定"休闲"，无疑在修辞逻辑上将休闲课程的内容范围限定在以艺术活动的方式进行的休闲，指出该课程是"通过程度适宜的音乐、舞蹈、美术、工艺等多种艺术活动，使学生尝试学会感受美和表现美，丰富、愉悦学生的精神生活"[1]。《方案》把休闲方式限制在艺术活动范围中，无疑严重窄化了丰富多彩的休闲方式，招致许多批评。此后，在 2016 年颁布的《培智学校义务教育课程标准》中这一问题得到了纠正。《课程标准》指出艺术休闲课程"旨在通过文艺、体育、游戏、旅游等多种休闲方式，帮助培智学校学生养成各种休闲能力，陶冶生活情趣和生活品位，提高学生的生活质量"。由于既定的课程方案没有被修订，故《课程标准》仍沿用了"艺术休闲"这一名称，但休闲课程的内容扩展到了艺术以外，课程的定位被表述得更为全面科学。

其次是关于课程的性质。2007 年颁布的《方案》和 2016 年颁布的《课程标准》均将艺术休闲定位为培智学校义务教育阶段的一门选择性课程，认为"培智学校可以依据学生的能力及各校的师资状况选择是否开设艺术休闲课程"[2]。把休闲课程定位为"可开可不开"，这是值得讨论的。这牵涉对该门课程性质及其实施方式的认识。如此定位，课程的性质与意义方面就存在逻辑冲突。一方面《课程

---

[1] 教育部. 培智学校义务教育课程方案. 2007.
[2] 董欣.《培智学校义务教育艺术休闲课程标准》解读[J]. 现代特殊教育，2017（8）：19-21.

标准》认为这门课程"对学生终身发展具有重大意义",但另一方面《方案》又将其归入"选择性"课程,强调可视条件情况取消课程,前后存在着逻辑矛盾。《课程标准》特别提出"要依据学生的能力",决定是否开设这门课程。潜在的意思就是,如果学生的障碍程度重,能力水平有限,学校的人力物力条件不具备,那么也可以不开。这恰恰违背了课程的宗旨,忽视了多重障碍学生的需要。那些障碍程度严重的学生尽管在进行一些休闲活动时存在困难,但并不意味着他们就无法开展休闲活动,通过评估,他们可以选择适合的方式,进行休闲技能的学习。这就牵涉第二个问题,即课程实施的方式。

实验方案中虽然把艺术休闲当作一项技能,这并不意味着该课程就一定要像语文、数学等科目,需要安排专门的课时来实施。按照本书第二章的观点,休闲技能应属于应用性技能,归属于核心扩展课程板块。而应用性技能中诸如休闲技能等是与音乐、美术、体育等核心课程相重叠的,可以相互渗透整合且通过日常生活的例程安排来进行嵌入式的教学。换言之,休闲课程的实施也需要纳入学生的个别化教育计划和日程表中,在评估学生的兴趣、爱好、现有水平及其相应的文化背景后,通过整体、系统地计划安排,使学生成功地融入周围的环境中,并在愉快的参与中习得技能。具体实施方式本章后面会详细讨论。

另外,在课程的具体内容上,重认知、轻实践,重说教、轻活动的现象也比较明显。《标准》中确定了"休闲认知""休闲选择""休闲技能""休闲伦理"四个学习领域(见表8-1),而对于那些小学阶段的多重障碍学生,休闲"认知""选择""伦理"等领域是很难进行说教的。对于技能领域的教学,也只关注休闲的计划与安排、参与和合作、情绪与行为管理、资源选择与利用、休闲安全五个方面,有关具体开展休闲活动的内容标准几乎没有,这不能不说是很遗憾的。

表8-1 休闲教育的领域与目标

领域	目标
1. 休闲认知	了解常见的休闲活动;知道生活中进行休闲的时间和环境;知道自己喜欢并能参与的休闲活动。
2. 休闲选择	能根据兴趣爱好、需求和能力基础,选择适合的休闲活动和场所,形成基本的自我决定能力。
3. 休闲技能	学会安排休闲活动;能与同伴合作开展休闲活动;能在休闲活动中管理好自己的情绪及行为;能利用合适的休闲资源;能在休闲活动中注意安全。
4. 休闲伦理	了解休闲活动的行为准则;能选择参与健康、有品位的休闲活动,形成正确的休闲价值观。

休闲教育中之所以出现这些误区,有着多方面的原因。我国培智学校在借鉴国外课程开发经验时,对许多技能领域的课程内容、性质认识不深,理解不够;

同时，对课程开发及其统整的概念也认识不清。譬如，按照传统的观念，把艺术休闲看作一门"学科"，似乎就一定要专设科目才能进行教学，而忽视了课程的统整、技能的嵌入式教学。

二、美国的娱乐服务经验

我国休闲课程的设置，与对国外智力与发展性障碍学生教育经验的借鉴不无关系，特别是受到美国娱乐服务的影响。因此，了解美国的相关规定和课程要求有助于读者进一步了解休闲教育的意义、内容及方法。美国把提供休闲娱乐方面的活动看作是一项专业服务，在 IDEA 中，这项专业服务包括相关的功能评估、技能教育、治疗性服务及方案制订等。为了便于读者了解，本文将其整理成表 8-2 的内容。

表 8-2　娱乐服务的内容

1. 评估娱乐和休闲功能	对学生的休闲技能、能力、兴趣和态度进行全面的评估，为制订教育目标提供了依据。
2. 休闲教育	提供系统的教育来促进学生娱乐技能的发展、娱乐参与的设计（决策和计划）、娱乐知识的选择，增加娱乐活动的参与。
3. 治疗性的娱乐服务	利用娱乐进行康复，促进学生在认知、社会交往、情感、身体和功能性健康方面的改善。治疗性的娱乐涉及个别化的评估、目标的制订、干预的实施和学生进步的测评。
4. 学校、社区和机构娱乐方案的制订	为促进学生在学校和社区活动中的融合提供娱乐服务与方案。

IDEA 规定娱乐治疗专业人员必须有相应的专业资质，相关专业人员以各种方式为多重障碍学生提供服务，内容包括许多方面：实施评估、确定目标、培训教师和家长、提供直接的教学以及确定社区内的娱乐资源等。休闲娱乐作为一项相关的服务，能够为学生休闲兴趣和能力的发展提供掌握基本技能的机会，有助于学生参与社区和社会融合。另外，治疗性的娱乐服务可以作为功能性的工具，支持学生达成个别化教育计划中有关社会交往、情绪行为和身体发展的目标。譬如，当学生接近中学转衔期时，休闲娱乐教育则聚焦于以下这些方面：帮助学生确立未来发展方向和计划、促进身体健康和提升幸福感、提供社会融合和发展友情关系的机会等。

美国所倡导的休闲娱乐服务具有如下特点：从性质上看，它是一种专业服务，需要专业人员的介入支持，以帮助学校教师和家长根据学生的具体情况，有目的、有计划地培养学生的休闲娱乐技能；从功能上看，它不仅是一项教育内容，还是一种治疗性的康复服务，利用娱乐来促进学生在认知、交往、情感、身体和功能性健康方面的改善。

休闲活动的选择与评估

同其他课程领域个别化目标制订的方法和步骤一样，休闲教学活动的选择必须是个别化的。《艺术休闲课程标准》中明确提出要"充分尊重学生的个体差异，依据其身心发展特点和生活实际，设置合适的教学目标，选择适宜的教学内容和教学方法，关注学生在生活环境、兴趣爱好等方面的不同需求，提高生活质量"。个别化意味着活动的选择必须遵循一定的原则并以对个体需要进行的相应评估为基础。

一、休闲活动选择的原则

多重障碍学生是差异多样化的群体，实施休闲教育应依据每个多重障碍学生的身心发展特点、能力水平和兴趣爱好等各个方面的不同需求，设置合适的教学目标，选择适宜的教学活动和教学方法。根据障碍学生的身心特点和休闲课程的性质，休闲活动的选择一般需要遵循以下原则。

（一）兴趣原则

休闲包括愉悦和放松的意涵，其概念的背后隐藏着个别化的需要，因为每一个人的休闲方式会因个体的情趣、爱好各不相同。例如，有人可能喜欢打篮球等体育运动，有人则可能偏爱下棋、打扑克。对于多重障碍学生，其个人的喜好是确定所要教授的娱乐技能的关键特征。教师不能简单机械地教授与学校资源相匹配的技能或认为休闲课程可以适用于一组、一班的学生而没有采取个别化教学。

（二）应用性原则

休闲课程应包含各种具有促进学生独立生活和社会融合等意义的活动内容。因此，除了考虑个体的喜好，教师应该选择那些适合多重障碍学生积极参与，且在当下和未来环境中他们需要的活动；所选择的休闲活动要与学生的实际生理年龄相符，并能提供学生与他人互动的机会；应该优先选择那些学生不需要帮助就能够参与的休闲活动。

（三）家长参与原则

家长的参与对于休闲活动的选择不仅具有即时价值，而且具有延时价值。休闲技能的教学目标应该成为多重障碍学生一生潜在的休闲追求。因此，休闲活动的选择必须考虑到学生家庭的文化、经济等背景性因素。换句话说，所选择的休闲活动无论是在当下，还是在未来，应该是与学生的家庭文化相联系的，是其家庭经济情况能够承受并可持续下去的。譬如，对于来自农村家庭经济条件差的障碍学生，为其选择高尔夫球技能显然是不合适的。在选择休闲活动时，教师应充分调查了解、尊重家长的意见，尽可能地让家长参与课程目标的决策。教师可以聚焦如下问题（见表8-3），通过访谈向家庭成员了解学生的情况，以便确定潜在的休闲活动。

表 8-3　教师关于休闲活动问题的访谈

1. 放学后空闲时孩子做什么？
2. 周末空闲时孩子做什么？
3. 与家人在一起时，孩子做哪些娱乐活动？
4. 与邻居和朋友在一起时，孩子做哪些娱乐活动？
5. 孩子最喜欢的娱乐活动是什么？
6. 家人最喜欢的娱乐活动是什么？
7. 在上述活动中，孩子会遇到哪些特殊的问题？
8. 还有哪些娱乐活动孩子会要求尝试？
9. 你希望孩子参与哪些社区的娱乐活动？

除此之外，教师还可以设计问卷，开展相应的调查。国外一些实践者设计了一份开放性的娱乐/休闲问卷，可根据需要做适当的修改调整，适用于调查所有年龄组的障碍学生，也可供我国的读者参考（见表8-4）[①]。

表 8-4　教师关于休闲活动的调查问卷

1. 放学后、晚上和周末，自己一个人或与家人、朋友一起玩时，你最喜欢什么活动？
2. 你喜欢在休闲时间把玩或操作哪些设备或器具？
3. 你喜欢浏览或阅读什么杂志？
4. 你喜欢的乐队或明星是谁？
5. 你喜欢哪类棋牌游戏？
6. 你的业余爱好是什么？
7. 如果在生日的时候能得到任意两样东西，你想要什么？

---

① York J, Vandercook T, Stave K. Recreational and eisure activities: Determining the favorites for middle school students[J]. *Teaching Exceptional Children*, 1990(22): 10-13.

《课程标准》中列出了一些常见的休闲活动,基本概括了一般性的休闲内容(见表8-5)。当然,休闲活动并不仅限于列出的内容,教师可以结合学校、家庭、社区等的特点选择学生感兴趣的休闲活动。电子游戏与信息技术的结合,为多重障碍学生提供了更广泛的休闲活动的选择。例如,家用游戏机和电视体验等多种运动或游戏项目。

表8-5 一般性的休闲内容

文艺活动	唱歌、跳舞、弹奏、听音乐、听广播、表演、看电视、看电影、观赏演唱会、观看歌舞剧、绘画、折纸、剪贴、编织、拓印等。
体育活动	球类活动、跳绳、踢毽子、骑自行车、徒步、跑步、爬山、游泳、练瑜伽、跳健身操、打太极、钓鱼、滑滑板、转呼啦圈、轮滑、放风筝等。
旅游活动	踏青、采摘、夏令营、冬令营、游景点、游览广场、公园游玩、参观场馆(美术馆、展览馆、博物馆、科技馆等)、国内旅游、国外旅游等。
游戏活动	玩玩具、下棋、打电玩、玩丢手绢、老鹰捉小鸡、捉迷藏、踩影子、过家家等游戏。
其他活动	种植、养殖、插花、泡茶、购物、聚会、收藏等。

二、休闲活动偏好的评估

对于多重障碍学生,尽管我们强调利用学生的兴趣、喜好来确定休闲活动内容,但是他们的交流技能有限,也缺乏多种活动的体验,教师通常很难确定学生的喜好。对于一些活动,有些学生最初往往表现出忧惧或不安,不过在重复探索几次后,他们可能会觉得这些活动蛮有趣的。因此,对于观察了解学生对休闲活动的兴趣和爱好,既需要一定的耐心,也需要科学地评估。

(一)活动兴趣量表

美国学者施莱恩(Schleien)等人[①]开发了一个学生活动兴趣量表,利用量表评估可以确定学生的爱好(见表8-6)。兴趣量表依据的假设是:学生的感受通过外显的行为表现出来,而这些外显的行为又与他的兴趣、爱好相关。例如,当学生玩电脑游戏时高兴得又笑又叫,那么可以认为电脑游戏是他喜爱的一项活动。相反的,如果学生在一项活动中表现出退缩或困顿,一般说明他对该活动不感兴趣。

---

① Schleien, Heyne, Dattilo. *Teaching severely handicapped children: Social skills development through leisure skills programming*. In Cartledge, Milburn. *Teaching social skills to children: Innovative approaches* (3th) [M]. Boston: Allyn and Bacon, 1995: 268.

表 8-6　活动兴趣量表

学生：

说明：根据每项活动，回答下列问题，将与儿童行为描述最匹配的编号填在相应方格中。

活动日期：　　　　　　　　　　　　　　　　　　　　　　　　分值：

A. 孩子对游戏材料的兴趣程度：

1. 不像平常那样感兴趣

2. 大概与平常一样感兴趣

3. 比平常感兴趣

B. 孩子与材料的互动（推动控制按钮、转动旋钮、把东西放在一起等）

1. 不像平时那么多

2. 大概与平时一样多

3. 比平时多

C. 孩子的情感行为（微笑、快乐的表现等）：

1. 不如平时

2. 与平时一样

3. 比平时强

D. 孩子对活动或物体、人物等的视觉注意：

1. 不如平时

2. 与平时差不多

3. 比平时多或更久

E. 孩子短时间内在最少监管下，其行为与平时相比：

1. 比平时分心

2. 与平时差不多

3. 比平时专注

活动兴趣总分：

（二）应注意的偏好评估问题

通过分析学生的行为来确定学生的喜好并不是十分准确的，教师必须对这一点有充分的认识。譬如，当一名学生用随身听或 MP3 听音乐时，闭着眼睛，那么学生究竟是喜欢该项活动，还是厌恶呢？显然，我们不能轻易地下结论，确定学生的喜好还需要有更多的信息。教师可能还需要评估学生对不同类型音乐的反应，以此作为确定学生反应意义的一种方式。当然，教师也可以把学生现在对听随身听的反应，与已知的喜爱或厌恶的活动反应进行比较，这样就会更全面些。

有些多重障碍学生对新发生的事件会产生自然的防御性抵制心态，即对所有新的活动都会以一种不喜欢的方式做出反应。那么，教师就需要从不同的活动中重复取样以帮助学生克服最初对新事物的抵制。特别要提醒的是，让学生参与活动不应是强制性的，应采取柔性、支持性的方式重复提供多种活动来确定学生是否对它们有兴趣。

有时，学生对活动的反应并不一定取决于活动本身的实质性要素。例如，对有听觉障碍的学生，即使关掉声音，他们也可能喜欢玩有操纵盘的电子游戏；与别人接触有困难的学生可能难以参与篮球比赛，但可以在"一对一"的活动中做得很好。鉴于这种情况，评估学生的喜好时应该关注学生对刺激的反应以及现有的行为模式等信息，提供与其需要相匹配的各种相应的活动。一旦喜好确定了，就可以通过教学改变学生对活动要素的反应。

做喜好评估的困难之一就是学生对某物件或活动的依恋与其年龄不相符合，并以一种刻板的方式进行。教师可能会认为这些依恋反映了学生的偏好，而不愿指导学生开展其他的活动。例如，一名学生从提供的多种材料中选择手鼓，然后以一种刻板的方式长时间地摇鼓。在这个例子中，学生实际上不是在选择一项休闲活动，而是专注于一种刻板行为。对于这样着迷于某些过度行为的学生，应该教他们适当的"真正"的休闲技能。这样，学生学得的休闲技能反过来又可替代已有的刻板行为，起到很好的引导矫正作用。当进行休闲活动的选择时，教师要事先分析学生的刻板行为，明确学生所使用材料的感觉特性，然后再寻找那些包含这些感觉要素的休闲活动。例如，一个为了满足手指感觉刺激的学生，会喜欢反复地把毯子、毛巾等织物撕捎成线绳，那么可以为她选择教授中国结的活动，因为打结时需要不断地用手指拉紧纱线。这样不仅满足了她的刺激需要，同时又以积极的休闲活动替代了不适宜的行为，可谓一举两得。还有另外一种替代选择，就是要在合适的环境、场合或条件下进行刻板行为。譬如，前面提及的摇鼓刻板行为，当在演奏乐器的情境中，这种行为就是恰当的了。换言之，教师应教会学生在合适的情境下表现自己的刻板行为。

一旦明确了学生潜在的休闲娱乐活动或技能目标，教师就需要确定重点活动内容，同时要考虑学生的社会性发展、休闲技能、知识和兴趣等多个方面，并对所教授的具体活动或技能做出选择。通常应该选择那些能够在多种环境中完成的活动和技能，这有助于技能的练习和泛化。休闲技能的获得和泛化依赖于教学发生的频率，所以应该在整个学期中有足够的活动参与次数。这就牵涉课程的组织与安排问题了。

休闲活动的参与及整合

《课程标准》中明确指出,艺术休闲课程"具有综合性、活动性、选择性和开放性"的特点。作为核心扩展课程中的重要内容,休闲技能并不一定需要专门设置一个科目来学习,其教学需要纳入学生的个别化教育计划和日常活动的例程中,应通过整体、系统地整合安排,与相关艺体课、课外兴趣小组活动、社会综合实践活动等课程整合,进行嵌入式的教学。这就牵涉整个团队成员的合作讨论和高质量的个别化教育计划制订与实施,这对我国大部分特殊教育学校来说还是一个挑战。当然,鉴于每个学生的兴趣、爱好、能力水平及其文化背景的差异,一定要根据课程标准,进行适当地调整、整合,形成个性化的教学方案。

一、休闲活动的参与

"参与休闲活动"是实施休闲教育主要的途径、方法和形式。福特(Ford)等人以学生生活为核心,提出了参与休闲活动的五个主要领域及学生在每个领域的活动建议,即学校和课外活动,独自在家及附近的活动,与家庭成员、朋友一起在家及附近的活动,与家庭、朋友一起在社区的活动,体育健身(见表8-7)[1],这对于教师开展休闲课程的教学提供了很好的指导。

表 8-7　休闲活动的参与

活动地点	主要内容
1. 学校和课外活动	体育活动、音乐表演、手工制作、棋牌游戏、书刊阅览、电脑游戏、集会活动及与同学闲逛等。
2. 独自在家附近的活动	书刊阅览、电子游戏、听音乐、手工制作、宠物照料、集邮收藏等。
3. 与家庭成员、朋友一起在家及附近的活动	打牌、下棋、玩电脑和电子游戏、玩球、听音乐、骑车等。
4. 与家庭成员、朋友一起在社区的活动	造访公共图书馆、快餐店、商店,使用公共游乐场和娱乐设施等。
5. 体育健身	散步、跑步、跳减肥操、练瑜伽、跳舞、跳绳、骑车、游泳等。

---

[1] Ford, Meyer. *The Syracuse community referenced curriculum guide for students with moderate and severe disabilities*[M]. Baltimore: Paul H. Brookes, 1989: 138.

（一）学校和课外活动

学校有着丰富的休闲活动资源，学生可以参加体育活动、音乐表演、手工制作，玩棋牌游戏，阅览书刊，玩电脑游戏，参与集会活动及与同学闲逛等。休闲技能课程的实施尤其要与学校设置的兴趣小组活动有机地整合起来。

（二）独自在家及附近的活动

学生自己进行的休闲活动也很重要。许多多重障碍学生大部分时间待在家里，当其他人不能与他们互动时，自我娱乐就显得很重要。有时学生更喜欢自己一个人享受放松的惬意来打发时间。自己独自进行的活动包括：书刊阅览、玩电子游戏、听音乐、手工制作、宠物照料、集邮收藏等。

（三）与家庭成员、朋友一起在家及附近的活动

在制订休闲活动的教学目标时，要尽可能地确保这些活动在不同环境中都能够进行，这便于学生有更多的练习技能的机会。因此，选择的休闲活动内容也应尽可能将学校里的休闲活动教学与在家及附近的活动相匹配。在家里及附近进行的活动通常与在学校课外时间进行的活动类似。诸如打牌、下棋、玩电脑和电子游戏、玩球、听音乐、骑车等。

（四）与家庭成员、朋友一起在社区的活动

社区里的休闲活动是以社区为本的教学目标活动。例如，使用公共图书馆、在快餐店就餐和购物等，这些不仅仅是重要的社区活动，也可考虑作为许多学生的休闲活动。其他的社区活动还包括参加一些特别的事情、演出事项，使用公共的游乐场和娱乐设施等。同样，教师要将社区为本的教学活动与休闲活动的教学相整合。譬如，如果去购物中心的目的是为了向障碍学生提供经常性的社区休闲体验，那么教师就应该把在该环境中的教学作为社区教学的一部分。许多家长想让他们的孩子享受社区的休闲体验，但不知道如何进行调整，或者如何提供适当的支持，那么教师可以提供专业的咨询和指导，帮助家长引导学生更充分地参与社区休闲活动。

（五）体育健身活动

许多非竞技的健身运动可能是适合多重障碍学生的休闲活动。在社区内的散步、跑步、跳减肥操、做瑜伽、跳舞、跳绳、骑车、游泳等是不同年龄和能力水平的学生都可以开展的活动。另外，休闲娱乐领域中的许多活动牵涉健身运动，

对多重障碍学生来说，将体育健身整合进休闲活动，其关键在于个体的积极参与。当学习者积极主动地参与教学活动时，学习才更有效。对那些身体能力有着严重问题的学生，是否参与健身活动往往取决于健身器具或材料的适应性。例如，某个多重障碍学生，如果要游泳，可能需要游泳圈或踢水板；某个手部有问题的学生，如果要打乒乓球，可能需要改装球拍手柄或使用专门的装置，比如用皮带把手柄绑在手部，这样就能支持学生的抓握，打起乒乓球来也就容易得多了。

一些学生的身体能力严重受限，健身活动可能不是一个好的选择。在这种情况下，可以考虑把健身的定义拓展得更为宽泛。譬如，对于一名胳膊无法自如做出伸展反应的学生，可以教其学习操作开关，一方面帮助他学习保持胳膊伸展的身体技能，另一方面又可以帮助学生学会使用收音机或计算机来进行相应的休闲活动。

当确定了教学目标后，技能的教学就可以开始了。一般而言，用于其他技能教学的方法也适用于休闲技能的教学，不过休闲技能教学还应注意以下五个方面。

首先，确定用于提示休闲活动的自然信号。自然信号提示一般不宜直接，而要有一定想象暗示。比如，提示学生可以打篮球，一般不宜说，"××，打篮球！"而是"××，你现在有自由的时间了"。

其次，尽可能使用与活动相匹配的最自然的强化物。譬如，教师可能会对一名正在扔飞盘的学生说："不错，你扔了飞盘。"这是可以的，切忌用指责性的口吻，最好能以表扬的形式去鼓励学生，如："真棒，看你把飞碟扔得多远！"

再次，进行互动的方式应该非常谨慎。通常，教师在开始进行一项休闲活动时，可以处于主导地位，但是接下来应尽快退回幕后。如果教师处于互动的中心，那么其他的同伴就没有机会用他们自己的方式与障碍学生互动了。

另外，一些有障碍的学生在与同伴的活动中可能需要自始至终的支持。这种情况下，教师仍然应该尽量退居幕后，通过提示或指导来鼓励同伴之间的互动。

最后，休闲活动应该有乐趣。教师应该示范喜悦或快乐的情感表达。良好的教学环境创设包括舒缓的教学节奏，不引人注意的数据收集，学生喜欢的姿势、位置以及轻松的教学风格等。

二、休闲教学中的技能整合

技能的整合是多重障碍学生课程实施的重要途径，而休闲教育活动非常适合作为做选择、与同伴互动等技能整合的融化剂[①]。伴随着休闲活动的开展，休闲技

---

① Dattilo, Rusch. Effects of choice on behavior Leisure participation for persons with severe handicaps[J]. *Journal of the Association for Persons with Severe Handicaps*, 1985(11): 194-199.

能与做选择、自我决策和社会交往等生活技能的学习很难分开，因此休闲教育应特别重视自主选择技能和社会互动技能的自然渗透与嵌入。

（一）自主选择技能的嵌入

将与自主选择技能相关的教育目标嵌入到休闲教育中，比如学会选择合适的休闲方式，这是培养多重障碍学生自我决策能力的重要途径之一。国外一些研究者尝试用合适的开关与不同的休闲工具相联系，实践证明多重障碍学生能够通过相应的活动，表明他们对活动的喜欢。例如，教师把开关与收音机、电子游戏或计算机相连。通过观察学生激活的设备以及学生参与活动的总时间来确定学生喜爱的事物。

如前所说，为了指导学生进行偏好选择，教师可以通过观察或使用兴趣量表等工具，首先确定学生的活动喜好。一旦喜好确定了，教师应该选择一个表征来代表这项活动。表征物（如图片或物体）的复杂性由学生的认知、交流和感官能力来决定。一旦确定了目标表征，在向学生呈现该表征供选择的同时，伴以不相关的干扰物，不相关的干扰物是与所喜爱的活动无关的东西。当然，在一般的做选择活动中，如果学生偏爱的活动发生变化，教师应该尊重这种偏爱的改变。

（二）社会互动技能的嵌入

多重障碍学生学习与同伴一起娱乐，是休闲技能教学的重要内容。尤其是一些规则、规范、礼仪和互助方法等可以通过游戏类的休闲活动得以习得。因此，如果学生想与同伴一起参加休闲活动，不仅要教其玩耍的技能，也要教授其与同伴轮换、互动的技能。就休闲课程的活动性质，社会互动技能的教学应该嵌入所有的休闲活动中。学生应该学习如何与同伴开始互动和加入活动后如何互助。例如，学生应首先能够与同伴打招呼，表达自己加入的愿望，在获得邀请后，参与到活动中来。随着互动经验的积累，学生也应该能够与不熟悉的同伴进行互动或加入一组同伴中进行活动。在与同伴的互动中，教师应注意培养学生的自我管理能力，尤其是在行为方面，学生应该逐步学会遵守其他人的规则和例行程序等。例如，使用学校或社区内的娱乐设施和场地时，一般是有规则或相关规定的。在互动的过程中还应注意培养学生对他人行为做出积极的或消极的反馈。例如，学生在互动中能够通过鼓掌或叫喊予以同伴积极的关注；反之，当学生不喜欢发生的事情时，需要教他怎样表达恰当的情绪。此外，教授学生从相关的环境中获取信息或做出相应反应也是学习社会交往的重要内容，其中包括学习如何提供帮助和接受帮助等。

在具体教学中，休闲活动中的社会互动技能教学方法包括任务分析法，它有助于教师有计划地开展相关教学任务，促进学生社会互动能力的提高。下面以"分享相册"的休闲活动为例，讨论有关休闲任务的分析问题，表8-8描述了"分享相册"这一社会互动技能训练任务分析，可供读者参考。

表8-8　分享相册：社会互动技能学习任务分析

1. 学生拿着相册靠近同伴。
2. 学生按语音输出沟通装置上的选择按钮说："你想看我的照片吗？"
3. 学生等待同伴做出反应。
4. 学生轻拍相册暗示同伴打开相册。
5. 随着同伴看相册，学生指着照片中的同学。
6. 当同伴放下相册时，学生按沟通装置上的选择按钮说："你有什么照片可以与我分享吗？"
7. 如果同伴展示一张照片，学生按沟通装置上的选择按钮说："棒！"
8. 如果同伴摇头或说没有，学生按沟通装置上的选择按钮说："好，没关系，稍后见。"

休闲课程作为比较新的课程内容，其教学实践在我国还需要不断地探索和丰富，这里特别推荐的参考书是《艺术休闲教师指导用书》，该套丛书由我国艺术休闲课程标准研制负责人董欣主持编写，编者们都是培智学校基层一线的教师，作为休闲课程实施先行的探索者和实践者，他们积累了许多的经验，在总结与提炼的基础上编写了这套指导用书，虽然在观点、方法等方面不一定都是尽善尽美，但非常值得休闲技能的教学者参考。

后　　记

　　从写稿萌发，到踌躇搁笔，拖拉十余年，《多重障碍学生教育》总算是有了点"书样"。在书稿交予出版社之际，围绕着本书成稿过程中的许多人和事时常浮现在脑海，总觉得要写点什么，以此写下来权作本书的后记。

　　我与《多重障碍学生教育》的结缘可回溯到2007年。那时候，除了关注视障教育老本行，我的研究兴趣主要集中在特殊教育基本理论上，因为当时"特殊教育概论"是我教学频次最多的课程。开春的一天，学校领导告知有个出访美国的学习项目，希望我能准备下英语顺利参与项目的学习。这个项目就是海伦·凯勒的母校帕金斯盲校主办的"教育领导项目（Educational Leadership Program，ELP）"。ELP主要面向全球发展中国家，旨在培训视觉障碍兼有其他障碍的多重障碍学生的教育者，尤其是"盲—聋（Deaf-blindness）"学生的教育者。在美国，鉴于其特殊教育发展的历程和实践，"盲—聋"学生以其身心发展的复杂性和独特的教育需要，"盲—聋"教育被专门列为一个特殊教育专业方向。

　　原计划2008年秋季成行，没承想因身体有恙动了手术，我只好准备放弃。美方得知情况后，专门来信嘱我安心养身，可推迟来年再去。就这样，翌年的秋季我来到了波士顿郊外的帕金斯盲校。学校很美，高耸在查尔斯河畔的钟楼俯瞰着整个校园，古朴而庄重的校舍建筑仿佛骄傲地讲述着盲聋教育的历史。来到学校的第一感觉就是这里的视障兼有其他障碍的学生比国内多，而且大部分学生的障碍程度很重。

　　ELP项目学习兼顾理论与实践，既有校内的听课和跟岗见习、实习，又有校外高校的听课、教育机构的参访以及相关的学术活动。在帕金斯盲校，从学前部到小学部、中学部再到盲—聋部（盲—聋障碍），我完成了项目计划内的所有听课、见习和实习环节；在波士顿学院，我结识了在障碍学生沟通领域研究造诣颇深的苏珊教授，重点选修了她的"重度障碍学生教育与评估"课程；在森文山中心（Seven Hills Centre），我第一次接触了那些依靠辅具设备支持，还间或处于警觉水平状态的极重度障碍儿童；在威廉·亨德森融合小学，我观摩了多重障碍儿童参与的普通班课堂学习活动……通过为期大半年的学习，我对多重障碍儿童教育有了一些感性的认识。由于自己的英语很蹩脚，培训活动尽管丰富，我却很难深入领会所学习的内容，只能一边吃力地跟进着，一边利用休息时间多去校内的图书馆"充电"。项目的末期，根据学习计划，我拟写了"多重障碍学生教育"课程建设计划及教材编写大纲，作为结业的作业。

回国后，在学校领导的支持下，我专门邀请苏珊教授于 2012 年来南京讲学，同时举办了"多重障碍学生教育学术国际研讨会"，也想借此给自己鼓鼓劲，使这方面的工作有所推进。此后，尽管每每惦记着书稿的事，也断断续续查阅整理相关的文献资料并专门为学生开设过相关的选修课，但往往抵不过繁忙的日程，写作的事一直拖着。直到 2019 年，完成教育部人文社科基金项目"多重障碍学生课程研究"后，我越来越对未能兑现 ELP 结业时的承诺感到焦虑。与此同时，国内特殊教育学校的多重障碍学生也越来越多。面对该群体，老师们大多显得不知所措，尤其对那些处于语前水平的多重障碍学生，往往以"没有学习能力"作为将其"边缘化"的理由。此时，我又隐约感到了一份责任。

近三年来，授课之余似乎觉得有了更多的空闲，于是，我加紧敲起键盘来，总算是粗陋地草就了本书。正如本书开章所强调的，对于多重障碍学生教育，书稿主要做了一些理论、方法的梳理、解释和总结，距系统、全面地阐述多重障碍学生教育，还有很大的差距，仅希望它能为本土的经验总结和理论创新做些基础工作。因此，我由衷地希望得到读者的批评指正。另外，由于成书周期较长，书稿中的有些内容已先期发表，特此说明。

书稿即将付梓出版，除了要对本书参考文献的作者表达谢意外，我要特别致谢许多相关的领导、师长、同事和朋友。首先感谢时任学校领导的丁勇院长、蒋云尔书记，他们的信任、支持使我有了难得的国外访学机会；感谢中央教科院的彭霞光老师，作为 ELP 项目的中国联络人，对我的项目学习全程给予许多关心和鼓励；感谢 ELP 项目亚太主任德博拉·格利森（Deborah Gleason）女士、帕金斯学校项目主任贾费尔·巴库斯（Cafer. Barkus）先生、玛丽安娜·里焦（Marianne Riggio）女士以及图书馆的简·西摩–福特（Jan Seymour-Ford）女士在我学习期间给予的理解、支持和生活上的关心；感谢波士顿学院苏珊教授，无论是在学院授课，还是来中国讲学，都给了我热情的专业指导。最后感谢华夏出版社的刘娲和李傲男两位老师欣然接受我的书稿。李老师作为责任编辑在本书审阅、校对的同时提出了许多宝贵的意见，为本书增色不少，付出了辛勤的劳动。

如果说本书只是一块砖，笔者由衷地希望它能引来更多的玉，也期望更多的同行关注多重障碍学生的教育。

盛永进
2022 年 10 月于南京仙林湖畔

图书在版编目（CIP）数据

多重障碍学生教育：理论与方法 / 盛永进著.--北京：华夏出版社有限公司，2023.11
ISBN 978-7-5222-0464-2

Ⅰ.①多… Ⅱ.①盛… Ⅲ.①特殊教育－教育研究 Ⅳ.①G76

中国国家版本馆 CIP 数据核字（2023）第 013055 号

©华夏出版社有限公司 未经许可，不得以任何方式使用本书全部及任何部分内容，违者必究。

多重障碍学生教育：理论与方法

作　　者	盛永进
责任编辑	许　婷　李傲男
责任印制	顾瑞清
出版发行	华夏出版社有限公司
经　　销	新华书店
印　　装	三河市少明印务有限公司
版　　次	2023 年 11 月北京第 1 版 2023 年 11 月北京第 1 次印刷
开　　本	710×1000　1/16 开
印　　张	19.5
字　　数	374 千字
定　　价	69.00 元

华夏出版社有限公司　地址：北京市东直门外香河园北里 4 号　邮编：100028
网址：www.hxph.com.cn　电话：（010）64663331（转）
若发现本版图书有印装质量问题，请与我社营销中心联系调换。